Excel+R

누구나 하는

데이터 분석

김지형 지음

한나래 아카데미

Excel+R
누구나 하는 데이터 분석

2020년 1월 28일 1판 1쇄 박음
2020년 2월 5일 1판 1쇄 펴냄

지은이 | 김지형
펴낸이 | 한기철

펴낸곳 | 한나래출판사
등록 | 1991. 2. 25. 제22-80호
주소 | 서울시 마포구 토정로 222, 한국출판콘텐츠센터 309호
전화 | 02) 738-5637 · 팩스 | 02) 363-5637 · e-mail | hannarae91@naver.com
www.hannarae.net

ISBN 978-89-5566-233-7 13000

* 이 도서의 국립중앙도서관 출판예정도서목록(CIP)은 서지정보유통지원시스템 홈페이지(http://seoji.nl.go.kr)와 국가자료종합목록 구축시스템(http://kolis-net.nl.go.kr)에서 이용하실 수 있습니다.(CIP제어번호: CIP2020002552)

저는 꼭 엑셀로 통계를 해야 한다고 주장하지는 않습니다. 그러나 데이터 전처리와 데이터를 준비하는 작업에서 엑셀은 필수적이고 매우 유용합니다. 또한 이 책에서 배우게 될 꽤 많은 통계적 기능을 포함한다면 웬만한 기초 통계 수준에서는 엑셀로 대부분의 작업을 커버할 수 있습니다.

그래서 감히 짐작하기에 이 책의 내용은 모든 연구자들이 필수적으로 알아야 할 내용이면서도, 실제로는 많은 연구자들이 모르고 있는 내용이라고 생각합니다. 오히려 일반 사무직 직원들은 취업을 위해서라도 MOS 등 엑셀 자격증을 따고 공부를 하는 반면, 전문직 종사자들은 굳이 배워야 할 필요를 느끼지 않고 자연스럽게 알고 있는 부분들만 사용하다 보니 자신이 모르고 있다는 사실조차 모르는 경우가 많습니다. 그렇다고 제가 엑셀 자격증 공부를 권하는 것은 아닙니다. 엑셀에 대한 잡다하게 많은 지식들이 통계 작업에 전부 필요한 것은 아니니까요. 딱 이 책에 나오는 정도만이라도 알면 좋겠습니다.

한편, 이 책에서는 여러 챕터 뒤에 '플러스 알파' 부분을 함께 담았습니다. 엑셀만으로 모든 통계 분석을 시도하는 것은 바람직하지 않기에 다른 도구를 좀 더 소개하고자 덧붙인 내용입니다. 이 '플러스 알파' 부분은 처음부터 읽기보다는 어느 정도 엑셀에 익숙해진 다음 읽어보기를 추천합니다. 엑셀의 결과와 R의 결과를 서로 비교해볼 수 있는 좋은 기회가 될 것입니다. 또한 통계 분석 결과를 논문에 제시할 때 엑셀을 이용했다고 하면 뭔가 미덥지 않게 보일까 걱정될 수도 있겠지요. 그런 경우에는 엑셀 결과를 '플러스 알파'에 나와 있는 결과와 비교하여 확인한 후 R을 사용했다고 논문에 언급할 수도 있을 것입니다.

뒷부분에는 R Commander를 이용해서 엑셀처럼 R에 접근하는 방법을 담았습니다. 이 부분을 공부하다 보면 저절로 R에 익숙해져서 생각보다 쉽게 R에 다가갈 수 있는 계기가 될 것입니다. 이 책을 읽은 여러분 중 몇몇은 엑셀뿐 아니라 R을 다루는 능력도 발전시킬 수 있으리라 기대해봅니다.

예제 파일은 모두 한나래출판사 홈페이지(www.hannarae.net) 자료실과 저자의 블로그(https://tinyurl.com/Excel2R)에 첨부되어 있습니다. 이 책에 대한 질문을 블로그 댓글로 남겨주셔도 좋습니다.

2020년 1월

김지형

contents

많은 연구자, 데이터 과학자들이 통계 분석에 엑셀 외 다른 도구, 예를 들면 R이나 SAS, Stata나 Python 등을 사용합니다. 그렇지만 데이터를 입력하거나 준비하는 작업에서는 대부분이 엑셀을 사용합니다.

엑셀은 직관적이며 훌륭한 함수와 기능들을 가지고 있어서 자료를 생성, 관리, 저장하는 능력이 뛰어납니다. 그래서 데이터 파일의 기본 형식 중 하나로 꼽히기도 하지요. 엑셀로 모든 것을 다 할 수는 없지만, 엑셀 없이 모든 것을 다 하려는 것도 어리석고 비효율적인 일일 것입니다.

PART 01에서는 엑셀이 가진 수많은 기능 중에 가장 기본이 되면서도 쉽고 활용도 높은 것들만 배워볼 것입니다. 여기 나오는 내용들은 여러 강의를 통해 검증되고, 꼭 필요하다고 확인된 것들이기도 합니다.

PART 01

데이터 수집과 전처리

1.1 자동 채우기/절대 참조

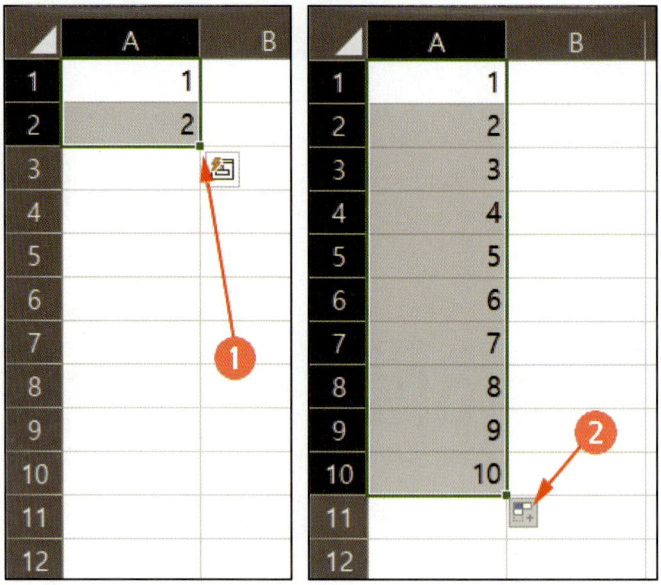

위 그림처럼 엑셀에 '1'과 '2'를 입력합니다. 숫자가 입력된 두 셀을 선택하면 오른쪽 아래에 작은 사각형❶이 생기는데, 이것을 잡고 아래로 드래그해봅시다. 그러면 오른쪽 그림처럼 자동으로 숫자가 생기는 것을 볼 수 있습니다. 다른 숫자 '1, 3'을 입력하고서도 똑같이 해보세요.

자동으로 생긴 숫자들의 오른쪽에는 작은 사각형❷ 모양이 생깁니다. 이것을 클릭해봅시다.

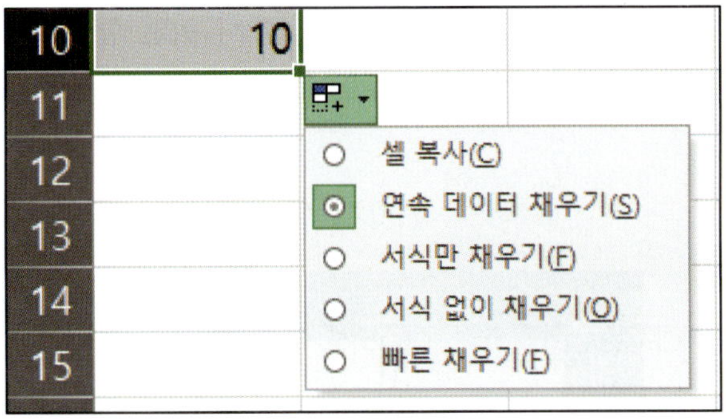

기본값으로 '연속 데이터 채우기'가 선택되어 있는데, 이를 '셀 복사'로 바꾸어봅시다. 그러면 자동으로 채워지는 숫자는 '1, 2, 1, 2, 1, 2'로 처음 입력한 숫자가 반복되어 나타날 것입니다. 이렇게 필요에 따라 설정을 바꾸어 사용하면 됩니다. 이 기능을 '자동 채우기'라고 하고, 이때 나타나는 사각형을 '자동 채우기 핸들'이라고 합니다.

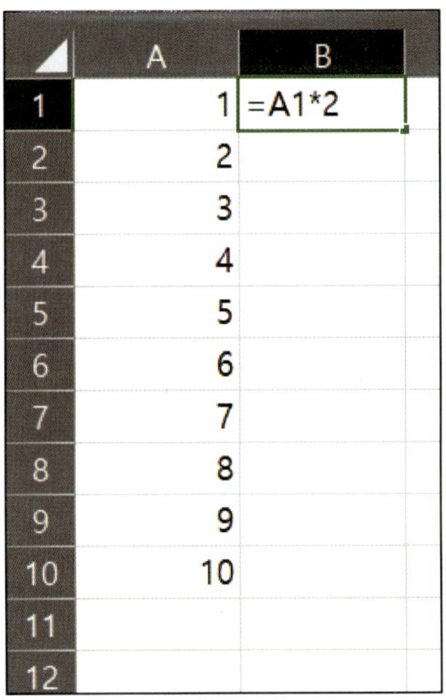

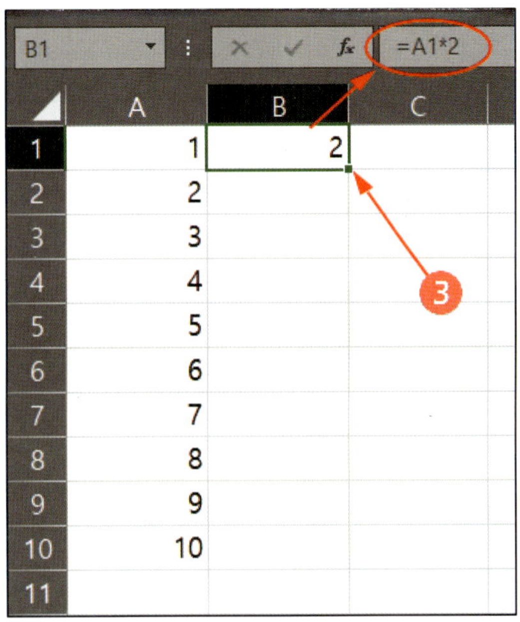

각 셀에는 이름이 붙어 있는데, 열은 A, B로 행은 1, 2로 되어 있습니다. 'A1'은 'A열 1행'을 의미합니다. B1에 '=A1*2'를 입력하고 Enter를 치면 해당 셀에는 '2'라고 표시되고, 실제로 입력한 내용은 위쪽에 표시됩니다. 이 부분을 '수식입력줄'이라고 부르는데 (빨간 동그라미) 이름은 잘 몰라도 됩니다. 셀에 숫자나 문자로 나타나지만 실제로는 함수의 연산에 의해 완성된 값이라면 '수식입력줄'에서 어떤 함수가 쓰였는지 확인해볼 수 있습니다. 이제 아까 나타난 사각형, 즉 '자동 채우기 핸들❸'을 더블클릭하거나, 잡아서 드래그해봅시다.

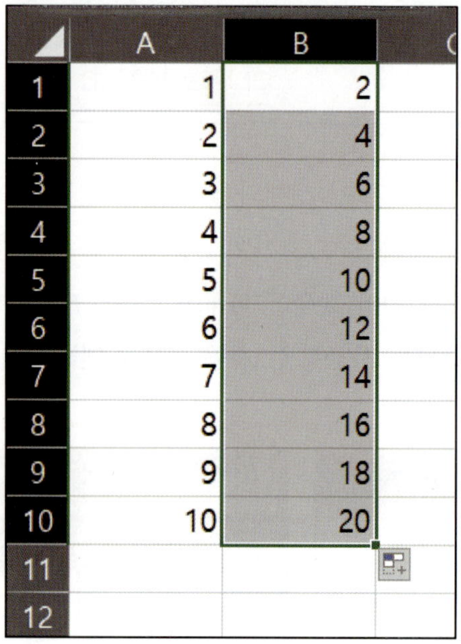

	A	B
1	1	2
2	2	4
3	3	6
4	4	8
5	5	10
6	6	12
7	7	14
8	8	16
9	9	18
10	10	20
11		
12		

더블클릭을 하면 적절한 범위까지 자동으로 값이 채워집니다. 아까 입력한 함수의 연산대로 A열 값의 2배가 되도록 채워진 것입니다. 이 기능만 알아도 쉽고 편리하게 활용할 수 있는 경우가 많습니다.

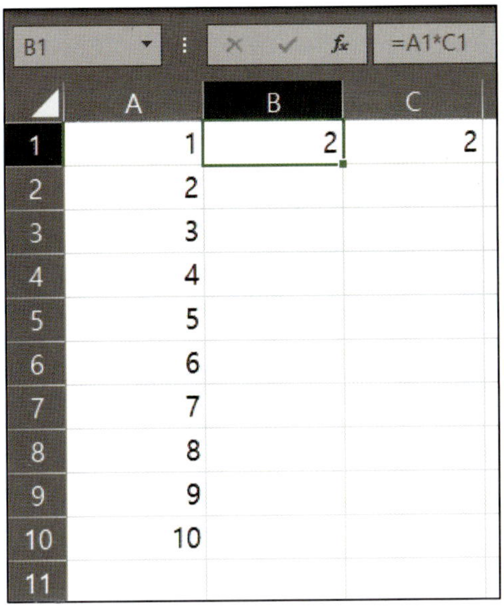

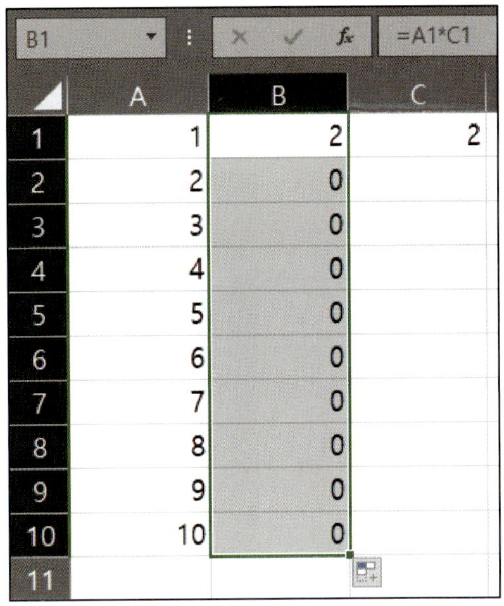

C1에 2를 입력하고, B1은 A1과 C1을 곱한 값이 되도록 함수를 입력했습니다. 그런데 오른쪽 그림처럼 '자동 채우기'를 시행했더니 의도한 바와 다르게 B열의 모든 셀에 0이 나타났습니다.

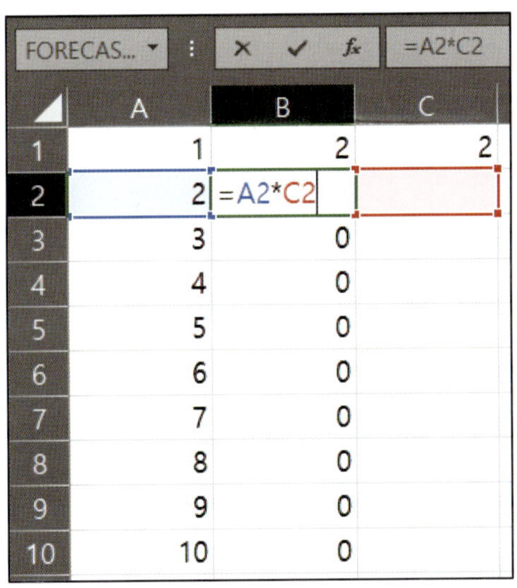

B2를 더블클릭하면 어떤 셀의 값이 연산에 이용된 것인지 컬러풀한 사각형으로 표시됩니다. 이를 통해 B2의 연산에는 A2와 C2가 이용된 것을 알 수 있습니다. 처음 의도한

것은 A열의 모든 값에 C1의 값을 곱하는 '자동 채우기'였기 때문에 자동으로 채워지는 함수가 C2, C3, C4로 바뀌지 않게 주의합니다.

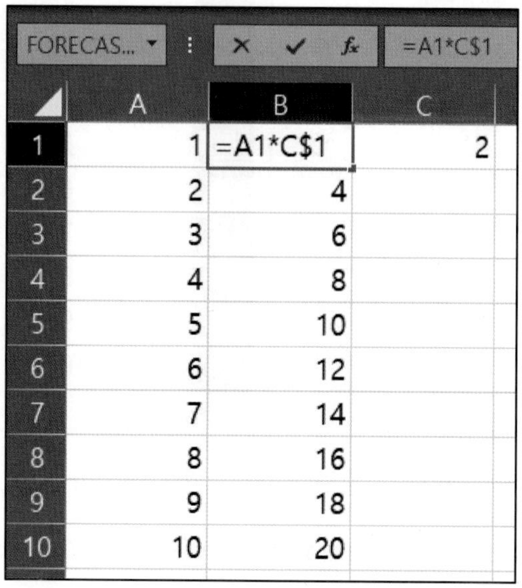

이를 위해 처음 함수를 입력할 때 1 앞에 $ 표시를 붙이면 '자동 채우기'를 하더라도 1 이라는 값은 바뀌지 않고 고정됩니다. 이것을 '절대 참조'라고 합니다. 절대 참조가 아닌 것은 '상대 참조'라고 하며 일반적으로는 상대 참조가 더 자주 사용됩니다. 이렇게 절대 참조와 상대 참조를 적절히 섞어 사용하는 것만으로도 많은 문제를 해결할 수 있습니다.

1.2 변수 이름 정하기

엑셀 자체의 '데이터 분석' 기능을 이용하는 경우에는 변수 이름을 어떻게 정하든 아무런 문제가 안 됩니다. 그러나 엑셀을 데이터를 수집하고 정리하는 도구로만 사용하고, 다른 프로그램에서 통계를 시행하려 할 때에는 몇 가지 중요한 규칙을 지켜야 합니다.

	A	B	C	D	E	F	G
1	이름	나이	3M	4M		name	age
2	홍길동	23	23	11		홍길동	23
3	손오공	17	22	13		손오공	17

위 그림에서 왼쪽은 바람직하지 않은 예, 오른쪽은 바람직한 예입니다. 먼저, 변수 이름은 한글보다는 영어가 좋습니다. 한글을 인식하는 통계 프로그램도 있지만 일부 통계 프로그램은 한글을 인식하지 못합니다. 또한 통계 결과는 표로 제시되는 경우가 많은데, 결과표가 영어로 작성되면 외국인들도 바로 읽을 수 있으므로 더욱 폭넓게 사용하기 좋습니다. 하지만 만일 본인이 엑셀로만 통계 처리를 할 예정이거나, 사용하는 통계 프로그램이 한글을 원활하게 지원한다면 한글을 사용해도 괜찮습니다.

변수 이름 앞에는 숫자가 나오지 않는 것이 좋습니다. 대부분의 통계 프로그램에서 숫자를 첫 글자로 사용하지 않는 것을 원칙으로 합니다.

또한 엑셀은 기본적으로 문자는 왼쪽, 숫자는 오른쪽에 정렬하도록 설정되어 있습니다. 그래서 숫자와 비슷한 모양의 문자(1 대신에 영문자 l이나 I)가 잘못 들어갔을 때 구분하기 좋습니다. 보기 좋게 하려고 '가운데 정렬'을 사용하는 경우가 많은데, 굳이 설정을 바꾸어 구분되는 정보를 소실시킬 필요가 없습니다.

K	L	M	N	O
result			result_3M	result_3M
3M	4M		23	11
23	11		22	13
22	13			

연구자들이나 일반 사용자들이 엑셀 내에서나 표에서 보기 좋도록 변수 이름을 두 줄로 입력하는 경우는 흔합니다. 그러나 앞서 이야기한 것처럼 다른 통계 프로그램에서 분석을 시행할 때 문제가 될 수 있으므로 한 줄로 변수 이름을 정해야 합니다. 오른쪽에 보이는 것처럼 _(under bar)를 잘 활용하면 편리합니다. 엑셀만 이용하여 통계를 실시할 때는 문제가 되지 않습니다.

1.3 명목 변수 이름 붙이기

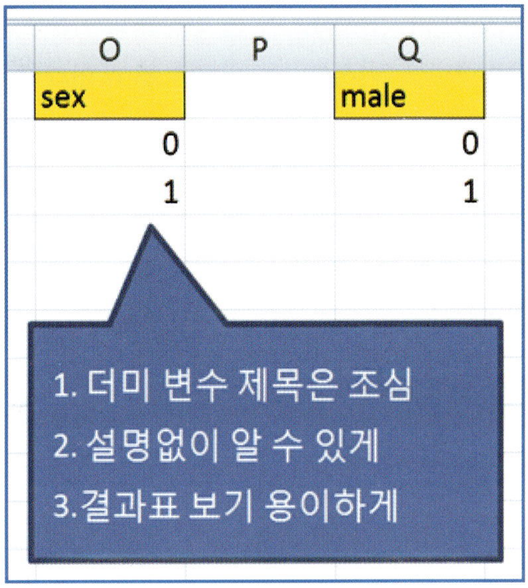

그림에서 왼쪽의 경우처럼 변수명을 sex로 하고 0과 1로 코딩하는 경우에는 남자를 1로 정했는지 0으로 정했는지를 따로 기억하거나 기록해두어야 합니다. 더군다나 통계 프로그램의 성격에 따라 전혀 다르게 해석될 여지도 있습니다.

그래서 제가 추천하는 방식은 **변수명을 male로 하고, 0과 1로 코딩**하는 것입니다. 이렇게 하면 남자인 경우에는 1이고 그렇지 않다면 0이 됨을 자연스럽게 이해할 수 있습니다.

다시 예를 들어볼까요? result를 변수명으로 하고 0과 1로 코딩하면 result가 병이 나은 것인지, 사망한 것인지에 대해 다시 설명이 필요합니다. 하지만 **변수명을 cure 혹은 death라고 지정해두면 1과 0이 의미하는 바가 분명**해집니다.

변수명을 sex로 하고, M 또는 F로 코딩하는 것도 좋은 방법입니다. 단, 몇몇 프로그램에서는 로지스틱 회귀 분석에서 종속 변수가 0과 1로만 코딩되어야 하는 경우가 있으므로 그럴 때는 '바꾸기(Ctrl H)'를 이용해서 변경하도록 합시다. '바꾸기'에 대해서는 뒤에서 배우도록 하겠습니다.

1.4 데이터 유효성 검사

잘못 입력된 데이터를 찾아내어 수정하는 일은 번거롭고 귀찮은 일이지만 분석 결과를 좌우하는 매우 중요한 일입니다. 처음부터 데이터가 잘못 입력되지 않도록 방지하는 것이 가장 좋겠지요? 이때 '데이터 유효성 검사'는 편리하고 강력합니다.

나이를 입력할 셀들을 선택❶한 뒤에 '데이터❷'의 '데이터 유효성 검사❸'를 클릭합니다.

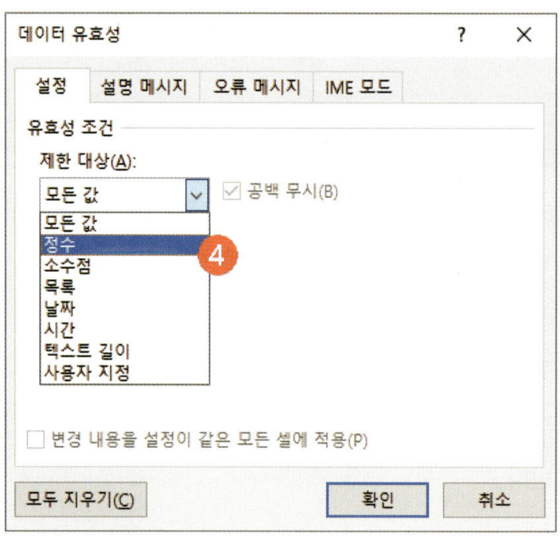

'정수' 또는 '소수점'을 선택합니다❹.

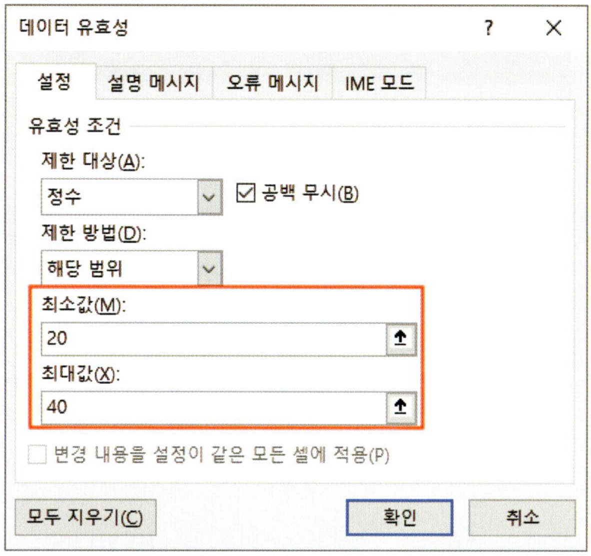

최소값과 최대값을 지정해주면 범위 내에 있는 정수 또는 유리수로만 입력되고, 나머지는 입력되지 않습니다.

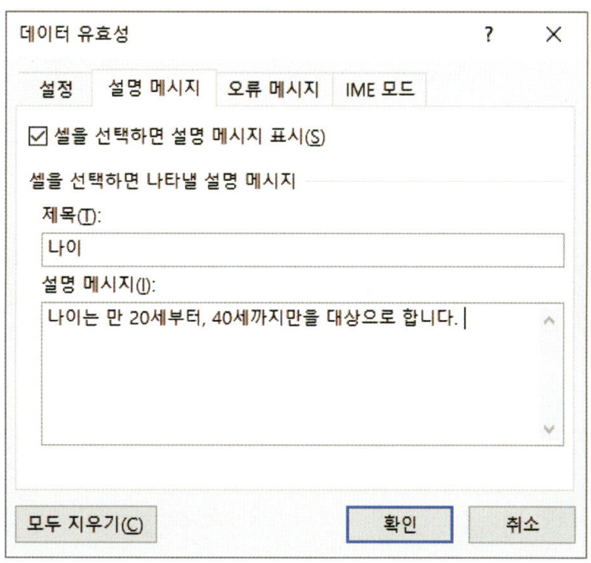

설명 메시지도 원하는 대로 입력해줍니다.

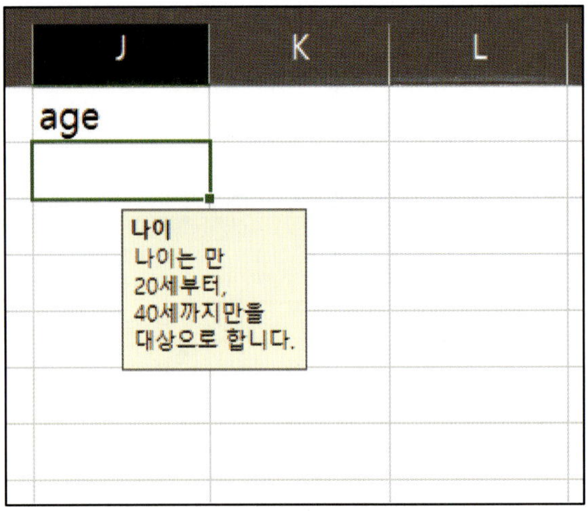

값을 입력하기 위해 셀을 선택하면 작성한 '설명문'이 나타납니다. 입력값이 설정한 범위가 아니라면 '오류 메시지'가 보이면서 입력되지 않습니다.

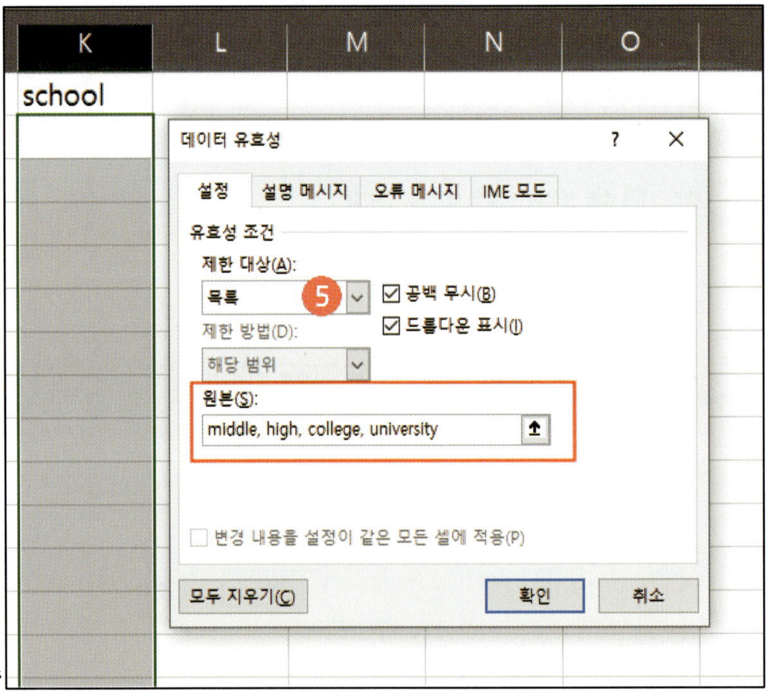

'제한 대상'을 '목록❺'으로 설정한 뒤에 적절한 값들을 넣어줍니다.

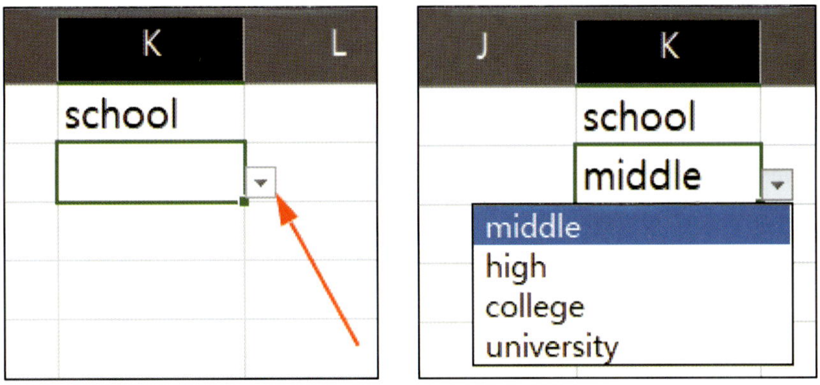

이제 값을 입력하려고 셀을 선택하면 오른쪽에 삼각형이 생기고, 이를 클릭하면 앞서 작성한 목록의 값들이 나타납니다. 제시된 목록 중에 하나를 클릭해서 입력하면 빠르고 편리하게 입력할 수 있으며 실수를 방지해줍니다. 직접 키보드로 입력할 수도 있지만 철자가 틀리면 에러가 발생하므로 목록을 이용하여 잘못된 데이터가 입력되는 것을 원천적으로 예방할 수 있습니다.

'데이터 유효성 검사'에 대해서는 앞서 설명한 것들만 알아두어도 유용하고, 나머지 기능들은 직접 시행해보면 금방 이해할 수 있습니다.

연구를 하다 보면 데이터 수집 기간이 길어지면서 연구자가 코딩의 내용을 잊어버리기도 하고, 연구자가 중간에 바뀌는 일도 생깁니다. 여러 연구자들이 함께 시행할 때는 의사소통의 오류로 문제가 생길 수도 있습니다. 이런 경우에 '데이터 유효성 검사'는 오류를 최소화하는 데 매우 유용한 도구입니다. 한 번만 잘 익혀두면 따로 외우지 않아도 자연스럽게 기억이 날 만큼 매우 직관적이기도 합니다.

1.5 필터

필터는 만들어진 데이터 중에서 특정 기준에 부합하는 데이터를 골라낼 때 도움이 되는 도구로, 잘 활용하면 상당히 유용합니다. 하지만 저는 데이터를 골라낼 때보다도 잘못된 데이터가 없는지 찾아낼 때 더 유용하게 사용합니다. (예제: 필터.xlsx[a])

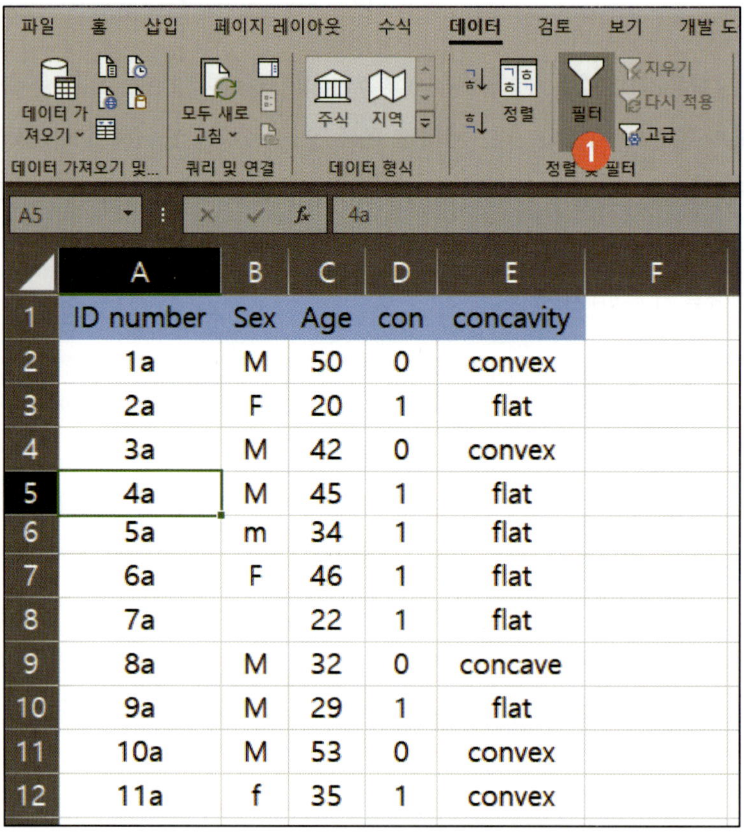

입력된 데이터 중에 셀 하나를 선택한 다음 '데이터' 아래 '필터❶'를 클릭합니다.

[a] 책에 나오는 예제 파일은 모두 한나래출판사 홈페이지(www.hannarae.net) 자료실과 저자의 블로그(https://tinyurl.com/Excel2R)에서 내려받을 수 있습니다.

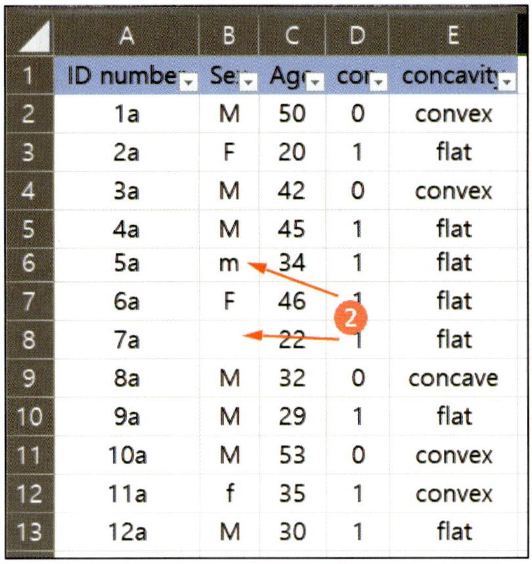

	A	B	C	D	E
1	ID numbe	Se	Ag	cor	concavit
2	1a	M	50	0	convex
3	2a	F	20	1	flat
4	3a	M	42	0	convex
5	4a	M	45	1	flat
6	5a	m	34	1	flat
7	6a	F	46	1	flat
8	7a		22	1	flat
9	8a	M	32	0	concave
10	9a	M	29	1	flat
11	10a	M	53	0	convex
12	11a	f	35	1	convex
13	12a	M	30	1	flat

소문자 m과 빈칸을 주목합니다❷.

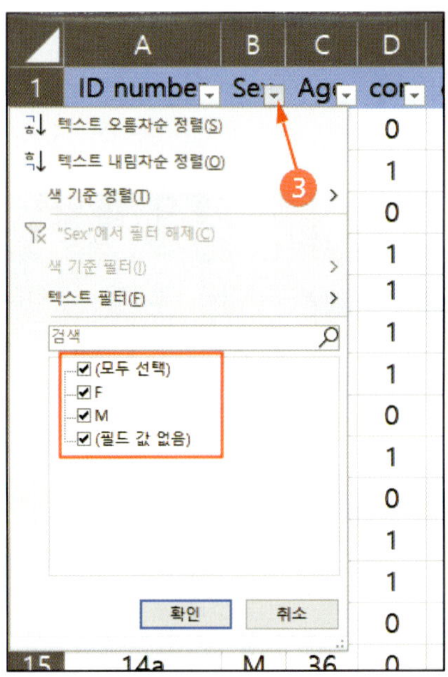

필드명 옆의 작은 삼각형❸을 클릭하면 입력한 값을 분류하여 작성된 필터 목록을 확인할 수 있습니다. F와 M, (필드 값 없음) 항목이 나타나는데, 알파벳의 소문자와 대문자는 구분하지 않는 것을 알 수 있습니다.

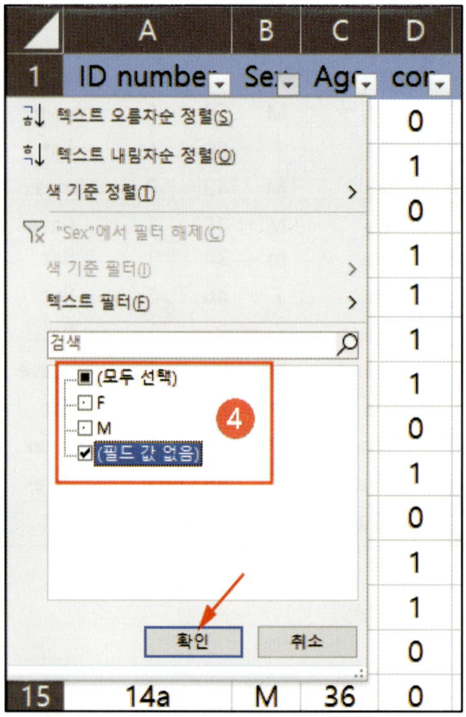

(필드 값 없음)을 선택❹한 뒤에 '확인'을 클릭합니다.

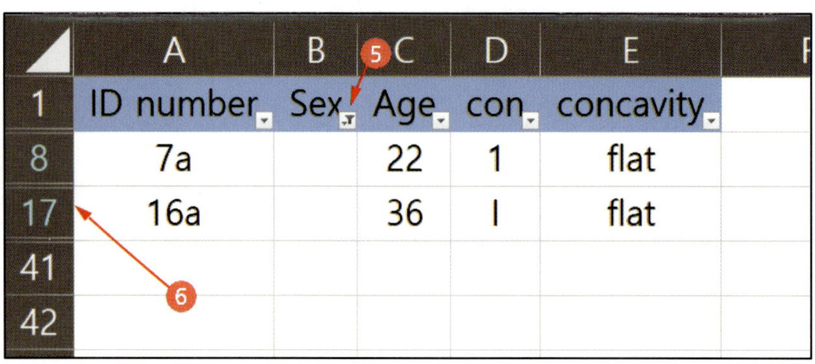

이렇게 하면 값이 없는 항목들만 모아서 볼 수 있으며 ID 등을 확인해서 빠진 값을 다시 찾아 넣을 수 있습니다.

필터를 적용하면 필드명에 삼각형 대신 깔때기❺ 모양이 표시되어 필터가 적용되어 있음을 확인할 수 있습니다. 행번호도 연속되는 번호가 아닌 원래의 행번호❻가 그대로 표시됩니다.

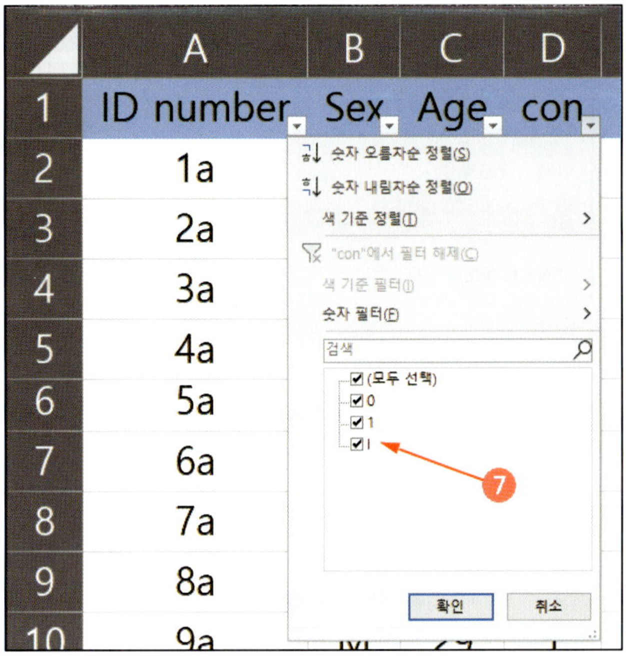

D열에 필터를 열어보면 0과 1만 있어야 하는데 영문자 I❼가 있습니다. 잘못 입력된 값이므로 찾아서 수정해줍니다. 실제로 1과 7과 I는 자주 혼동되는 값입니다. 숫자 0과 영문자 O도 모양이 비슷하고 키보드 위치도 비슷해서 잘못 입력되는 경우가 많고, 잘못 입력된 것을 찾기도 어렵습니다. 특히 '가운데 정렬'을 선호하는 습관이 있으면 문자와 숫자를 구분하기 어려운데 '필터'를 이용하면 이렇게 숫자처럼 보이는 문자도 찾을 수 있습니다. 숫자의 경우 작은 숫자부터 큰 숫자순으로 배열되므로 최소값과 최대값을 알 수도 있습니다.

요약하면 '필터'는 잘못 입력된 값과 비어 있는 셀을 찾을 때 유용하지만, 대소문자를 구분할 수는 없습니다. 대소문자 문제를 미연에 방지하기 위해서라도 '데이터 유효성 검사'를 활용하기 권장합니다.

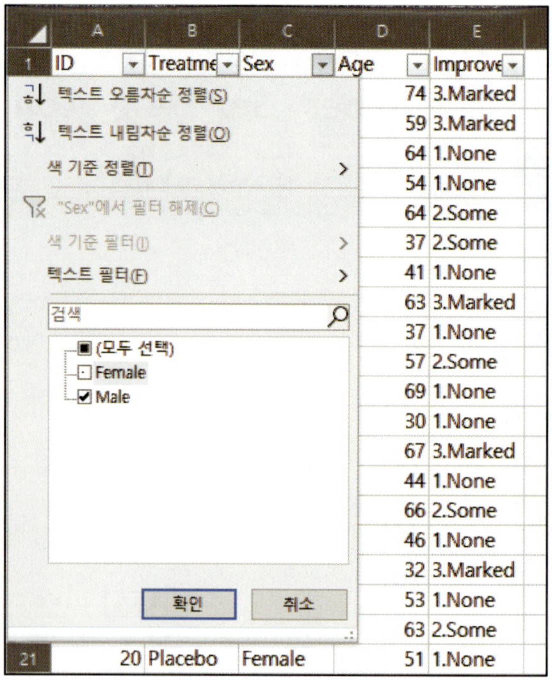

'Arthritis.xlsx' 파일을 열어봅시다. '필터'를 활용하여 C열 값을 기준으로 'Male'로 입력된 것을 걸러보려고 합니다.

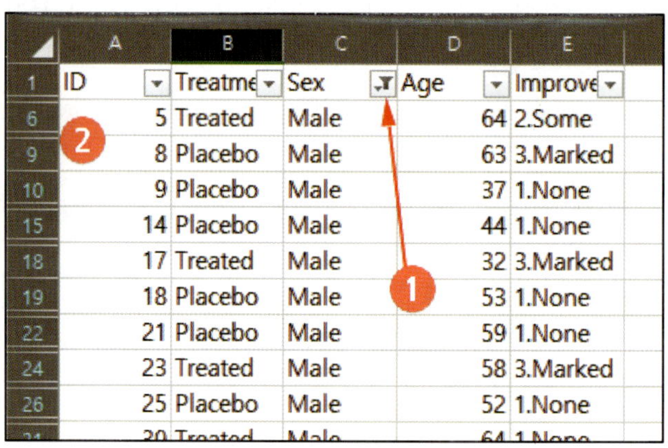

'필터'가 적용되면 삼각형이 깔때기❶ 모양으로 바뀌고 행번호❷도 달라집니다. 체크한 필터에 해당되지 않는 행이 숨겨지면서 행번호가 연속되지 않고 1번 다음에 6번, 9번 등 숫자를 건너뛰어 나타납니다.

	A	B	C	D	E
1	ID	Treatme	Sex	Age	Improve
6	5	Treated	Male	64	2.Some
9	8	Placebo	Male	63	3.Marked
10	9	Placebo	Male	37	1.None
15	14	Placebo	Male	44	1.None
18	17	Treated	Male	32	3.Marked
19	18	Placebo	Male	53	1.None
22	21	Placebo	Male	59	1.None
24	23	Treated	Male	58	3.Marked
26	25	Placebo	Male	52	1.None
31	30	Treated	Male	64	1.None
34	33	Treated	Male	63	1.None
37	36	Treated	Male	46	3.Marked
40	39	Treated	Male	59	3.Marked
42	41	Placebo	Male	62	1.None
46	45	Placebo	Male	62	1.None
47	46	Treated	Male	29	1.None
53	52	Placebo	Male	59	1.None
56	55	Treated	Male	63	1.None
58	57	Treated	Male	27	2.Some
64	63	Treated	Male	69	1.None
74	73	Placebo	Male	50	1.None
75	74	Placebo	Male	51	1.None
76	75	Treated	Male	59	1.None
78	77	Treated	Male	30	1.None
84	83	Treated	Male	70	3.Marked

이 상태에서 한 셀에 커서를 놓은 뒤 전체 선택(Ctrl A)을 하면 필터된 셀들이 선택됩니다.

ID	Treatment	Sex	Age	Improved
5	Treated	Male	64	2.Some
8	Placebo	Male	63	3.Marked
9	Placebo	Male	37	1.None
14	Placebo	Male	44	1.None
17	Treated	Male	32	3.Marked
18	Placebo	Male	53	1.None
21	Placebo	Male	59	1.None
23	Treated	Male	58	3.Marked
25	Placebo	Male	52	1.None
30	Treated	Male	64	1.None
33	Treated	Male	63	1.None
36	Treated	Male	46	3.Marked
39	Treated	Male	59	3.Marked
41	Placebo	Male	62	1.None
45	Placebo	Male	62	1.None
46	Treated	Male	29	1.None
52	Placebo	Male	59	1.None
55	Treated	Male	63	1.None
57	Treated	Male	27	2.Some
63	Treated	Male	69	1.None
73	Placebo	Male	50	1.None
74	Placebo	Male	51	1.None
75	Treated	Male	59	1.None
77	Treated	Male	30	1.None
83	Treated	Male	70	3.Marked

복사하여 다른 시트에 붙여넣으면 필터된 것, 즉 Male 데이터만 골라낼 수 있습니다.

'Age'와 같이 숫자로 입력된 경우에는 '숫자 필터'를 통해 '크거나 같음', '평균 초과' 등 자주 사용하는 필터를 쉽게 적용할 수 있습니다.

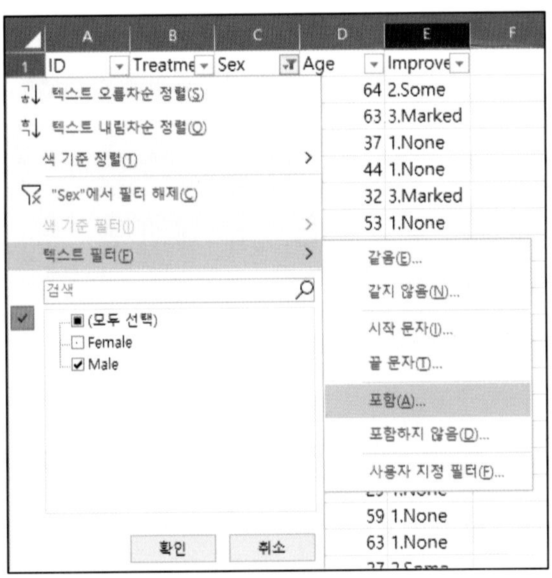

'텍스트 필터'도 쓸 수 있습니다.

◆플러스 알파

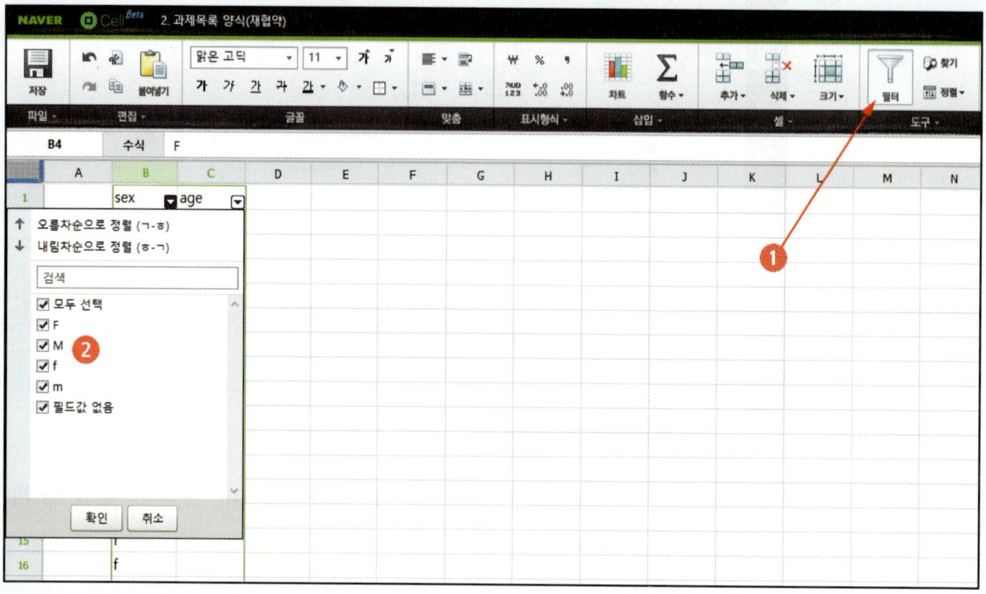

네이버 오피스(https://office.naver.com)에서 제공하는 엑셀과 비슷한 도구인 '네이버셀'에서는 '필터❶'를 적용하면 대소문자를 구분하여 표시해줍니다❷. 하지만 데이터를 빠짐 없이 입력하여 중간에 비어 있는 셀이 없어도 항상 '필드값 없음'이 보여지는 단점이 있습니다. 네이버셀의 경우 기본 100행을 제공하고 필요하면 아래쪽에 행이 추가되는 형식이라 대부분의 경우 자료가 끝나도 아래쪽에 빈 셀이 남아 있기 때문에 그렇습니다. 남아 있는 행을 삭제하면 '필드값 없음'이 나타나지 않습니다.

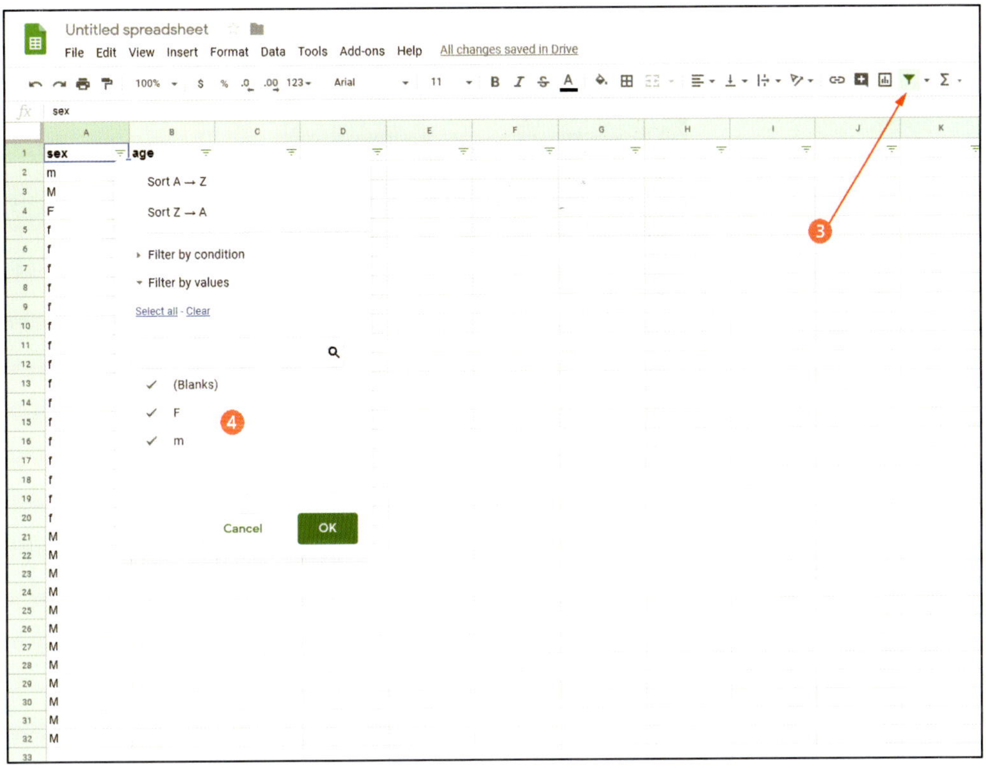

구글에서 제공하는 '구글 스프레드시트'의 경우 '필터'를 적용하면 엑셀❸과 동일하게 대소문자를 구분하지 않고 한꺼번에 보여줍니다❹. 아마 실수로 대문자 M과 소문자 m을 혼용하는 경우가 많다고 여겨 대소문자 구분 없이 한꺼번에 보여주는 방식을 택한 것이라 생각됩니다. 하지만 우리는 그 실수를 찾아내야 하는 경우이기 때문에 '네이버 셀'처럼 구분해주는 것이 더 편리합니다.

자, 그러면 진짜 필터를 이용해서 데이터의 일부만 추출해 분석하고 싶을 때는 어떻게 해야 할까요? 이런 데이터는 subset, 혹은 subgroup data라고 하는 등 다양한 이름으로 부릅니다. 어쨌든 저는 이런 목적으로는 '필터'보다 '피벗 테이블'을 더 선호합니다. 엑셀의 함수나 정렬을 이용하는 방법도 있지만 '피벗 테이블'을 이용하는 것이 훨씬 편리합니다.

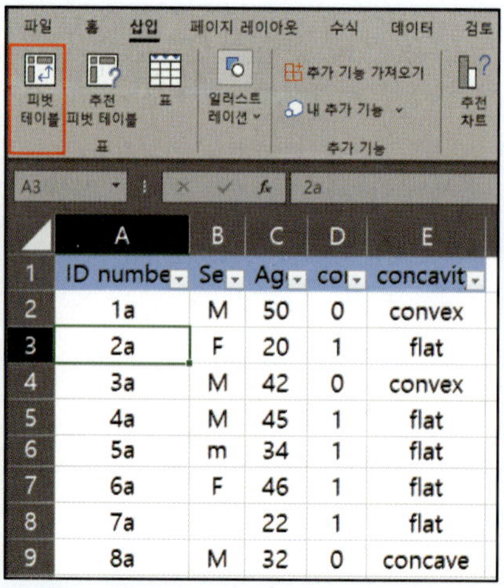

'피벗 테이블'에 대해 배워봅시다. 앞서 배운 것처럼 데이터 중에 셀 하나를 선택하고 '삽입'의 '피벗 테이블'을 클릭합니다.

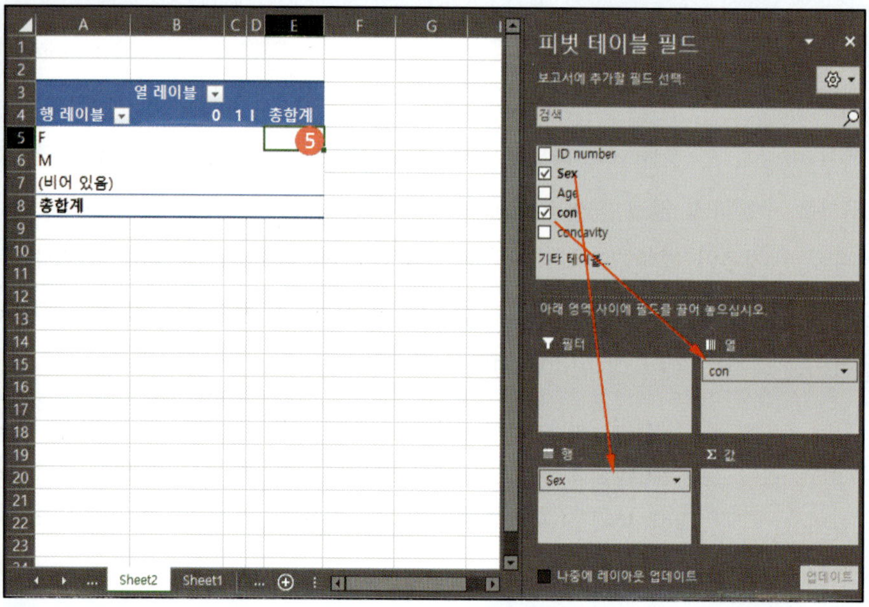

만일 여자(F) 데이터만으로 자료를 만들고자 한다면 Sex를 '행'으로, 그 외 다른 아무 항목을 '열'로 드래그해서 대충 피벗 테이블을 만듭니다. 그리고 여자에 해당하는 '총합계❺'의 셀을 더블클릭합니다.

	A	B	C	D	E
1	ID number	Sex	Age	con	concavity
2	15a	F	19	1	flat
3	2a	F	20	1	flat
4	11a	F	35	1	convex
5	6a	F	46	1	flat
6					

그러면 새로운 시트에 '여자(F)' 데이터만 모아지므로 이를 분석에 활용하면 됩니다.

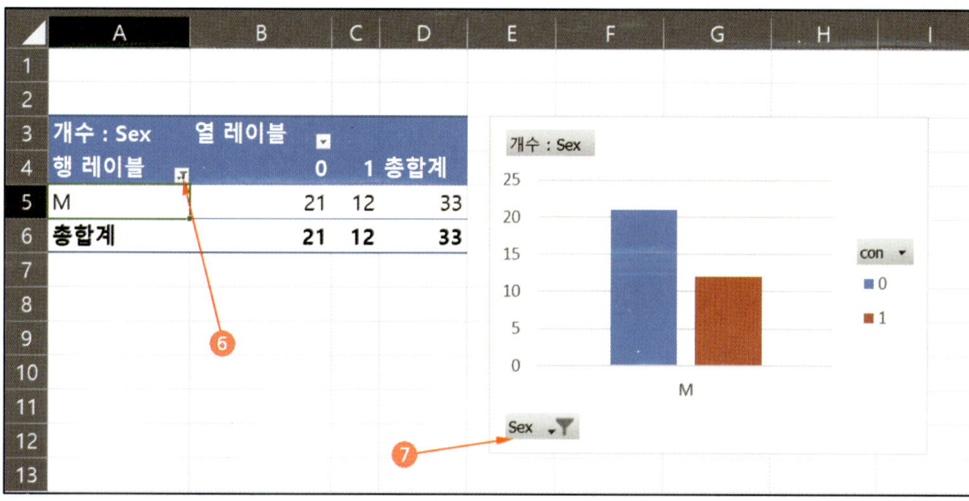

'피벗 테이블' 자체에도 '필터❻'가 있어서 이를 이용하여 분석할 수 있고, '피벗 테이블'과 찰떡궁합인 '피벗 차트'의 '필터❼' 기능을 이용하면 시각화도 아주 간단하고 편리하게 할 수 있습니다.

'피벗 테이블'에 관해서는 더 하고 싶은 이야기가 많지만, 다른 책에서 이미 소개하였으므로 이 정도로 마치겠습니다.

1.6 찾기와 바꾸기

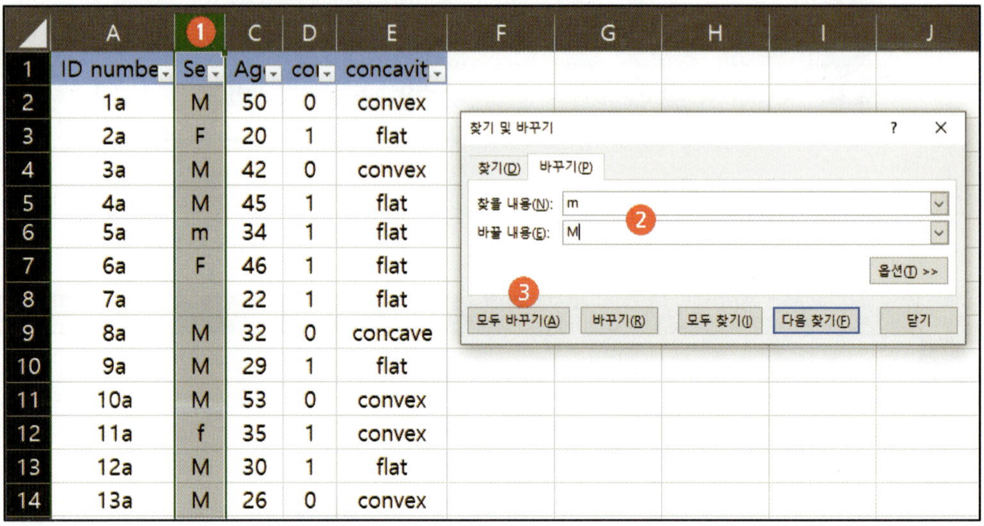

소문자로 잘못 입력된 m을 발견했다면, M으로 바꾸기 위해 해당 열을 선택❶하고 'Ctrl H'를 눌러 '찾기 및 바꾸기' 창을 엽니다. 각 창에 m과 M을 입력❷하고 '모두 바꾸기❸'를 클릭합니다.

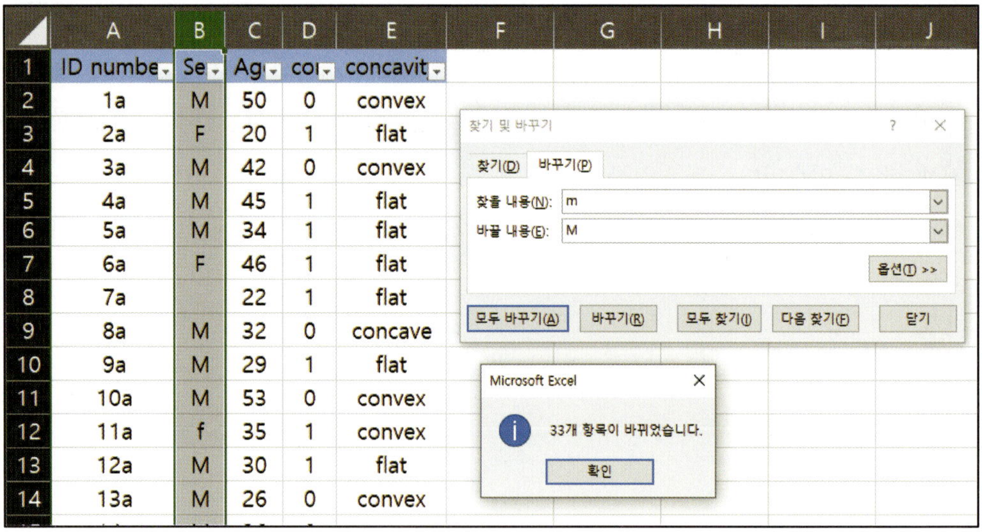

33개가 바뀌었다는 알림창이 뜨는데, 사실 m과 M이 모두 M으로 바뀐 것이기 때문에 이는 둘을 합친 숫자입니다. '옵션'을 사용하면 대소문자를 구분하여 찾을 수 있지만 지금은 그럴 필요가 없습니다.

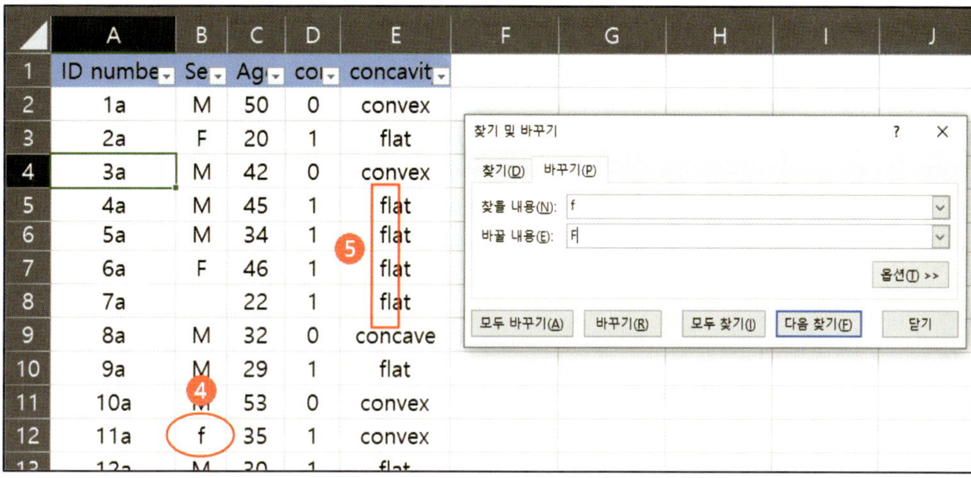

B열의 f❹를 F로 바꿀 때 열을 지정하지 않고 '모두 바꾸기'를 사용하면 다른 열에 있는 f❺들도 모두 바뀌게 됩니다. '모두 바꾸기'는 워낙 빠르고 강력하기 때문에 조심해서 사용해야 합니다. 잘못 적용한 것을 되돌리려면 Ctrl Z를 사용합니다.

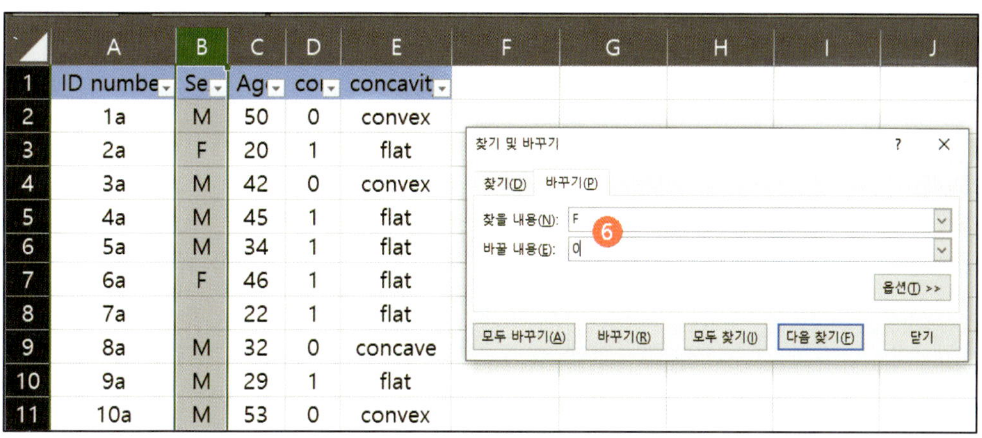

F를 0❻으로, M을 1로 바꾸는 경우나 그 외 비슷한 경우에도 동일한 방법으로 열을 먼저 지정하고 바꾸는 것이 더 좋은 경우가 많습니다.

◆플러스 알파

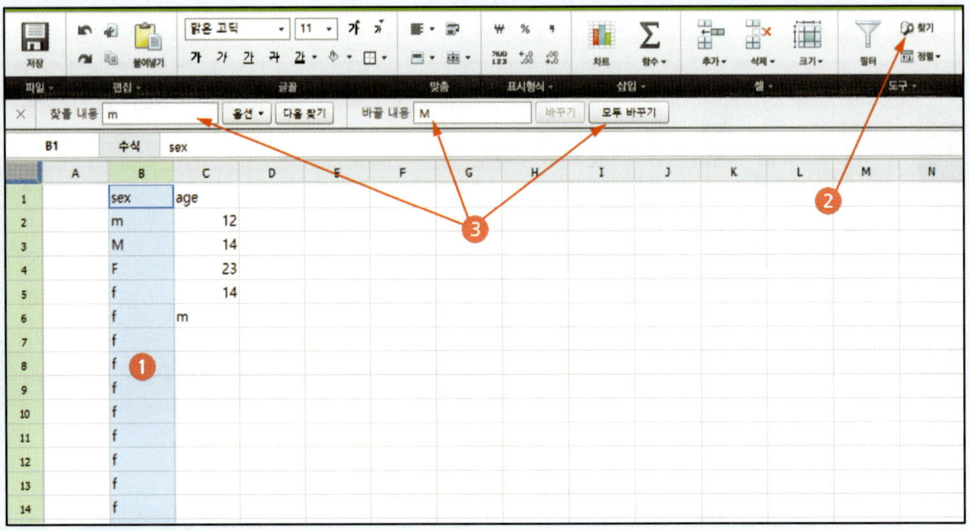

네이버셀에서 열을 지정❶하고 '찾기❷'를 이용해서 m을 M으로 바꿉니다❸.

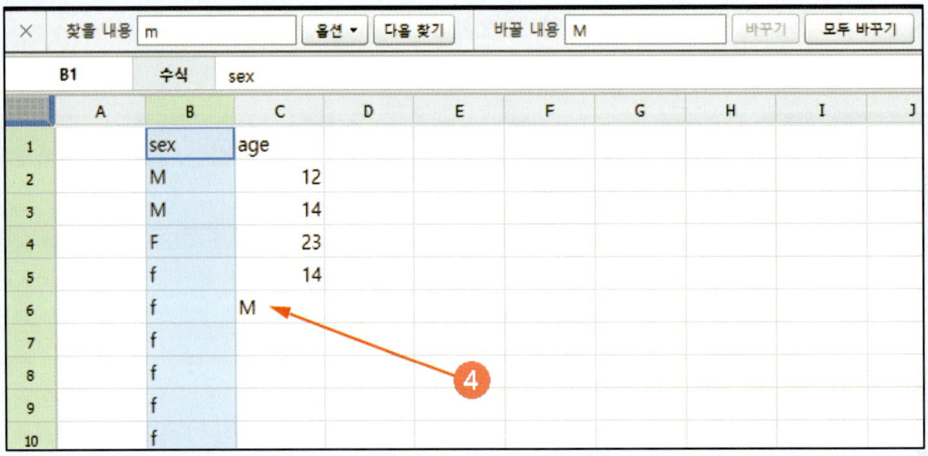

선택하지 않은 열의 내용까지 바뀌었습니다❹. 네이버셀은 다른 '옵션'을 사용해도 선택한 열에만 바꾸기를 적용하는 기능이 없습니다. 그래서 대소문자를 잘못 입력한 것을 찾아낼 때는 네이버셀을 이용하고, 수정할 때는 다시 엑셀을 사용하는 것이 좋습니다.

1.7 텍스트 결과를 표로 만들기

```
Linear Hypotheses:
                         Estimate Std. Error z value Pr(>|z|)    
Postop_1M - Postop == 0  0.073163   0.008827   8.288 4.44e-16 ***
Postop_3M - Postop == 0  0.200102   0.008827  22.669  < 2e-16 ***
Postop_6M - Postop == 0  0.350469   0.008827  39.703  < 2e-16 ***
Postop_12M - Postop == 0  0.534429   0.008827  60.543  < 2e-16 ***
Postop_18M - Postop == 0  0.610449   0.008827  69.155  < 2e-16 ***
Postop_24M - Postop == 0  0.663469   0.008827  75.161  < 2e-16 ***
Postop_3M - Postop_1M == 0  0.126939   0.008827  14.380  < 2e-16 ***
Postop_6M - Postop_1M == 0  0.277306   0.008827  31.415  < 2e-16 ***
Postop_12M - Postop_1M == 0  0.461265   0.008827  52.254  < 2e-16 ***
Postop_18M - Postop_1M == 0  0.537286   0.008827  60.866  < 2e-16 ***
Postop_24M - Postop_1M == 0  0.590306   0.008827  66.873  < 2e-16 ***
Postop_6M - Postop_3M == 0  0.150367   0.008827  17.034  < 2e-16 ***
Postop_12M - Postop_3M == 0  0.334327   0.008827  37.874  < 2e-16 ***
Postop_18M - Postop_3M == 0  0.410347   0.008827  46.486  < 2e-16 ***
Postop_24M - Postop_3M == 0  0.463367   0.008827  52.493  < 2e-16 ***
Postop_12M - Postop_6M == 0  0.183959   0.008827  20.840  < 2e-16 ***
Postop_18M - Postop_6M == 0  0.259980   0.008827  29.452  < 2e-16 ***
Postop_24M - Postop_6M == 0  0.313000   0.008827  35.458  < 2e-16 ***
Postop_18M - Postop_12M == 0 0.076020   0.008827   8.612  < 2e-16 ***
Postop_24M - Postop_12M == 0 0.129041   0.008827  14.618  < 2e-16 ***
Postop_24M - Postop_18M == 0 0.053020   0.008827   6.006 1.90e-09 ***
```

R에서 이렇게 결과가 나왔다고 합시다. 혹은 인터넷이나 다양한 소스로부터 이런 형태의 자료를 얻을 때가 있습니다. 이 자료를 표로 만들어봅시다.

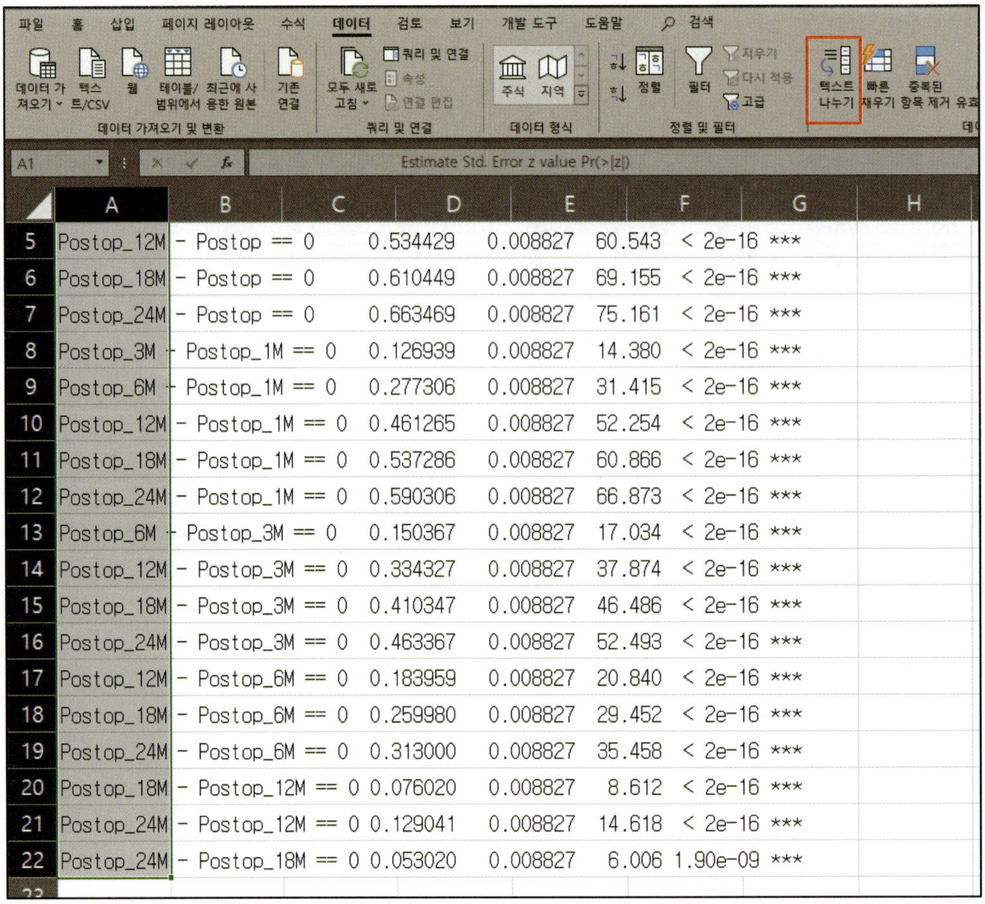

엑셀에 자료를 붙여넣은 뒤 '데이터'의 '텍스트 나누기'를 선택합니다.

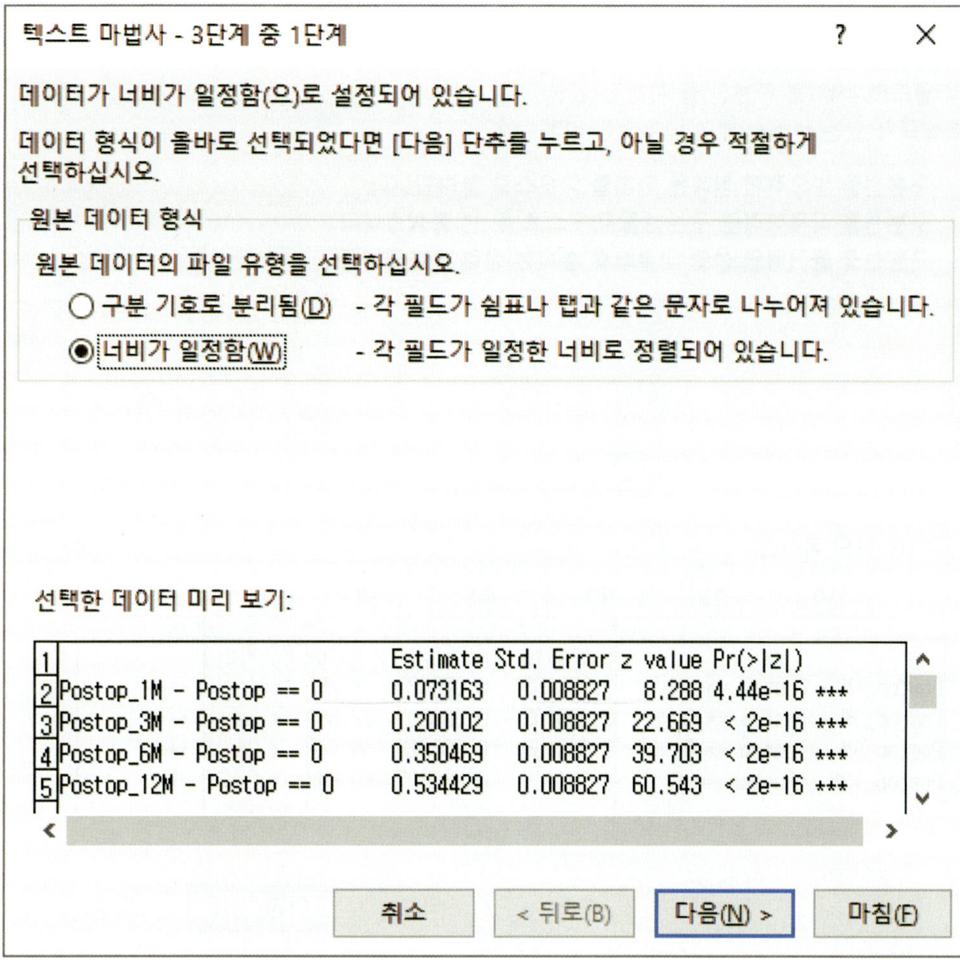

'구분 기호로 분리됨'과 '너비가 일정함' 중에 하나를 선택합니다.

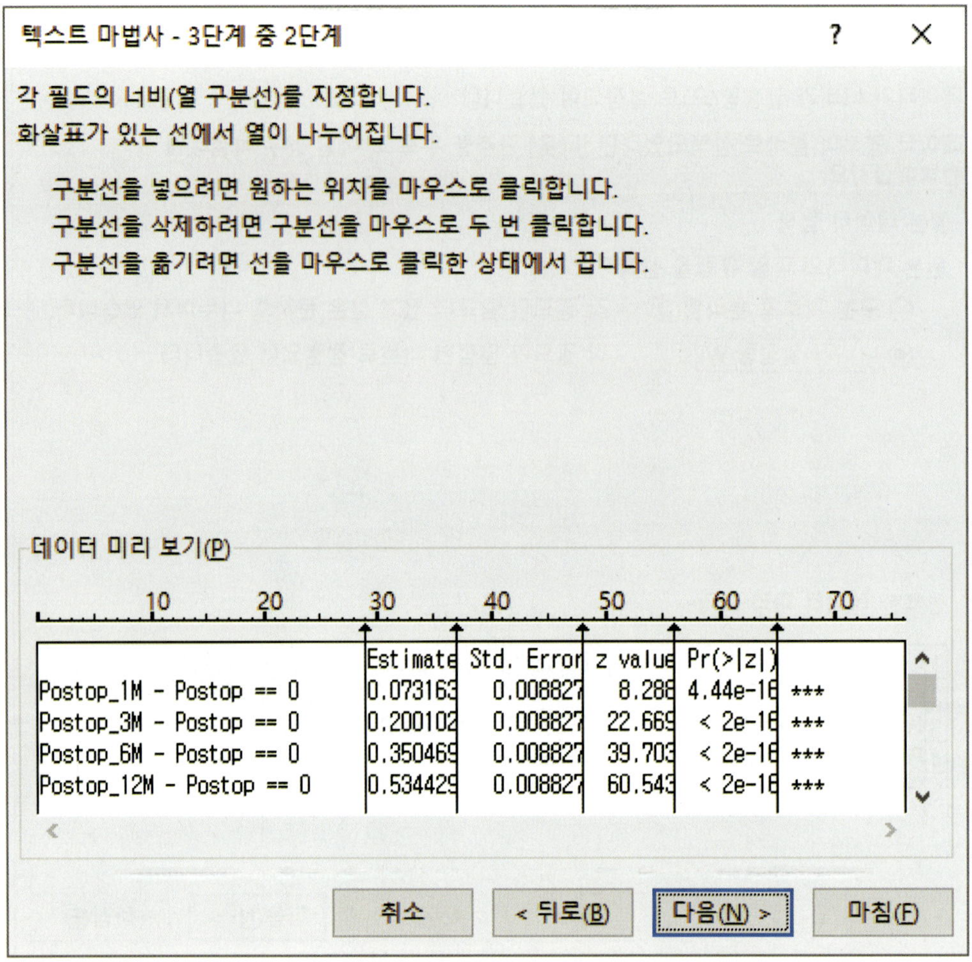

자동으로 적절하게 만들어진 구분선을 이동하거나 삭제하거나 추가할 수 있습니다.

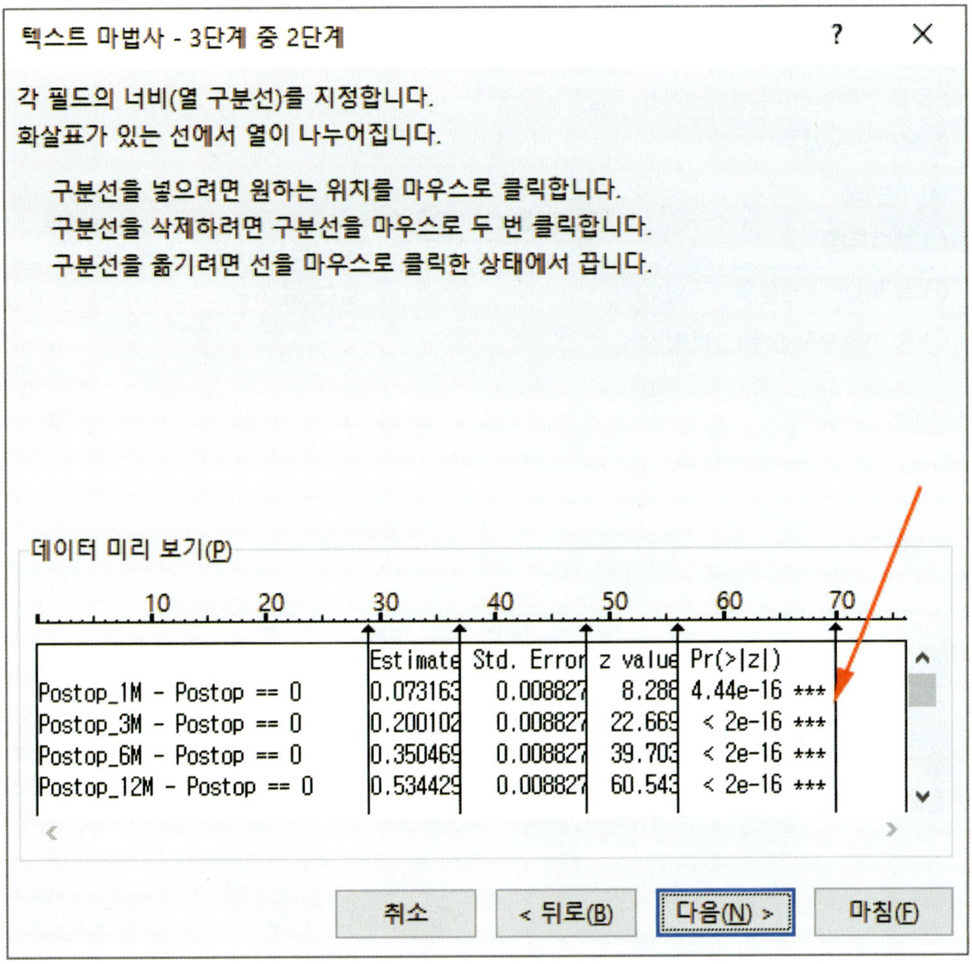

마지막 구분선을 드래그하여 이동시켜보았습니다.

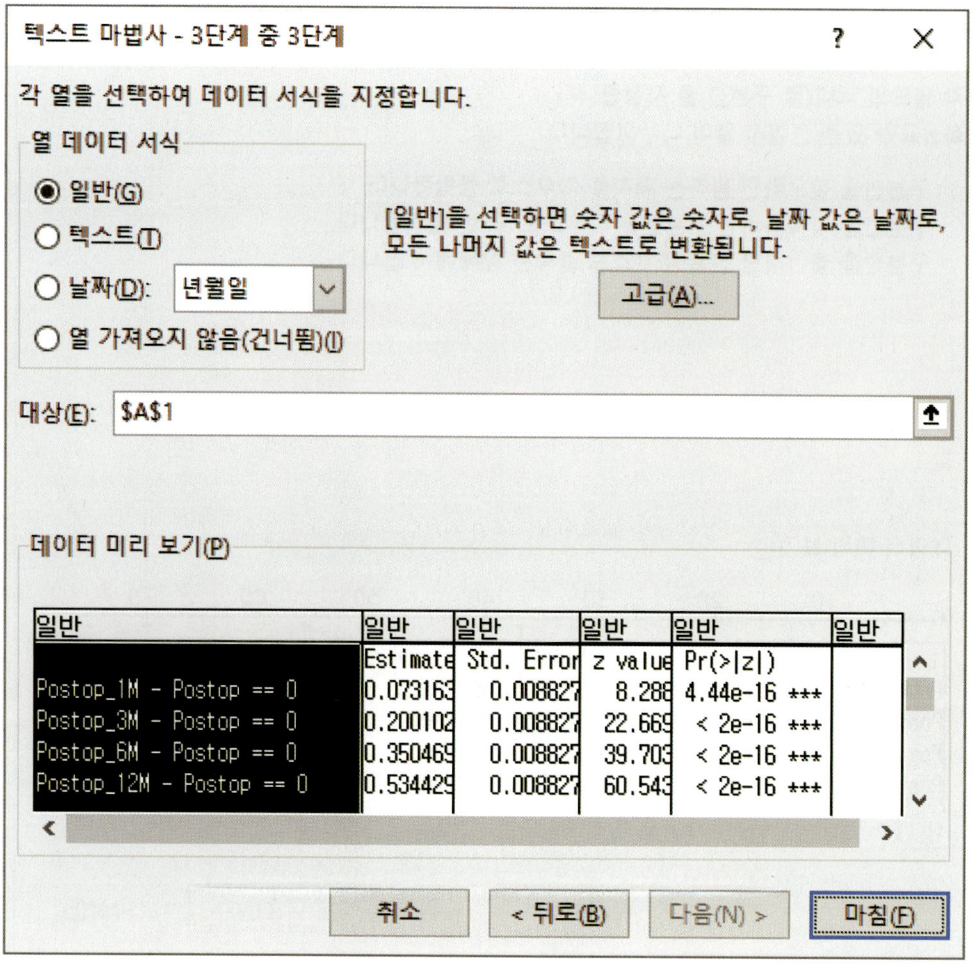

다음에는 서식을 적절히 지정해줍니다. 숫자인지, 문자인지, 날짜인지 등을 고려하여 지정합니다.

	A	B	C	D	E
1		Estimate	Std. Error	z value	Pr(>|z|)
2	Postop_1M	0.073163	0.008827	8.288	4.44e-16 ***
3	Postop_3M	0.200102	0.008827	22.669	< 2e-16 ***
4	Postop_6M	0.350469	0.008827	39.703	< 2e-16 ***
5	Postop_12M	0.534429	0.008827	60.543	< 2e-16 ***
6	Postop_18M	0.610449	0.008827	69.155	< 2e-16 ***
7	Postop_24M	0.663469	0.008827	75.161	< 2e-16 ***
8	Postop_3M	0.126939	0.008827	14.38	< 2e-16 ***
9	Postop_6M	0.277306	0.008827	31.415	< 2e-16 ***
10	Postop_12M	0.461265	0.008827	52.254	< 2e-16 ***
11	Postop_18M	0.537286	0.008827	60.866	< 2e-16 ***
12	Postop_24M	0.590306	0.008827	66.873	< 2e-16 ***
13	Postop_6M	0.150367	0.008827	17.034	< 2e-16 ***
14	Postop_12M	0.334327	0.008827	37.874	< 2e-16 ***
15	Postop_18M	0.410347	0.008827	46.486	< 2e-16 ***
16	Postop_24M	0.463367	0.008827	52.493	< 2e-16 ***
17	Postop_12M	0.183959	0.008827	20.84	< 2e-16 ***
18	Postop_18M	0.25998	0.008827	29.452	< 2e-16 ***
19	Postop_24M	0.313	0.008827	35.458	< 2e-16 ***
20	Postop_18M	0.07602	0.008827	8.612	< 2e-16 ***
21	Postop_24M	0.129041	0.008827	14.618	< 2e-16 ***
22	Postop_24M	0.05302	0.008827	6.006	1.90e-09 ***

적절하게 구분되었다면 테두리 등을 지정한 뒤에 복사하여 워드나 파워포인트에 붙여넣어 표로 활용하면 됩니다.

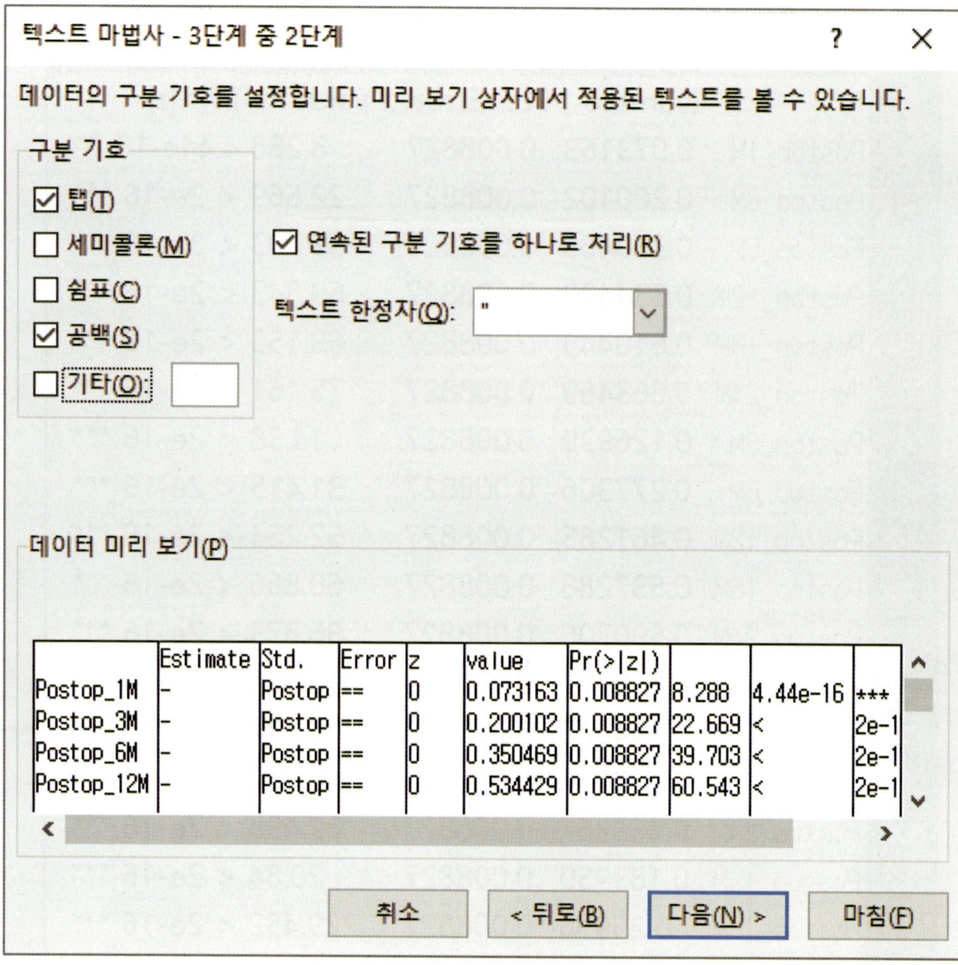

'구분 기호'를 이용하는 방법도 때로는 매우 유용합니다. 데이터의 성격에 따라 적절히 사용하면 됩니다.

1.8 IF 함수

엑셀 함수 중에 가장 많이 활용되는 함수가 IF 함수일 것입니다. 제가 여러분에게 딱 하나만 추천해야 한다면, 그것도 IF 함수입니다.

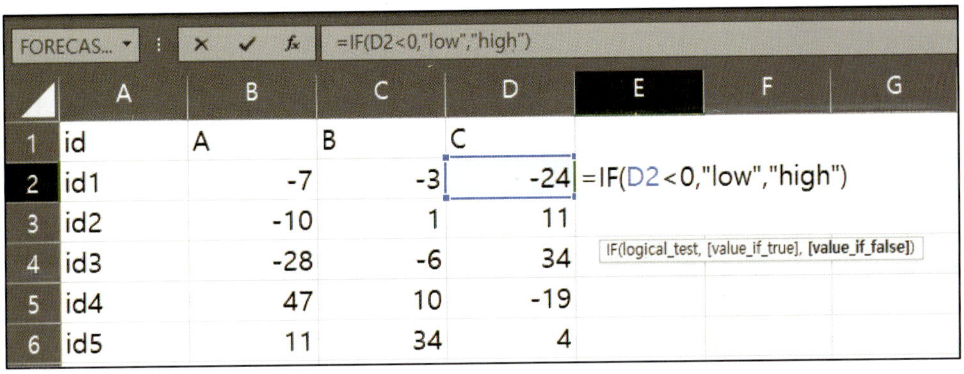

'example1.csv'를 열고 D열의 숫자에 따라 두 집단으로 나누어봅시다. E2에 위 그림과 같이 입력해봅시다. 이는 C2 값이 0보다 작으면 D2의 값을 low로 하고, 그렇지 않으면 high로 입력하라는 뜻입니다. 문자는 큰따옴표로 묶어줍니다.

=IF(조건,참의 결과,거짓의 결과)

이렇게 IF 함수는 세 가지 인자로 구성되는데, 함수에 익숙해질 때까지는 무조건 이렇게 입력하고 Enter를 칩니다.

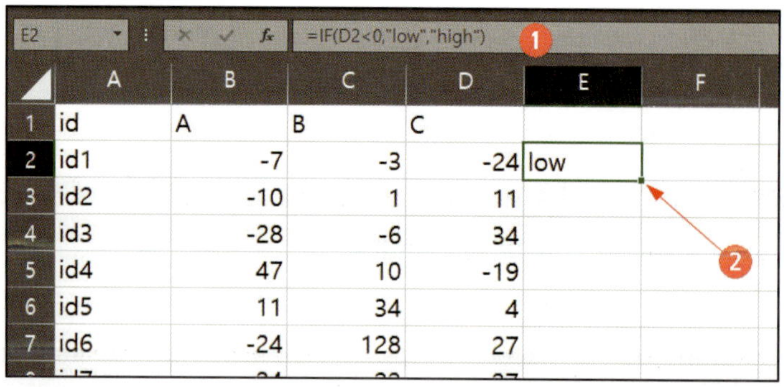

E2 | =IF(D2<0,"low","high") ❶

	A	B	C	D	E	F
1	id	A	B	C		
2	id1	-7	-3	-24	low	
3	id2	-10	1	11		
4	id3	-28	-6	34		
5	id4	47	10	-19		
6	id5	11	34	4		
7	id6	-24	128	27		

겉보기엔 low로 표시되지만 실제값(수식)은 위의 수식입력줄❶에 보입니다. 이후 셀의 오른쪽 아래에 있는 작은 사각형❷을 더블클릭합니다.

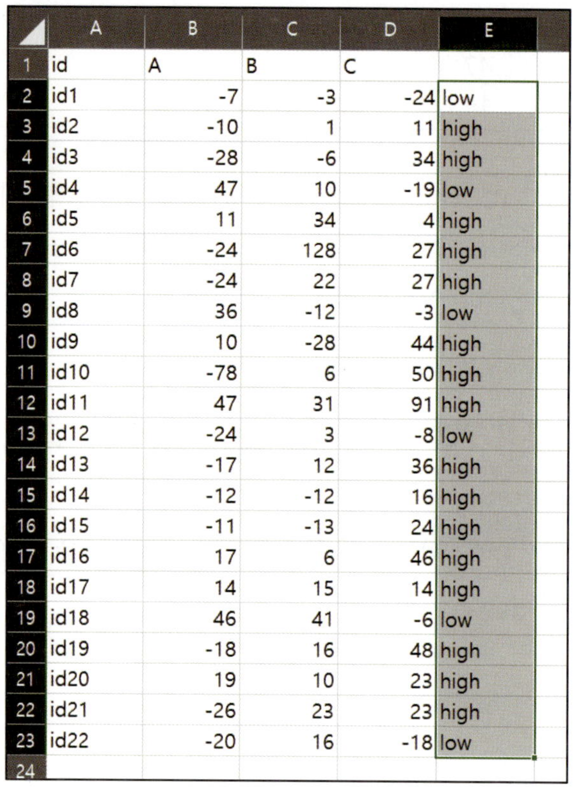

	A	B	C	D	E
1	id	A	B	C	
2	id1	-7	-3	-24	low
3	id2	-10	1	11	high
4	id3	-28	-6	34	high
5	id4	47	10	-19	low
6	id5	11	34	4	high
7	id6	-24	128	27	high
8	id7	-24	22	27	high
9	id8	36	-12	-3	low
10	id9	10	-28	44	high
11	id10	-78	6	50	high
12	id11	47	31	91	high
13	id12	-24	3	-8	low
14	id13	-17	12	36	high
15	id14	-12	-12	16	high
16	id15	-11	-13	24	high
17	id16	17	6	46	high
18	id17	14	15	14	high
19	id18	46	41	-6	low
20	id19	-18	16	48	high
21	id20	19	10	23	high
22	id21	-26	23	23	high
23	id22	-20	16	-18	low
24					

이를 '자동 채우기'라 하고, 작은 사각형을 '자동 채우기 핸들'이라고 합니다. '자동 채우기 핸들'을 드래그해서 원하는 위치까지 값을 채울 수 있으며, 더블클릭을 하면 빈칸이 나타날 때까지 자동으로 채워집니다.

그럼 low와 high가 아니라 low, medium, high 3단계로 구분하려면 어떻게 해야 할까요?

=IF(조건,참의 결과,거짓의 결과)

=IF(조건,참의 결과,IF(조건,참의 결과,거짓의 결과))

IF 안에 다시 IF를 넣어서 해결할 수 있습니다.

FORECAS... =IF(D2<0,"low",IF(D2<30,"medium","high"))

	A	B	C	D	E	F	G	H
1	id	A	B	C				
2	id1	-7	-3	-24	=IF(D2<0,"low",IF(D2<30,"medium","high"))			
3	id2	-10	1	11				
4	id3	-28	-6	34	high			
5	id4	47	10	-19	low			
6	id5	11	34	4	medium			
7	id6	-24	128	27	medium			

IF(logical_test, [value_if_true], [value_if_false])

이때 오른쪽의 닫는 괄호가 2개인 것에 주의합시다. 하지만 만일 틀리게 괄호를 넣어도 엑셀에서는 자동으로 채워줍니다. 이렇게 수식을 넣고, 아래쪽으로 '자동 채우기'를 하면 원하는 대로 만들 수 있습니다. 함수를 다 입력한 뒤에는 꼭 Enter를 치도록 합시다.

D	E	F	G	H	I
C					
-24	=IF(D2<0,"low",IF(D2<30,"medium","high"))				
11	=IFS(D3<0,"low",D3<30,"medium",TRUE,"high")				
34	high				
-19	low				

이렇게 IF 안에 IF를 넣는 것이 복잡하다고 생각했는지 엑셀 2016 버전부터는 IFS 함수가 생겨서 조건, 결과, 조건, 결과, 조건, 결과…… 이런 식으로 보다 단순화할 수 있게 되었습니다. **마지막 조건에는 TRUE를 넣어주어야 합니다.**

IFS 함수를 이용하면 IF 안에 IF가 많이 들어갈수록 복잡해지는 것을 피할 수 있지만, 제 경우엔 자주 사용하지 않습니다. 내가 만든 엑셀 파일을 다른 사람들도 사용해야 하는데 아직 모두가 엑셀 2016을 사용하는 것은 아니기 때문입니다. 또한 IF 함수도 익숙해지면 그리 어렵지 않기 때문이기도 합니다.

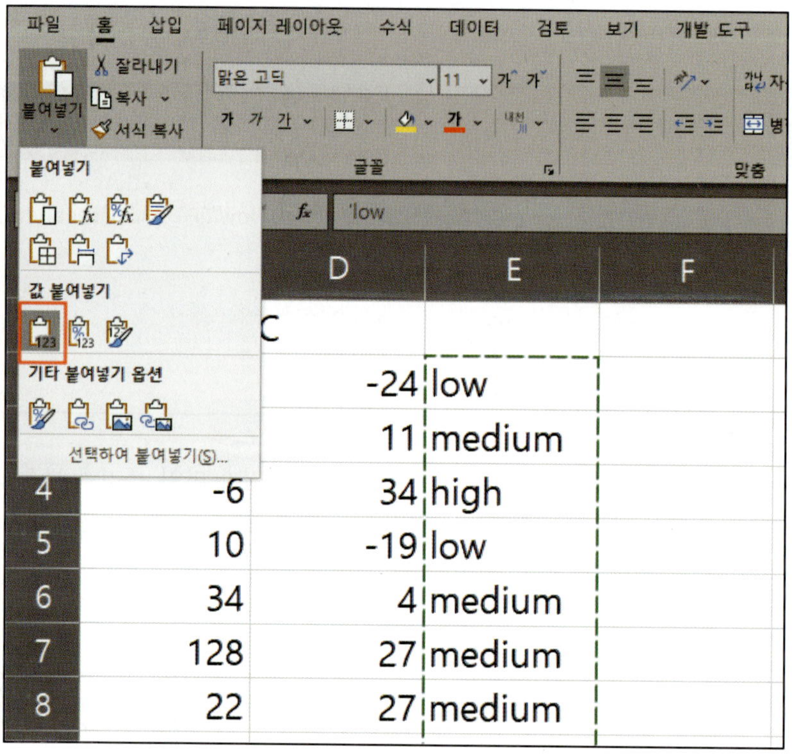

이렇게 만들어진 값을 복사(Ctrl C)해서 '홈'의 '붙여넣기' 중 '값 붙여넣기'를 선택하면 수식을 없애고 실제 겉보기값을 그대로 고정시켜 넣을 수 있습니다. '값 붙여넣기'는 이 경우뿐 아니라 다양하게 사용되므로 알아두어야 합니다. 만약 '값 붙여넣기'를 하지 않은 상태에서 D열을 제거해버리면 E열의 수식에 영향을 주어 해당 셀의 값들이 에러로 표시됩니다.

IF 함수는 지금처럼 연속 변수를 구간으로 바꾸어줄 때뿐 아니라 훨씬 다양하게 사용할 수 있습니다. 여기서는 가장 단순한 예를 사용하였고 익숙해지면 스스로 여러 경우에 알맞게 응용할 수 있을 것입니다.

◆플러스 알파

우리는 IF 함수의 사용 예로 연속 변수를 구간 변수로 나누는 것을 배웠습니다. 여기서 조금 더 배워보도록 하겠습니다.

https://tinyurl.com/conti2ord를 방문하면 예제 데이터가 있습니다. 구간 변수로 바꾸고자 하는 열❶, 즉 2열의 값을 이용하여 3개의 집단❷으로 나누려고 합니다. 이때 기준은 'rank❸'입니다. 이는 작은 값부터 큰 값까지 순서를 정하여 순위에 따라 3개 집단의 데이터 개수가 가능한 한 비슷해지도록 나누겠다는 의미입니다.

original data | reformed data | count | How to use

Sepal.Length	Sepal.Width	Petal.Length	Petal.Width	Species	❹ newgroups
5.10	3.50	1.40	0.20	setosa	3.00
4.90	3.00	1.40	0.20	setosa	2.00
4.70	3.20	1.30	0.20	setosa	2.00
4.60	3.10	1.50	0.20	setosa	2.00
5.00	3.60	1.40	0.20	setosa	3.00
5.40	3.90	1.70	0.40	setosa	3.00
4.60	3.40	1.40	0.30	setosa	3.00
5.00	3.40	1.50	0.20	setosa	3.00
4.40	2.90	1.40	0.20	setosa	1.00

두 번째 탭(reformed data)에는 새로운 열❹이 추가되면서 rank에 따라 1, 2, 3이 배정됩니다.

original data | reformed data | count

```
 1  2  3
57 50 43
```

세 번째 탭(count)에는 1, 2, 3에 배정된 데이터 개수가 표시됩니다. 가급적 비슷한 개수로 배정되지만 같은 값이 있기 때문에 꼭 맞아떨어지지는 않습니다.

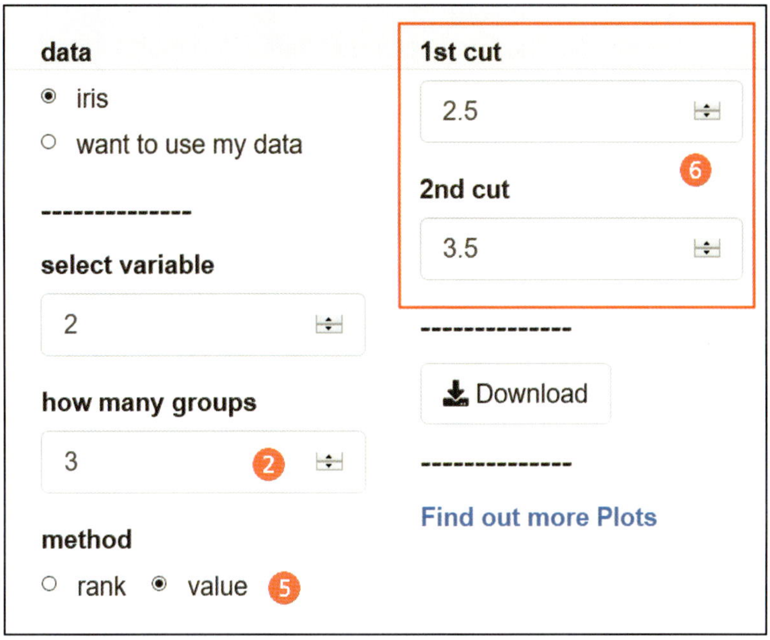

이번에는 method를 'value❺'로 지정하고 3개 집단❷으로 나누어봅시다. cut-line❻은 나눌 집단의 수보다 하나 작은 수로 설정됩니다. 3개 집단으로 나누기 때문에 cut-line은 2개로 설정되었습니다.

2nd cut가 3.5이므로 값이 3.5인 경우는 3번으로 배정됩니다. 3.5 미만은 2번, 2.5 미만은 1번이 배정됩니다.

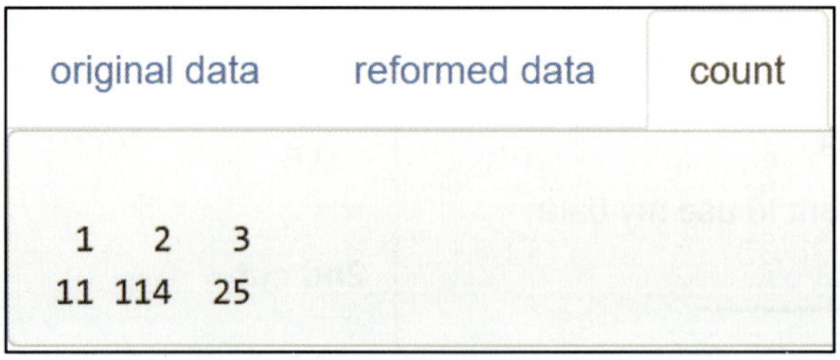

'value'를 기준으로 나누면 'rank'를 기준으로 나눌 때보다 각 집단에 배정된 데이터 개수가 많이 차이 나기 쉽습니다. 나누어진 결과는 'Downlod'를 클릭하여 csv 파일로 내려받을 수 있습니다.

연속 변수를 구간으로 나누는 것은 원래 정보를 소실하는 것이기 때문에 아주 바람직한 것은 아닙니다. 하지만 실생활에서는 키가 얼마 이상이어야 놀이기구에 태울 수 있다거나, 나이가 얼마 이상이면 성인 요금을 책정한다거나, 구매 금액이 얼마 이상일 때 할인율을 높여준다거나 하는 등, 실질적으로 구간을 나누어야 하는 경우가 빈번합니다.

이상 PART 01에서 다룬 내용들을 다시 정리해보겠습니다.

작업	용도
변수 이름 정하기	엑셀로 데이터를 수집할 때 필요함
명목 변수 이름 붙이기	
데이터 유효성 검사	
필터	만들어진 데이터를 분석하기 전 전처리 단계에서 필요함
찾기와 바꾸기	
IF 함수	
텍스트 결과를 표로 만들기	문자로 분석 결과가 나오는 경우(보통 R) 표로 만들어줌

PART 01에서 배운 작업은 어떤 통계 프로그램을 사용하더라도 꼭 필요합니다. 다음에 나오는 '설치하기'는 PART 02와 03을 위한 준비 작업입니다.

1.9 설치하기

이제는 다음 작업을 위해서 설치할 것이 있습니다. 아주 쉽기 때문에 그림을 보고 따라 하면 됩니다.

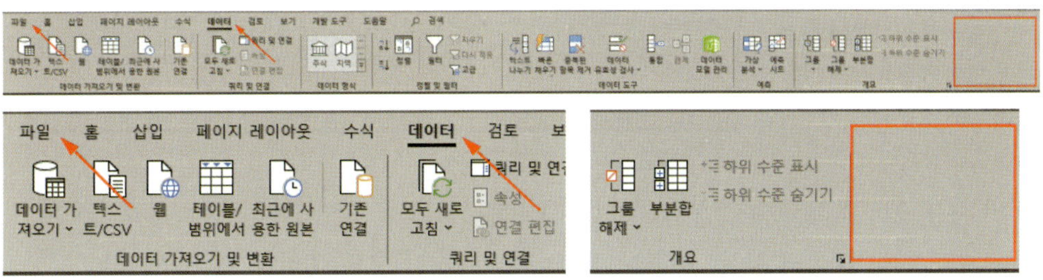

먼저 엑셀에서 '데이터' 메뉴를 살펴보면, 일반적으로 빨간 상자 부분은 비어 있습니다. 저는 오피스 365와 엑셀 2010을 사용하고 있는데, 둘의 구분을 위해 365 버전은 위 그림처럼 회색테마를 설정했습니다.

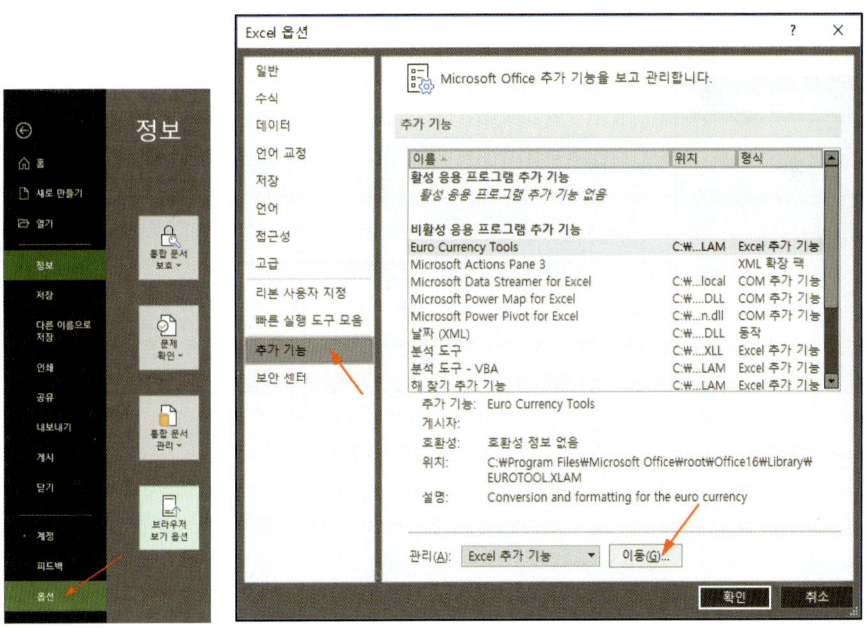

'파일 〉 옵션 〉 추가 기능 〉 분석 도구 〉 이동'을 차례대로 클릭합니다.

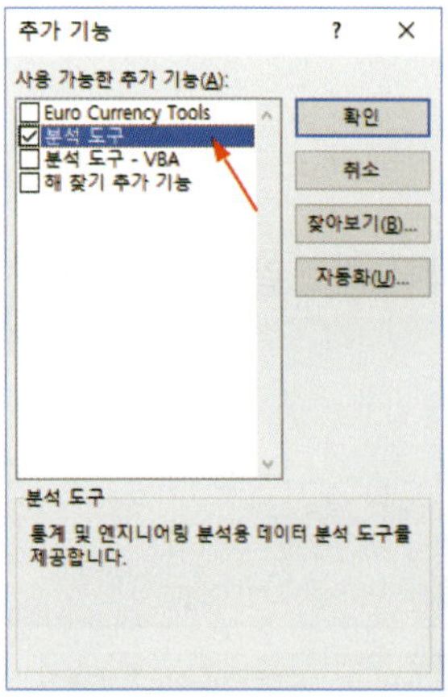

'분석 도구'와 '분석 도구 – VBA'를 체크한 뒤 '확인'을 클릭하면 비어 있던 '데이터' 메뉴 오른쪽에 '데이터 분석' 버튼이 생깁니다. 그러면 모든 준비가 된 것입니다.

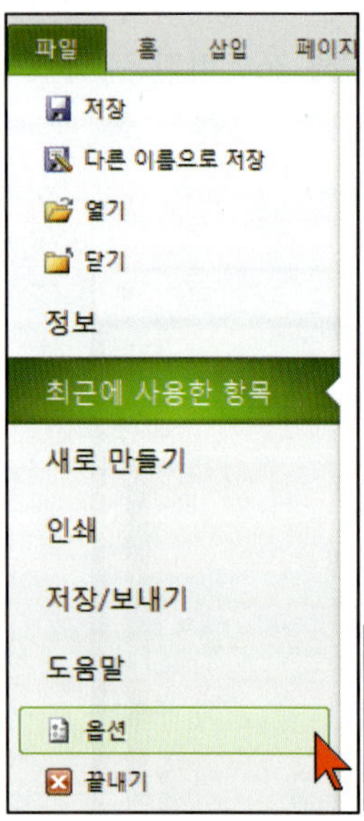

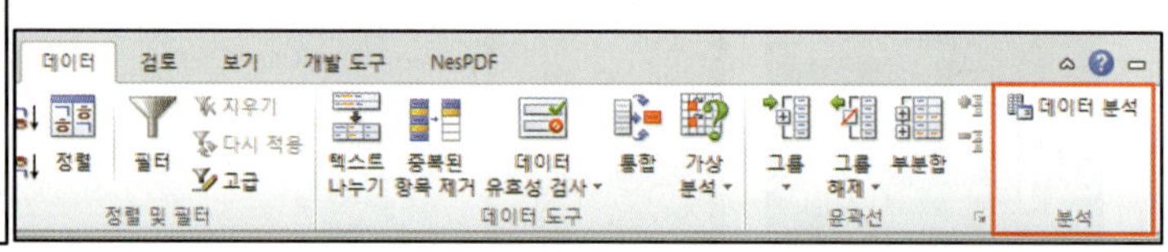

엑셀 2010에서도 똑같은 방식으로 설치할 수 있습니다.

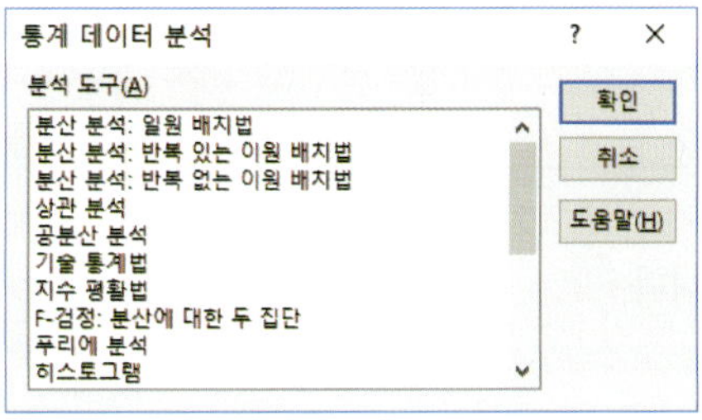

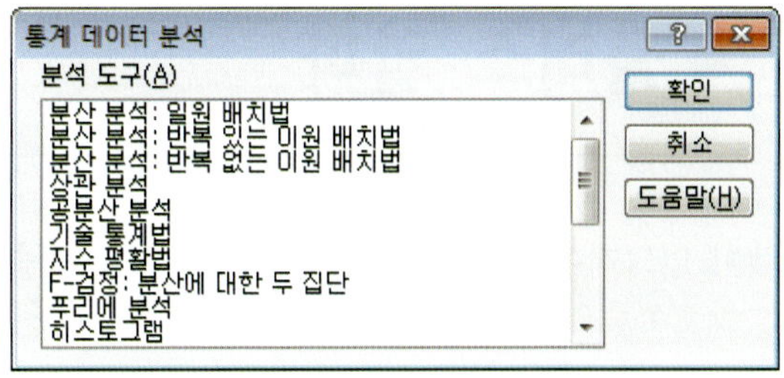

새로 생긴 '데이터 분석' 메뉴를 클릭하면 '통계 데이터 분석'이라는 창이 나타납니다. 이 창의 메뉴 구성도 365 버전(왼쪽)과 2010 버전(오른쪽)이 동일합니다. 이는 최소한 제가 처음 사용했던 2002년도에도 동일했습니다. 단지 그때는 추가 기능을 사용하기 위해 설치 CD를 다시 삽입해야 했습니다. 그러니 여러분이 어떤 버전의 엑셀을 가지고 계시더라도 모두 이 기능을 사용할 수 있을 것입니다.

◆플러스 알파

엑셀이 업그레이드되면서 통계 기능도 개선되었습니다.

	A	B	C	D
1		2007	2010	
2		RANK	RANK.EQ	RANK.AVG
3	100	1	1	1
4	95	2	2	2.5
5	95	2	2	2.5
6	93	4	4	4
7	90	5	5	5

예를 들면, 2010에서 함수 개편이 이루어지면서 통계 함수가 업그레이드되었습니다. 2007 버전에는 순위를 보여주는 RNAK 함수가 있었는데, 2010 버전부터는 함수를 체계화하여 복잡한 함수를 계통별로 정리하고 점(.)을 이용해 분류할 수 있게 되었습니다. RANK.EQ는 과거의 RANK와 같은 것이며, 통계에서 자주 사용하는 RANK.AVG가 신설되었습니다.

위 그림처럼 2007에서 RANK를 사용하면 1등이 있고, 공동 2등이 2명이면 일반적으로 그다음은 4등이 됩니다. 하지만 통계에서는 공동 2등이 없습니다. 2등과 3등이 공동이면 둘 다 공동 2.5등이 됩니다. 만약 2, 3, 4등이 공동이면 공동 3등이 3명이 됩니다. 2010에서 RANK.AVG를 사용하면 이 같은 결과를 얻을 수 있습니다. 비모수 검정을 할 때 순위를 부여하는 방식이 RANK.AVG입니다.

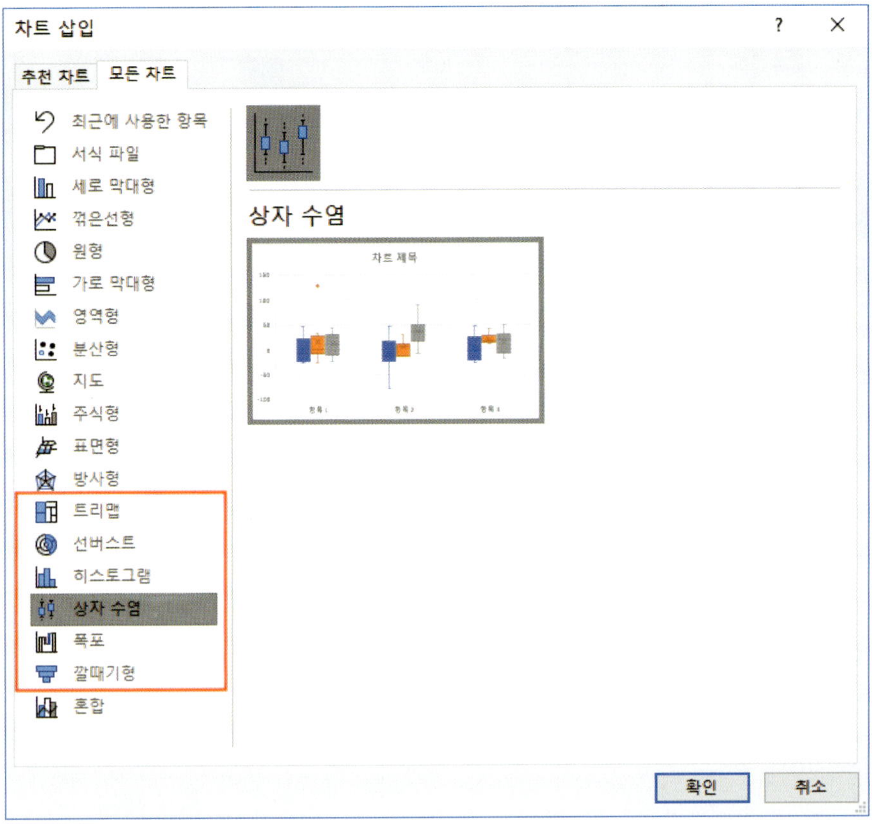

2013에는 '상자 수염 차트(box wisker plot)'를 포함하여 몇 가지 차트가 더 추가되었습니다. 통계를 하는 사람들에게는 이미 매우 익숙하고 많이 사용되는 이 차트가 2013에야 추가된 것은 사실 꽤 늦은 감이 있습니다.

2016에는 '예측 시트'가 추가되어 좀 더 고급 통계가 가능해졌습니다.

대부분의 경우에 이 책에서 소개하는 내용은 오래된 버전의 엑셀에서도 가능한 것들이며, 예외적인 몇몇 경우에는 따로 설명하도록 하겠습니다.

기술 통계는 자료를 요약하고 정리하고 보여주기 위한 부분입니다.
기술 통계는 PART 03에서 배울 추리 통계와 함께 통계 분야의 양대 산맥과도 같습니다. 통계 강의에서는 다소 소외되는 경향이 있지만 그 중요성 면에서 결코 간과해서는 안 되는 영역입니다. 다행히 배우기 쉬우므로 강의에서 다루지 않더라도 개인적으로 꼭 공부하기를 추천합니다.
표본 추출이나 난수 생성은 기술 통계와 상관없지만 따로 분류하기가 마땅치 않아 PART 02에 함께 담았습니다.

PART 02

기술 통계
(descriptive statistics)

2.1 기술 통계법

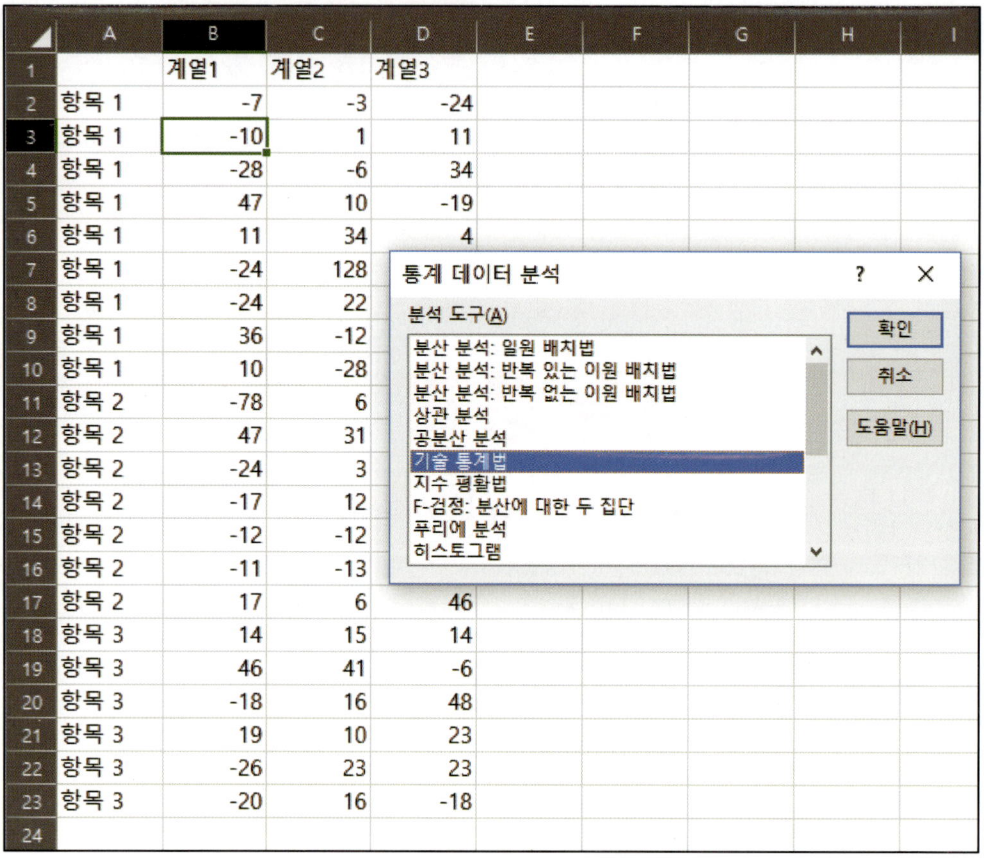

'example1.xlsx'을 열고 '데이터 분석' 창을 엽니다. '분석 도구' 목록은 쉽고 간단한 순서나, 자주 사용하는 순서와 같은 정렬 규칙 없이 단순 나열되어 있습니다. 그래서 제 생각에 가장 간단하고 기본적인 것부터 차례대로 소개하려고 합니다. 먼저 가장 기본이 되는 '기술 통계법'을 배우겠습니다.

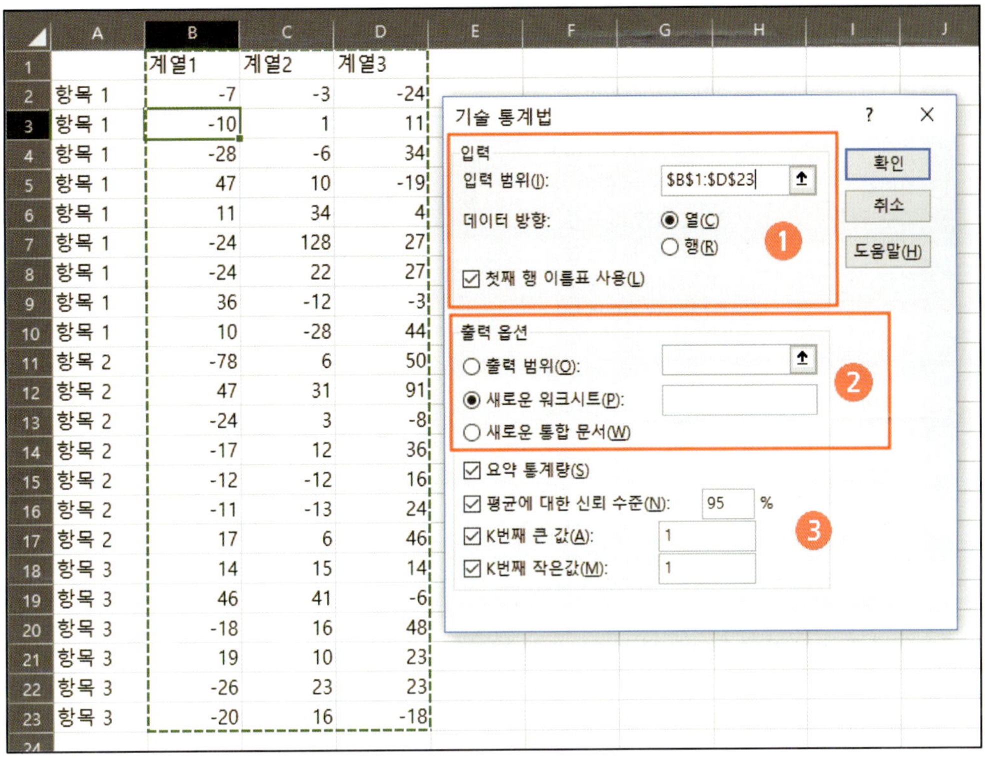

사용할 데이터의 범위❶를 지정해줍니다. 대부분의 경우에 열 방향으로 데이터를 정리하는 경우가 많습니다. 필요에 따라 '첫째 행을 이름표로 사용'을 선택합니다.

간단한 데이터는 '출력 범위'를 지정하여 데이터 옆에 결과가 보이게 하기도 하지만 대부분의 경우에는 '새로운 워크시트'를 만들어서 결과를 보여줍니다❷.

나머지 결과의 선택은 일단 모든 항목에 체크해줍니다❸. 체크한 것에 따라 보이는 것이 약간씩 다를 수 있는데 직접 실행해보면 바로 이해할 수 있을 정도로 단순합니다.

	A	B	C	D	E	F
2						
3	평균	-2.363636364	평균	13.63636364	평균	20
4	표준 오차	6.49226828	표준 오차	6.505590488	표준 오차	5.8554
5	중앙값	-10.5	중앙값	10	중앙값	23
6	최빈값	-24	최빈값	10	최빈값	27
7	표준 편차	30.45143746	표준 편차	30.51392415	표준 편차	27.46426
8	분산	927.2900433	분산	931.0995671	분산	754.2857
9	첨도	0.52549845	첨도	9.430627931	첨도	0.676141
10	왜도	-0.133267979	왜도	2.563057026	왜도	0.479745
11	범위	125	범위	156	범위	115
12	최소값	-78	최소값	-28	최소값	-24
13	최대값	47	최대값	128	최대값	91
14	합	-52	합	300	합	440
15	관측수	22	관측수	22	관측수	22
16	가장 큰 값(1)	47	가장 큰 값(1)	128	가장 큰 값(1)	91
17	가장 작은 값(1)	-78	가장 작은 값(1)	-28	가장 작은 값(1)	-24
18	신뢰 수준(95.0%)	13.501411	신뢰 수준(95.0%)	13.52911605	신뢰 수준(95.0%)	12.17697

15행까지가 기본적인 '요약 통계량'이며, 평균에 대한 신뢰 수준이 18행, 최소값과 최대값이 16, 17행에 나오는데 12행과 13행에 있는 값과 같습니다. 숫자를 지정해줌에 따라 임의의 등수에 해당하는 값을 구할 수 있습니다.

◆플러스 알파

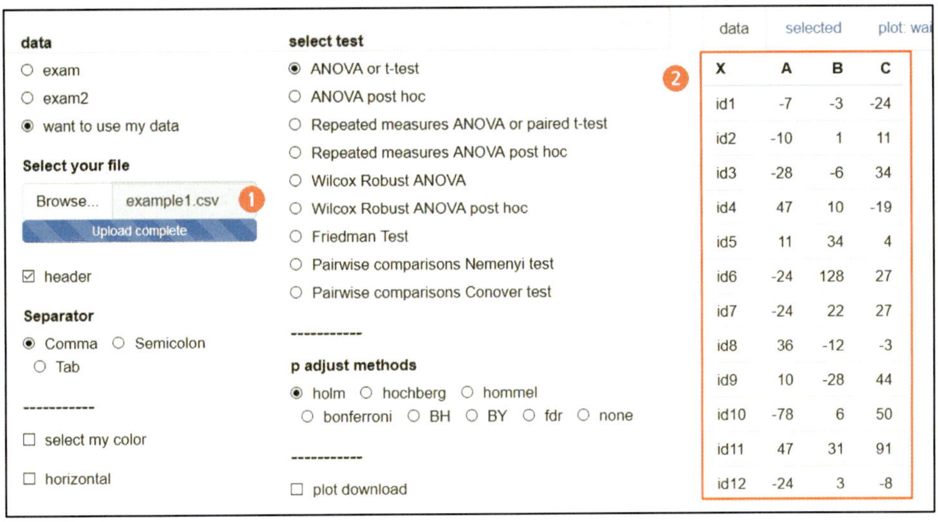

http://tinyurl.com/violins4explorers를 방문하여 예제 파일(example1.csv)을 csv 형식으로 저장한 다음 업로드❶합니다. 이때 한글을 모두 영어❷로 바꾸어줍니다.

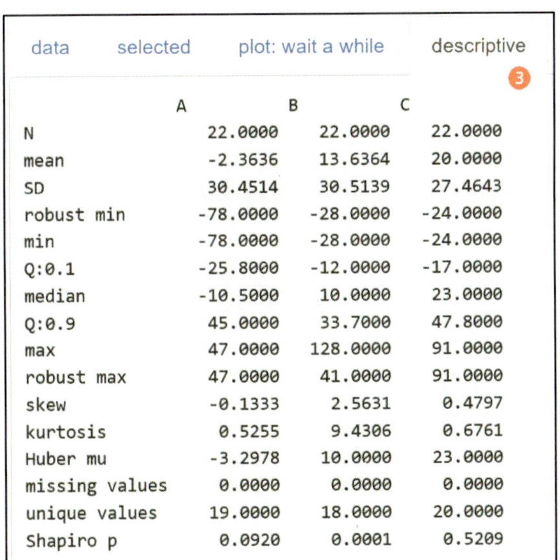

	A	B	C
N	22.0000	22.0000	22.0000
mean	-2.3636	13.6364	20.0000
SD	30.4514	30.5139	27.4643
robust min	-78.0000	-28.0000	-24.0000
min	-78.0000	-28.0000	-24.0000
Q:0.1	-25.8000	-12.0000	-17.0000
median	-10.5000	10.0000	23.0000
Q:0.9	45.0000	33.7000	47.8000
max	47.0000	128.0000	91.0000
robust max	47.0000	41.0000	91.0000
skew	-0.1333	2.5631	0.4797
kurtosis	0.5255	9.4306	0.6761
Huber mu	-3.2978	10.0000	23.0000
missing values	0.0000	0.0000	0.0000
unique values	19.0000	18.0000	20.0000
Shapiro p	0.0920	0.0001	0.5209

'descriptive' 탭에는 엑셀과 비슷한 요약된 기술 통계량들❸이 제시됩니다.

2.2 히스토그램(histogram)

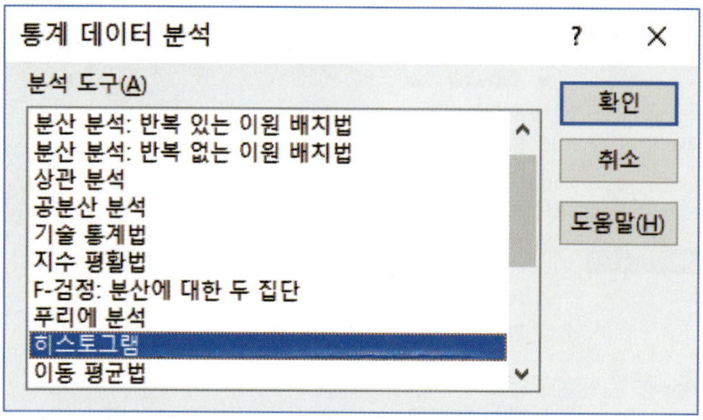

'히스토그램'은 키나 체중 같은 연속된 변수의 분포를 보여주는 대표적인 plot으로 우리말로 '도수분포표'라고 합니다.

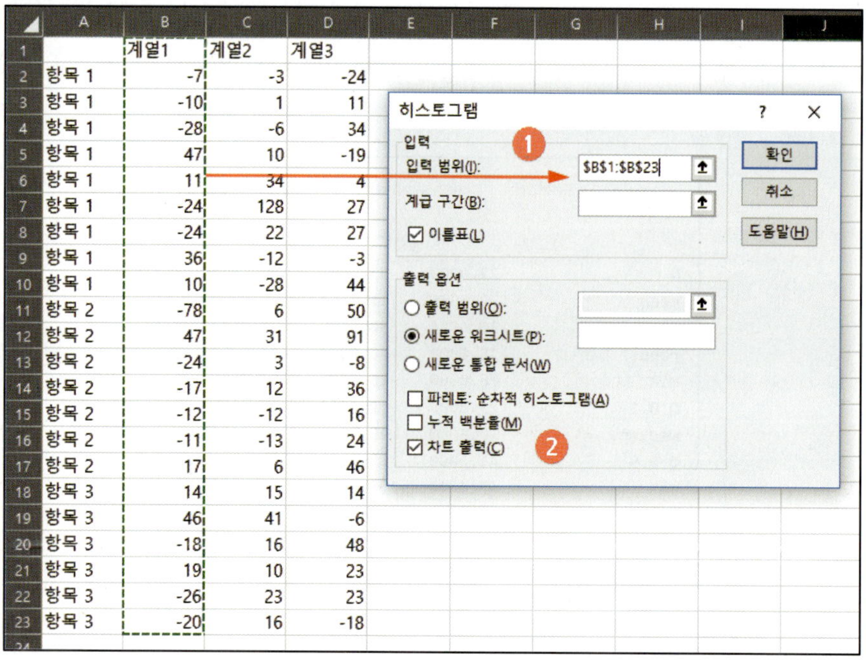

'입력 범위'를 지정하되 '계급 구간'은 비워둡니다❶. 차트 중에서 다른 것은 두고 '차트 출력❷'만 선택합니다.

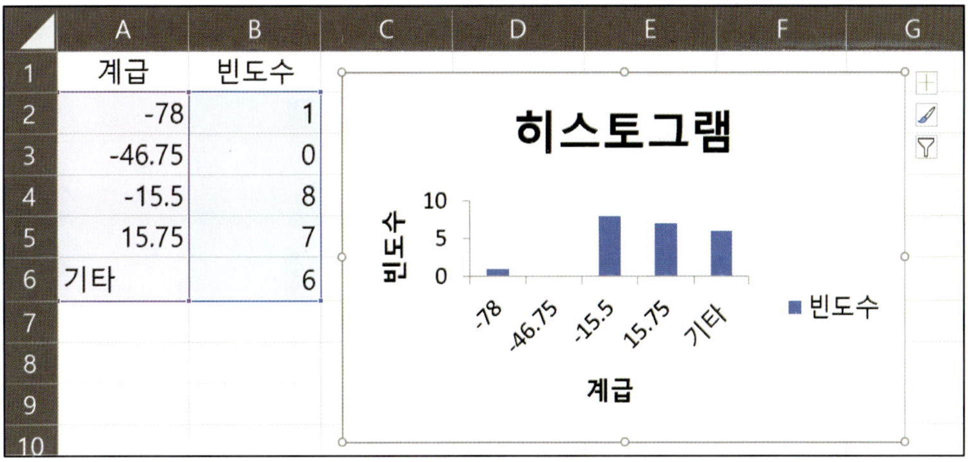

계급과 빈도수가 제시되고 히스토그램이 만들어지지만 계급 구간을 판단하기가 어렵습니다.

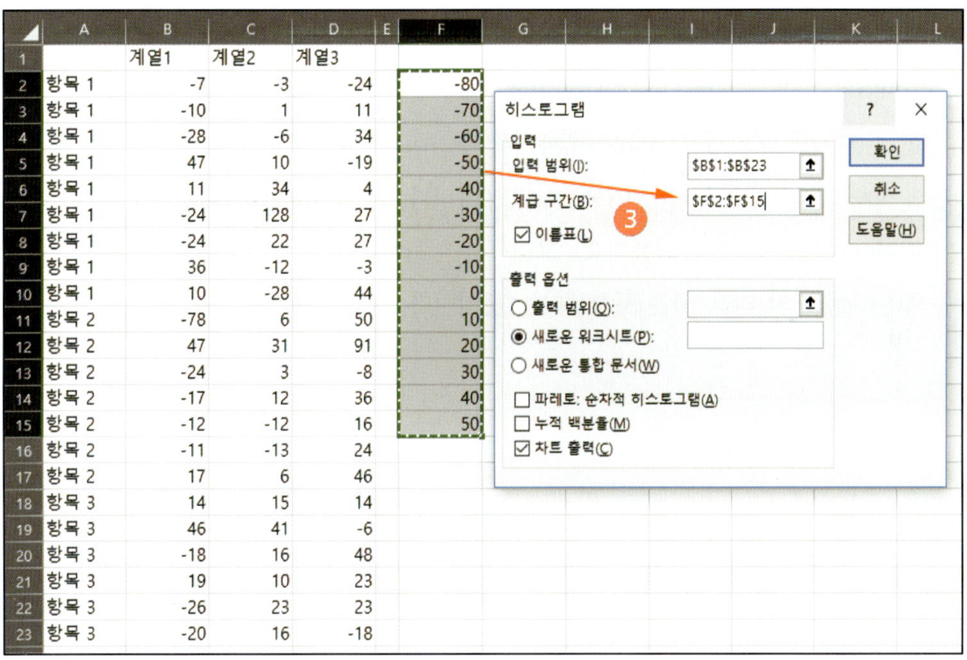

이번에는 −80부터 50까지 최소값과 최대값을 포함하여 적절한 간격으로 나누어 ‘계급 구간’을 입력해두고 지정❸합니다.

	A	B
1	-80	빈도수
2	-70	1
3	-60	0
4	-50	0
5	-40	0
6	-30	0
7	-20	6
8	-10	5
9	0	1
10	10	1
11	20	4
12	30	0
13	40	1
14	50	3
15	기타	0

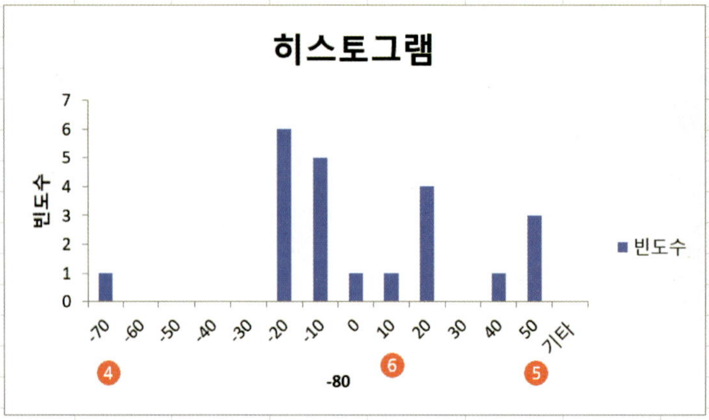

-70이라고 표시된 구간❹의 빈도수는 1인데 실제 자료에 -78이라는 값이 하나 있습니다. 즉 -70이라고 표시된 구간은 -80부터 -70까지임을 알 수 있습니다. 최대값이 포함된 구간, 즉 50이라고 표시된 구간❺은 46, 47, 47이라는 값이 있어 빈도수가 3임을 알 수 있습니다.

10이라고 표시된 구간❻은 0부터 10까지의 구간인데, 그러면 0과 10은 여기에 포함될까요? 실제 자료를 보면 이 구간에 10이 있습니다. 추정컨대 0은 포함되지 않고 10은 포함되어야 빈도수가 1이 되겠지요. 그래서 표현할 때 (0,10]이라고 표시합니다. 이 표시는 0은 포함되지 않고 10은 포함된다는 뜻입니다.

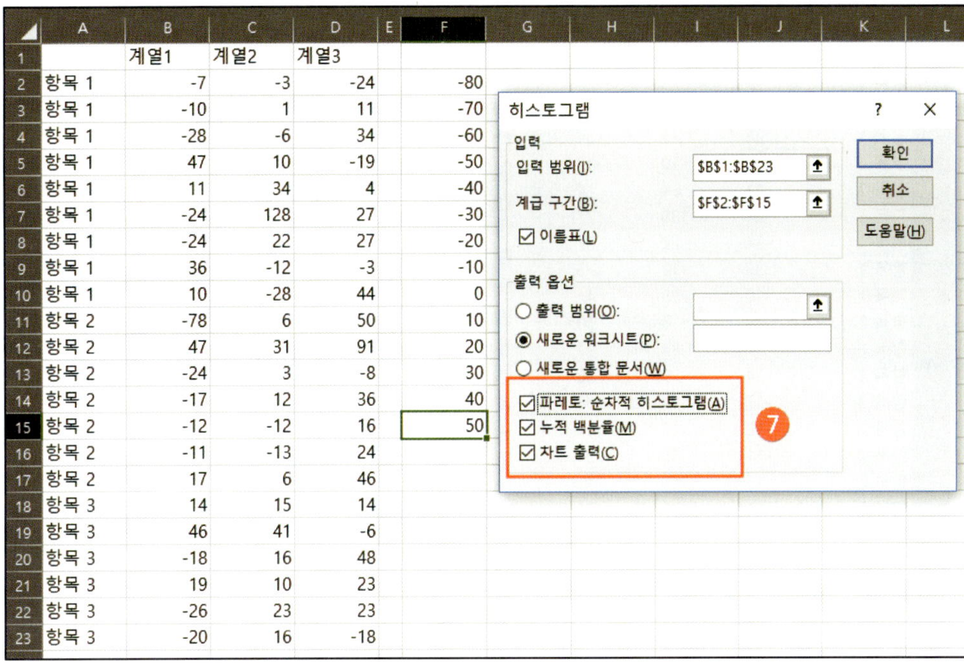

	A	B	C	D	E	F
1		계열1	계열2	계열3		
2	항목 1	-7	-3	-24		-80
3	항목 1	-10	1	11		-70
4	항목 1	-28	-6	34		-60
5	항목 1	47	10	-19		-50
6	항목 1	11	34	4		-40
7	항목 1	-24	128	27		-30
8	항목 1	-24	22	27		-20
9	항목 1	36	-12	-3		-10
10	항목 1	10	-28	44		0
11	항목 2	-78	6	50		10
12	항목 2	47	31	91		20
13	항목 2	-24	3	-8		30
14	항목 2	-17	12	36		40
15	항목 2	-12	-12	16		50
16	항목 2	-11	-13	24		
17	항목 2	17	6	46		
18	항목 3	14	15	14		
19	항목 3	46	41	-6		
20	항목 3	-18	16	48		
21	항목 3	19	10	23		
22	항목 3	-26	23	23		
23	항목 3	-20	16	-18		

이제는 '파레토 차트'와 '누적 백분율'을 포함해봅시다❼.

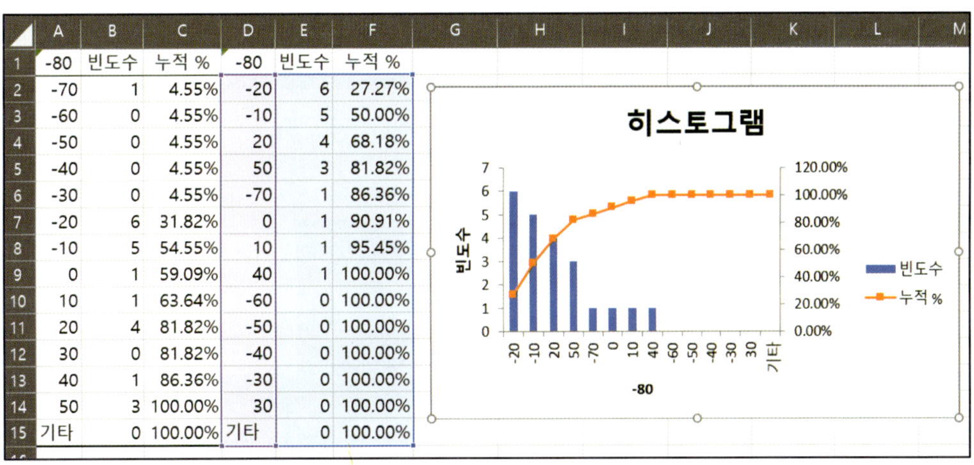

	A	B	C	D	E	F
1	-80	빈도수	누적 %	-80	빈도수	누적 %
2	-70	1	4.55%	-20	6	27.27%
3	-60	0	4.55%	-10	5	50.00%
4	-50	0	4.55%	20	4	68.18%
5	-40	0	4.55%	50	3	81.82%
6	-30	0	4.55%	-70	1	86.36%
7	-20	6	31.82%	0	1	90.91%
8	-10	5	54.55%	10	1	95.45%
9	0	1	59.09%	40	1	100.00%
10	10	1	63.64%	-60	0	100.00%
11	20	4	81.82%	-50	0	100.00%
12	30	0	81.82%	-40	0	100.00%
13	40	1	86.36%	-30	0	100.00%
14	50	3	100.00%	30	0	100.00%
15	기타	0	100.00%	기타	0	100.00%

빈도수가 많은 구간, 즉 막대기가 긴 순으로 왼쪽부터 배치하여 표시합니다. 이런 방식으로 표시하는 것을 파레토 차트라고 합니다.

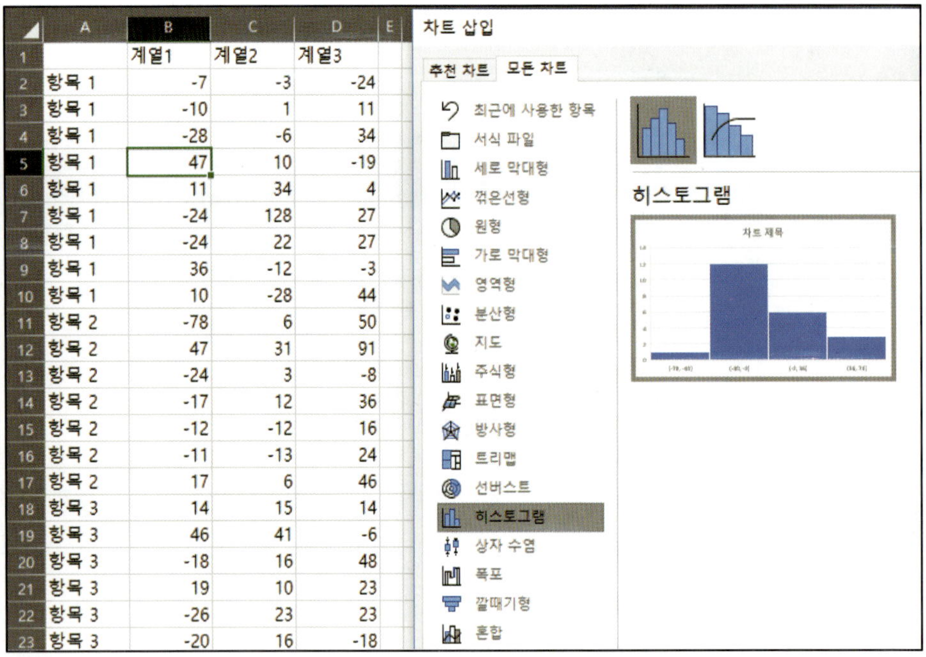

한편 커서를 계열1에 두고 '삽입 〉 차트 〉 히스토그램'을 선택해봅시다. 이 기능은 엑셀 2016 버전부터 가능합니다.

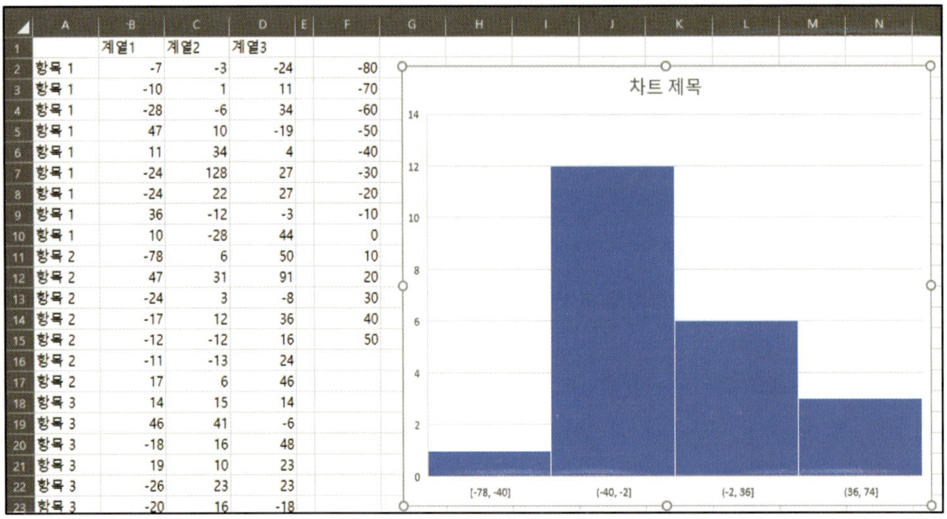

구간이 4개의 막대기로 표현됩니다. 구간 표시도 (−40,−2]와 같이 표시되어 알아보기 편리합니다.

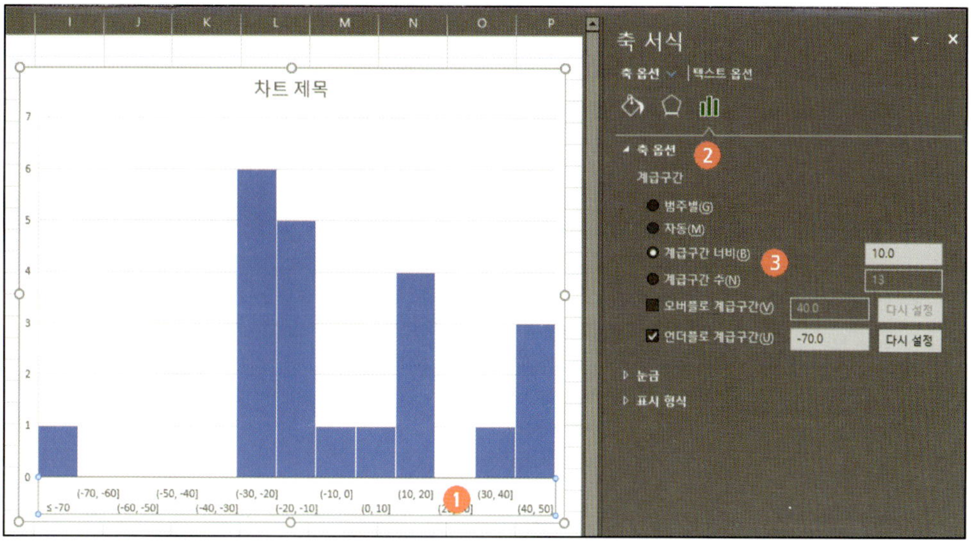

가로축을 더블클릭❶하여 '축 서식'을 불러옵니다. '축 옵션❷' 중에서 '계급구간'이나 '계급구간 수'를 조절하고, '언더풀' 또는 '오버풀'을 조절하여 전체적으로 축을 조절❸할 수 있습니다.

그 외 막대 차트를 꾸미는 다양한 옵션들을 사용할 수 있습니다.

◆플러스 알파

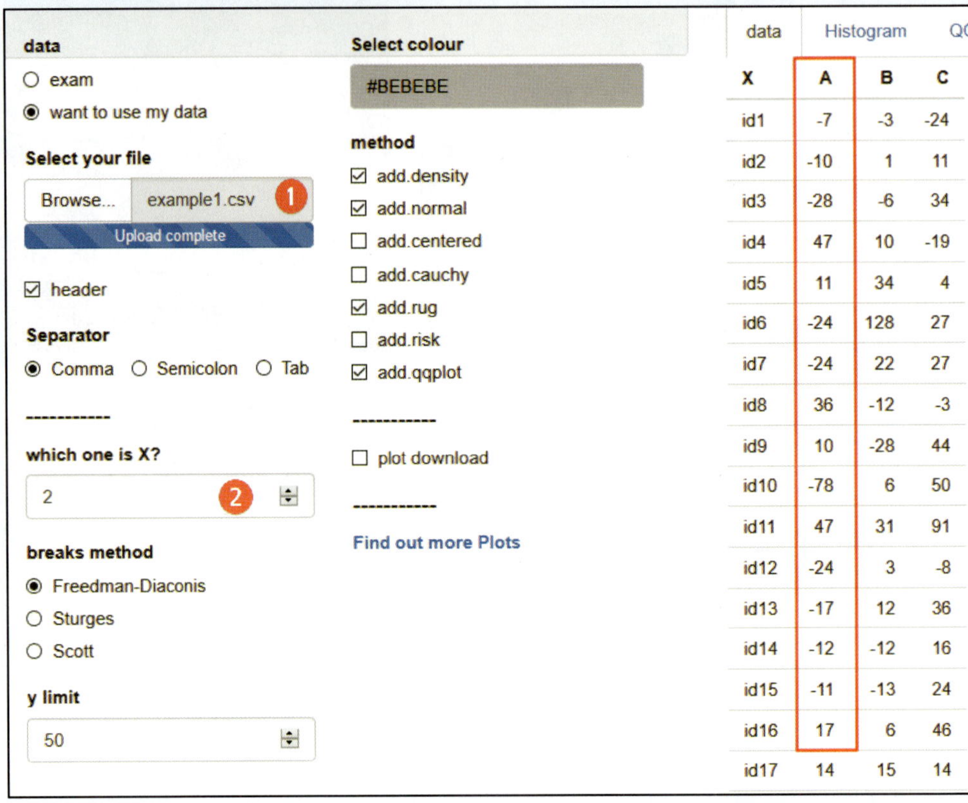

https://tinyurl.com/Histogram-QQ를 방문하여 'example1.csv❶'를 업로드합니다. 이 도구는 한글을 인식하지 못하므로 동일한 값을 가진 데이터의 항목 이름을 영어로 바꾼 다음 엑셀에서 '다른 이름으로 저장'하여 csv 형식의 파일로 만든 것입니다.

data 탭의 두 번째 열❷을 선택합니다.

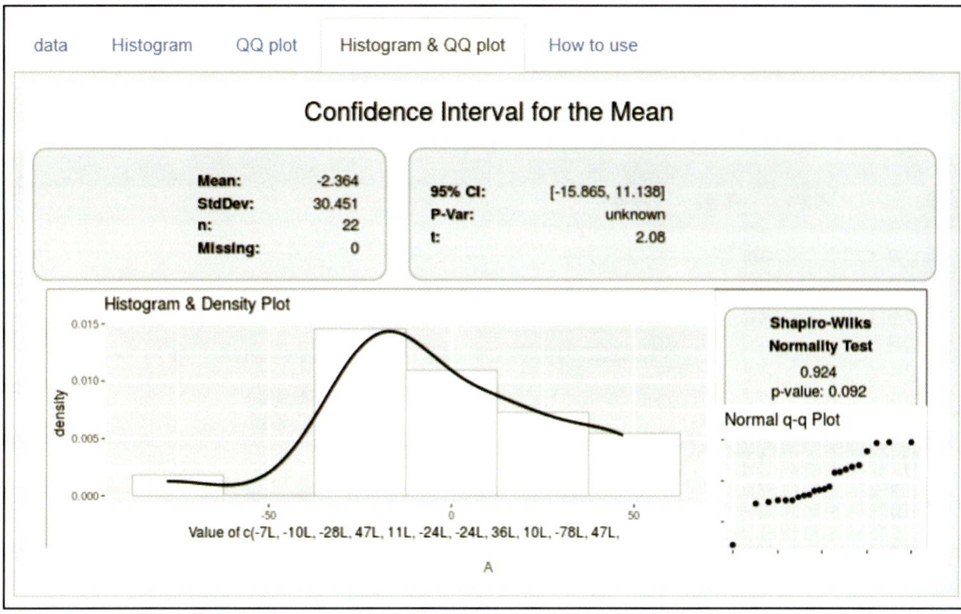

네 번째 탭에서는 Histogram과 Densitogram(곡선), QQ plot(점)을 함께 볼 수 있습니다. 동시에 Shapiro-Wilks Normality Test 결과도 볼 수 있습니다. 즉 정규분포인지 알아보기 위한 도구로 충분합니다.

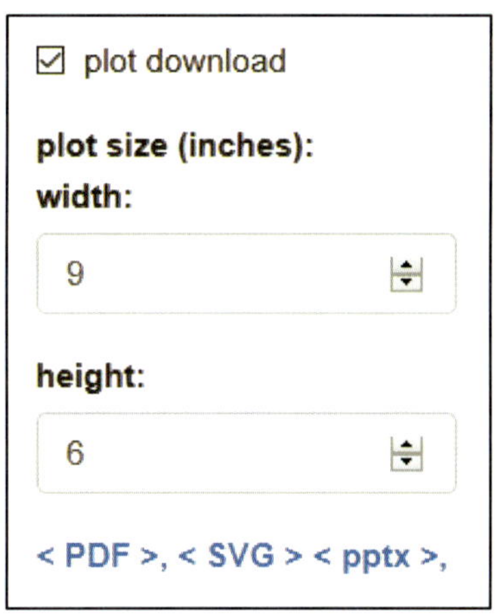

'plot download'를 활성화하여 만들어진 plot을 PDF나 pptx 형식으로 다운로드할 수 있습니다.

2.3 순위와 백분율

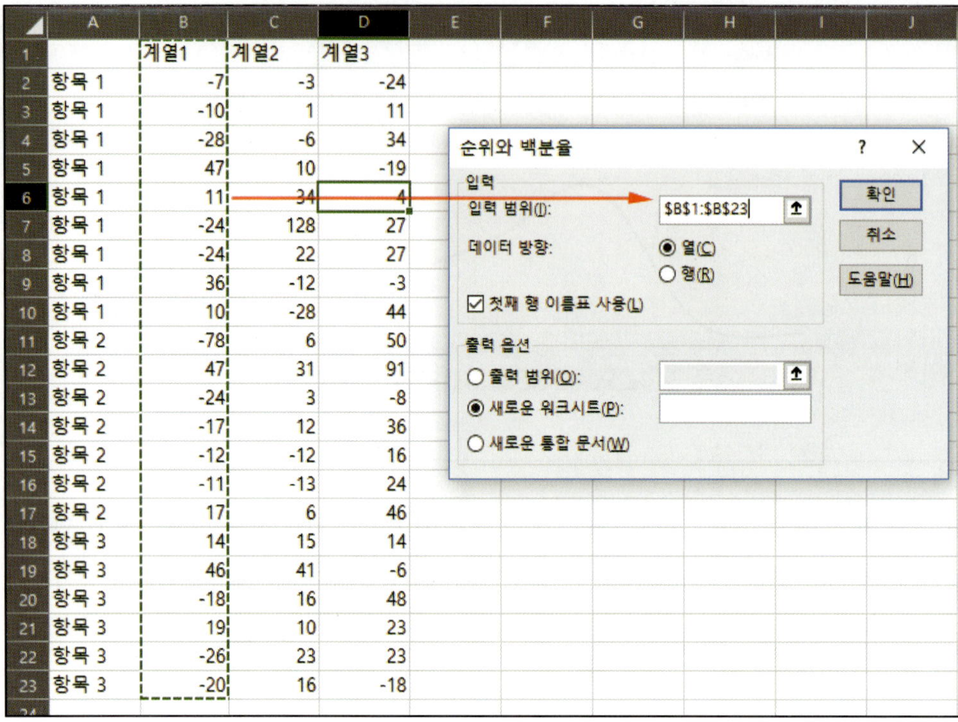

'순위와 백분율'을 선택하여 '입력 범위'를 지정합니다.

	A	B	C	D
1	포인트	계열1	순위	퍼센트
2	4	47	1	95.20%
3	11	47	1	95.20%
4	18	46	3	90.40%
5	8	36	4	85.70%
6	20	19	5	80.90%
7	16	17	6	76.10%
8	17	14	7	71.40%
9	5	11	8	66.60%
10	9	10	9	61.90%
11	1	-7	10	57.10%
12	2	-10	11	52.30%
13	15	-11	12	47.60%
14	14	-12	13	42.80%
15	13	-17	14	38.00%
16	19	-18	15	33.30%
17	22	-20	16	28.50%
18	6	-24	17	14.20%
19	7	-24	17	14.20%
20	12	-24	17	14.20%
21	21	-26	20	9.50%
22	3	-28	21	4.70%
23	10	-78	22	0.00%

크기 순서에 따라 배열하여 각 숫자의 상대적인 위치를 보여줍니다.

◆플러스 알파

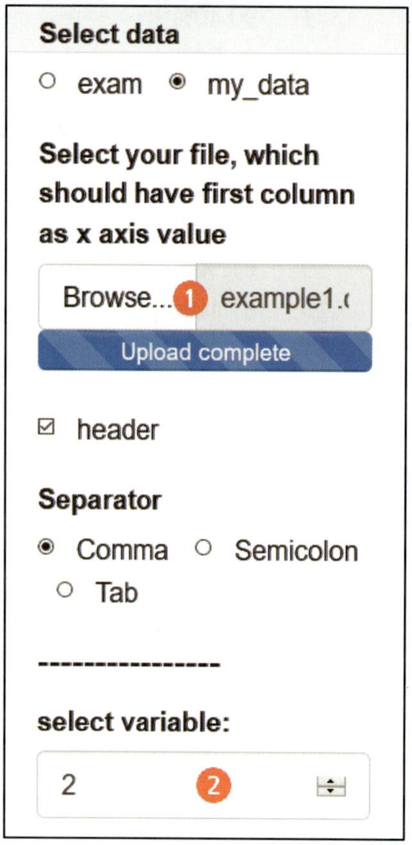

X	A	B	C
id1	-7	-3	-24
id2	-10	1	11
id3	-28	-6	34
id4	47	10	-19
id5	11	34	4
id6	-24	128	27
id7	-24	22	27
id8	36	-12	-3
id9	10	-28	44
id10	-78	6	50
id11	47	31	91

https://tinyurl.com/1D-line-plot을 방문하여 'example1.csv❶'를 업로드하고 2열❷을 선택합니다.

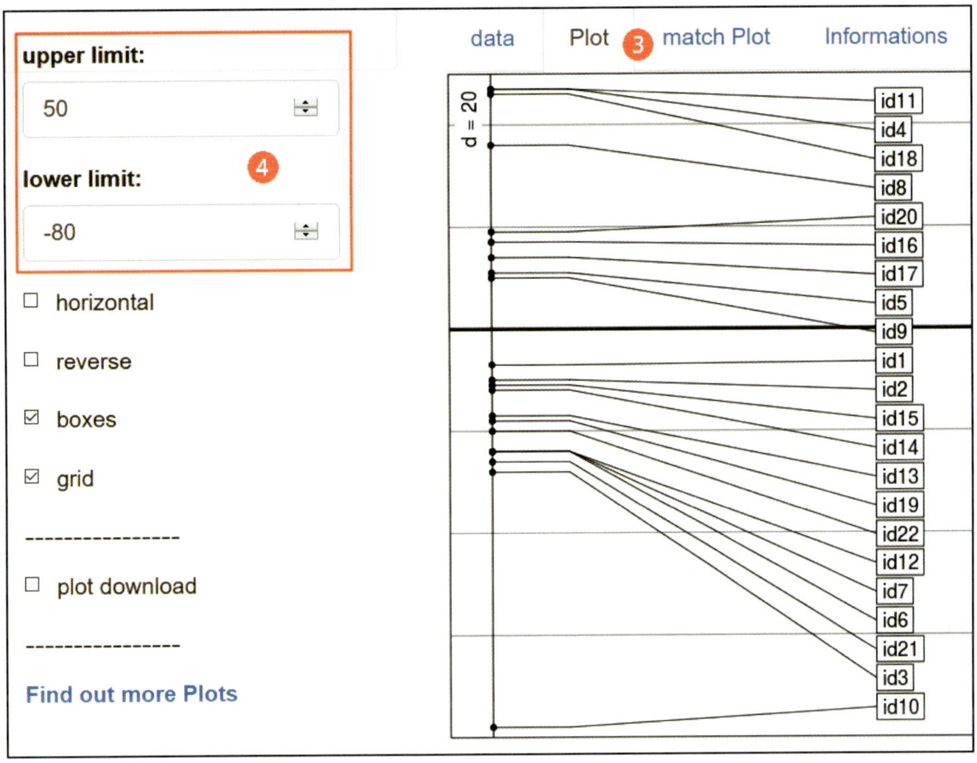

Plot 탭❸에는 점들의 등수와 상대적인 위치가 나타납니다. 모든 점을 한번에 볼 수 있도록 하기 위해서 위와 아래의 범위를 적절히 지정❹해주어야 합니다. 그 외 몇 가지 옵션들이 있습니다.

2.4 이동 평균법

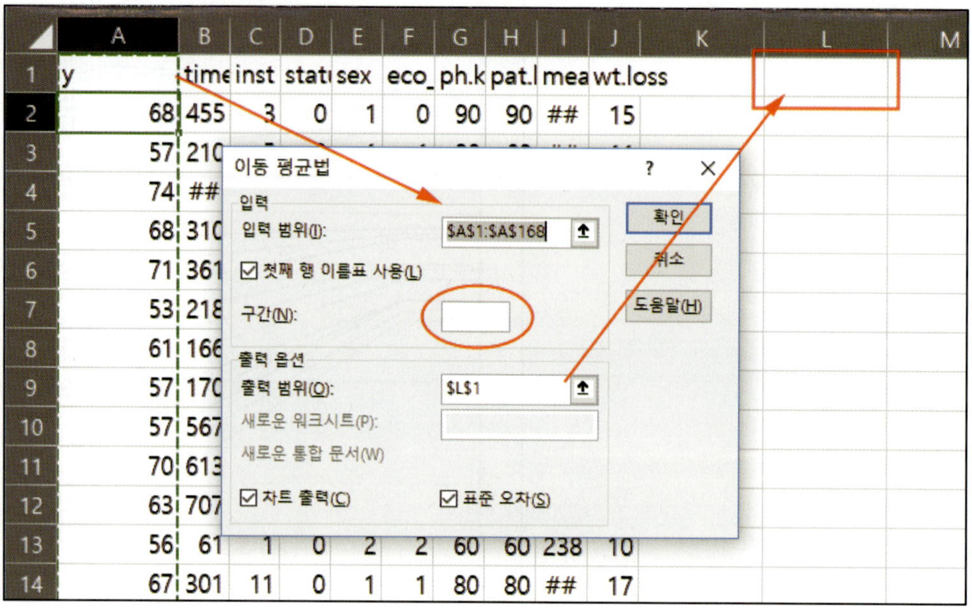

'이동 평균법(moving average)'을 지정하고 '입력 범위'와 '출력 범위'를 지정합니다. '구간'은 일단 비워둡니다.

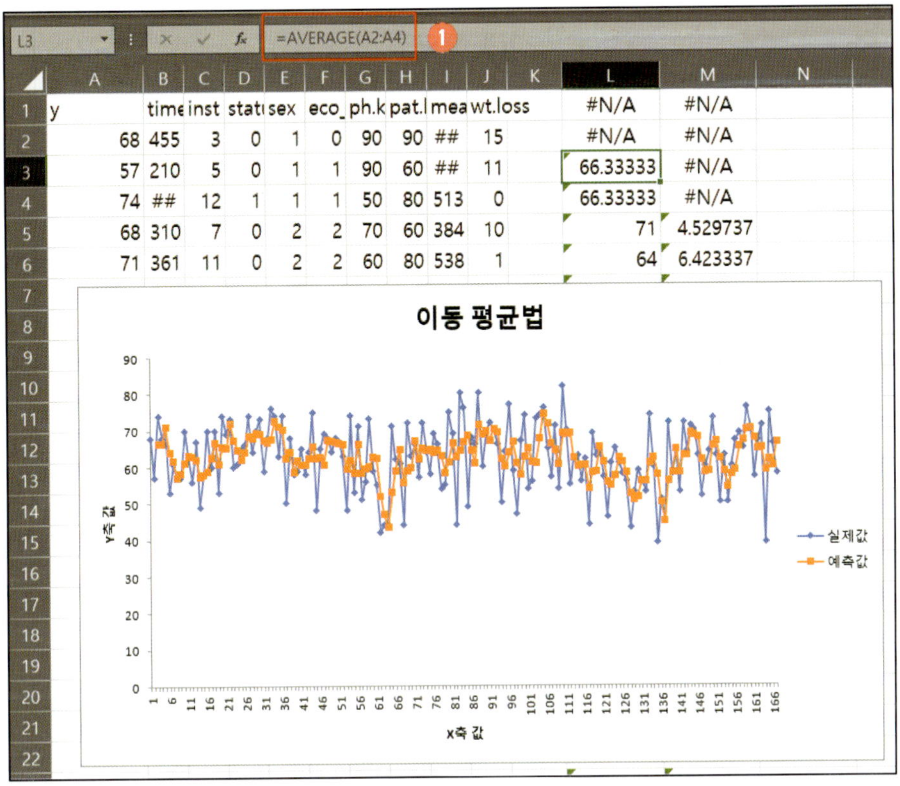

예측값이 L열에 생기는데, 이는 A열의 실제값 3개의 평균값❶입니다. 차트를 보면 예측값은 변동성이 작은데 3개의 값을 평균하여 보여주기 때문입니다.

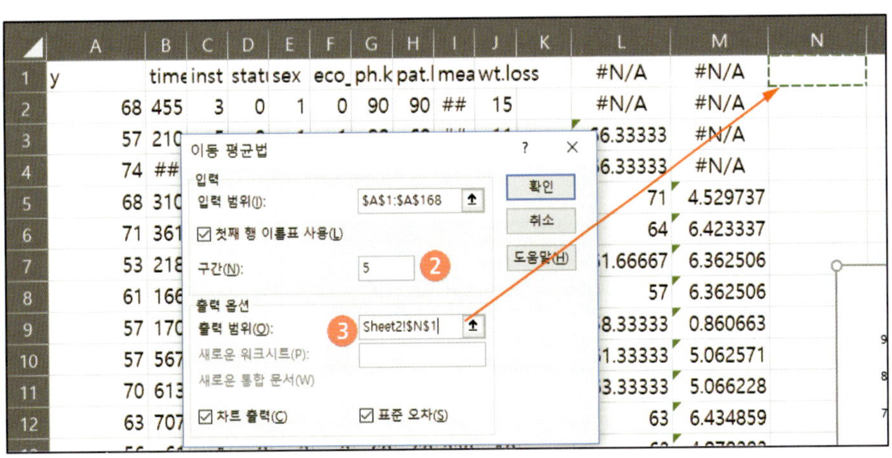

이제는 '구간'을 5❷로 지정하고 '출력 범위'도 겹치지 않게 지정❸합니다.

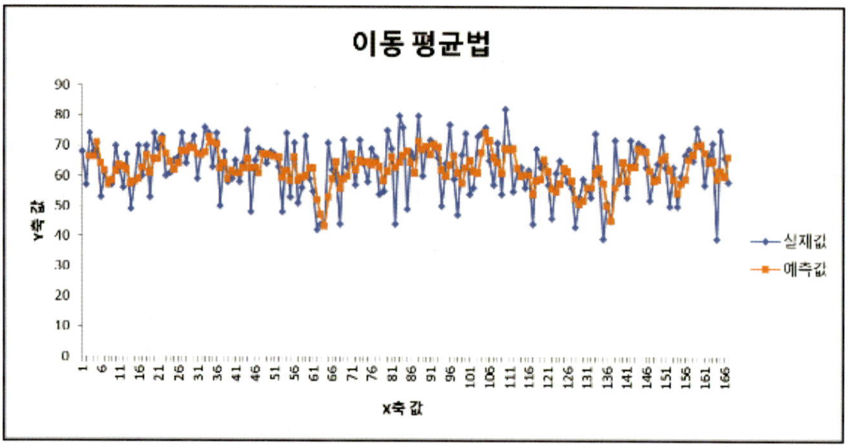

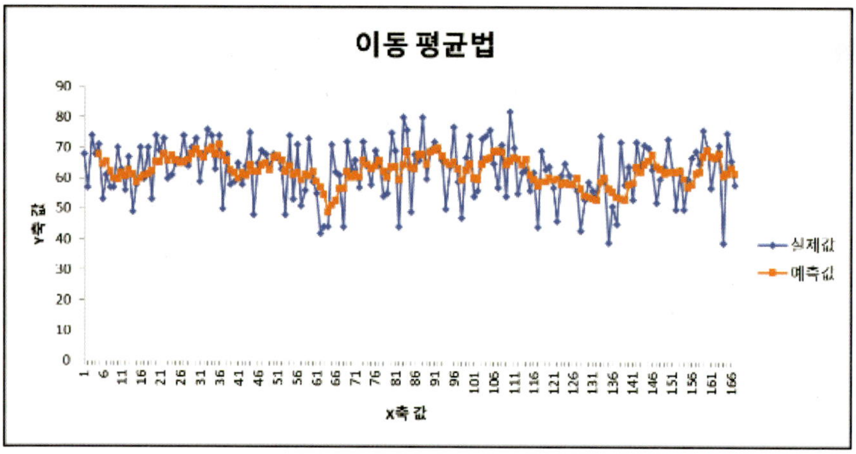

구간을 3에서 5로 증가시키면 당연히 변동성이 더 작게 나타납니다.

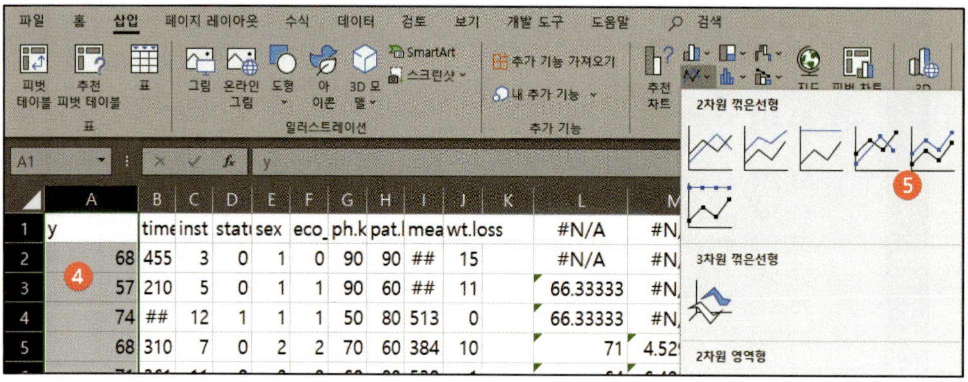

A열의 값들을 선택❹한 뒤 '삽입 〉 차트 〉 2차원 꺾은선형❺'을 선택해봅시다.

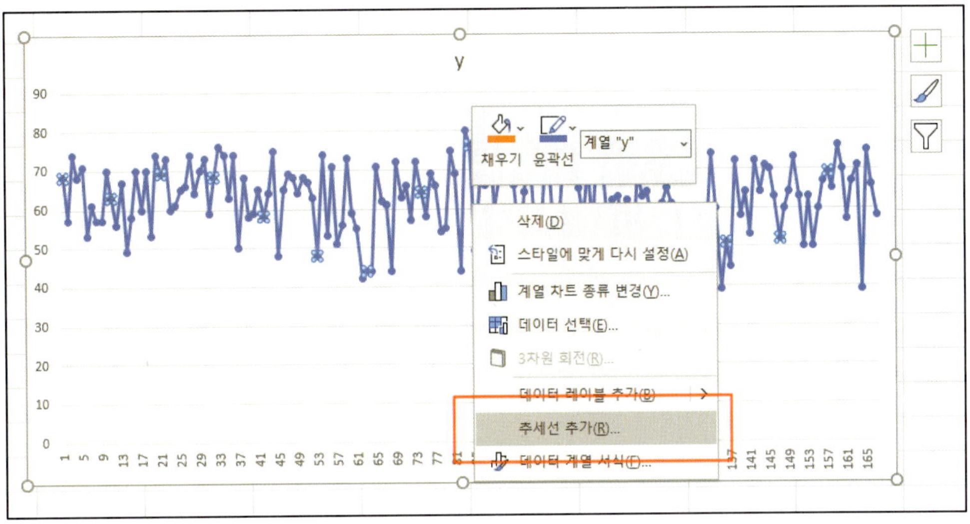

만들어진 차트의 점을 우클릭하여 '추세선 추가'를 클릭합니다.

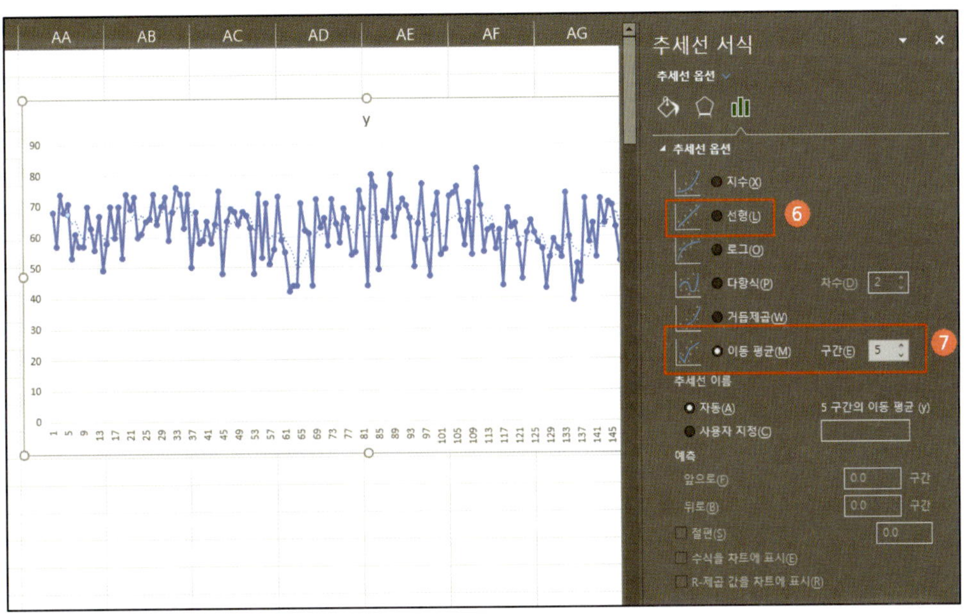

만들어진 추세선은 기본적으로 '선형❻'이지만, '이동 평균❼'으로 바꾸면서 구간을 지정하면 동일한 이동 평균법에 의한 추세선을 만들 수 있습니다.

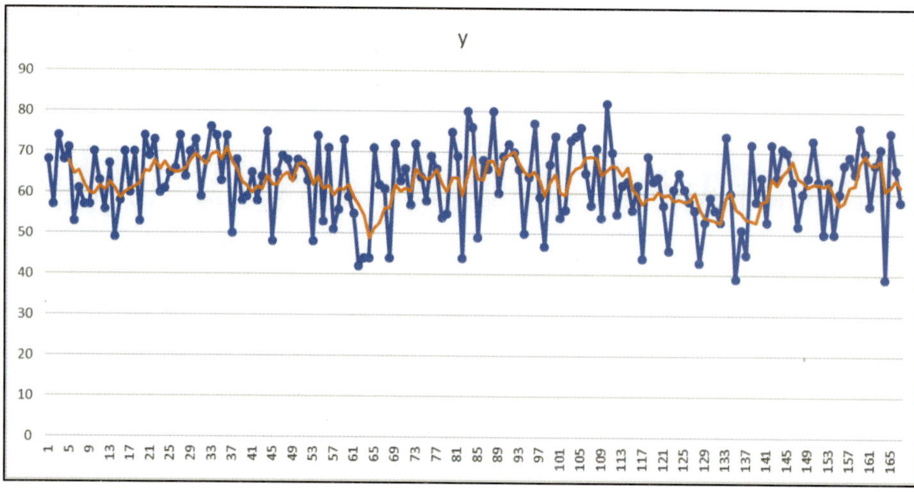

추세선이 잘 보이지 않으므로 엑셀의 편집 기능을 이용해서 변화를 줄 수 있습니다.

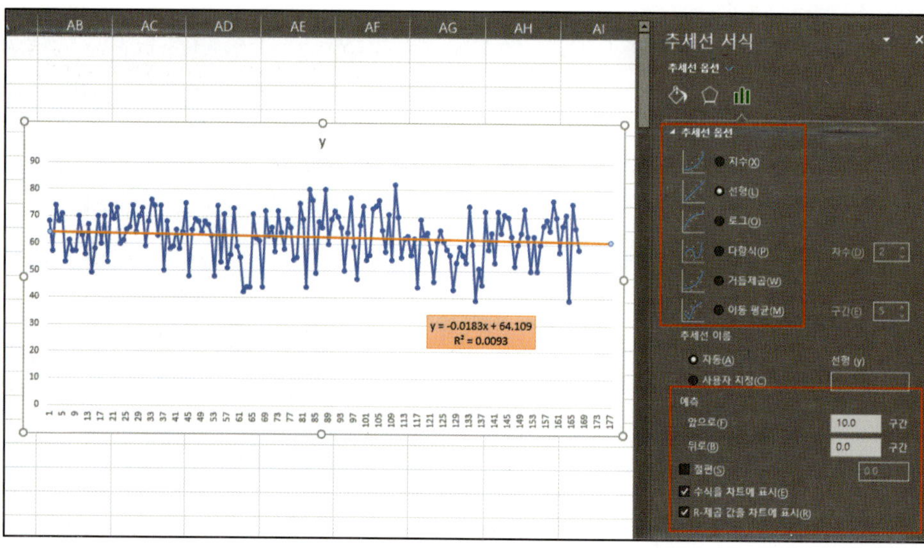

추세선 옵션에 변화를 주는 첫 번째 방법은 이동 평균에 의한 추세선을 그려줄 뿐 아니라 추세값을 보여준다는 장점이 있습니다. '예측' 부분을 설정하는 두 번째 방법으로는 '지수', '로그' 등 다양한 방법에 의한 추세선을 계산할 수 있습니다. 또한 '수식'을 차트에 표시하거나, 'R-제곱' 값을 쉽게 계산하고 표시할 수 있으며, 앞으로의 '예측값'도 표시할 수 있습니다. 단, 이동 평균법은 '예측값'이나 '수식'이 없습니다. 참고로 여기서 언급한 '지수'는 이후에 배울 '지수 평활법'과는 다른 것입니다.

2.5 지수 평활법

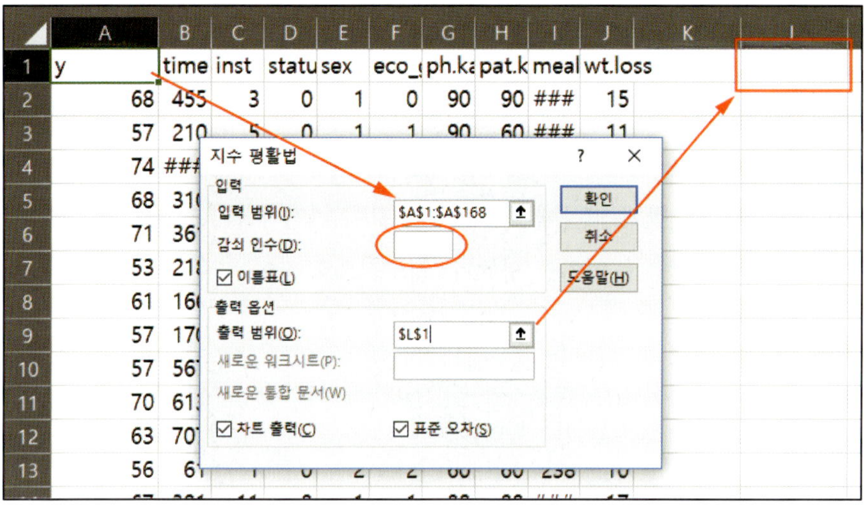

앞서 배운 '이동 평균법'과 거의 비슷한 '지수 평활법(exponential smoothing)'을 선택하고 '출력 범위'를 지정합니다.

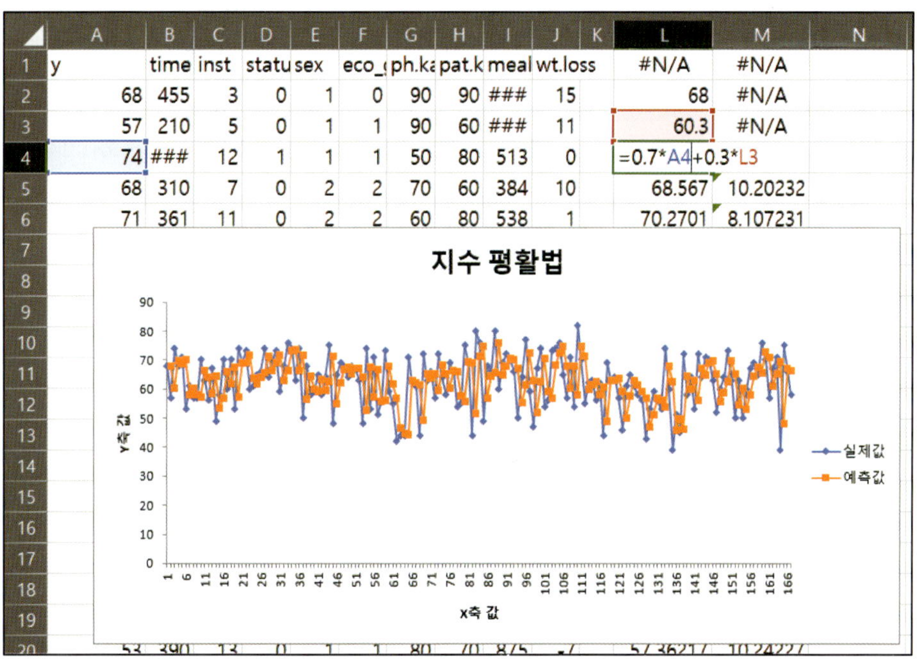

지수 평활법의 결과물은 이동 평균법 차트와 거의 비슷해 보이지만 다음과 같이 계산은 많이 다릅니다.

예측값 = 실제값 * 0.7 + 전예측값 * 0.3

이동 평균법에서 예측값은 오래된 과거의 실제값에는 영향을 받지 않고 가까운 실제값에만 영향을 받습니다. 반면에 지수 평활법은 전 예측값의 영향을 받고, 전 예측값은 전전 예측값의 영향을 받기 때문에 최초의 실제값이 마지막까지 영향을 미치게 됩니다. 다만 점차 시간이 지날수록 미치는 영향이 '지수적으로 작아'지기 때문에 '지수 평활법'이라고 하는 것입니다.

예측값 = 실제값 * 0.7 + 전예측값 * 0.3
전예측값 = 전실제값 * 0.7 + 전전예측값 * 0.3

위와 같으므로 두 번째 식을 첫 번째 식에 넣어보면,

예측값 = 실제값 * 0.7 + (전실제값 * 0.7 + 전전예측값 * 0.3) * 0.3
= 실제값 * 0.7 + 전실제값 * 0.7 * 0.3 + 전전예측값 * 0.3 * 0.3

이렇게 해서 실제값은 0.7만큼의 영향을 미치게 되고, 그 전 실제값은 0.3의 지수 배만큼 영향력을 미치게 되어 점차 영향이 작아집니다. 이 과정이 잘 이해되지 않으면 굳이 이해하려 할 필요는 없습니다.

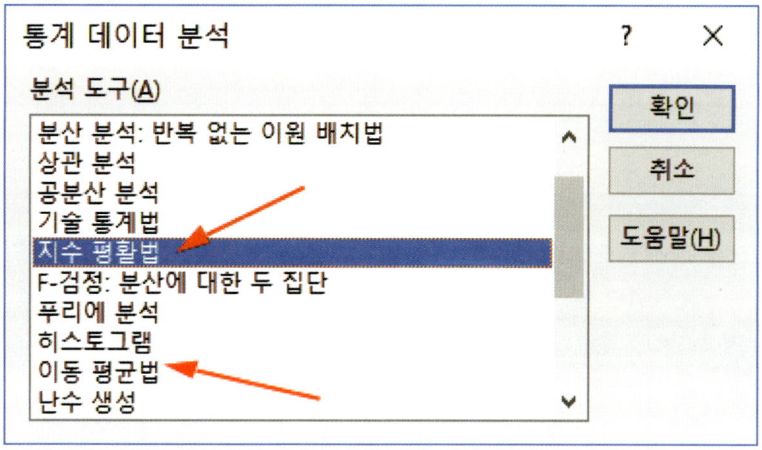

'이동 평균법'과 '지수 평활법'은 비슷한 목적으로 사용되는 경우가 많은데 메뉴 배치에는 이런 점이 전혀 고려되지 않았습니다. 사실 다른 메뉴들도 왜 이렇게 배열했는지 잘 이해가 되지 않습니다. 아마 프로그램 구성 이후에 별다른 사용자들의 요구가 없었기에 업그레이드되지 않은 것 같습니다. 꽤 유용한 기능들이 많기 때문에 사용자들이 잘 활용하고 개선이 필요한 부분을 꾸준히 요구한다면 이후에는 더 편리하게 바뀌지 않을까 생각합니다.

◆플러스 알파

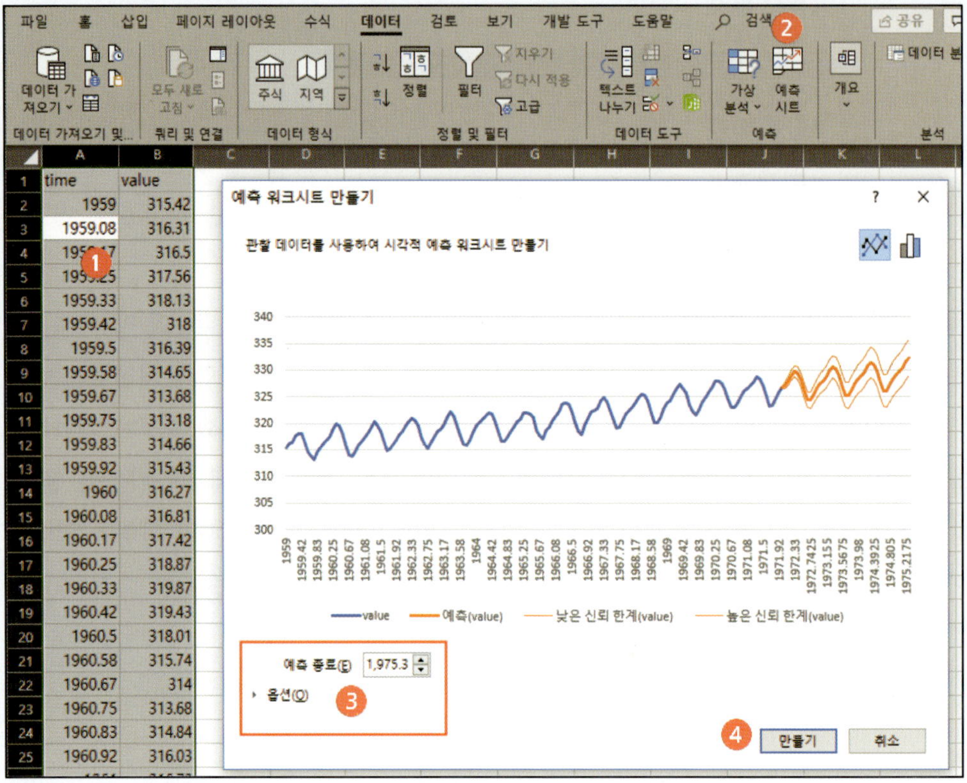

'prediction.xlsx'을 열어서 데이터에 커서❶를 두고 '예측 시트❷'를 클릭합니다. 엑셀에서는 자연스럽게 주위 데이터가 함께 선택됩니다. 이때 데이터에 빈칸이 있으면 선택에 오류가 생길 수도 있습니다. 이를 방지하려면 미리 범위를 선택한 뒤에 '예측 시트❷'를 클릭할 수도 있습니다. 몇 가지 옵션❸이 있지만 지금은 그대로 두고 '만들기❹'를 클릭합니다. 미리 보기에서 그래프가 보입니다.

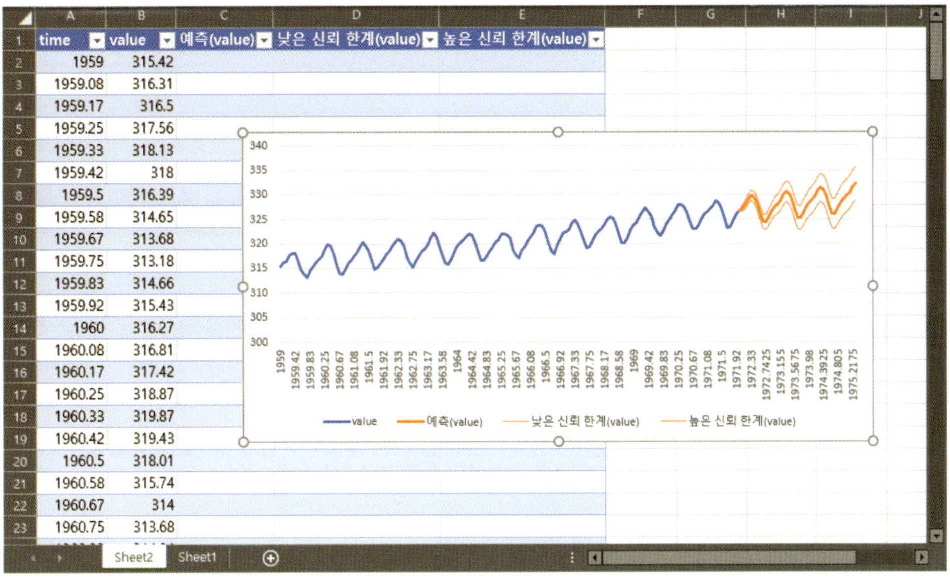

새로운 시트가 하나 더 생깁니다. A열과 B열은 그대로이고, 추가로 3개의 열이 생기면서 그래프가 만들어집니다.

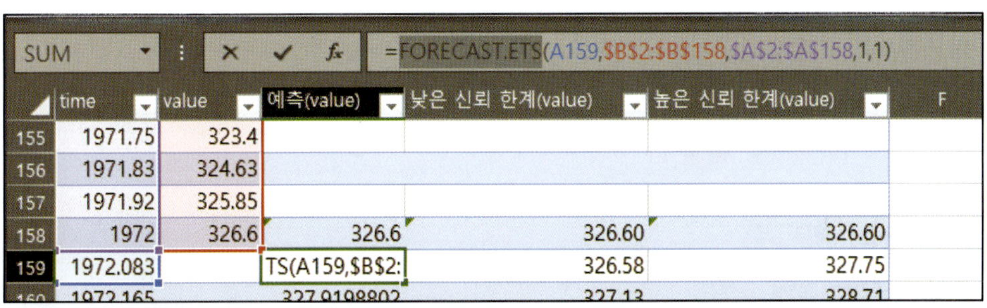

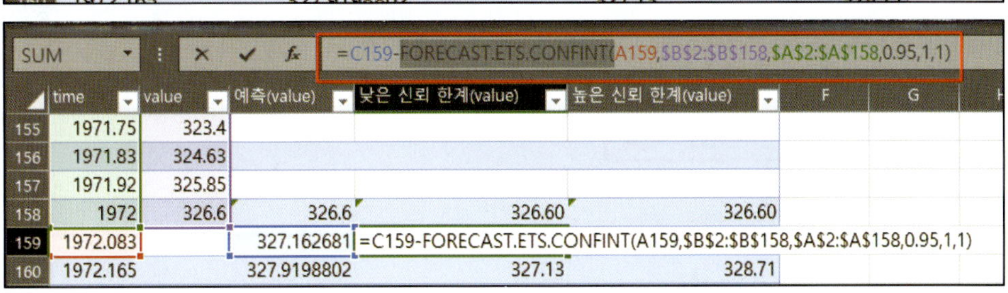

아래쪽으로 내려가보면 예측을 위해 FORECAST.ETS 함수가 사용된 것(위)과 예측값의 신뢰구간을 위해 FORECAST.ETS.CONFINT 함수가 사용된 것(아래)을 알 수 있습니다.

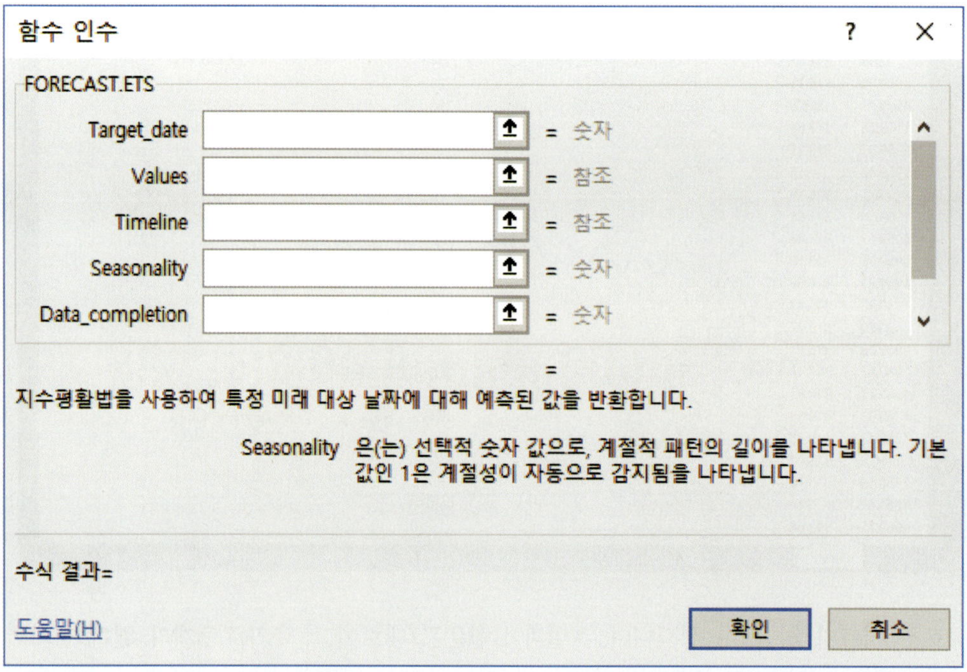

이 함수의 기본인 FORECAST.ETS 함수를 살펴보면 지수 평활법을 사용하였다고 되어 있습니다. 즉 앞서 배운 지수 평활법을 보다 응용한 방법이 되겠습니다.

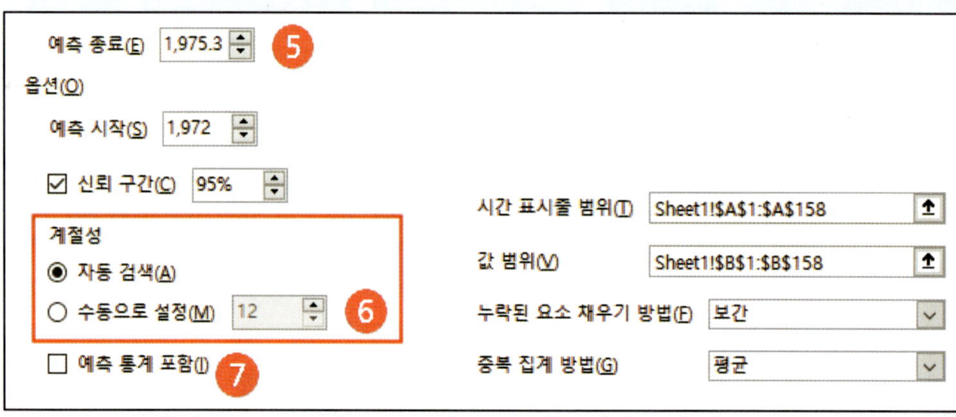

'예측 종료❺'는 직관적으로 이해가 되는 항목이며, 나머지 옵션들은 거의 수정할 필요가 없는 FORECAST.ETS 함수의 인자들입니다. '계절성'에 대한 사전 정보가 있다면 '수동으로 설정❻' 옵션 정도를 조정할 수 있을 것 같습니다.

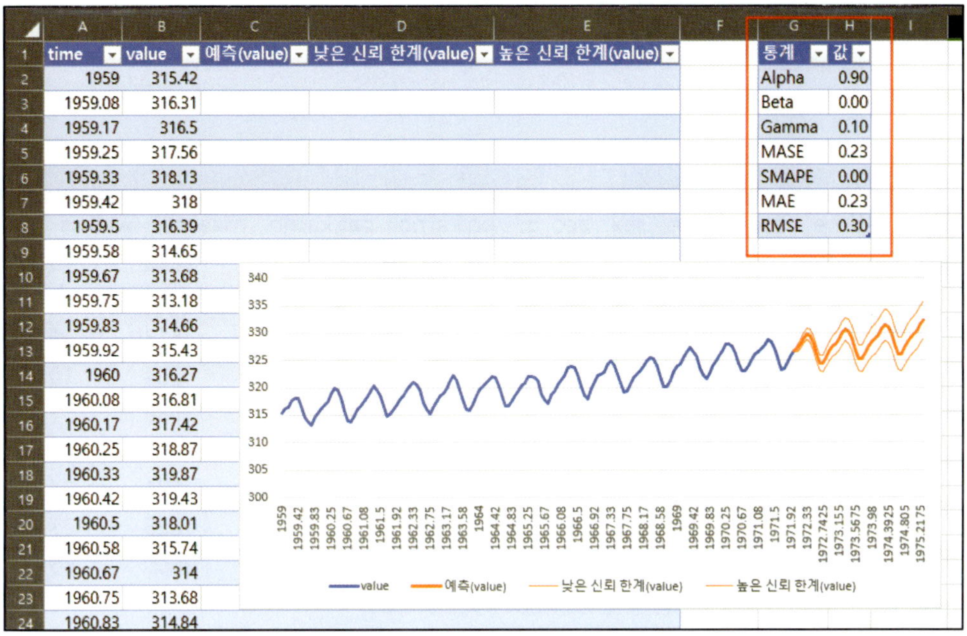

'예측 통계 포함❼'을 활성화하면 결과에서 추가적인 몇 가지 정보들을 더 보여줍니다만 우리가 자세히 알 필요는 없을 것 같습니다. 모두 FORECAST.ETS.STAT 함수의 결과들입니다.

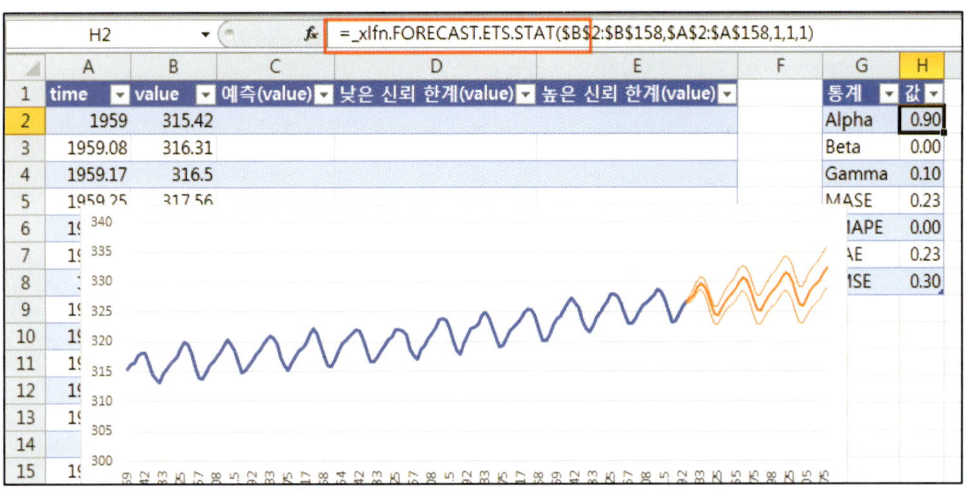

이 함수는 2010 버전에는 없으므로 _xlfn.(2010에서는 읽을 수 없다는 표시)이 앞에 붙긴 하지만, 만들어진 차트는 2010에서도 읽을 수 있습니다.

2.6 표본 추출

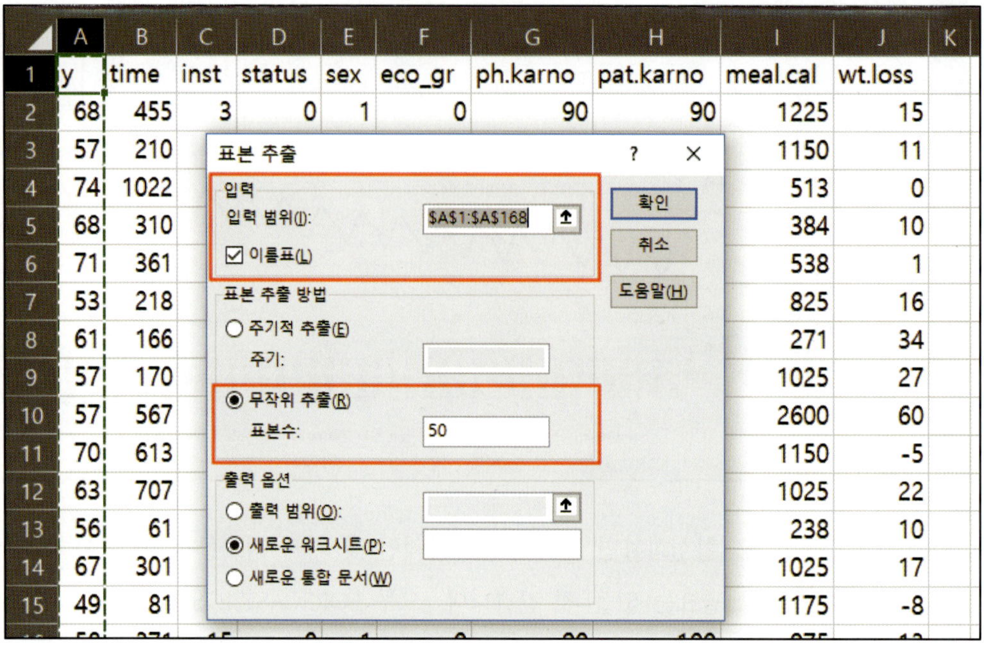

'표본 추출' 창을 열어 범위를 선택한 다음 표본을 50개만 추출해봅시다.

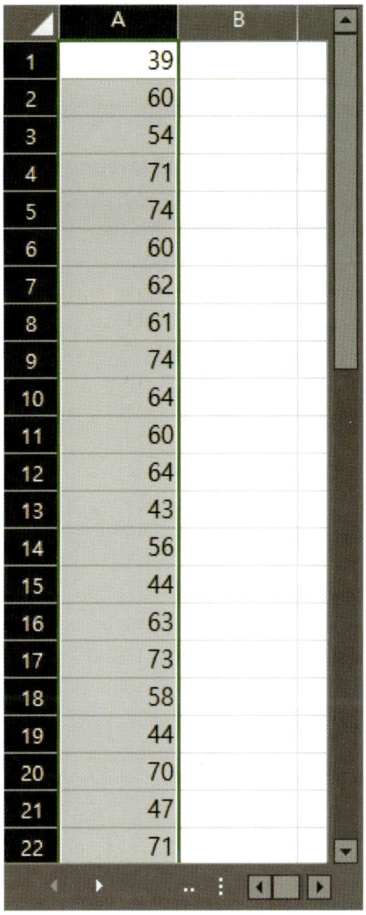

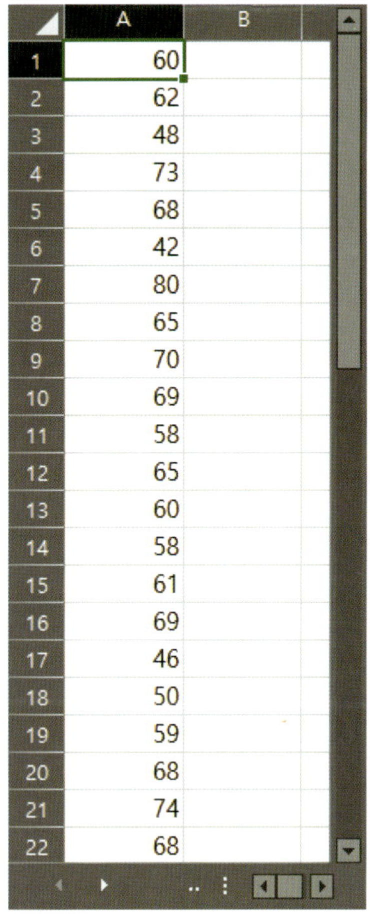

이렇게 하면 50개의 숫자를 매번 무작위로 뽑아주는데, 이때 범위에 문자가 포함되어 있으면 추출이 안 되고, 여러 열을 동시에 선택할 수도 없습니다. 이런 제약을 보완할 수 있는 추가적인 방법을 알아봅시다.

◆플러스 알파

K2 | =RAND() ❶

	A	B	C	D	E	F	G	H	I	J	K	L
1	y	time	inst	status	sex	eco_gr	ph.karno	pat.karno	meal.cal	wt.loss		
2	68	455	3	0	1	0	90	90	1225	15	0.97965635	
3	57	210	5	0	1	1	90	60	1150	11		
4	74	1022	12	1	1	1	50	80	513	0		
5	68	310	7	0	2	2	70	60	384	10	❷	
6	71	361	11	0	2	2	60	80	538	1		
7	53	218	1	0	1	1	70	80	825	16		
8	61	166	7	0	1	2	70	70	271	34		
9	57	170	6	0	1	1	80	80	1025	27		
10	57	567	12	0	1	1	80	70	2600	60		
11	70	613	22	0	1	1	90	100	1150	-5		
12	63	707	16	0	1	2	50	70	1025	22		
13	56	61	1	0	2	2	60	60	238	10		
14	67	301	11	0	1	1	80	80	1025	17		
15	49	81	6	0	2	0	100	70	1175	-8		
16	58	371	15	0	1	0	90	100	975	13		
17	70	520	12	0	2	1	90	80	825	6		

비어 있는 열의 2행에 =RAND()를 입력❶합니다. 이 함수는 '0부터 1까지'의 유리수를 무작위로 채웁니다. 그다음 우측 아래의 사각형❷을 더블클릭합니다.

	A	B	C	D	E	F	G	H	I	J	K
1	y	time	inst	status	sex	eco_gr	ph.karno	pat.karno	meal.cal	wt.loss	
2	68	455	3	0	1	0	90	90	1225	15	0.31880844
3	57	210	5	0	1	1	90	60	1150	11	0.3219629
4	74	1022	12	1	1	1	50	80	513	0	0.05327352
5	68	310	7	0	2	2	70	60	384	10	0.09562177
6	71	361	11	0	2	2	60	80	538	1	0.27865442
7	53	218	1	0	1	1	70	80	825	16	0.526767
8	61	166	7	0	1	2	70	70	271	34	0.53192287
9	57	170	6	0	1	1	80	80	1025	27	0.46942936
10	57	567	12	0	1	1	80	70	2600	60	0.53912772
11	70	613	22	0	1	1	90	100	1150	-5	0.7400223

그러면 아래까지 쭉 같은 함수가 채워집니다.

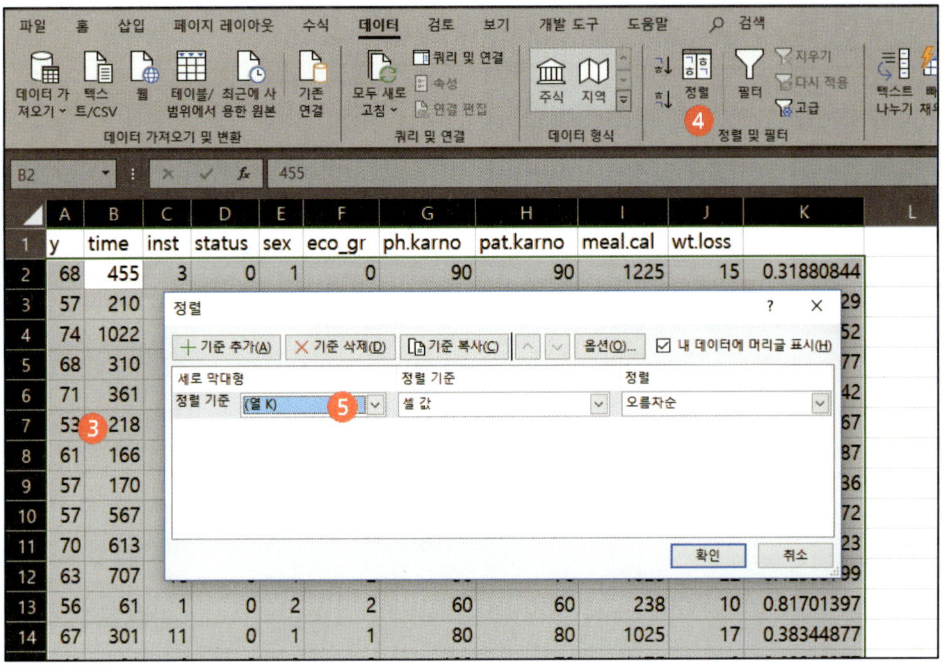

숫자 중 하나를 클릭❸한 뒤 '데이터 〉 정렬❹'을 선택합니다. '정렬 기준'에서 random 함수를 넣었던 열❺을 선택하고 '확인'을 누르면,

	A	B	C	D	E	F	G	H	I	J	K
1	y	time	inst	status	sex	eco_gr	ph.karno	pat.karno	meal.cal	wt.loss	
2	62	641	22	0	2	1	80	80	1150	1	0.87027618
3	50	765	22	0	2	1	90	100	1175	4	0.78118838
4	76	222	26	0	1	2	70	70	1500	8	0.90696285
5	74	1022	12	1	1	1	50	80	513	0	0.69560681
6	69	292	11	1	1	2	60	70	2450	36	0.05132302
7	42	196	11	1	1	1	80	80	1425	8	0.12588438
8	63	519	3	0	1	1	80	70	1025	10	0.63637921
9	70	229	13	0	1	1	70	60	1175	-2	0.30033384
10	55	156	32	0	1	2	70	30	1025	10	0.48180166
11	68	310	7	0	2	2	70	60	384	10	0.62987517
12	61	301	13	1	1	1	90	100	825	2	0.62796665
13	71	203	11	1	2	1	80	90	1025	0	0.05354275
14	80	283	10	0	1	1	80	100	1030	6	0.93279073

행이 무작위로 섞입니다. 위에서부터 원하는 표본 숫자만큼 선택하면 됩니다. 이 과정은 실행할 때마다 다른 표본이 선택됩니다.

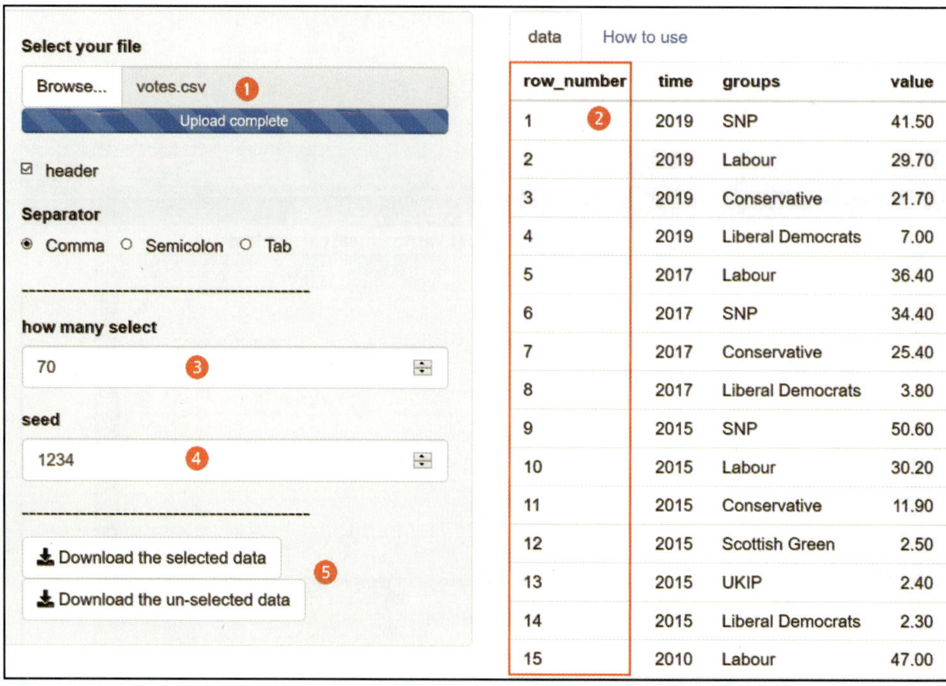

https://tinyurl.com/Rand-Sel을 방문합니다. 여기서 전체의 일부를 무작위로 선택할 수 있습니다. csv 형식의 데이터❶를 업로드하면 원래 데이터 왼쪽에 행번호❷가 나타나면서 총 몇 개의 데이터가 있는지 알 수 있습니다. 몇 개의 표본을 선택할지 결정❸하고, 무작위를 위한 seed❹를 정해줍니다. 그 결과로 선택된 데이터와 선택되지 않은 데이터를 각각 다운로드❺받을 수 있습니다.

	A	B	C	D
1		time	groups	value
2	28	2001	Labour	52.7
3	22	2010	TUSC	0.4
4	37	1997	Liberal De	9.2
5	44	1987	Labour	48.3
6	47	1987	SNP	10.6
7	9	2015	SNP	50.6
8	5	2017	Labour	36.4
9	38	1997	Referendu	0.9
10	16	2010	SNP	20.6
11	4	2019	Liberal De	7
12	34	1997	Labour	53.5
13	39	1992	Labour	43.9
14	65	1966	Conservati	27
15	26	2005	Conservati	9.4
16	6	2017	SNP	34.4
17	15	2010	Labour	47
18	14	2015	Liberal De	2.3
19	50	1983	Social Der	29.2
20	57	1974	Labour	41.5
21	48	1987	Green	0.9
22	21	2010	Independe	0.5
23	40	1992	SNP	21.9
24	20	2010	UKIP	0.9
25	3	2019	Conservati	21.7
26	36	1997	Conservati	10.9
27	31	2001	Conservati	9.6
28	29	2001	SNP	21.3
29	60	1974	Liberal	6.9
30	2	2019	Labour	29.7
31	63	1970	SNP	15.5

다운로드받은 자료를 열어보면 원 데이터로부터 선택된 행번호가 1열에 보이는데, 불필요하다면 삭제해줍니다.

2.7 난수 생성

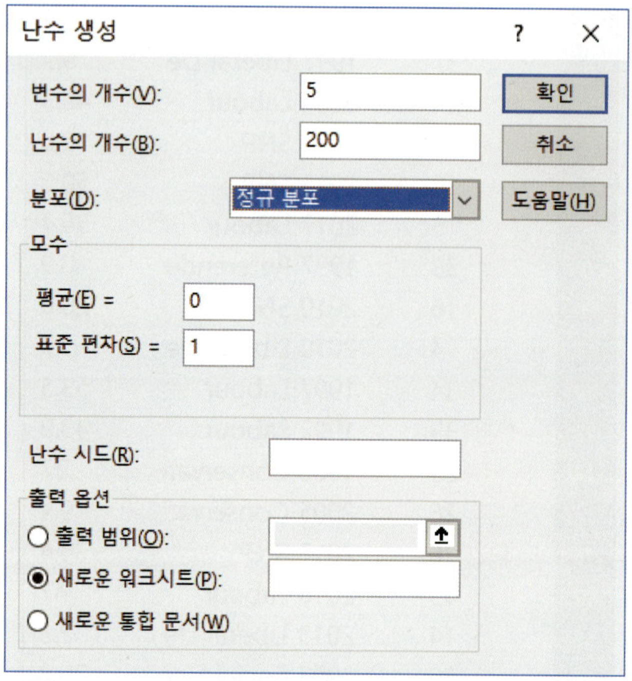

	A	B	C	D	E
1	-1.16257	-0.94234	-0.16169	1.27251	0.761695
2	0.79054	3.24857	0.317483	-0.02506	0.108727
3	-0.47646	-1.6551	0.345447	-0.81792	1.882145
4	-0.41086	-0.09681	-0.64772	-0.47535	0.008376
5	-0.76651	0.381735	1.209562	-0.46816	1.809094
6	0.098114	0.722007	-0.48711	-0.59373	-0.81195
7	0.022071	-1.11731	0.667567	0.738988	0.297432
8	-0.62393	-0.11419	1.085734	-1.36405	-0.0021
9	-0.75212	1.739354	-1.34472	-3.1697	2.23914
10	-0.05078	-0.51968	-0.07047	1.697176	-0.47432
11	1.342455	-0.69926	1.840626	2.034194	0.978
12	0.611806	0.609502	1.865765	-0.84538	-0.96318
13	-0.65244	0.216135	0.151857	-2.4771	-0.52038
14	0.769489	1.880353	1.248302	-1.9326	-0.73207
15	-0.37886	0.36582	0.628588	-0.48186	-0.63775
16	-1.3372	1.353269	-1.42556	0.094348	-0.64574
17	-0.32264	1.440508	1.232288	0.577118	0.843738

'변수의 개수'가 5이고 '난수의 개수'가 200이므로 5열 200행의 숫자가 생성됩니다. 분포는 '정규분포'로 설정했기 때문에 이에 따른 두 모수 '평균'과 '표준편차'를 지정하게 됩니다. 이때 '난수 시드' 즉 seed를 비워두었는데 여기에 일정한 숫자를 넣으면 매번 같은 무작위 숫자가 생성됩니다.

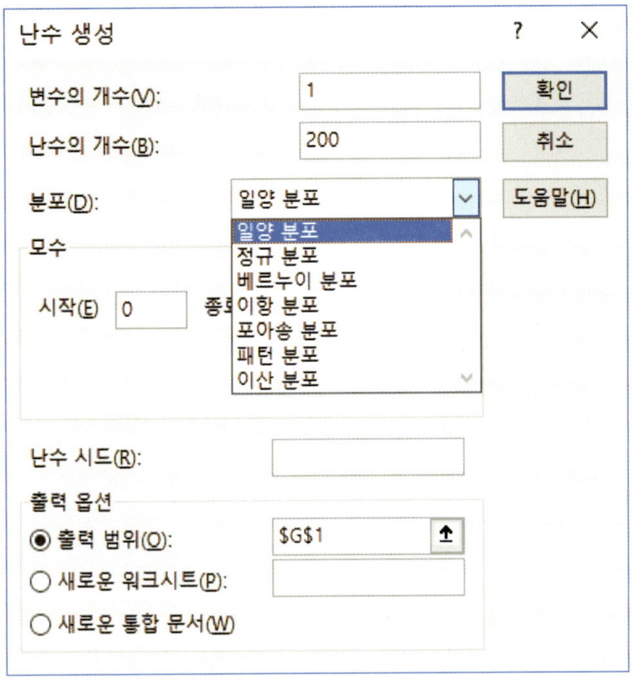

그 외 꽤 많은 분포들을 만들 수 있습니다.

추리 통계는 얻어낸 자료를 통해 원래 집단을 추정해보는 통계입니다. 표본집단을 통해 모집단을 추정, 혹은 추리한다고 하여 추리 통계라는 이름이 붙었습니다.

'현재의 두 집단(표본집단)은 조금 차이가 있어 보이는데 과연 두 집단이 속해 있던 원래 집단, 즉 무한히 큰 집단(모집단)이 차이가 있다고 할 수 있을까?' 이것이 추리 통계에서 가장 간단한 형태의 질문이고 이에 대한 답을 찾는 것이 추리 통계입니다.

아주 복잡한 통계 기법들도 있지만, 여기서는 엑셀에서 쉽게 할 수 있는 것들을 살펴볼 것입니다. 엑셀의 범위를 넘어가는 것도 플러스 알파를 통해 배울 수 있습니다.

PART 03

추리 통계 (inferential statistics)

3.1 t-검정(t-test)

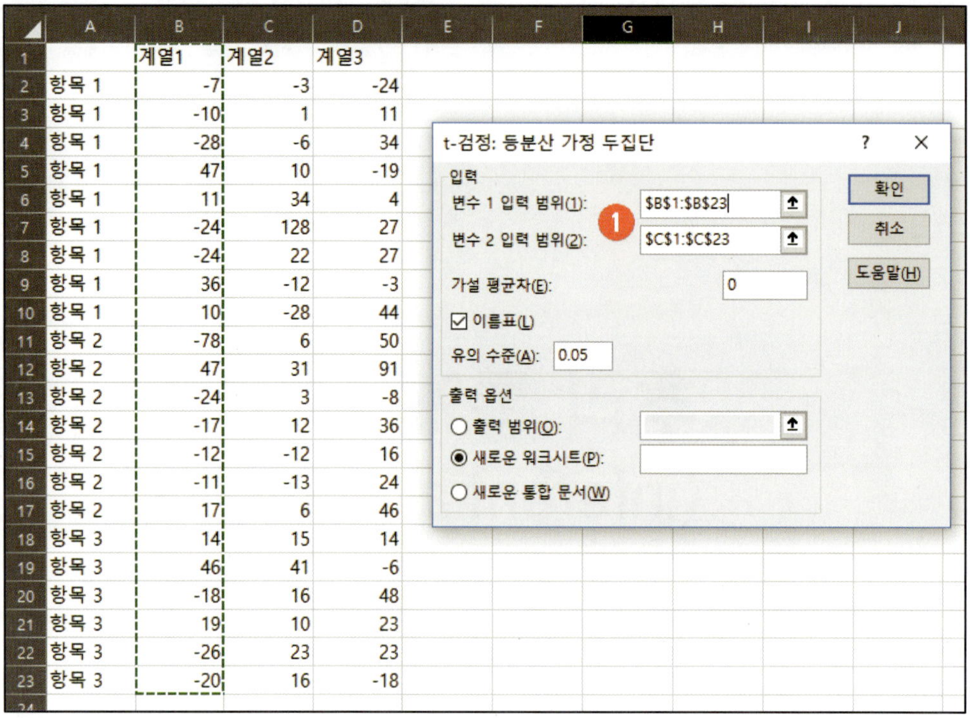

'example1.xlsx'를 업로드하고 't-검정: 등분산 가정 두 집단'을 선택한 다음 변수 1과 변수 2의 범위를 입력❶합니다. 보통 '가설 평균차'는 0을 많이 사용하지만 두 집단의 차이를 10 정도로 예상한다면 10으로 입력할 수 있습니다.

등분산 가정과 이분산 가정은 이후에 배울 F-검정의 결과에 따라 이분산인지 등분산인지 판단하면 됩니다. 처음의 t-검정은 등분산을 가정하였지만 후에 이분산(분산이 다름)까지 확대되었습니다. '이분산 t-검정'을 'Welch t-검정'이라고 구분하여 쓰는 경우도 있고, 둘 다 t-검정으로 표현하는 경우도 있습니다. 이는 마치 '강남 세브란스 병원'이나 '신촌 세브란스 병원'처럼 구별하여 부르기도 하지만, 그냥 '세브란스 병원'이라고 똑같이 불러도 문맥과 분위기로 어느 쪽인지 판단할 수 있는 것과 비슷합니다.

	A	B	C
1	t-검정: 등분산 가정 두 집단		
2			
3		계열1	계열2
4	평균	-2.36364	13.63636
5	분산	927.29	931.0996
6	관측수	22	22
7	공동(Pooled) 분산	929.1948	
8	가설 평균차	0	
9	자유도	42	
10	t 통계량	-1.74086	
11	P(T<=t) 단측 검정	0.044515	
12	t 기각치 단측 검정	1.681952	
13	P(T<=t) 양측 검정	0.089031	
14	t 기각치 양측 검정	2.018082	

두 집단의 '평균'과 '분산', '관측수'를 이용해서 't 통계량' 등 다른 값들을 계산해줍니다. 통계 결과를 보고할 때는 보통 빨간 사각형 안의 값들을 논문 등에 제시합니다.

양쪽의 분산이 거의 비슷하므로 등분산 가정에 크게 위배되지 않습니다. 만일 분산이 서로 다르다면 '이분산 가정'을 고려합니다.

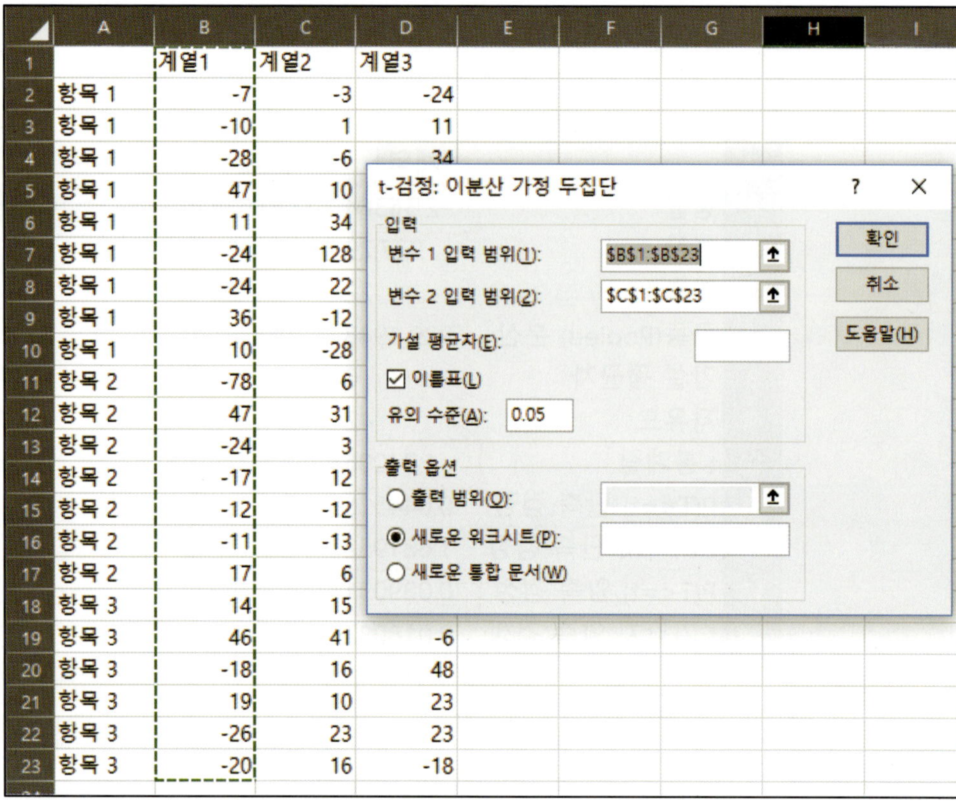

't-검정: 이분산 가정 두 집단'을 선택하여 변수 1과 변수 2의 범위를 동일한 방식으로 입력합니다.

	A	B	C
1	t-검정: 이분산 가정 두 집단		
2			
3		계열1	계열2
4	평균	-2.36364	13.63636
5	분산	927.29	931.0996
6	관측수	22	22
7	가설 평균차	0	
8	자유도	42	
9	t 통계량	-1.74086	
10	P(T<=t) 단측 검정	0.044515	
11	t 기각치 단측 검정	1.681952	
12	P(T<=t) 양측 검정	0.089031	
13	t 기각치 양측 검정	2.018082	

	A	B	C
1	t-검정: 등분산 가정 두 집단		
2			
3		계열1	계열2
4	평균	-2.36364	13.63636
5	분산	927.29	931.0996
6	관측수	22	22
7	공동(Pooled) 분산	929.1948	
8	가설 평균차	0	
9	자유도	42	
10	t 통계량	-1.74086	
11	P(T<=t) 단측 검정	0.044515	
12	t 기각치 단측 검정	1.681952	
13	P(T<=t) 양측 검정	0.089031	
14	t 기각치 양측 검정	2.018082	

결과에서 '공동(pooled) 분산'이 없다는 점이 't-검정 등분산 가정 두 집단'과 조금 다르고 나머지는 거의 비슷합니다. 특히 이 경우는 분산이 비슷해서 더 비슷하게 나타납니다.

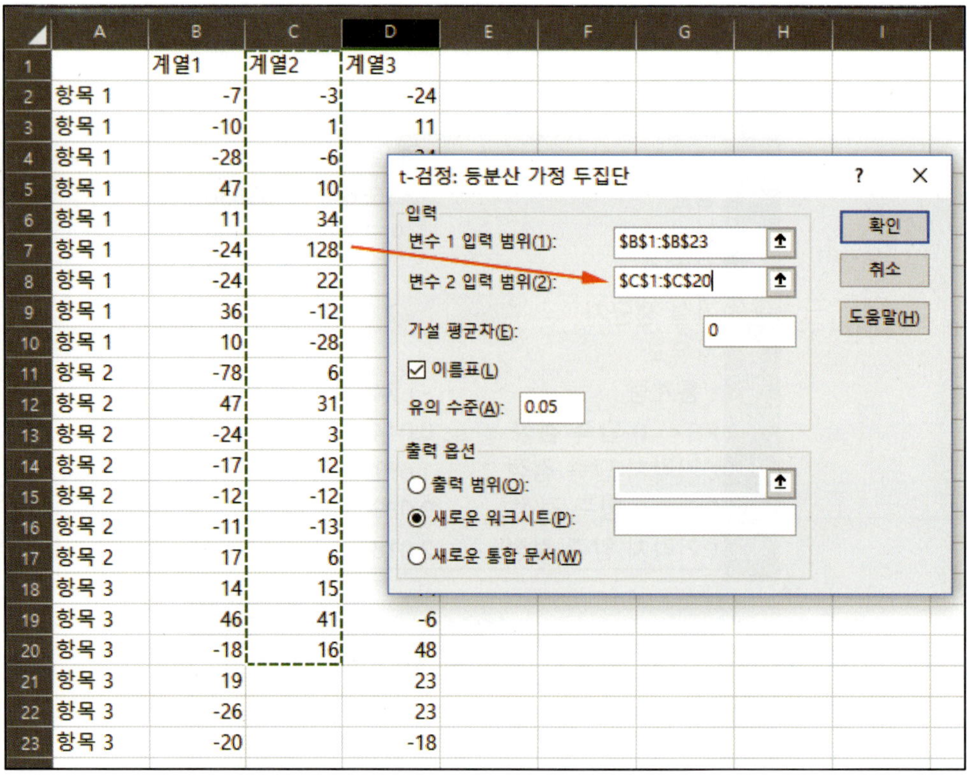

만일 양측의 숫자가 다르다면 그에 맞게 입력합니다.

	A	B	C
1	t-검정: 등분산 가정 두 집단		
2			
3		계열1	계열2
4	평균	-2.36364	13.21053
5	분산	927.29	1080.175
6	관측수	22	19
7	공동(Pooled) 분산	997.8525	
8	가설 평균차	0	
9	자유도	39	
10	t 통계량	-1.57423	
11	P(T<=t) 단측 검정	0.061757	
12	t 기각치 단측 검정	1.684875	
13	P(T<=t) 양측 검정	0.123513	
14	t 기각치 양측 검정	2.022691	

그에 따라 결과에 반영되어 나타납니다.

◆플러스 알파

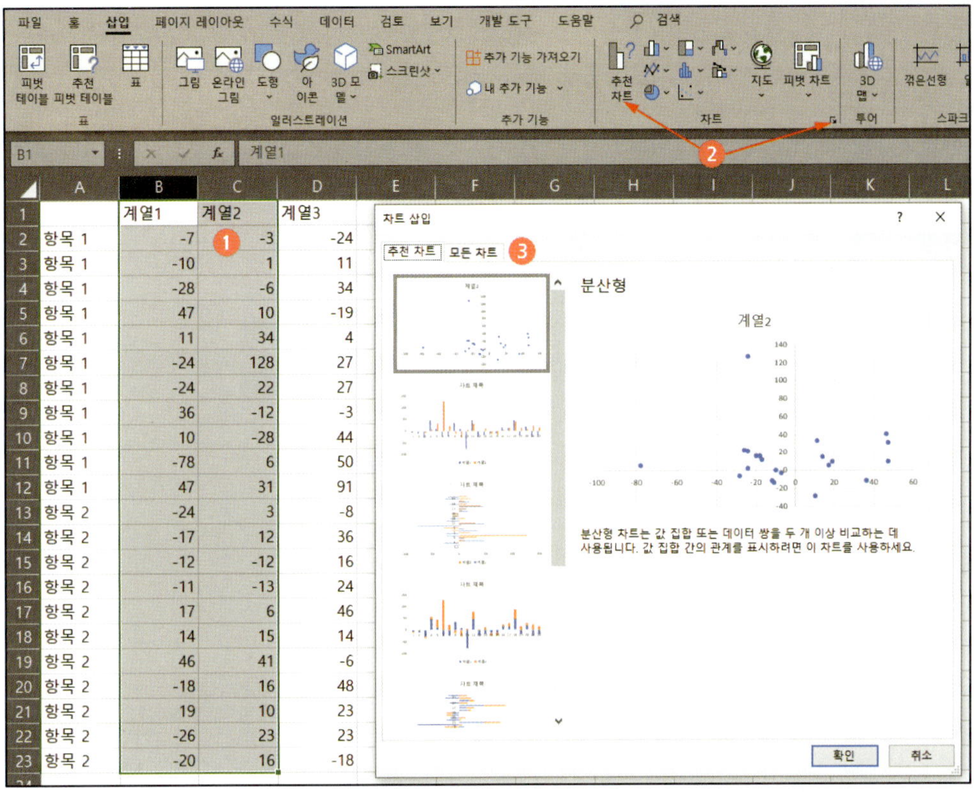

계열1과 계열2를 선택❶한 뒤 '삽입'에서 '추천 차트' 혹은 '차트' 오른쪽 귀퉁이의 아이콘을 클릭합니다❷. 추천 차트에 나타나지 않기 때문에 '모든 차트❸'를 열어봅니다.

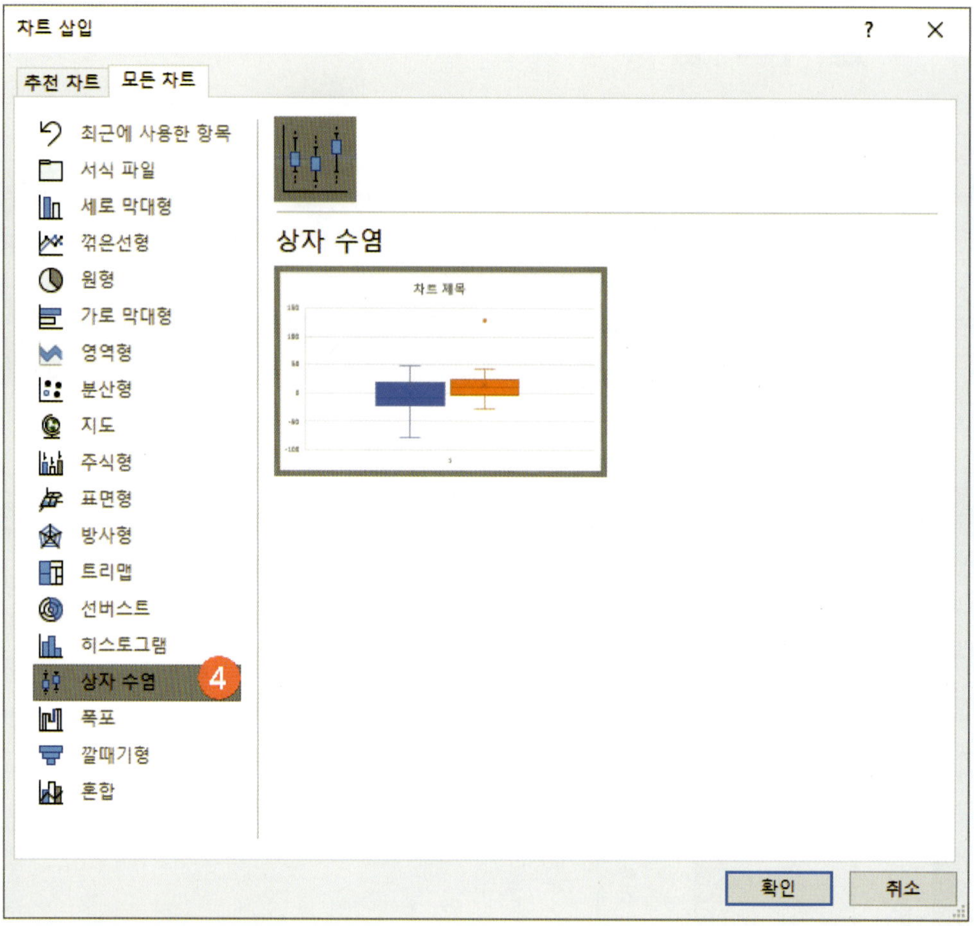

'상자 수염④'을 클릭합니다. 상자 수염, 즉 Box-Whisker plot은 엑셀 2016부터 만들 수 있게 되었습니다. 2013 이하 버전에서 이 차트를 만들기 위해서는 다양한 꼼수를 사용해야 하는데 그 방법은 인터넷에서 찾아볼 수 있고, 그중에 제가 올린 것도 있습니다. 일단 지금은 2016에서 만드는 방법을 배워봅시다.

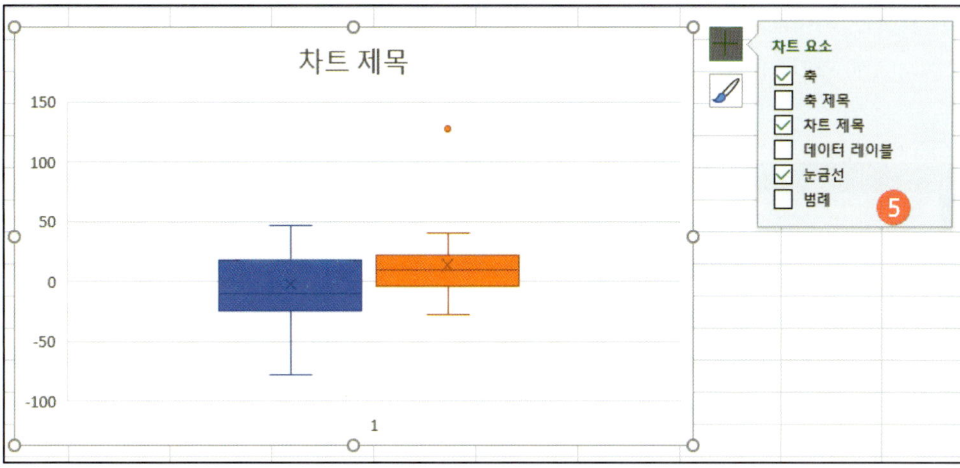

만들어진 차트의 오른쪽 위에 나타나는 + 표시를 클릭하여 '범례❺'를 설정합니다.

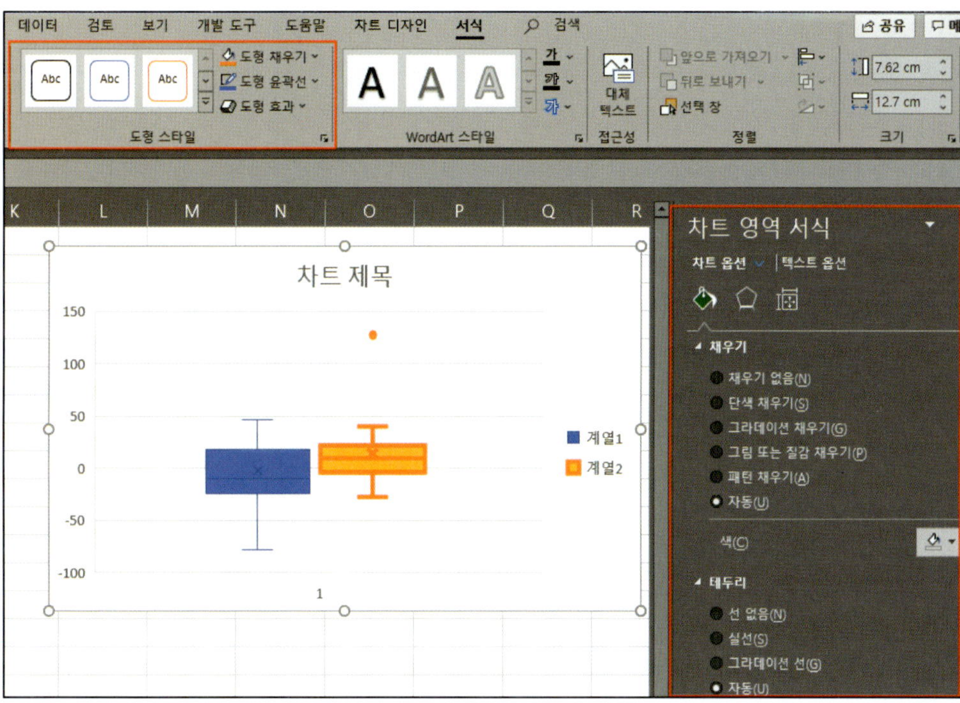

만들어진 차트는 마치 도형처럼 '리본 메뉴'의 '서식'이나 '차트 영역 서식'에서 색이나 선의 두께 등을 자유롭게 편집할 수 있습니다.

box plot은 최대값, 최소값, 중앙값, 4분위값을 이용해서 값들의 분포를 보여주며 t-test 혹은 ANOVA에서 많이 사용됩니다. 물론 ANOVA는 3개 이상의 열을 선택하면 됩니다.

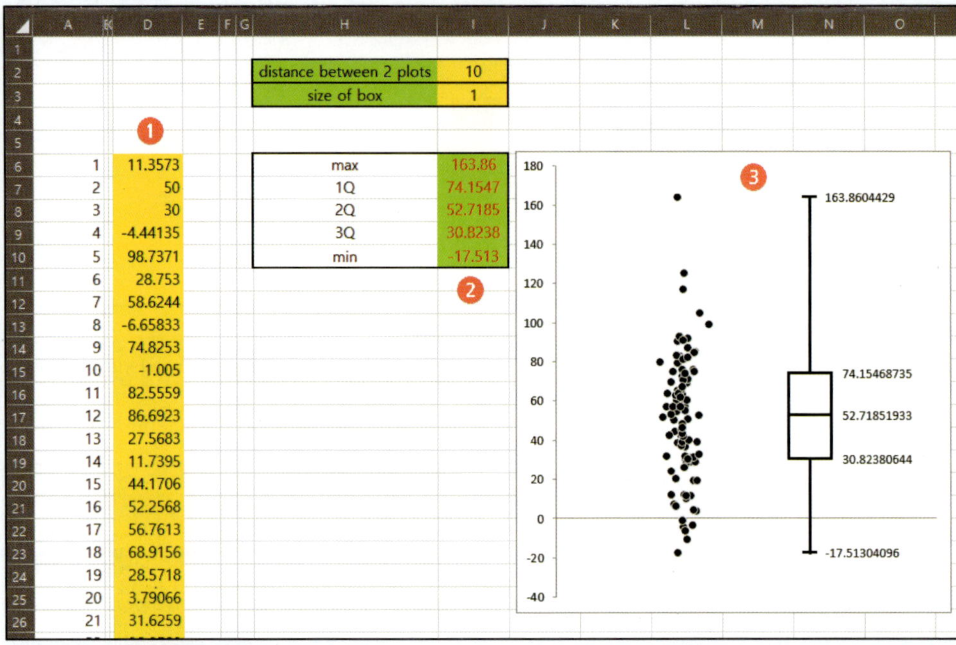

엑셀 2016이 없는 사람도 만들 수 있도록 제가 쓴 《연구자를 위한 그래프 그리기》(북앤에듀, 2016)의 10장을 참고합니다(https://tinyurl.com/Excel2see에서 데이터 다운로드).

'10. Dot plot, Jitter plot_점도표_1.xlsx'를 열어서 D열의 노란색 셀❶ 값을 지우고 자신의 데이터 값을 붙여넣습니다. 자료는 최대 100개까지만 입력할 수 있습니다. 원한다면 더 늘릴 수도 있지만 점이 너무 많으면 jitter plot의 모양이 예쁘지 않아서 그냥 100개로 한정했습니다.

5개의 요약된 값❷이 계산되고 jitter plot과 box plot이 그려집니다❸.

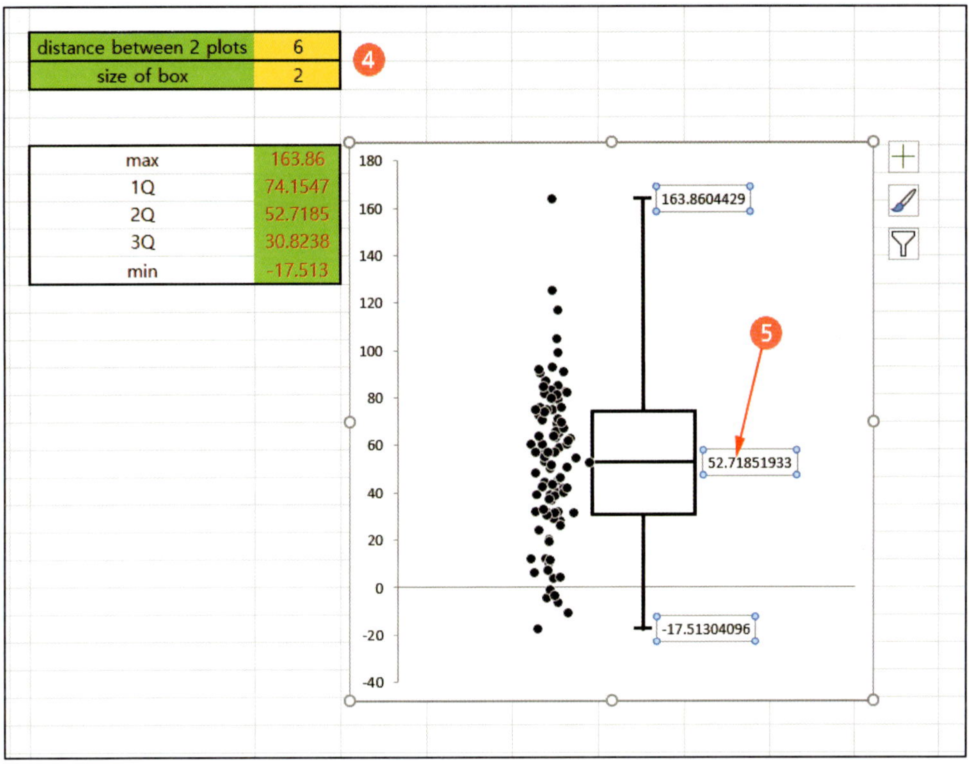

jitter plot과 box plot 사이의 간격을 조절하거나 box plot의 폭을 조절④할 수 있으며 box plot의 숫자를 선택하여 삭제⑤할 수 있습니다. 보통은 숫자를 넣지 않지만 불필요한 경우 지우는 것이 더 편하기 때문에 일부러 넣어두었습니다.

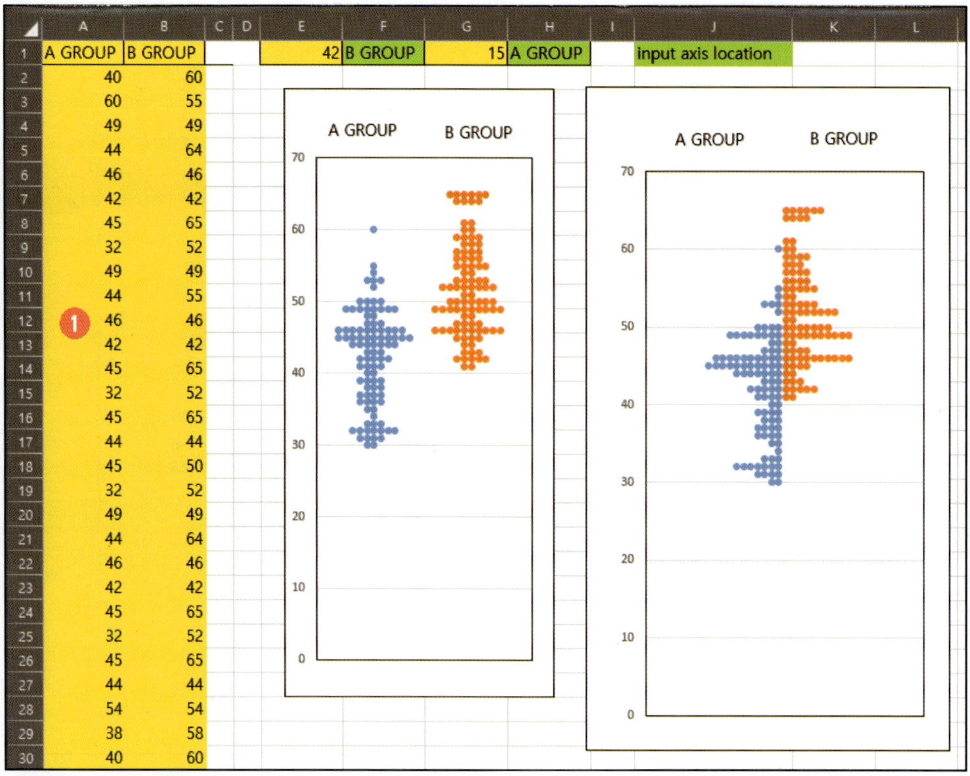

'10. Dot plot, Jitter plot_점도표-2.xlsx' 파일을 열어봅시다. 비슷한 방식으로 두 집단의 값을 최대 100개까지 입력❶해서 dot plot으로 표현할 수 있습니다. 오른쪽처럼 두 점들을 바로 옆에 붙여서 표현하거나, 왼쪽처럼 약간 떨어지도록 표현할 수 있습니다. 두 집단의 분포를 시각적으로 보여줍니다.

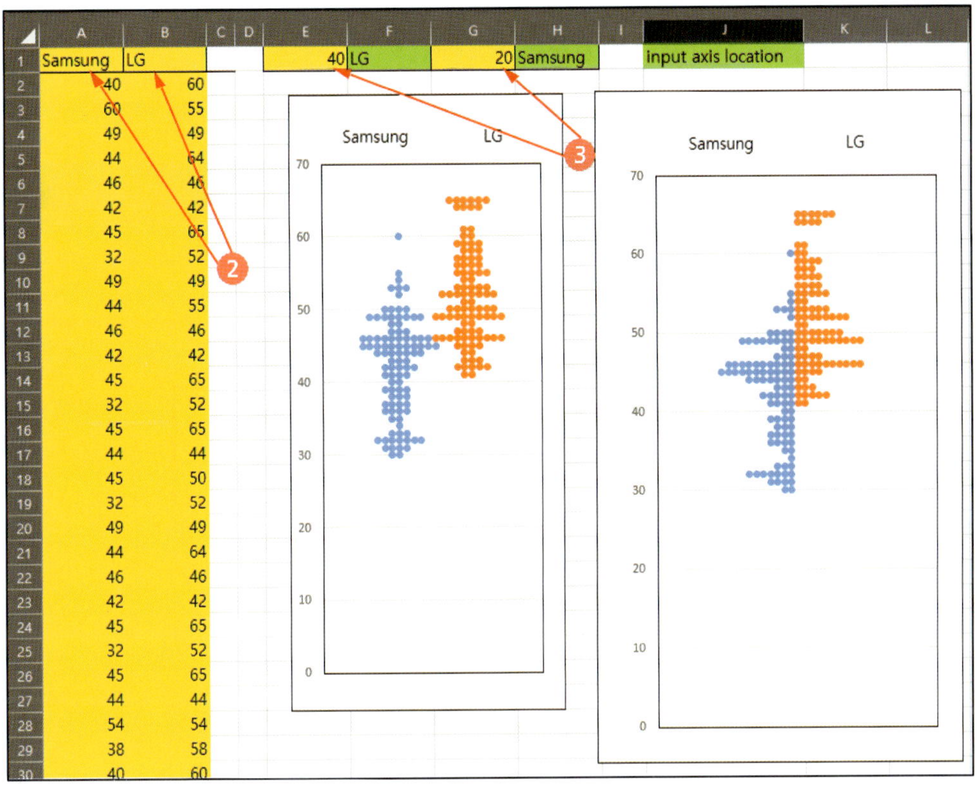

두 집단의 이름❷을 바꾸고 위치를 적절히 조절❸할 수 있습니다. 점들의 색을 바꾸거나 축의 값을 조절하는 것 등은 엑셀 자체의 기능을 활용할 수 있습니다. 통계 방법에 따라 적절한 plot으로 표현해주는 것이 바람직합니다.

3.2 대응 t-검정(paired t-test)

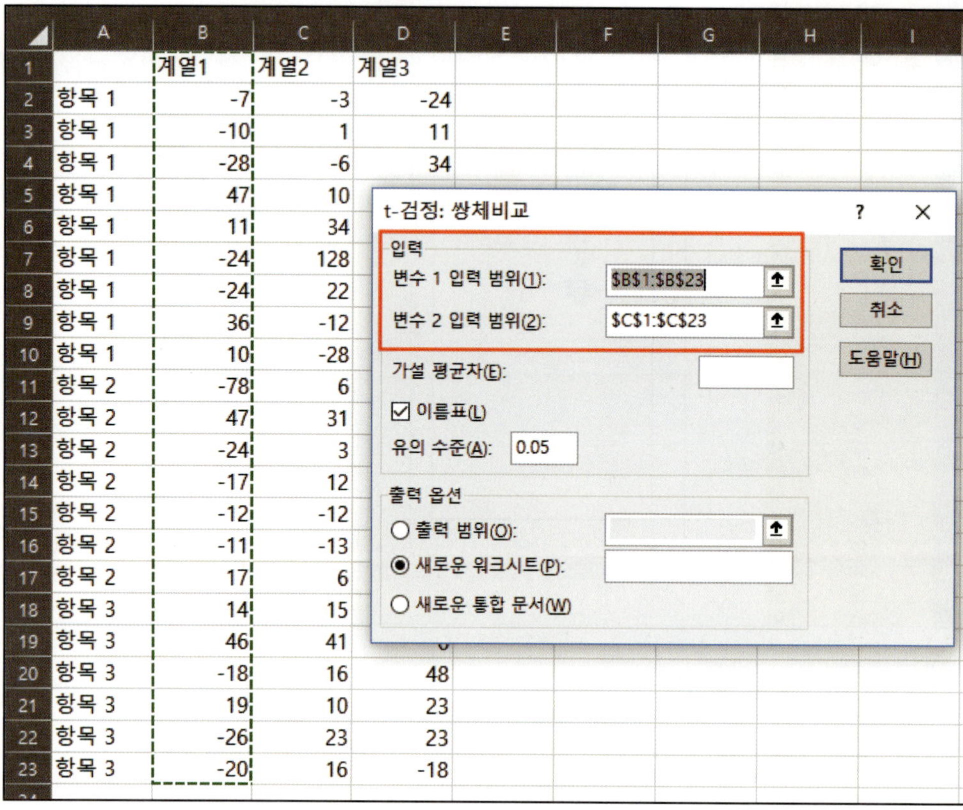

't-검정: 쌍체 비교'를 선택해서 동일한 방법으로 입력합니다.

	A	B	C
1	t-검정: 쌍체 비교		
2			
3		계열1	계열2
4	평균	-2.36364	13.63636
5	분산	927.29	931.0996
6	관측수	22	22
7	피어슨 상관 계수	-0.02039	
8	가설 평균차	0	
9	자유도	21	
10	t 통계량	-1.72337	
11	P(T<=t) 단측 검정	0.049757	
12	t 기각치 단측 검정	1.720743	
13	P(T<=t) 양측 검정	0.099515	
14	t 기각치 양측 검정	2.079614	

쌍체 비교, 즉 paired t-test의 결과가 나타납니다. 쌍이므로 두 집단의 숫자는 같아야 합니다.

두 집단의 키, 몸무게 등 연속된 숫자로 된 데이터를 비교할 때는 t-test를 사용합니다. 한 사람을 대상으로 조건을 달리하여 두 번 측정한 자료라면 두 자료가 서로 의존적인 관계이므로 paired t-test를 사용합니다. 같은 신체 부위에 좌우에 따라 각각 다른 처치를 한다든지, 시간 간격을 두고 다른 처치를 한다든지 하는 경우입니다.

◆플러스 알파

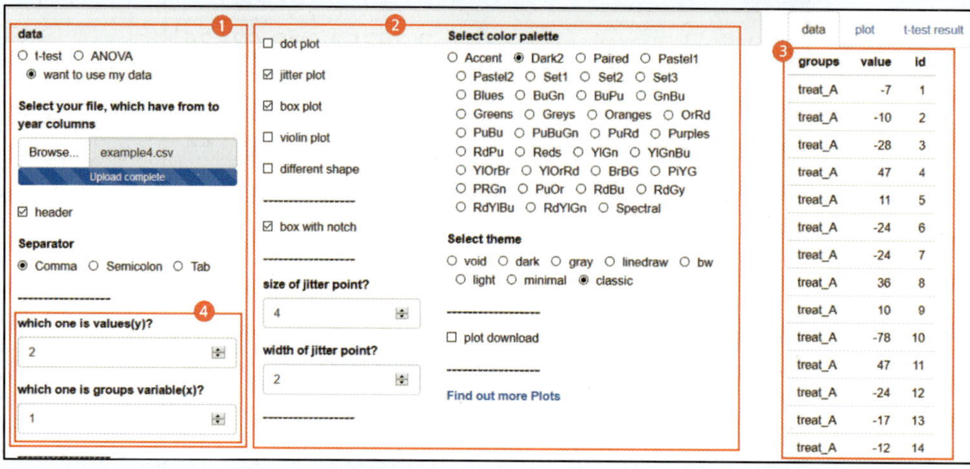

https://tinyurl.com/dot-violin-box-plot을 방문하여 'example4.csv'를 업로드해봅시다. 메뉴가 많아서 복잡해 보이지만 실제로는 단순합니다. ❶은 자료를 선택하는 영역이고 ❷는 그래프를 편집하는 영역이므로 지금은 ❶에만 집중하면 됩니다.

	A	B	C
1		계열1	계열2
2	항목 1	-7	-3
3	항목 1	-10	1
4	항목 1	-28	-6
5	항목 1	47	10
6	항목 1	11	34
7	항목 1	-24	128
8	항목 1	-24	22
9	항목 1	36	-12
10	항목 1	10	-28
11	항목 2	-78	6
12	항목 2	47	31
13	항목 2	-24	3
14	항목 2	-17	12
15	항목 2	-12	-12
16	항목 2	-11	-13
17	항목 2	17	6
18	항목 3	14	15
19	항목 3	46	41
20	항목 3	-18	16
21	항목 3	19	10
22	항목 3	-26	23
23	항목 3	-20	16

	A	B	C
1	groups	value	id
2	treat_A	-7	1
3	treat_A	-10	2
4	treat_A	-28	3
5	treat_A	47	4
6	treat_A	11	5
7	treat_A	-24	6
8	treat_A	-24	7
9	treat_A	36	8
10	treat_A	10	9
11	treat_A	-78	10
12	treat_A	47	11
13	treat_A	-24	12
14	treat_A	-17	13
15	treat_A	-12	14
16	treat_A	-11	15
17	treat_A	17	16
18	treat_A	14	17
19	treat_A	46	18
20	treat_A	-18	19
21	treat_A	19	20
22	treat_A	-26	21
23	treat_A	-20	22
24	treat_B	-3	1
25	treat_B	1	2
26	treat_B	-6	3

20	treat_A	-18	19
21	treat_A	19	20
22	treat_A	-26	21
23	treat_A	-20	22
24	treat_B	-3	1
25	treat_B	1	2
26	treat_B	-6	3
27	treat_B	10	4
28	treat_B	34	5
29	treat_B	128	6
30	treat_B	22	7
31	treat_B	-12	8
32	treat_B	-28	9
33	treat_B	6	10
34	treat_B	31	11
35	treat_B	3	12
36	treat_B	12	13
37	treat_B	-12	14
38	treat_B	-13	15
39	treat_B	6	16
40	treat_B	15	17
41	treat_B	41	18
42	treat_B	16	19
43	treat_B	10	20
44	treat_B	23	21
45	treat_B	16	22

가장 왼쪽에 보이는 자료에서 가로로 배열된 두 집단의 값을 세로로 배열한 것이 'example4.csv'입니다(이미지가 길어서 잘라 넣음). 같은 행의 자료에는 같은 ID를 부여하였습니다. paired t-test를 하기 위해 같은 짝임을 표현한 것입니다.

'example4.csv'를 직접 열어서 어떻게 자료를 구성하였는지 관찰해보기를 권장합니다. 이렇게 세로로 길게 자료를 열거한 것을 long form이라고 합니다.

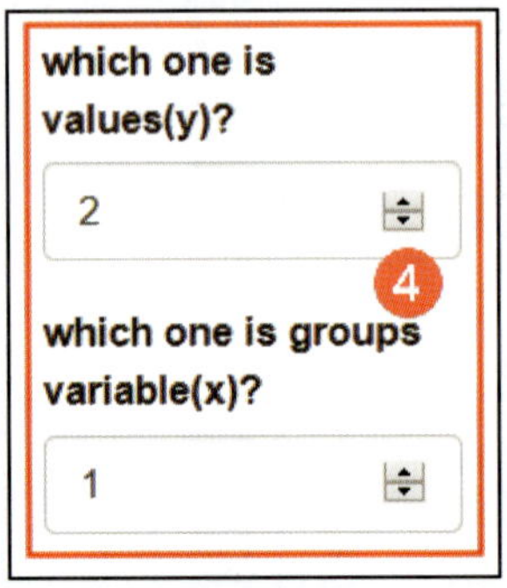

groups	value	id
treat_A	-7	1
treat_A	-10	2
treat_A	-28	3
treat_A	47	4
treat_A	11	5
treat_A	-24	6
treat_A	-24	7
treat_A	36	8
treat_A	10	9
treat_A	-78	10
treat_A	47	11

데이터❸의 성격에 맞게 적절히 배정❹해줍니다.

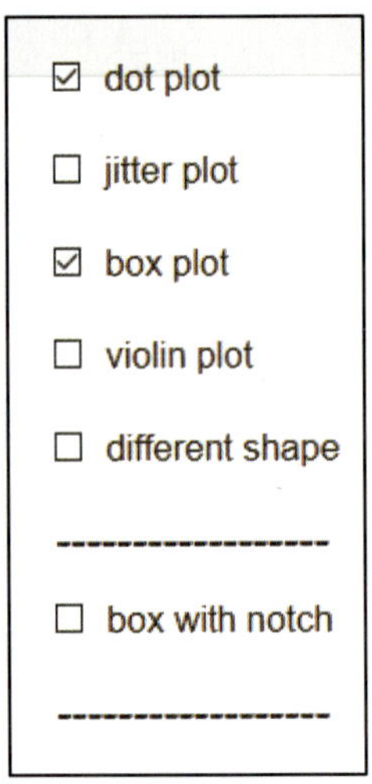

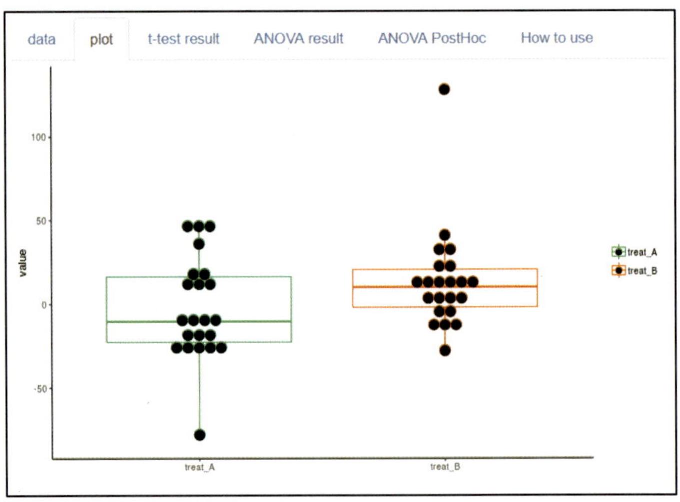

사용자가 적절하게 선택하면 되는데, 여기서는 dot plot과 box plot을 선택하여 자료들의 성격을 그래프로 파악해볼 수 있습니다. box plot만으로는 정확하게 알기 힘들었던 실제 자료들의 분포를 dot plot이 더 명확히 보여줍니다. 분포가 정규분포라고 말하기도 좀 애매하고 극단값이 양쪽 모두에 있어 확실하게 비교하기가 쉽지 않습니다. 정규성과 등분산성 등을 가정하는 t-검정이 적절한지 의심해볼 수 있습니다.

data plot t-test result ANOVA result ANOVA PostHoc

```
	Two Sample t-test

data:  y by x
t = -1.7409, df = 42, p-value = 0.08903
alternative hypothesis: true difference in means is not equal to 0
95 percent confidence interval:
 -34.547945   2.547945
sample estimates:
mean in group treat_A mean in group treat_B
            -2.363636             13.636364
```

❺

t-test result 탭에서는 t-검정 결과를 보여줍니다.

	A	B	C
1	t-검정: 등분산 가정 두 집단		
2			
3		계열1	계열2
4	평균	-2.36364	13.63636
5	분산	927.29	931.0996
6	관측수	22	22
7	공동(Pooled) 분산	929.1948	
8	가설 평균차	0	
9	자유도	42	
10	t 통계량	-1.74086	
11	P(T<=t) 단측 검정	0.044515	
12	t 기각치 단측 검정	1.681952	
13	P(T<=t) 양측 검정	0.089031	
14	t 기각치 양측 검정	2.018082	

이것은 엑셀의 't-검정: 등분산 가정 두 집단'의 결과와 같습니다.

한편 '평균의 차이의 95% 신뢰구간❺'을 보여주는데, 이는 비열등성 검정에서도 사용할 수 있습니다. SPSS나 다른 통계 프로그램들에서도 보여주는 항목인데 엑셀에서는 제시해주지 않아서 조금 아쉽습니다.

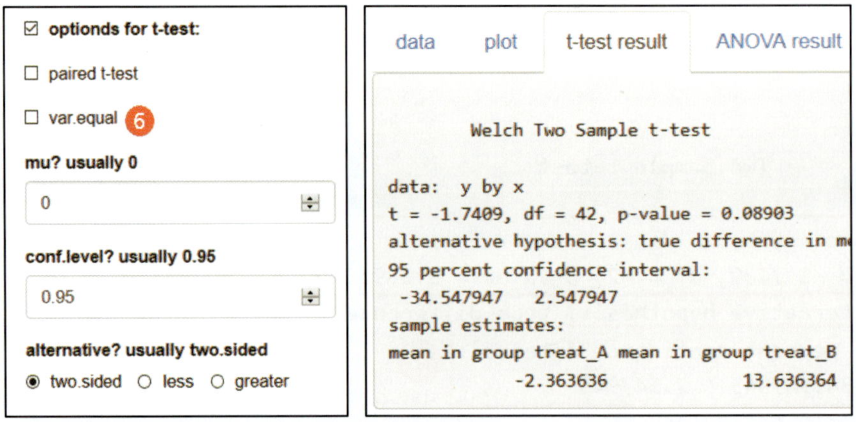

'optionds for t-test'를 열어 'var.equal❻'을 비활성화하면 엑셀의 't-검정: 이분산 가정 두 집단'의 결과와 같은 결과를 보여주는데, 그 이름이 'Welch Two Sample t-test'라고 되어 있습니다. Welch라는 사람이 등분산 가정 t-test를 이분산 가정인 경우까지 확대하였기 때문에 이런 이름이 붙었습니다. 실제로 이렇게 엄격하게 구분하여 부르지 않고 t-test라고만 해도 때에 따라 Welch t-test인 경우도 있습니다.

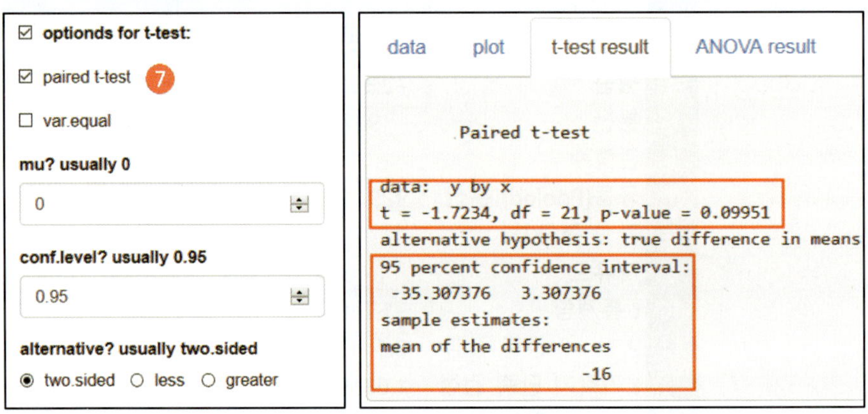

'paired t-test❼'를 활성화하면 paired t-test의 결과를 보여줍니다. (엑셀에서는 보여주지 않지만 중요한) 차이의 95% 신뢰구간도 보여줍니다.

	A	B	C
1	t-검정: 쌍체 비교		
2			
3		계열1	계열2
4	평균	-2.36364	13.63636
5	분산	927.29	931.0996
6	관측수	22	22
7	피어슨 상관 계수	-0.02039	
8	가설 평균차	0	
9	자유도	21	
10	t 통계량	-1.72337	
11	P(T<=t) 단측 검정	0.049757	
12	t 기각치 단측 검정	1.720743	
13	P(T<=t) 양측 검정	0.099515	
14	t 기각치 양측 검정	2.079614	

엑셀의 't-검정: 쌍체 비교'에서 보여주었던 결과와 비교해보세요.

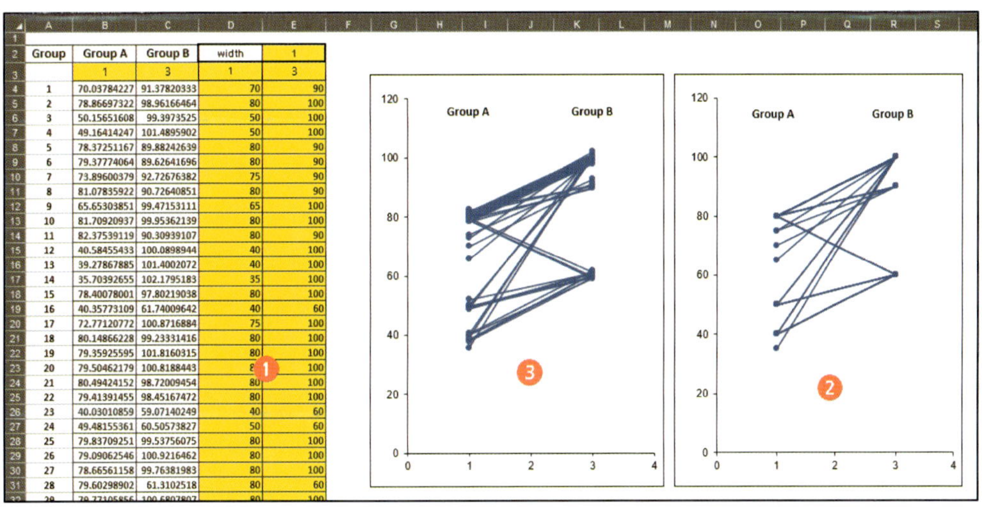

《연구자를 위한 그래프 그리기》(북앤에듀, 2016)의 36장에서 소개하였던 '36. Paired t-test 차트.xlsx'를 열어봅시다(https://tinyurl.com/Excel2see에서 데이터 다운로드). 노란색 셀 값을 삭제한 다음 자신의 자료❶를 붙여넣습니다. 값에 따라 점들이 나타나고 직선으로 이어져서 paired된 자료임을 보여줍니다❷. 여러 점들이 겹쳐서 하나의 점으로 보이기 때문에 겹친 점들을 무작위로 약간 흩어지게 해서❸ 점과 선을 여러 개로 보여주면 실제와 더 가깝게 보입니다.

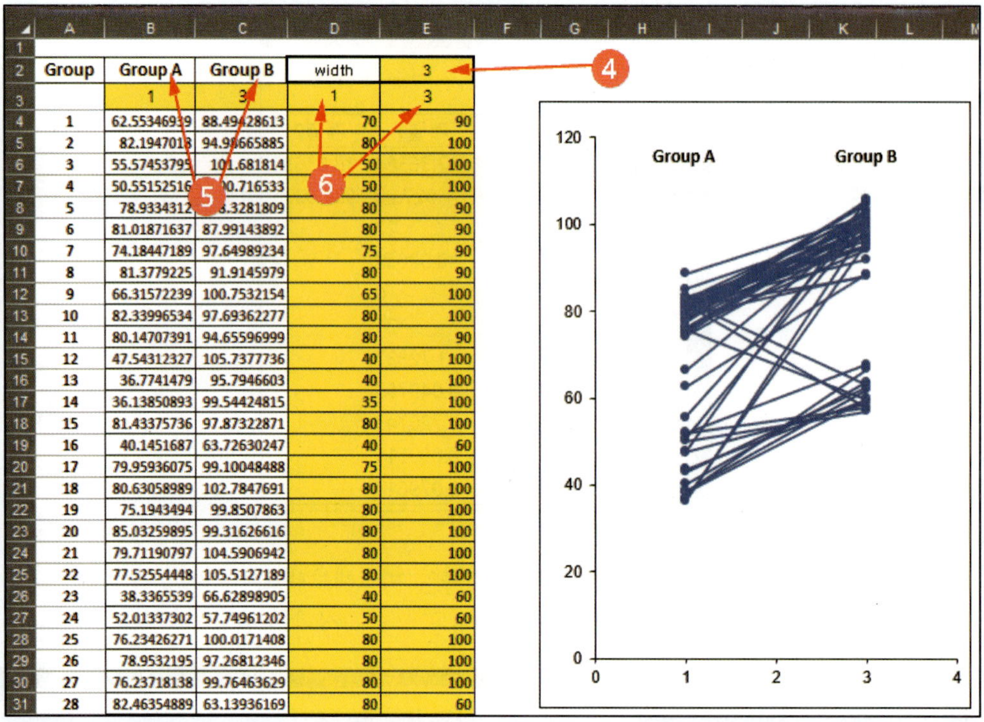

	A	B	C	D	E
1					
2	Group	Group A	Group B	width	3
3		1	3	1	3
4	1	62.55346[illegible]39	88.49[illegible]28613	70	90
5	2	82.194701[illegible]	94.9[illegible]665885	80	100
6	3	55.57453795	10[illegible].681814	50	100
7	4	50.55152516	[illegible]0.716533	50	100
8	5	78.9334312	[illegible].3281809	80	90
9	6	81.01871637	87.99143892	80	90
10	7	74.18447189	97.64989234	75	90
11	8	81.3779225	91.9145979	80	90
12	9	66.31572239	100.7532154	65	100
13	10	82.33996534	97.69362277	80	100
14	11	80.14707391	94.65596999	80	90
15	12	47.54312327	105.7377736	40	100
16	13	36.7741479	95.7946603	40	100
17	14	36.13850893	99.54424815	35	100
18	15	81.43375736	97.87322871	80	100
19	16	40.1451687	63.72630247	40	60
20	17	79.95936075	99.10048488	75	100
21	18	80.63058989	102.7847691	80	100
22	19	75.1943494	99.8507863	80	100
23	20	85.03259895	99.31626616	80	100
24	21	79.71190797	104.5906942	80	100
25	22	77.52554448	105.5127189	80	100
26	23	38.3365539	66.62898905	40	60
27	24	52.01337302	57.74961202	50	60
28	25	76.23426271	100.0171408	80	100
29	26	78.9532195	97.26812346	80	100
30	27	76.23718138	99.76463629	80	100
31	28	82.46354889	63.13936169	80	60

무작위로 흩는 정도를 결정하는 'width❹' 값을 크게 하면 점들이 더 많이 흩어집니다. 두 집단의 이름❺을 바꾸어줄 수도 있고, 두 점의 위치를 가깝거나 멀게 조절❻할 수도 있습니다.

3.3 z-검정(z-test)

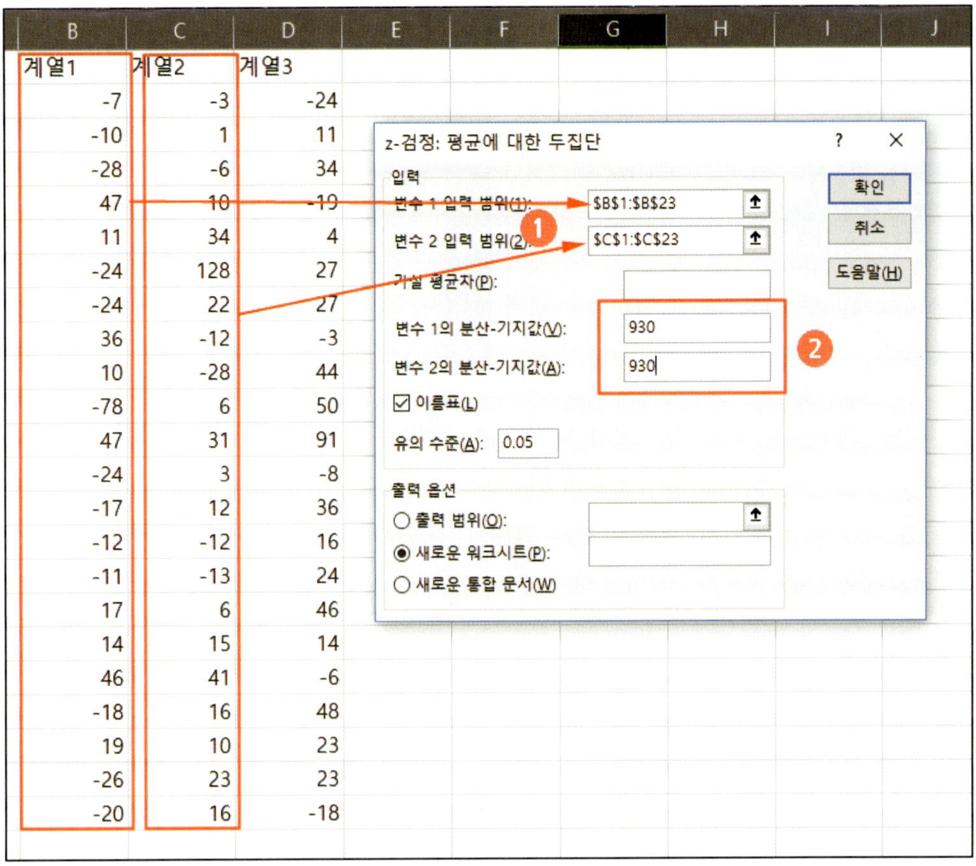

'example1.xlsx' 파일을 열고 'z-검정: 평균에 대한 두 집단'을 선택합시다. t-검정과 메뉴 구성이 비슷합니다. 우선 두 변수의 범위를 동일한 방식으로 입력❶하고, 분산의 기지값을 입력❷합니다.

	A	B	C
1	z-검정: 평균에 대한 두 집단		
2			
3		계열1	계열2
4	평균	-2.36364	13.63636
5	기지의 분산	930	930
6	관측수	22	22
7	가설 평균차	0	
8	z 통계량	-1.7401	
9	P(Z<=z) 단측 검정	0.040921	
10	z 기각치 단측 검정	1.644854	
11	P(Z<=z) 양측 검정	0.081841	
12	z 기각치 양측 검정	1.959964	

	A	B	C
1	t-검정: 등분산 가정 두 집단		
2			
3		계열1	계열2
4	평균	-2.36364	13.63636
5	분산	927.29	931.0996
6	관측수	22	22
7	공동(Pooled) 분산	929.1948	
8	가설 평균차	0	
9	자유도	42	
10	t 통계량	-1.74086	
11	P(T<=t) 단측 검정	0.044515	
12	t 기각치 단측 검정	1.681952	
13	P(T<=t) 양측 검정	0.089031	
14	t 기각치 양측 검정	2.018082	

z-검정의 결과(왼쪽)는 사실 t-검정(오른쪽)의 결과와 거의 유사합니다. 이미 모집단의 분산을 알고 있어야 하는 z-검정에 비해서 t-검정은 보다 자유롭고 적은 수의 샘플로도 검정이 가능합니다. 많은 수의 샘플을 가정하는 z-검정에 비해 적은 수의 샘플에 대해서 검정하기 위해 개발된 t-검정은 샘플 수가 많아지면 z-검정과 비슷해집니다.

결과적으로 모집단의 분산을 몰라도 되고 소표본에 적합한 t-검정이 z-검정보다 훨씬 더 광범위하게 적용되며, 현재 가장 빈번하게 사용되는 검정 중 하나가 되었습니다. z-검정은 다소 역사적이고 교육적인 용도로 사용되는 듯합니다.

3.4 F-검정(F-test)

앞서 우리는 t-검정을 하면서 분산의 같고 다름에 따라 다른 방법을 사용하였습니다. 이에 대해서 객관적인 도구라고 할 수 있는 'F-검정'에 대해 알아봅시다.

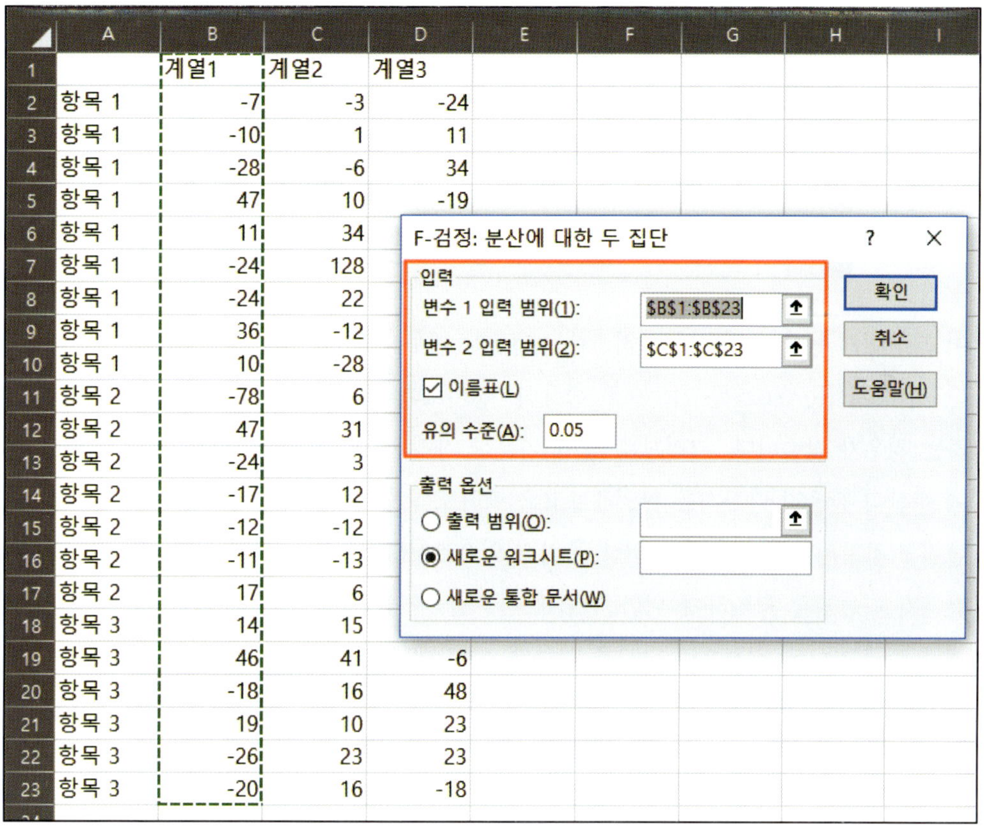

'F-검정: 분산에 대한 두 집단'을 선택하고 동일한 방식으로 두 변수의 입력 범위를 설정합니다.

	A	B	C
1	F-검정: 분산에 대한 두 집단		
2			
3		계열1	계열2
4	평균	-2.36364	13.63636
5	분산	927.29	931.0996
6	관측수	22	22
7	자유도	21	21
8	F 비	0.995909	
9	P(F<=f) 단측 검정	0.496297	
10	F 기각치: 단측 검정	0.479803	

이 경우에는 분산이 다르다고 하기에는 p값이 매우 큽니다. 보통 양측검정에서는 0.05, 단측검정에서는 0.025를 기준으로 활용하며, 이보다 작으면 '분산이 같지 않다'고 판단하는 경우가 많습니다. 그러므로 앞서 이분산 가정, 혹은 등분산 가정 t-검정을 하기 전에 분산이 같은지 다른지를 확인해보고 선택하도록 합니다.

한편 F-검정은 t-검정을 하기 위한 준비 작업으로서도 의미가 있지만, 그 자체로 분산이 같은지 다른지를 확인하기 위한 연구에 활용될 수 있습니다. 예를 들어, 두 종류의 기계가 평균 10mm 직경으로 나사를 깎는데 이 값이 항상 일정하게 유지되는지 들쑥날쑥한지를 검정해야 한다면, 두 기계의 분산이 같은지 다른지를 확인해보는 것도 좋은 방법일 것입니다.

◆플러스 알파

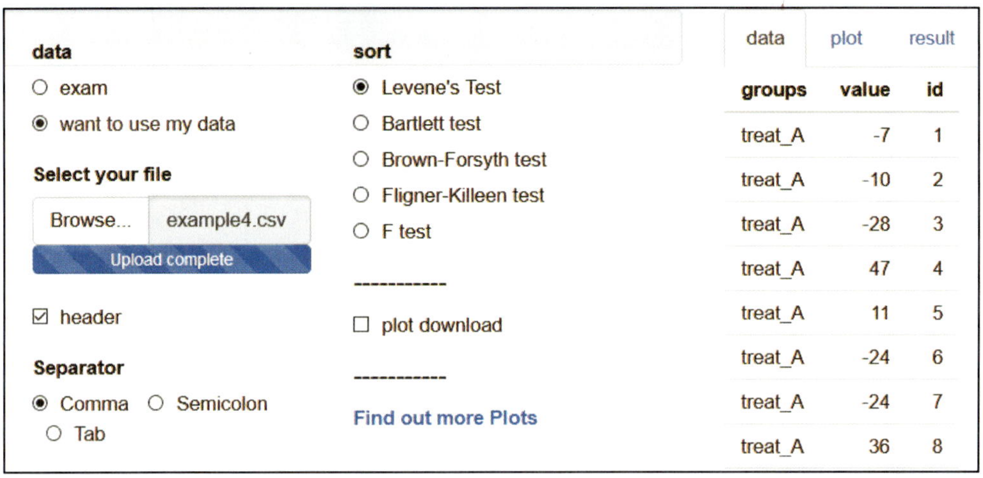

https://tinyurl.com/Homogeneity-Variance를 방문하여 'example4.csv'를 업로드합니다.

	A	B	C	D
1		계열1	계열2	계열3
2	항목 1	-7	-3	-24
3	항목 1	-10	1	11
4	항목 1	-28	-6	34
5	항목 1	47	10	-19
6	항목 1	11	34	4
7	항목 1	-24	128	27
8	항목 1	-24	22	27
9	항목 1	36	-12	-3
10	항목 1	10	-28	44
11	항목 2	-78	6	50
12	항목 2	47	31	91
13	항목 2	-24	3	-8
14	항목 2	-17	12	36
15	항목 2	-12	-12	16
16	항목 2	-11	-13	24
17	항목 2	17	6	46
18	항목 3	14	15	14
19	항목 3	46	41	-6
20	항목 3	-18	16	48
21	항목 3	19	10	23
22	항목 3	-26	23	23
23	항목 3	-20	16	-18

	A	B
1	groups	value
2	treat_A	-7
3	treat_A	-10
4	treat_A	-28
5	treat_A	47
6	treat_A	11
7	treat_A	-24
8	treat_A	-24
9	treat_A	36
10	treat_A	10
11	treat_A	-78
12	treat_A	47
13	treat_A	-24
14	treat_A	-17
15	treat_A	-12
16	treat_A	-11
17	treat_A	17
18	treat_A	14
19	treat_A	46
20	treat_A	-18
21	treat_A	19
22	treat_A	-26
23	treat_A	-20
24	treat_B	-3
25	treat_B	1
26	treat_B	-6
27	treat_B	10
28	treat_B	34
29	treat_B	128
30	treat_B	22
31	treat_B	-12
32	treat_B	-28
33	treat_B	6
34	treat_B	31
35	treat_B	3
36	treat_B	12
37	treat_B	-12
38	treat_B	-13
39	treat_B	6
40	treat_B	15
41	treat_B	41
42	treat_B	16
43	treat_B	10
44	treat_B	23
45	treat_B	16

오른쪽 자료는 앞서 보았던 왼쪽 자료의 B열과 C열을 groups와 value라는 이름으로 세로로 길게 배열한 것입니다. 이런 배열 방식을 long form이라고 하고, 왼쪽 같은 방식을 wide form이라고 합니다.

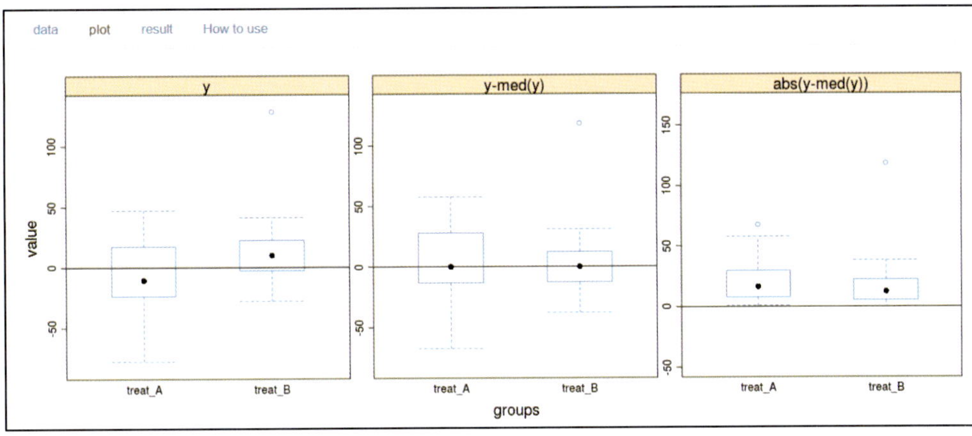

세 가지 plot을 보여줍니다. 가장 왼쪽은 실제값을 box plot으로 표현한 것으로, 어떤 그룹이 위인지 아래인지 보여주면서 퍼져 있는 정도를 짐작하게 해줍니다. 가운데 plot은 중앙값을 중심으로 하여 위아래 퍼진 정도에 더 집중할 수 있도록 해줍니다. 오른쪽 plot은 중앙값과 차이의 절대값을 표현하여 퍼진 정도를 더 과장해서 보여줍니다.

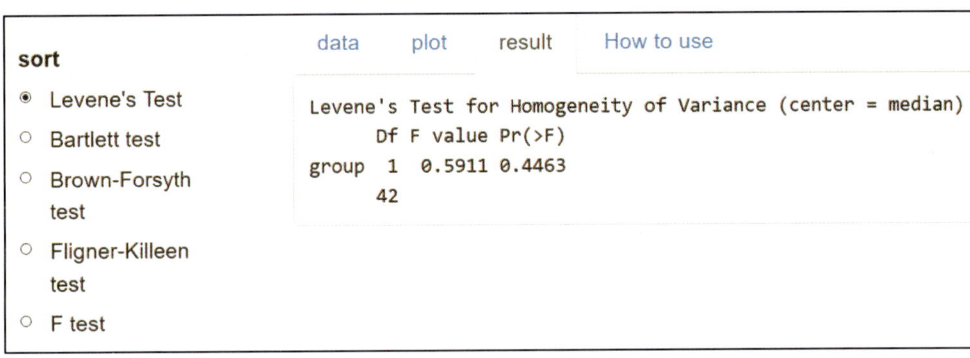

'result' 탭에서는 Levene's Test, Bartlett test, Brown-Forsyth test, Fligner-Killeen test, F test 5개 test를 보여주는데, 그중 Levene's Test를 먼저 보여줍니다. Levene's Test는 SPSS 등에서 디폴트 검정으로 사용되며 세 집단 이상에서도 검정이 가능합니다.

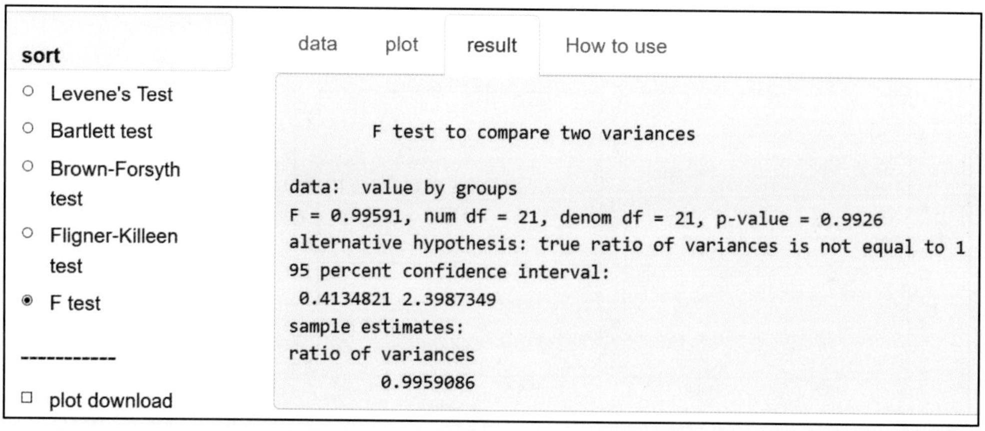

F-검정의 결과도 보여주는데 p값이 엑셀에서 보여주었던 p값의 딱 2배입니다. 이는 엑셀에서는 단측검정으로 수행하였으므로 양측검정으로 바꾸기 위해 2를 곱해서 표현했기 때문입니다. 그 밖에 F값과 자유도 등은 모두 엑셀과 같습니다.

F-검정은 두 집단의 분산을 살필 수 있는 도구이며, 세 집단 이상일 때는 사용할 수 없습니다. 위 그림에서 보면 뭔가 두 집단의 분산이 다를 것 같아 보이는데(주관적임) 검정에서는 모두 p값이 크고 분산이 다르지 않은 것으로 보입니다. 여기서 p값의 성격을 알 수 있습니다. 샘플 수가 작아지면 p값은 커지는 경향이 있어서 차이가 없다고 판단하기 쉬워집니다. 반면에 샘플 수가 많아지면 차이가 있다고 판단하기 쉬워집니다. 그러므로 p값만으로 판단해서는 안 되며 plot을 그려보는 습관을 가져야 합니다. p값이 기준보다 크다(유의하지 않다)는 것은 '차이가 없다'는 뜻이 아니라, '차이가 없다고 말할 수는 없다'는 뜻으로 '결론이 없다'는 의미입니다. 이 정도의 샘플 수로는 결론을 내릴 수 없다는 뜻이기도 합니다.

또 한편으로는 실제 분산값이 927, 931로 비슷해 보이기도 합니다. 그러므로 전체적인 분포를 확인하기 위해서는 plot을 그려보고 다각적으로 살펴보아야 합니다.

3.5 분산 분석(ANOVA)

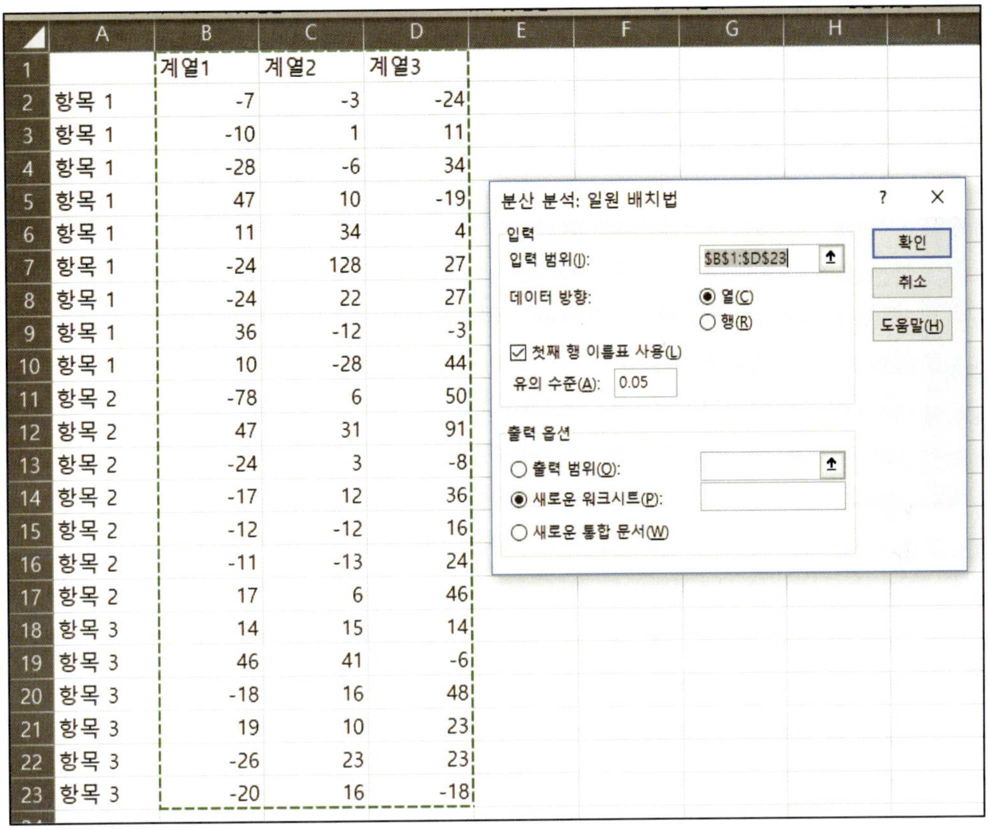

	A	B	C	D
1		계열1	계열2	계열3
2	항목 1	-7	-3	-24
3	항목 1	-10	1	11
4	항목 1	-28	-6	34
5	항목 1	47	10	-19
6	항목 1	11	34	4
7	항목 1	-24	128	27
8	항목 1	-24	22	27
9	항목 1	36	-12	-3
10	항목 1	10	-28	44
11	항목 2	-78	6	50
12	항목 2	47	31	91
13	항목 2	-24	3	-8
14	항목 2	-17	12	36
15	항목 2	-12	-12	16
16	항목 2	-11	-13	24
17	항목 2	17	6	46
18	항목 3	14	15	14
19	항목 3	46	41	-6
20	항목 3	-18	16	48
21	항목 3	19	10	23
22	항목 3	-26	23	23
23	항목 3	-20	16	-18

'example1.xlsx' 파일을 열어봅시다. '분산 분석: 일원 배치법'을 열어서 3개의 열, 즉 B열부터 D열까지를 '입력 범위'로 지정합니다.

	A	B	C	D	E	F	G
1	분산 분석: 일원 배치법						
2							
3	요약표						
4	인자의 수준	관측수	합	평균	분산		
5	계열1	22	-52	-2.36364	927.29		
6	계열2	22	300	13.63636	931.0996		
7	계열3	22	440	20	754.2857		
8							
9							
10	분산 분석						
11	변동의 요인	제곱합	자유도	제곱 평균	F 비	P-값	F 기각치
12	처리	5841.939	2	2920.97	3.353998	0.041288	3.142809
13	잔차	54866.18	63	870.8918			
14							
15	계	60708.12	65				

각 열은 관측수, 합계, 평균, 분산으로 요약되며 이어서 '분산 분석표', 즉 유명한 ANOVA table로 정리됩니다. p값은 0.041288로 세 집단의 평균이 같다는 귀무가설을 기각하지 못한다는 결론입니다.

분산 분석, 즉 analysis of variance(ANOVA)는 세 집단 이상의 평균이 같은지를 확인해 보기 위한 검정으로 t-검정의 확대라고 볼 수도 있습니다. t-검정과 마찬가지로 정규성, 등분산성을 가정합니다.

그러므로 앞서 배운 것처럼 정규성과 등분산성에 대한 통계적 검정이나 그래프를 이용한 검토가 필요합니다. 또한 $p < 0.05$인 경우에는 전체적으로 평균이 일치하지 않으므로 과연 어떤 집단이 일치하지 않는지 두 집단씩 비교해보는 pairwise comparison이 필요합니다.

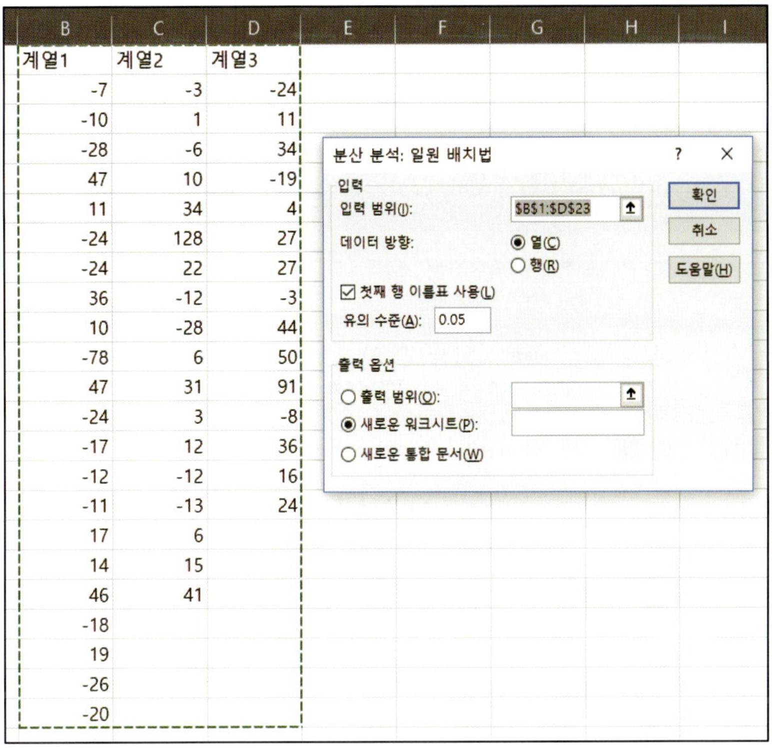

만일 세 집단의 숫자가 각각 다른 경우에 범위를 입력하면

	A	B	C	D	E	F	G
1	분산 분석: 일원 배치법						
2							
3	요약표						
4	인자의 수준	관측수	합	평균	분산		
5	계열1	22	-52	-2.36364	927.29		
6	계열2	18	235	13.05556	1143.232		
7	계열3	15	310	20.66667	871.381		
8							
9							
10	분산 분석						
11	변동의 요인	제곱합	자유도	제곱 평균	F 비	P-값	F 기각치
12	처리	5178.559	2	2589.279	2.634503	0.081316	3.175141
13	잔차	51107.37	52	982.834			
14							
15	계	56285.93	54				

자동으로 관측수를 적절히 조절하여 계산해줍니다.

◆플러스 알파

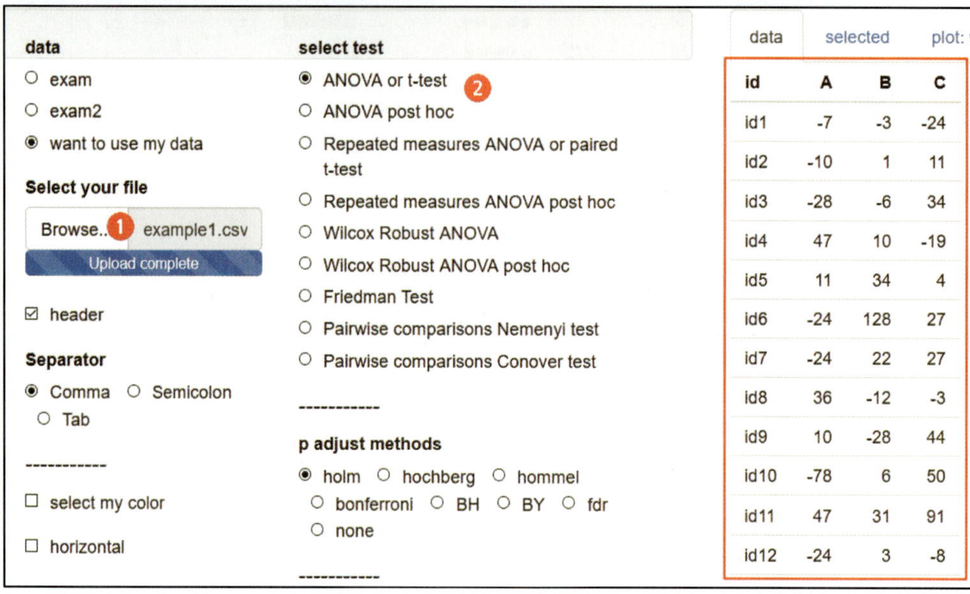

http://tinyurl.com/violins4explorers를 방문하여 'example1.csv❶'를 업로드합시다. 자료는 'example1.xlsx'와 동일한 내용 중 한글만 영문으로 바꾼 것입니다. 'ANOVA or t-test❷'가 디폴트로 되어 있는데, 두 집단이면 자동으로 t-test를, 세 집단 이상이면 자동으로 ANOVA를 시행합니다.

data　selected　plot: wait a while　descriptive

```
                         A           B           C
N                  22.0000     22.0000     22.0000
mean               -2.3636     13.6364     20.0000
SD                 30.4514     30.5139     27.4643
robust min        -78.0000    -28.0000    -24.0000
min               -78.0000    -28.0000    -24.0000
Q:0.1             -25.8000    -12.0000    -17.0000
median            -10.5000     10.0000     23.0000
Q:0.9              45.0000     33.7000     47.8000
max                47.0000    128.0000     91.0000
robust max         47.0000     41.0000     91.0000
skew               -0.1333      2.5631      0.4797
kurtosis            0.5255      9.4306      0.6761
Huber mu           -3.2978     10.0000     23.0000
missing values      0.0000      0.0000      0.0000
unique values      19.0000     18.0000     20.0000
Shapiro p           0.0920      0.0001      0.5209
```

'descriptive' 탭에서는 평균이나 표준편차 등 다양한 값들을 보여줍니다. 제일 아래에 있는 'Shapiro p'는 정규분포인지를 알아보기 위해 Shapiro test를 시행한 후의 p값을 보여줍니다. B집단의 경우에 p=0.0001로 정규분포라고 보기는 어렵습니다.

data　selected　plot: wait a while　descriptive　analysis

```
            Df Sum Sq Mean Sq F value Pr(>F)
ind          2   5842  2921.0   3.354 0.0413 *
Residuals   63  54866   870.9
---
Signif. codes:  0 '***' 0.001 '**' 0.01 '*' 0.05 '.' 0.1 ' ' 1
```

'analysis' 탭에는 ANOVA table이 보입니다.

분산 분석						
변동의 요인	제곱합	자유도	제곱 평균	F 비	P-값	F 기각치
처리	5841.939	2	2920.97	3.353998	0.041288	3.142809
잔차	54866.18	63	870.8918			
계	60708.12	65				

당연히 앞서 보았던 엑셀의 ANOVA table과 동일합니다.

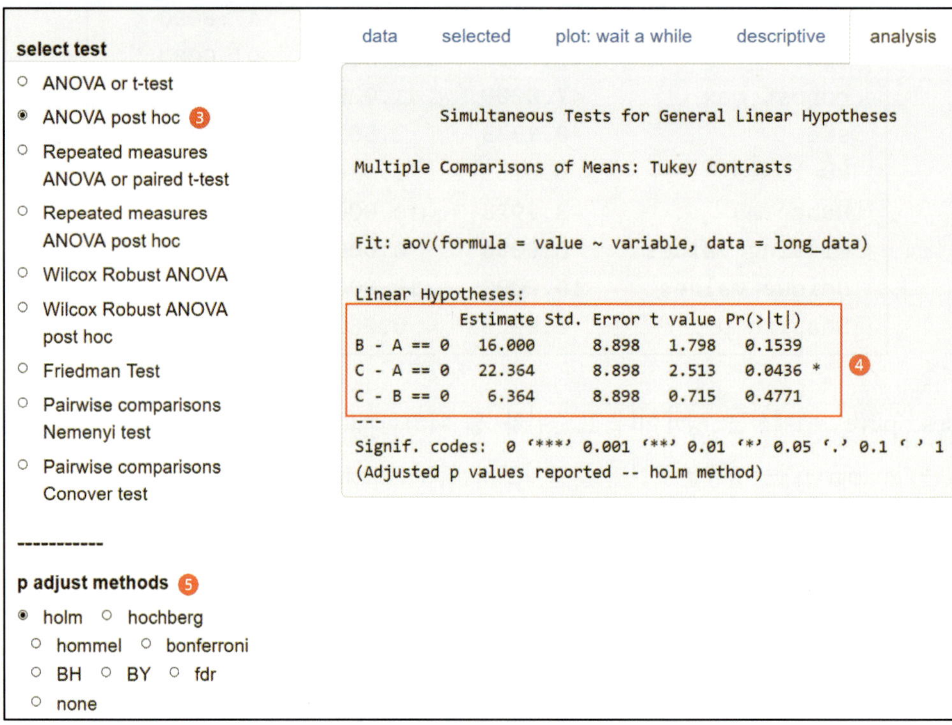

'ANOVA post hoc❸'는 두 집단씩 비교하여 보여줍니다. 즉 A-B, A-C, B-C를 각각 비교❹하여 보여줍니다. 여러 번 비교해서 p값을 교정해주는데, 이때 다양한 방법❺을 선택할 수 있습니다. 위 경우에는 C-A의 p값이 0.0436으로 0.05보다 작으므로 * 표시가 있습니다.

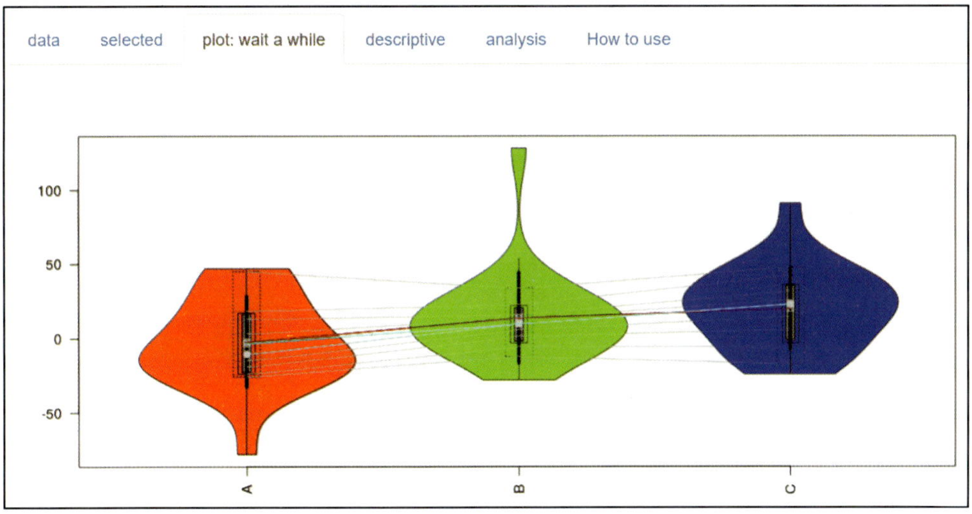

p값만 보지 말고 항상 plot을 그려보기를 권장합니다.

3.6 이원 분산 분석(2-way ANOVA)

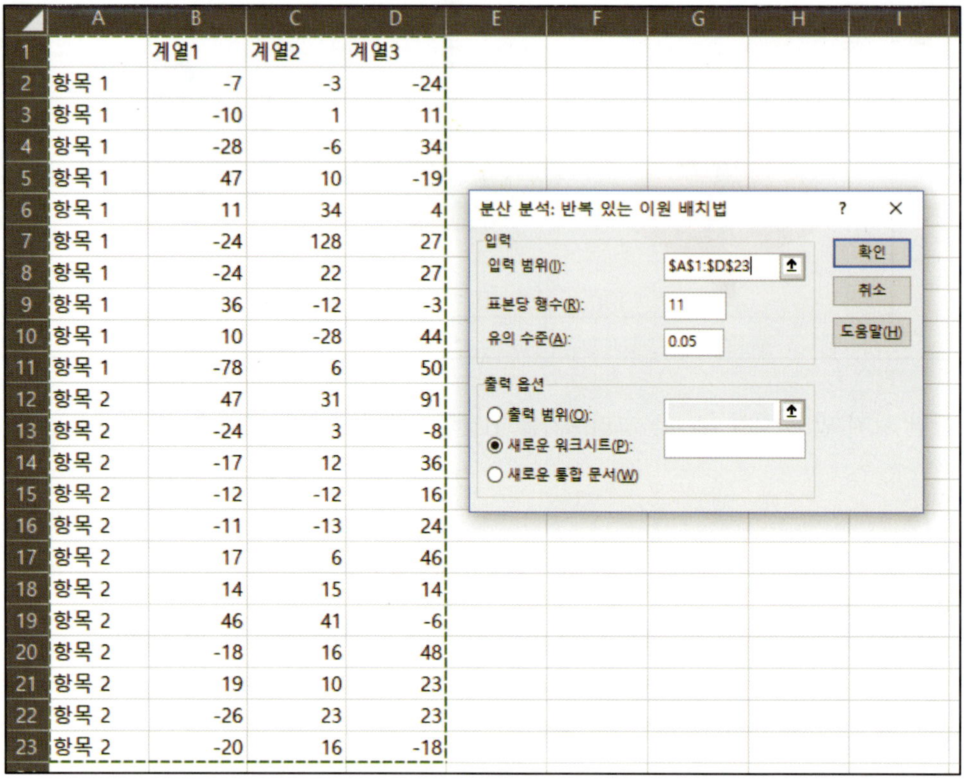

'example1.xlsx' 파일을 열어봅시다. '분산 분석: 반복 있는 이원 배치법'을 열어서 그림과 같이 입력 범위를 지정합니다.

	비료1	비료2	비료3
고습			
저습			

콩을 키우되 비료 조건과 습도 조건에 따라 6개의 집단으로 나눕니다. 비료 조건 3종류, 습도 조건 2종류가 있어 총 6개의 조건이 됩니다. 각 조건별로 11개의 콩을 사용했다고 합시다. 그리고 그 결과가 위 데이터라고 생각해봅시다. 계열로 된 것이 비료이고, 항목으로 된 것이 습도입니다. 이와 같이 조건 2개가 한꺼번에 조합되어 설정된 경우를 '분

산 분석: 이원 배치법'이라고 합니다. 2 way ANOVA, 또는 2 factor ANOVA라고도 할 수 있습니다.

	A	B	C	D	E	F	G
1	분산 분석: 반복 있는 이원 배치법						
2							
3	요약표	계열1	계열2	계열3	계		
4	항목 1						
5	관측수	11	11	11	33		
6	합	-20	183	242	405		
7	평균	-1.81818	16.6364	22	12.2727		
8	분산	1406.76	1705.05	1109	1426.33		
9							
10	항목 2						
11	관측수	11	11	11	33		
12	합	-32	117	198	283		
13	평균	-2.90909	10.6364	18	8.57576		
14	분산	539.891	230.455	466.2	463.752		
15							
16	계						
17	관측수	22	22	22			
18	합	-52	300	440			
19	평균	-2.36364	13.6364	20			
20	분산	927.29	931.1	754.286			
21							
22							
23	분산 분석						
24	변동의 요인	제곱합	자유도	제곱 평균	F 비	P-값	F 기각치
25	인자 A(행)	225.515	1	225.515	0.24794	0.62035	4.00119
26	인자 B(열)	5841.94	2	2920.97	3.21141	0.04732	3.15041
27	교호작용	67.0303	2	33.5152	0.03685	0.96384	3.15041
28	잔차	54573.6	60	909.561			
29							
30	계	60708.1	65				

그 결과는 위와 같습니다. 색으로 표시된 것이 이 6개 집단의 요약된 자료입니다. 아래쪽 '분산 분석표'에 '인자 A(행)'는 자유도가 1이며, 두 가지 조건 중 습도 조건에 대한 것으로 p값이 0.62로 나와 통계적으로 유의하지 않습니다. '인자 B(열)'는 자유도가 2이며, 비료 조건에 대한 것으로 p값이 0.047로 나와 통계적으로 유의합니다. 한편 '교호작용'은 p값이 0.96으로 나와 교호작용은 없는 것으로 보입니다.

◆플러스 알파

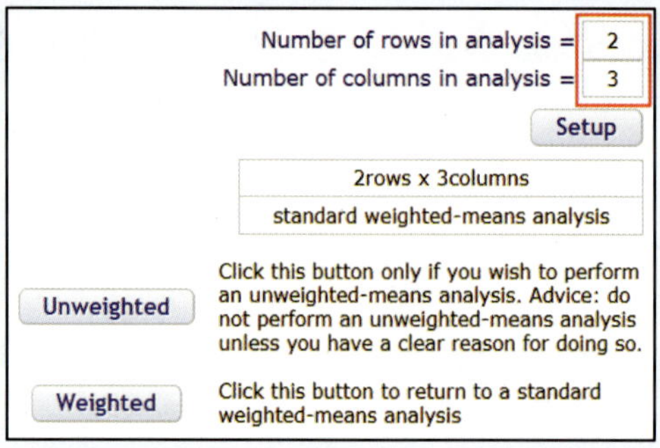

http://vassarstats.net/anova2u.html을 방문하여 2행 3열의 구조를 선택하고 'setup'을 클릭합니다.

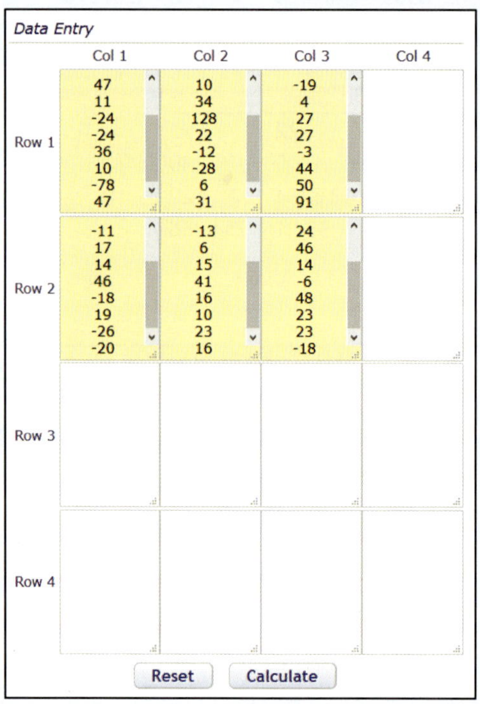

비어 있는 3행 2열로 이루어진 노란색 칸이 생겼습니다. 최대 4행 4열까지 만들 수 있습니다. 엑셀에서 값들을 복사하여 붙여넣되 마지막에 Backspace 키를 눌러야 값들이 정확하게 입력됩니다. 'Calculate'를 클릭합니다.

Summary Data

Within each box:
Item 1 = N   Item 2 = $\sum X$ Item 3 = Mean
Item 4 = $\sum X^2$ Item 5 = Variance
Item 6 = Std. Dev.   Item 7 = Std. Err.

	C1	C2	C3	C4	Total
R1	11 -20 -1.8182 14104 1406.76 37.51 11.31	11 183 16.6364 20095 1705.05 41.29 12.45	11 242 22 16414 1109 33.3 10.04	---	33 405 12.2727 50613 1426.33 37.77 6.57
R2	11 -32 -2.9091 5492 539.89 23.24 7.01	11 117 10.6364 3549 230.45 15.18 4.58	11 198 18 8226 466.2 21.59 6.51	---	33 283 8.5758 17267 463.75 21.53 3.75
R3	---	---	---	---	---
R4	---	---	---	---	---
Total	22 -52 -2.3636 19596 927.29 30.45 6.49	22 300 13.6364 23644 931.1 30.51 6.51	22 440 20 24640 754.29 27.46 5.86	---	66 688 10.4242 67880 933.97 30.56 3.76

각 셀들이 데이터 개수와 합계, 평균, 제곱합, 분산, 표준편차와 표준오차를 보여줍니다.

standard weighted-means analysis					
ANOVA Summary	2rows x 3columns				
Source	SS	df	MS	F	P
Rows	225.52	1	225.52	0.25	0.6189
Columns	5841.94	2	2920.97	3.21	0.0474
r x c	67.02	2	33.51	0.04	0.9608
Error	54573.64	60	909.56		
Total	60708.12	65			

분산 분석표를 보여줍니다.

분산 분석						
변동의 요인	제곱합	자유도	제곱 평균	F 비	P-값	F 기각치
인자 A(행)	225.515	1	225.515	0.24794	0.62035	4.00119
인자 B(열)	5841.94	2	2920.97	3.21141	0.04732	3.15041
교호작용	67.0303	2	33.5152	0.03685	0.96384	3.15041
잔차	54573.6	60	909.561			
계	60708.1	65				

엑셀에서 보여주었던 결과와 본질적으로 같습니다.

Critical Values for the Tukey HSD Test

		HSD[.05]	HSD[.01]
Rows	2	14.86	19.78
Columns	3	21.9	27.58
Cells	6	38.01	45.44

HSD=the absolute [unsigned] difference between any two means (row means, column means, or cell means) required for significance at the designated level: HSD[.05] for the .05 level; HSD[.01] for the .01 level. The HSD test between row means can be meaningfully performed only if the row effect is significant; between column means, only if the column effect is significant; and between cell means, only if the interaction effect is significant.

사후 검정을 위한 Columns의 p값이 0.0474이므로 Columns의 것만 살펴보면 21.9 이상 차이가 납니다. 통계적으로 차이가 있는 것으로 간주하겠습니다.

Summary Data

Within each box:
Item 1 = N   Item 2 = $\sum X$ Item 3 = Mean
Item 4 = $\sum X^2$ Item 5 = Variance
Item 6 = Std. Dev.   Item 7 = Std. Err.

	C1	C2	C3	C4	Total
Total	22 -52 -2.3636 19596 927.29 30.45 6.49	22 300 13.6364 23644 931.1 30.51 6.51	22 440 20 24640 754.29 27.46 5.86	---	66 688 10.4242 67880 933.97 30.56 3.76

다시 앞의 summary data를 보니 C1과 C2가 21 이상 차이가 나므로 통계적으로 차이가 있다고 판단합니다.

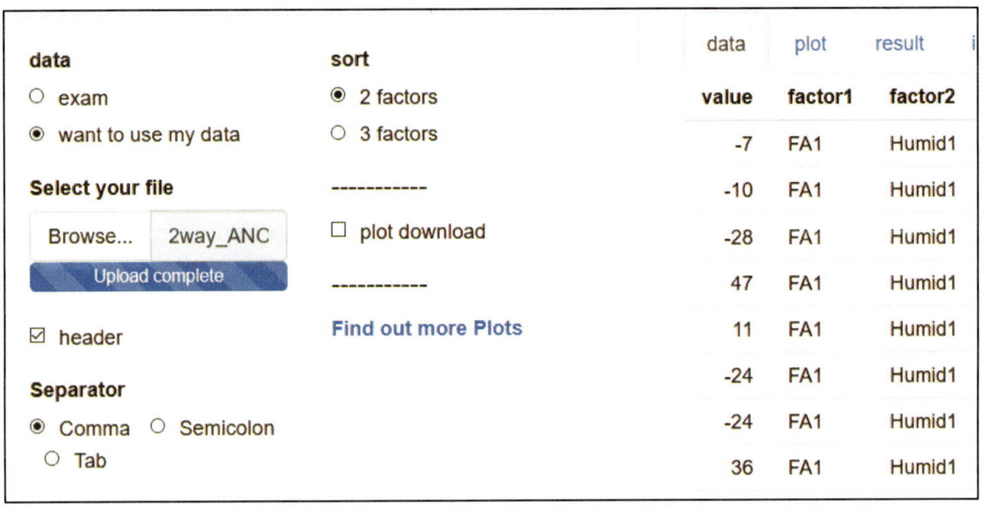

https://tinyurl.com/multifactor-ANOVA에서 '2way_ANOVA.csv'를 업로드해봅시다. 이 파일은 앞의 자료를 long form으로 바꾼 것입니다.

data plot **result** interaction How to use

```
Analysis of Variance Table

Response: value
          Df Sum Sq Mean Sq F value  Pr(>F)
factor1    1    360  359.77  0.4092 0.52472
factor2    2   5842 2920.97  3.3225 0.04258 *
Residuals 62  54506  879.14
---
Signif. codes:  0 ‘***’ 0.001 ‘**’ 0.01 ‘*’ 0.05 ‘.’ 0.1 ‘ ’ 1
```

data plot result **interaction** How to use

```
Analysis of Variance Table

Response: value
                Df Sum Sq Mean Sq F value  Pr(>F)
factor1          1    360  359.77  0.3995 0.52976
factor2          2   5842 2920.97  3.2433 0.04597 *
factor1:factor2  2    470  234.99  0.2609 0.77121
Residuals       60  54036  900.61
---
Signif. codes:  0 ‘***’ 0.001 ‘**’ 0.01 ‘*’ 0.05 ‘.’ 0.1 ‘ ’ 1
```

‘result’ 탭과 ‘interaction’ 탭에서 결과를 보여줍니다. 전자는 interaction이 없다고 간주한 결과이고, 후자는 interaction이 있다고 간주한 결과입니다.

분산 분석						
변동의 요인	제곱합	자유도	제곱 평균	F 비	P-값	F 기각치
인자 A(행)	225.515	1	225.515	0.24794	0.62035	4.00119
인자 B(열)	5841.94	2	2920.97	3.21141	0.04732	3.15041
교호작용	67.0303	2	33.5152	0.03685	0.96384	3.15041
잔차	54573.6	60	909.561			
계	60708.1	65				

후자의 경우와 엑셀의 결과를 비교해보면 factor1의 제곱합(Sum Sq)이 다르고 그에 따른 결과들도 다른 것을 알 수 있습니다.

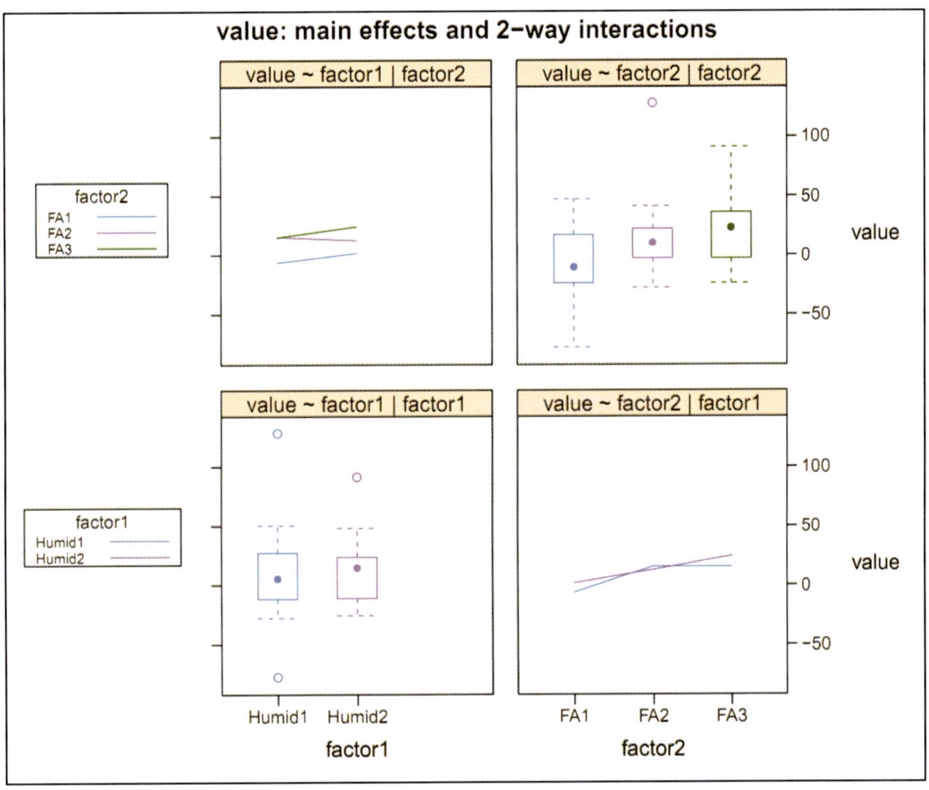

'plot' 탭에서는 자료의 성격을 그림으로 보여줍니다. boxplot은 값의 크고 작음을 대략적으로 보여주며, line plot은 interaction을 보여주는데 선들이 평행을 이루고 있다면 대략적으로 interaction이 없다고 간주합니다.

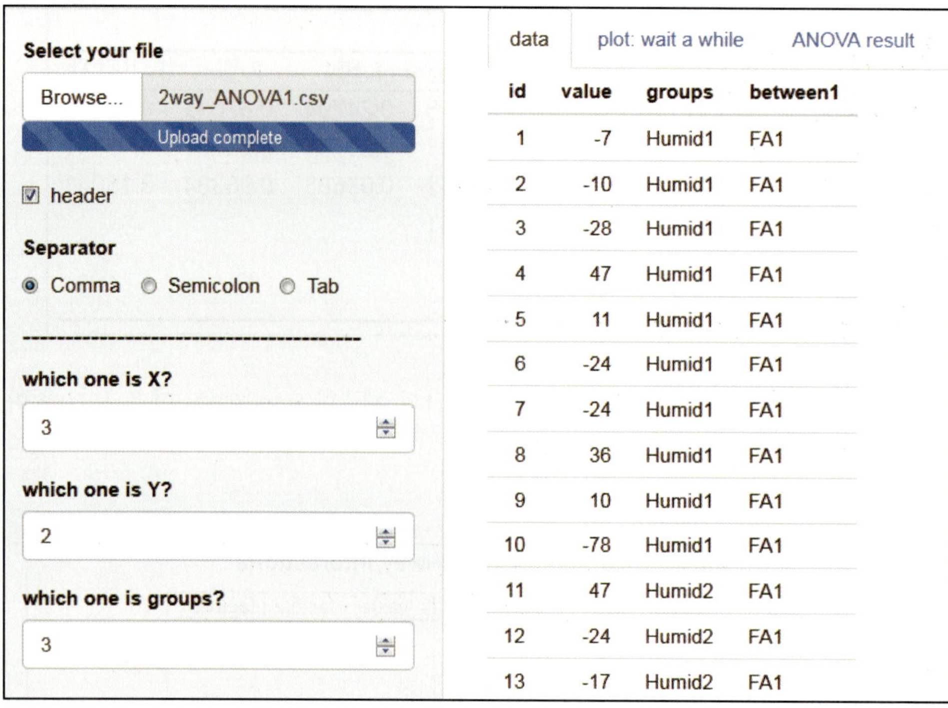

https://tinyurl.com/Plot-with-error-bar를 방문하여 '2way_ANOVA1.csv'를 업로드합니다. 이 파일은 습도 조건은 groups로, 비료 조건은 between1로 열이름을 지정한 long form 데이터입니다. 이 도구는 2-way ANOVA를 수행할 때 세 변수 value, groups, between1을 이용하도록 되어 있습니다.

종류	사용되는 변수			
1-W ANOVA	groups			
1-W ANOVA(1 repeated)			within0	
2-W ANOVA	groups	between1		
2-W ANOVA(1 repeated)	groups		within0	
2-W ANOVA(2 repeated)			within0	within1

즉 value라는 변수 외에 위 변수명을 사용할 때 자동으로 그에 해당하는 통계적 검정이 시행되도록 한 것입니다. 수학적인 개념으로만 보면 groups라는 이름보다 between0이

더 알맞을 수도 있지만, 일반적으로 사람들이 흔히 사용하는 용어를 쓰려고 groups로 넣었습니다.

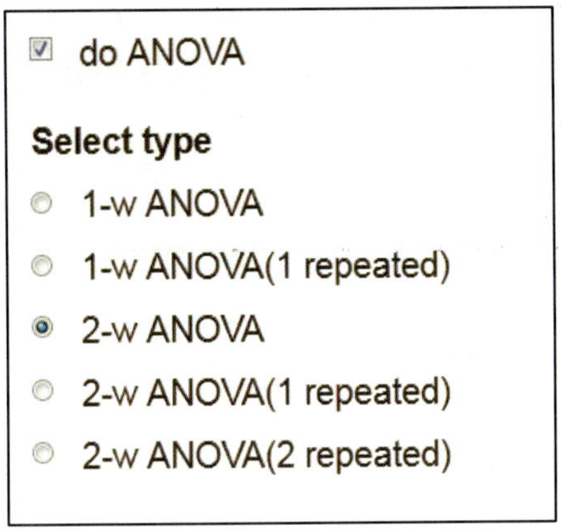

'do ANOVA'를 활성화한 뒤에 '2-w ANOVA'를 선택합니다.

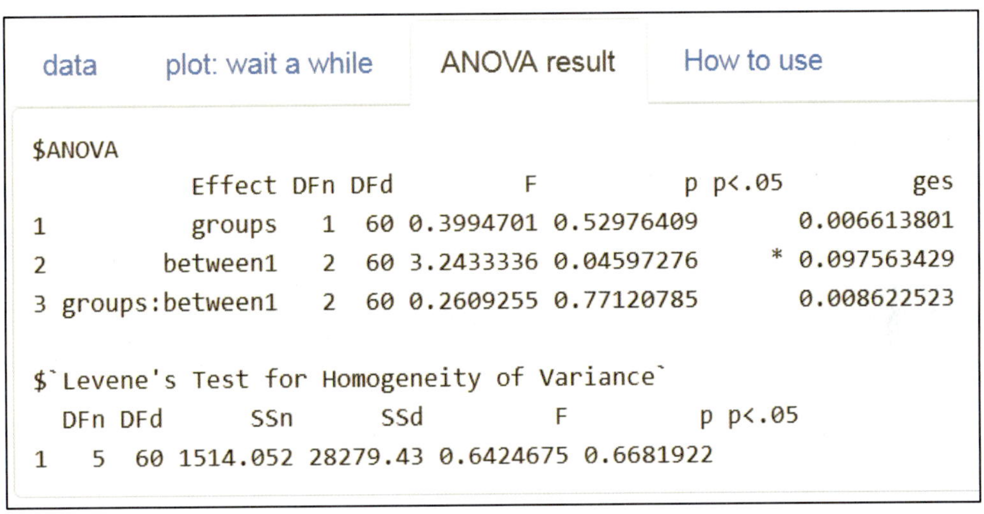

간소화된 ANOVA table을 보여주고, 아래쪽에는 등분산성 검정을 위한 Levene's Test 결과를 제시합니다.

분산 분석						
변동의 요인	제곱합	자유도	제곱 평균	F 비	P-값	F 기각치
인자 A(행)	225.515	1	225.515	0.24794	0.62035	4.00119
인자 B(열)	5841.94	2	2920.97	3.21141	0.04732	3.15041
교호작용	67.0303	2	33.5152	0.03685	0.96384	3.15041
잔차	54573.6	60	909.561			
계	60708.1	65				

data plot result interaction How to use

```
Analysis of Variance Table

Response: value
                Df Sum Sq Mean Sq F value  Pr(>F)
factor1          1    360  359.77  0.3995 0.52976
factor2          2   5842 2920.97  3.2433 0.04597 *
factor1:factor2  2    470  234.99  0.2609 0.77121
Residuals       60  54036  900.61
---
Signif. codes:  0 ‘***’ 0.001 ‘**’ 0.01 ‘*’ 0.05 ‘.’ 0.1 ‘ ’ 1
```

이 결과는 엑셀의 결과와는 다르며 https://tinyurl.com/multifactor-ANOVA와 같습니다.

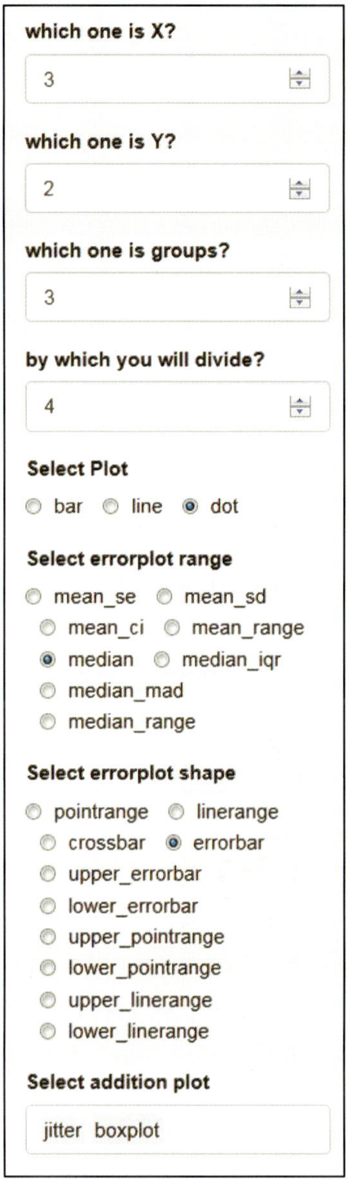

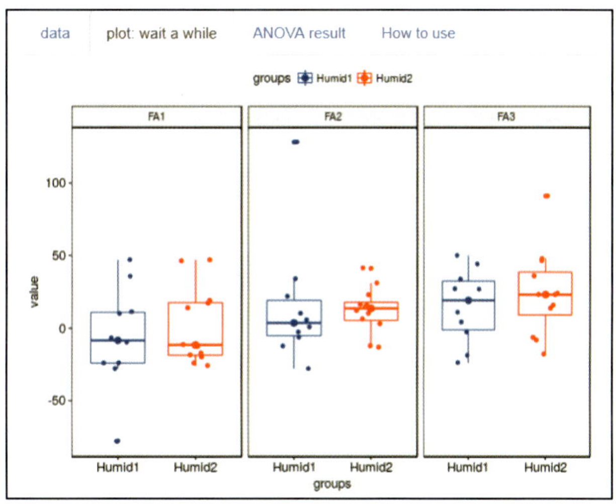

습도에 따라 파란색과 빨간색으로 구분하여 boxplot과 dot plot으로 표현하였습니다. 비료의 종류에 따라 각각 구분하여 6개 집단의 값을 적절히 표현하였습니다.

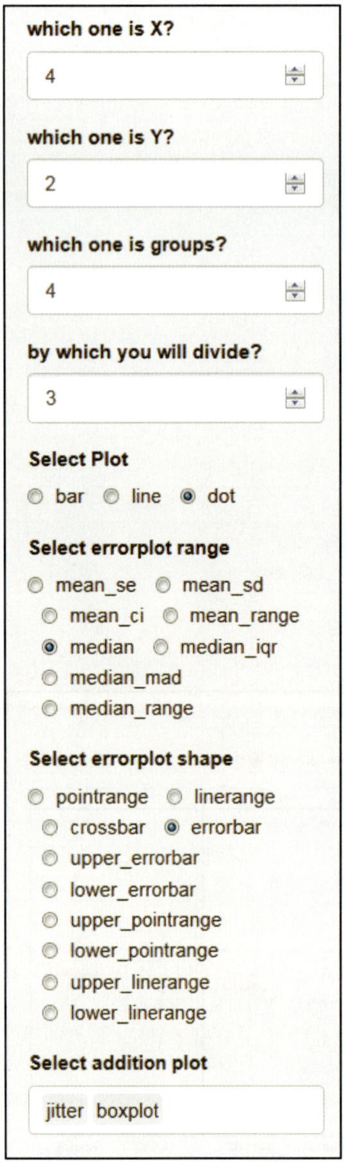

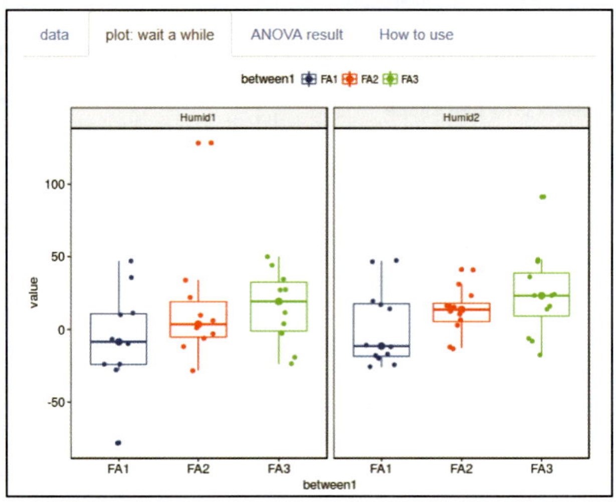

비료의 종류에 따라 색을 다르게 표현하고 습도에 따라 분리하였습니다. 왼쪽에 있는 옵션을 설정하여 만들 수 있습니다.

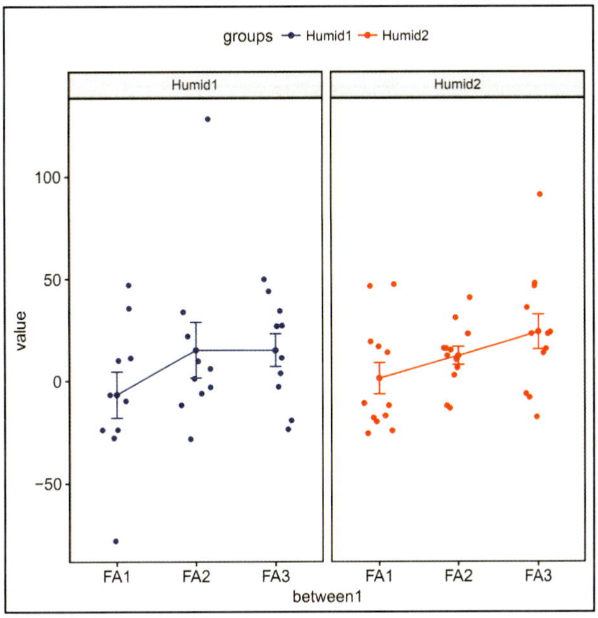

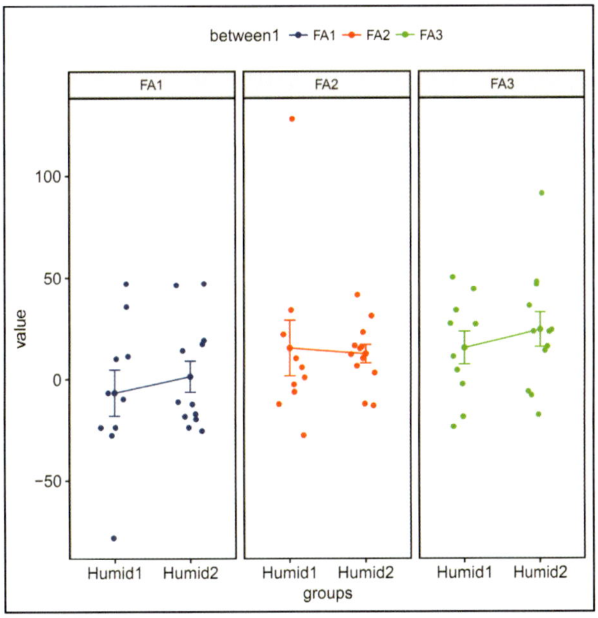

설정에 따라서 다양한 plot을 그려볼 수 있습니다.

요약표	계열1	계열2	계열3	계		
항목 1						
관측수	11	11	11	33		
합	-20	183	242	405		
평균	-1.81818	16.6364	22	12.2727		
분산	1406.76	1705.05	1109	1426.33		
항목 2						
관측수	11	11	11	33		
합	-32	117	198	283		
평균	-2.90909	10.6364	18	8.57576		
분산	539.891	230.455	466.2	463.752		
계						
관측수	22	22	22			
합	-52	300	440			
평균	-2.36364	13.6364	20			
분산	927.29	931.1	754.286			
분산 분석						
변동의 요인	제곱합	자유도	제곱 평균	F 비	P-값	F 기각치
인자 A(행)	225.515	1	225.515	0.24794	0.62035	4.00119
인자 B(열)	5841.94	2	2920.97	3.21141	0.04732	3.15041
교호작용	67.0303	2	33.5152	0.03685	0.96384	3.15041
잔차	54573.6	60	909.561			
계	60708.1	65				

```
Analysis of Variance Table

Response: value
                 Df Sum Sq Mean Sq F value  Pr(>F)
factor1           1    360  359.77  0.3995 0.52976
factor2           2   5842 2920.97  3.2433 0.04597 *
factor1:factor2   2    470  234.99  0.2609 0.77121
Residuals        60  54036  900.61
```

우리에게는 아직 남아 있는 문제가 있습니다. 왜 ANOVA table이 다르게 나오는지를 해결해야 합니다. 이 경우에 모든 집단은 11개씩으로 값이 동일합니다. 엑셀은 처음 Fisher가 제안한 방법[b]에 따라 계산합니다. Yates는 1934년 "The analysis of multiple classifications with unequal numbers in the different classes"라는 논문[c]에서 이를 더 확대하였는데, 그 이후로도 연구는 계속되어왔습니다. 그중에 일반 독자에게 설명하기에 적절한 하나[d]를 찾아 간단히 소개합니다.

	control	treat
small	50	57
	57	71
		85
large	91	105
	94	120
	102	
	110	

위 그림은 예제 데이터로 각 셀의 샘플 숫자가 다릅니다. 이것을 SAS를 이용해서 type I, II, III의 방법으로 결과를 관찰합니다.

---

[b] Ronald Fisher의 기념비적인 책 *Statistical Methods for Research Workers*(1925)에 the two-way ANOVA가 언급된다.

[c] Yates, Frank(1934). "The analysis of multiple classifications with unequal numbers in the different classes". *Journal of the American Statistical Association*, 29(185), pp. 51–66.

[d] Shaw, Ruth G., Thomas Mitchell-Olds(1993). "ANOVA for unbalanced data: an overview". *Ecology*, 74(6), pp. 1638–1645.

		df	ss	F	P
I	Treatment	1	35.3	0.33	0.583
	Size	1	4846	45.37	0.0003
	TxS	2	11.4	0.11	0.753
	Error	6	747.7		
II	Treatment	1	590.2	5.52	0.051
	Size	1	4846	45.37	0.0003
	TxS	2	11.4	0.11	0.753
	Error	6	747.7		
III	Treatment	1	597.2	5.59	0.05
	Size	1	4807.9	45.01	0.0003
	TxS	2	11.4	0.11	0.753
	Error	6	747.7		

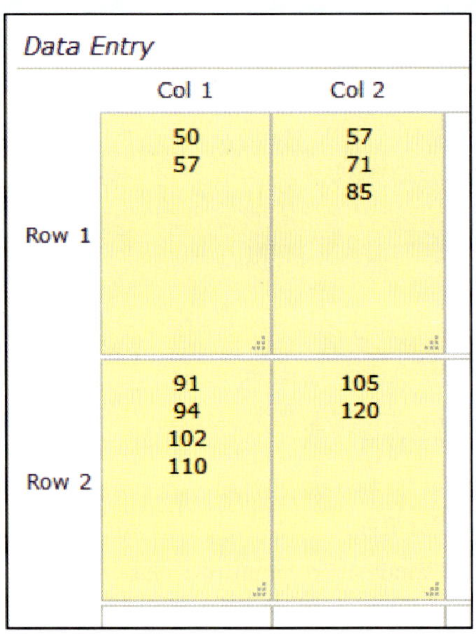

http://vassarstats.net/anova2u.html을 방문하여 앞서의 방법과 같이 자료를 입력합니다.

	standard weighted-means analysis				
ANOVA Summary	2rows x 2columns				
Source	SS	df	MS	F	P
Rows	4291.21	1	4291.21	40.17	0.0004
Columns	35.35	1	35.35	0.33	0.5836
r x c	566.24	1	566.24	5.3	0.0548
Error	747.75	7	106.82		
Total	5640.55	10			

	unweighted-means analysis				
ANOVA Summary	2rows x 2columns				
Source	SS	df	MS	F	P
Rows	4807.93	1	4807.93	45.01	0.0003
Columns	597.2	1	597.2	5.59	0.05
r x c	11.41	1	11.41	0.11	0.7499
Error	747.75	7	106.82		
Total	5640.55	10			

그 결과는 위와 같습니다. 'standard weighted-means analysis'와 'unweighted-means analysis'의 결과가 조금 다르며, 전자는 type I, 후자는 type III와 유사함을 알 수 있습니다.

H	I	J	K	L	M	N	O
	control	treat		id	value	groups	between1
small	50	57		1	57	treat	small
	57	71		2	71	treat	small
		85		3	85	treat	small
large	91	105		4	105	treat	large
	94	120		5	120	treat	large
	102			6	50	control	small
	110			7	57	control	small
				8	91	control	large
				9	94	control	large
				10	102	control	large
				11	110	control	large

자료를 오른쪽과 같이 long form으로 전환하였습니다.

data　　plot: wait a while　　ANOVA result　　How to use

```
$ANOVA
           Effect DFn DFd          F            p p<.05        ges
1          groups   1   7  5.5248787 0.0510494521       0.44111235
2        between1   1   7 45.3658238 0.0002685701     * 0.86632503
3 groups:between1   1   7  0.1067941 0.7533783686       0.01502704

$`Levene's Test for Homogeneity of Variance`
  DFn DFd      SSn      SSd         F         p p<.05
1   3   7 41.58333 173.4167 0.5595066 0.6584401
```

https://tinyurl.com/Plot-with-error-bar를 방문하여 업로드하면 결과는 SAS의 type III와 같습니다.

	A	B	C
1	value	factor1	factor2
2	57	treat	small
3	71	treat	small
4	85	treat	small
5	105	treat	large
6	120	treat	large
7	50	control	small
8	57	control	small
9	91	control	large
10	94	control	large
11	102	control	large
12	110	control	large

변수명을 적절히 수정한 후 https://tinyurl.com/multifactor-ANOVA에 업로드하면,

data plot result interaction How to use

```
Analysis of Variance Table

Response: value
                Df Sum Sq Mean Sq F value    Pr(>F)
factor1          1   35.3    35.3  0.3309 0.5831478
factor2          1 4846.0  4846.0 45.3658 0.0002686 ***
factor1:factor2  1   11.4    11.4  0.1068 0.7533784
Residuals        7  747.8   106.8
```

SAS의 type I과 같은 결과를 보여줍니다.

해당 논문[e]에서도 각 방법의 장단점을 설명해줍니다. 결과적으로 연구자들은 매우 당황할 수 있습니다. 하나의 방법만 존재한다면 좋을 텐데 사실 그렇지 않기 때문입니다. SAS에서는 세 가지 방법(사실은 네 가지 방법)이 모두 가능하고, SPSS도 네 가지 방법이 가능한데 10 버전에는 그중 type II가 디폴트로 설정되어 있습니다. R에서는 다양한 것이 어쩌면 당연하고요. 원칙적으로는 어떤 방법을 사용했는지 처음 제안한 논문을 인용해야겠지만, 보통은 어떤 통계 프로그램을 사용하였는지를 표기하는 정도로 마무리하는 경우가 많습니다.

실제 연구에서는 각 셀의 숫자가 동일하지 않은 경우가 많습니다. 의도적으로 셀의 숫자를 맞추었다면 엑셀의 방법을 사용할 수 있고, 그런 경우에는 Fisher의 원래 논문을 참고 문헌으로 제시할 수 있을 겁니다.
https://tinyurl.com/Plot-with-error-bar 또는 https://tinyurl.com/multifactor-ANOVA를 사용했다면 각각 'ez'와 'HH'라는 패키지를 사용했다고 표시할 수 있습니다. 특히 적절한 plot을 그리기 위해 이들을 더 추천합니다.

---

[e] Shaw, Ruth G., Thomas Mitchell-Olds(1993). "ANOVA for unbalanced data: an overview". *Ecology*, 74(6), pp. 1638–1645.

'분산 분석: 반복 없는 이원 배치법'은 한 셀에 하나의 샘플 결과만 있을 때 사용할 수 있습니다. 실제 연구에서 일반적으로 사용하는 방법이 아니므로 여기서는 생략하겠습니다.

3.7 공분산 분석(ANCOVA)

http://www.vassarstats.net/에서 'ancovaW.xls' 파일을 다운로드합니다. 윈도우용과 맥용이 따로 있지만 최신 버전의 맥용 파일은 윈도우용 엑셀 파일을 같이 불러올 수 있어서 구분하지 않아도 크게 문제없으리라 생각합니다.

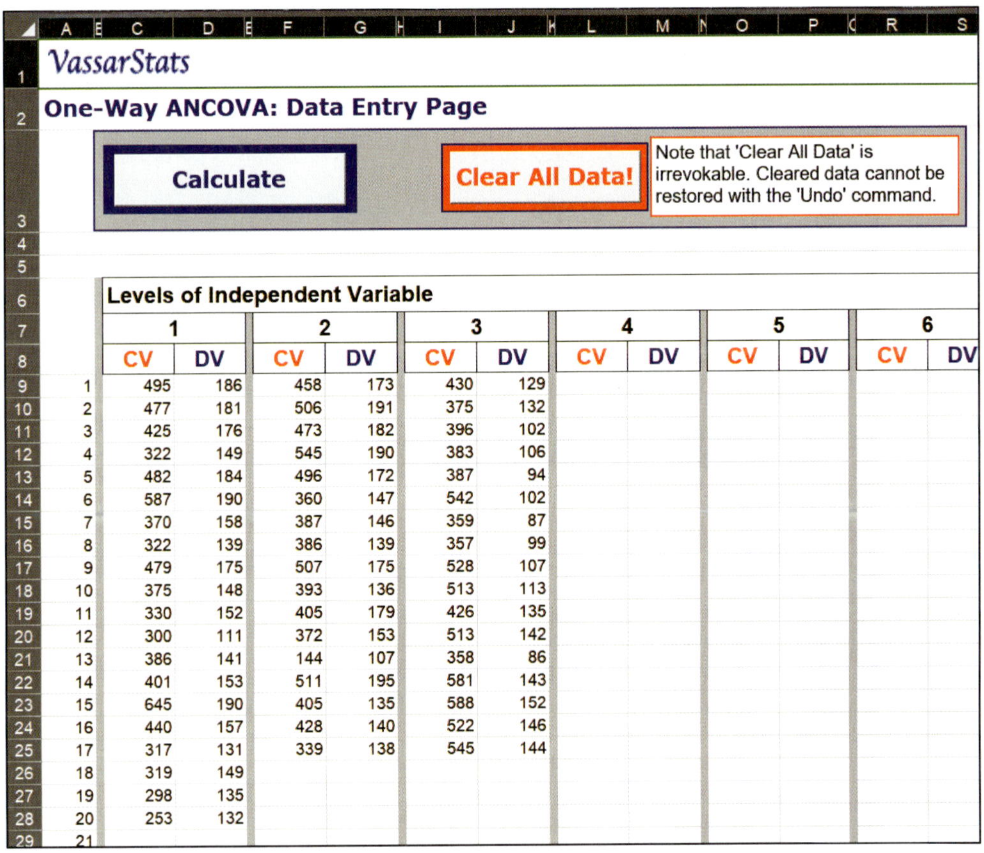

	1 CV	1 DV	2 CV	2 DV	3 CV	3 DV	4 CV	4 DV	5 CV	5 DV	6 CV	6 DV
1	495	186	458	173	430	129						
2	477	181	506	191	375	132						
3	425	176	473	182	396	102						
4	322	149	545	190	383	106						
5	482	184	496	172	387	94						
6	587	190	360	147	542	102						
7	370	158	387	146	359	87						
8	322	139	386	139	357	99						
9	479	175	507	175	528	107						
10	375	148	393	136	513	113						
11	330	152	405	179	426	135						
12	300	111	372	153	513	142						
13	386	141	144	107	358	86						
14	401	153	511	195	581	143						
15	645	190	405	135	588	152						
16	440	157	428	140	522	146						
17	317	131	339	138	545	144						
18	319	149										
19	298	135										
20	253	132										
21												

자료를 입력합니다. DV(dependent variable)는 우리가 결과를 알고자 하는 종속 변수입니다. CV(covariate)는 결과에 영향을 미칠지도 모를 교란 변수입니다.

ANOVA나 t-test는 DV만 있고 CV는 없는 것이므로 ANOVA나 t-test를 확장하여 교란 변수의 영향을 통제하기 위해 ANCOVA가 만들어졌다고 볼 수도 있습니다.

	A	C	D	F	G	I	J
1008	1000						
1010		1		2		3	
1011		CV	DV	CV	DV	CV	DV
1012	count	20	20	17	17	17	17
1013	sum	8023	3137	7115	2698	7803	2019
1014	sumsq	3417791	501779	3118829	438378	3696469	247923
1015	ss	199365	9740.55	140992	10189.5	114892	8137.06
1016	sumxy		1297499		1161918		946958
1017	if.g		1		1		1
1018	sc.wg		39091.4		32725.6		20237
1019	om.l	401.15	156.85	418.529	158.706	459	118.765
1020	adj.l		161.64		159.98		111.86
1021							
1022			7665.06		7595.94		3564.53
1023							
1024							
1025	1		92070		79234		55470
1026	2		86337		96646		49500
1027	3		74800		86086		40392
1028	4		47978		103550		40598
1029	5		88688		85312		36378

C1014 =SUMSQ(C9:C1008)

	AE	AG	AH	AI	AJ	AK
1008						
1010	0		X	Y		
1011	DV		CV	DV		
1012	0	count	54	54		
1013	0	sum	22941	7854	df.wg	50
1014	0	sumsq	10233089	1188080	df.bg	2
1015	0	ss.wg	455248.79	28067.138	df.t	52
1016	0	sumxy		3406375		
1017	0	k		3		
1018	0	ss.tot	486987.5	45759.333		
1019	0	om.l				
1020	0.00	adj.l	ssbgy	17692.195		
1021			scxy	69734		
1022	0		scwg	92054.10		
1023			adjSS.t.y	35773.80		
1024			adjSS.wg.y	9453.24		
1025	0		adjSS.bg.y	26320.56		
1026	0		b.wg	0.202		
1027	0					
1028	0		Mx	424.83333		
1029	0		ssbreg	211.63		
1030	0		ssrem	9241.61		

이 엑셀 파일은 아래쪽으로 총 1000개의 자료를 넣을 수 있습니다. 총 10개의 group을 분석할 수 있으며, 그 아래에는 계산을 위한 중간 결과들이 보입니다. 필요하다면 수식 입력줄에 표시되는 계산식을 보면서 공부할 수 있습니다.

VassarStats

One-Way ANCOVA: Results Page

ANCOVA Results (k=3)

Source	SS	df	MS	F	P
adjusted means	26320.56	2	#####	69.61	4E-15
adjusted error	9453.24	50	189.06		❷
adjusted total	35773.80	52			

Test for Homogeneity of Regressions

Source	SS	df	MS	F	P
between regressions	211.63	2	105.81	0.57	0.5678
remainder	9241.61	50	184.83		

		CV	DV	
	Means	Observed	Observed	Adjusted
❶	1	401.15	156.85	161.64
	2	418.53	158.71	159.98
	3	459.00	118.76	111.86
	4	---	---	---

세 번째 시트에는 계산 결과가 나옵니다. ###으로 표시된 것은 글씨크기 때문에 보이지 않는 것인데 복사해서 새 파일에 붙여넣으면 잘 보입니다.

Observed mean이 차이가 있지만 CV도 역시 차이가 있으므로 이 CV의 영향력을 교정한, 즉 adjusted한 mean을 비교해보겠습니다. 상대적으로 1군은 더 올라갔고, 3군은 더 내려왔습니다❶. 교정한 후의 p값을 포함한 ANOVA table❷입니다.

◆플러스 알파

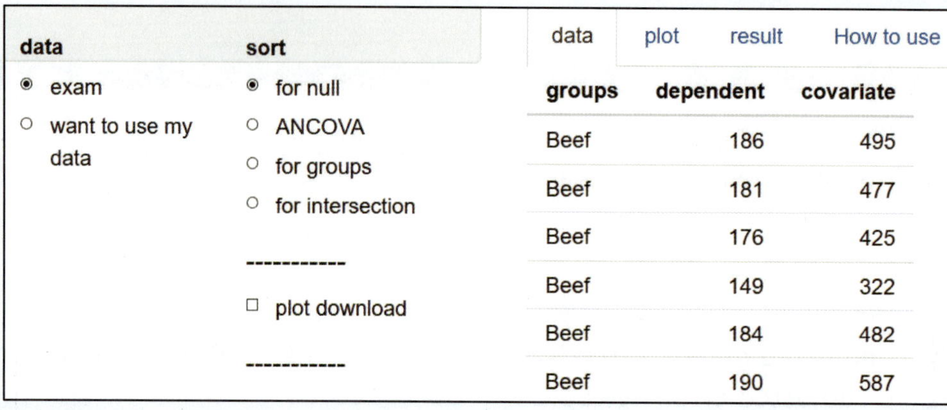

https://tinyurl.com/ANCOVA-plot을 방문합니다. 기본 예제가 업로드되어 있는데 앞서 보았던 엑셀 자료와 동일한 것입니다. sort에는 네 가지 옵션이 있는데 이에 따라 차례로 plot이 바뀌고 result도 바뀝니다.

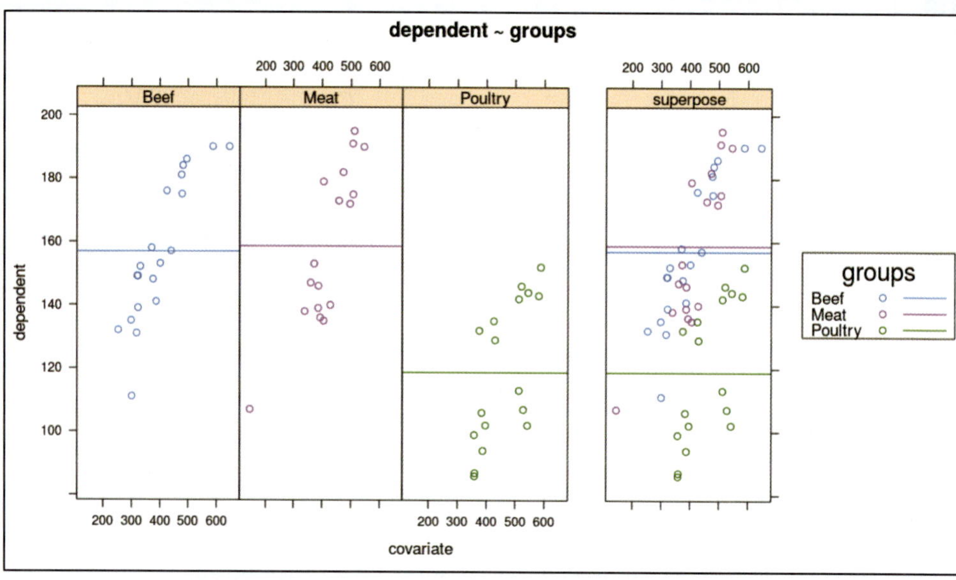

'for groups'를 선택하면 각 그룹의 평균 점수를 비교해볼 수 있습니다. Beef와 Meat는 거의 비슷하고 Poultry는 많이 차이 납니다. Meat가 Beef보다 근소하게 더 높습니다.

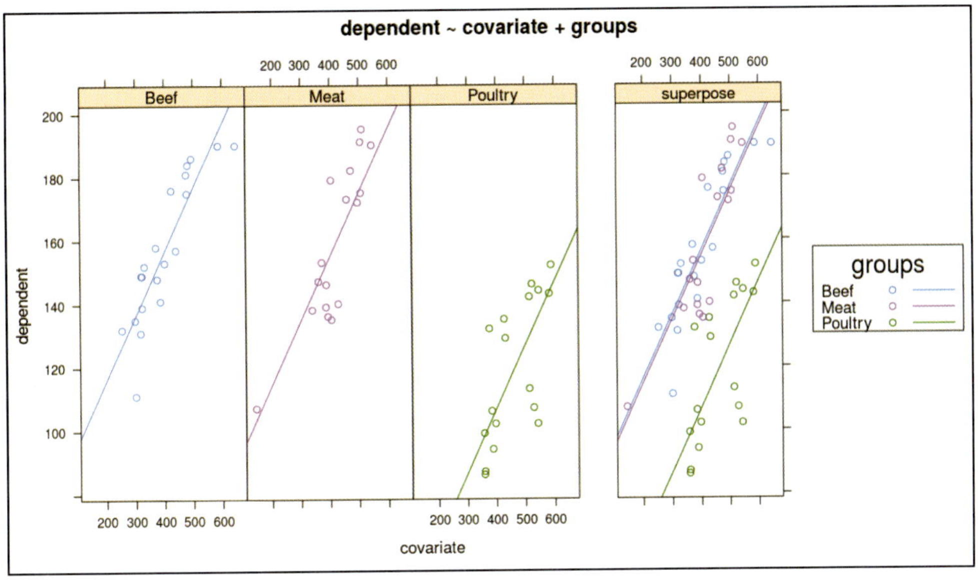

ANCOVA는 이 세 집단에 기울기가 같은 추세선을 각각 그리고, 다시 각 추세선이 한번에 나타나도록 그리는 것을 의미합니다. 근소하지만 Beef가 Meat보다 조금 더 높습니다. 왜 이런 차이가 날까요? 우선 각 추세선을 보면 covariate가 증가하면 값이 증가한다는 것을 알 수 있습니다. 나이가 증가하면 콜레스테롤이 증가한다든지, 혈당이 증가하는 것과 같은 경우입니다. 그런데 음식에 따라 콜레스테롤이 증가한다고 할 때, 만일 세 집단의 나이가 서로 비슷하지 않다면 나이에 따른 효과와 음식에 따른 효과가 같이 나타날 것입니다. 그래서 나이에 따른 효과를 보정하여 음식에 따른 효과만을 분석하려는 것이 ANOVA입니다. 이 그림은 그것을 효과적으로 보여줍니다.

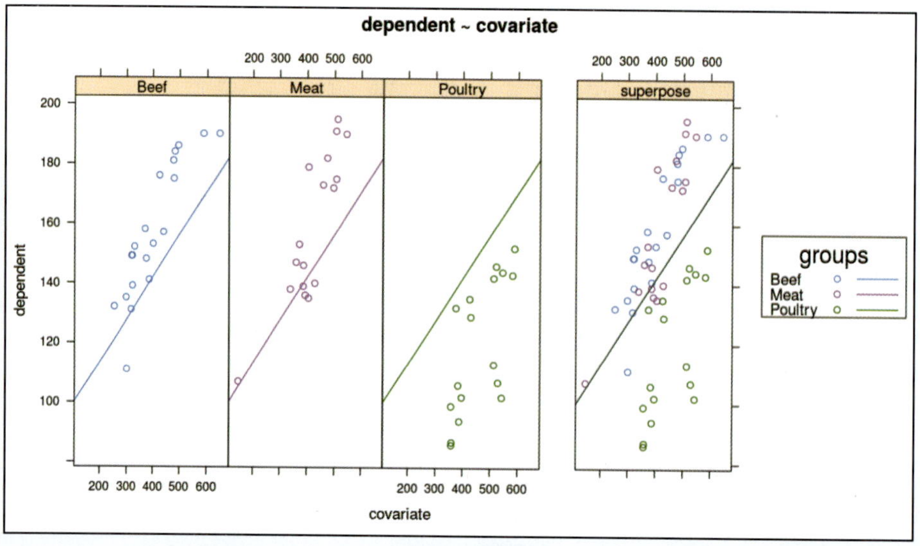

'for null'의 그림입니다. 직선은 모두 동일합니다. 이 직선이 covariate의 영향을 공통으로 표현한 것이라고 한다면, 직선을 기준으로 위쪽에 있는 점들, 또는 직선 아래쪽에 있는 점들을 통해 비교해볼 수 있습니다. 만일 점들이 평행하게 오른쪽으로 움직인다고 생각해봅시다. 점들의 평균은 동일하지만 직선보다는 점차 아래로 내려갈 것입니다.

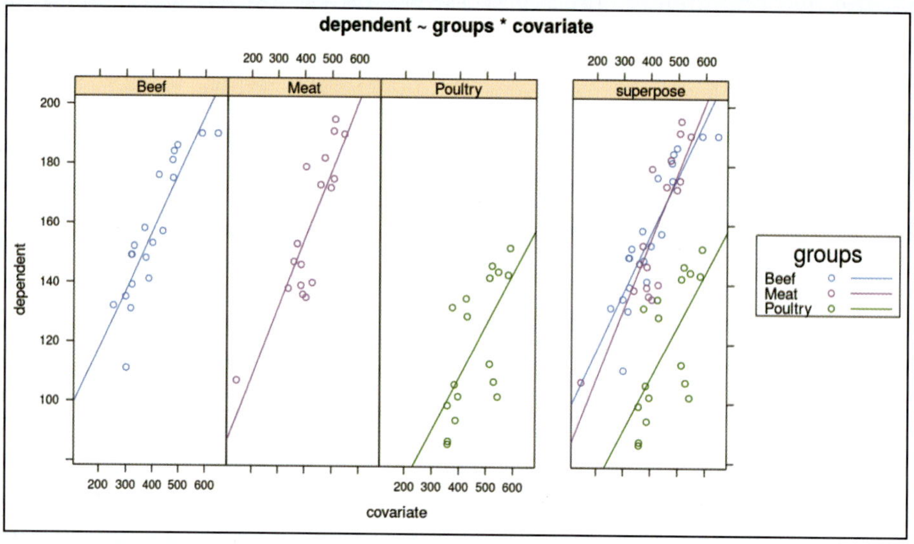

'for intersection'의 plot인데 직선의 기울기가 동일하다고 가정합니다. 과연 그런가요? 그림을 통해 시각적으로 판단했을 때는 거의 비슷해 보입니다.

data plot result How to use

```
Analysis of Variance Table

Response: dependent
                  Df  Sum Sq Mean Sq F value    Pr(>F)
groups             2 17692.2  8846.1 45.9457 7.092e-12 ***
covariate          1 18613.9 18613.9 96.6788 4.390e-13 ***
groups:covariate   2   211.6   105.8  0.5496    0.5808
Residuals         48  9241.6   192.5
```

'for intersection'의 result입니다. intersection의 p값은 0.5808로 역시 기울기는 동일하고, intersection은 없다고 판단하겠습니다.

Test for Homogeneity of Regressions

Source	SS	df	MS	F	P
between regressions	211.63	2	105.81	0.57	0.5678
remainder	9241.61	50	184.83		

엑셀에서 보았던 것과 동일한 결과입니다. p값은 조금 다른 것 같지만 SS와 df와 MS가 동일한 것을 주목하세요.

data plot result How to use

```
Analysis of Variance Table

Response: dependent
          Df Sum Sq Mean Sq F value    Pr(>F)
groups     2  17692  8846.1  16.074 3.862e-06 ***
Residuals 51  28067   550.3
```

'for groups'의 result는 covariate의 영향을 무시한, 즉 ANOVA의 결과를 보여줍니다.

data plot result How to use

```
Analysis of Variance Table

Response: dependent
          Df  Sum Sq Mean Sq F value    Pr(>F)    
covariate  1  9985.5  9985.5  52.815 2.292e-09 ***
groups     2 26320.6 13160.3  69.607 3.551e-15 ***
Residuals 50  9453.2   189.1
```

ANCOVA에서 intersection은 없다고 판단한 상태에서의 값입니다.

ANCOVA Results (k=3)

Source	SS	df	MS	F	P
adjusted means	26320.56	2	#####	69.61	4E-15
adjusted error	9453.24	50	189.06		2
adjusted total	35773.80	52			

Source	SS	df	MS	F	P
adjusted means	26320.56	2	13160.28	69.60729009	3.55128E-15
adjusted error	9453.235	50	189.0647		
adjusted total	35773.8	52			

위 그림은 앞서 엑셀에서 보여준 것인데 숫자를 잘 보기 위해 복사하여 다른 파일에 붙여넣은 것입니다.

이로써 엑셀에서 보여준 결과의 의미를 잘 이해하는 법과 적절한 plot을 통해서 표현하는 법도 알아보았습니다.

그러나 영향을 미치는 covariate가 꼭 하나만은 아닐 수 있습니다. 여러 covariate의 영향을 동시에 관찰하는 것이 앞서 배운 multiple regression입니다. 한편, 아무리 통계적이고 수학적인 방법으로 covariate의 영향을 보정한다고 하더라도 측정하지 않았거나 측정할 수 없는 수많은 covariate의 영향까지 다 보정할 수는 없습니다. 그렇기 때문에 covariate의 영향을 통제할 수 있는 무작위 배정이라는 방법이 필요합니다.

3.8 상관 분석(correlation analysis)

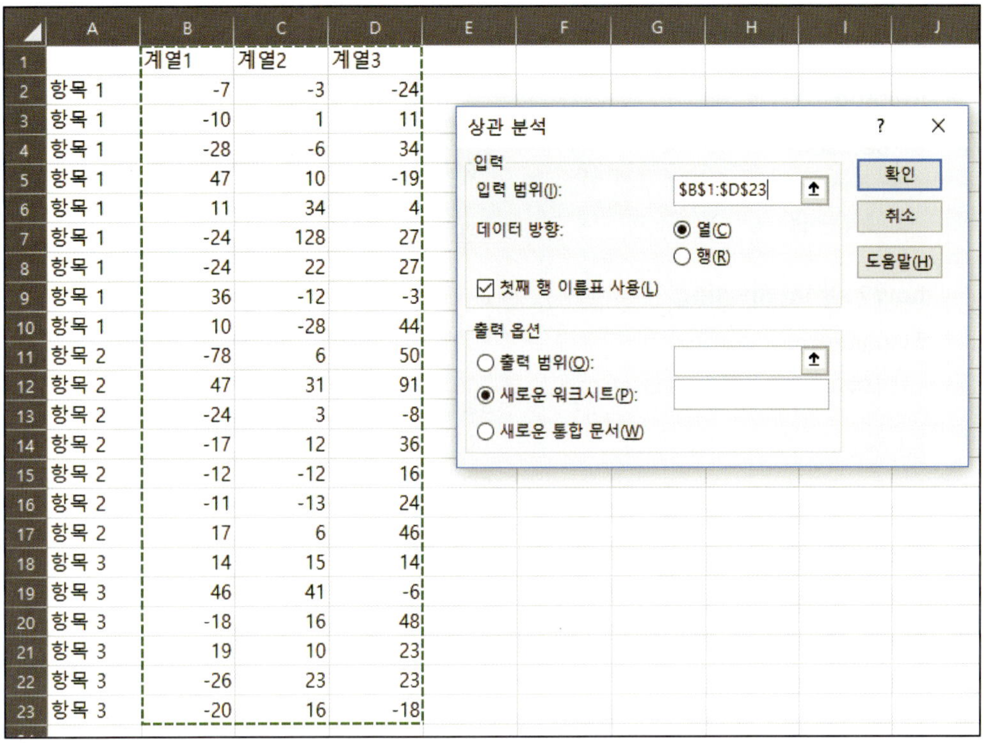

	A	B	C	D
1		계열1	계열2	계열3
2	항목 1	-7	-3	-24
3	항목 1	-10	1	11
4	항목 1	-28	-6	34
5	항목 1	47	10	-19
6	항목 1	11	34	4
7	항목 1	-24	128	27
8	항목 1	-24	22	27
9	항목 1	36	-12	-3
10	항목 1	10	-28	44
11	항목 2	-78	6	50
12	항목 2	47	31	91
13	항목 2	-24	3	-8
14	항목 2	-17	12	36
15	항목 2	-12	-12	16
16	항목 2	-11	-13	24
17	항목 2	17	6	46
18	항목 3	14	15	14
19	항목 3	46	41	-6
20	항목 3	-18	16	48
21	항목 3	19	10	23
22	항목 3	-26	23	23
23	항목 3	-20	16	-18

'상관 분석'은 숫자로 된 열을 선택하여 각각의 쌍들을 비교해줍니다. 이 경우에는 3개의 열을 모두 선택합니다.

	A	B	C	D
1		계열1	계열2	계열3
2	계열1	1		
3	계열2	-0.02039	1	
4	계열3	-0.12122	0.06722	1

결과에서는 총 3번의 비교를 하여 상관계수, 즉 피어슨 상관계수를 보여줍니다.

◆플러스 알파

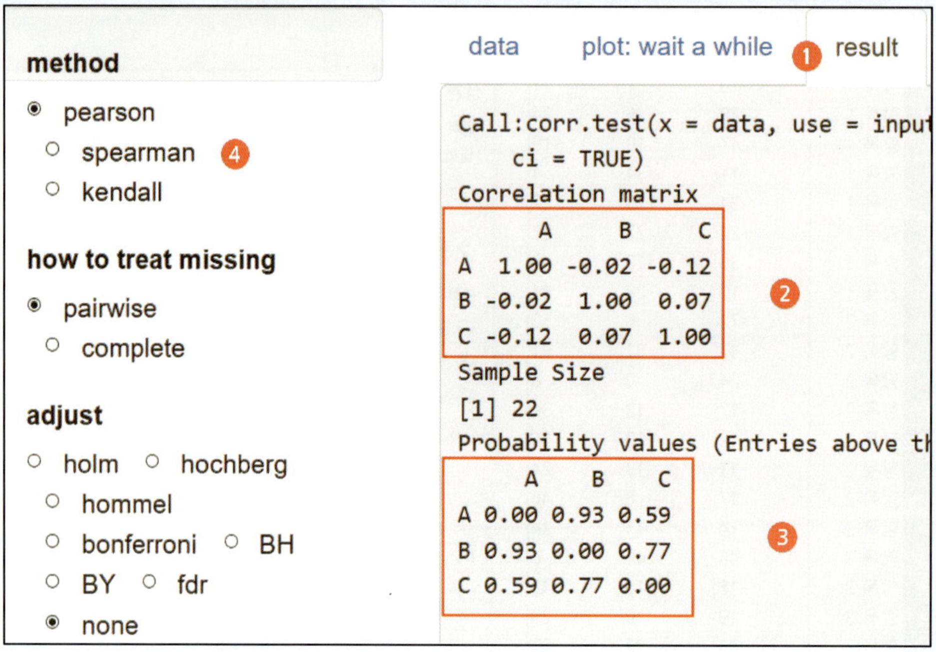

http://tinyurl.com/matrix-scatterplot3을 방문하여 'example1.csv'를 업로드합니다. 'result' 탭❶을 열어보면 엑셀과 동일한 결과❷를 보여줍니다. 동시에 p값❸을 보여주는데 디폴트 값으로 보여주는 pearson 외에도 spearman과 kendall의 상관계수❹를 선택할 수 있습니다.

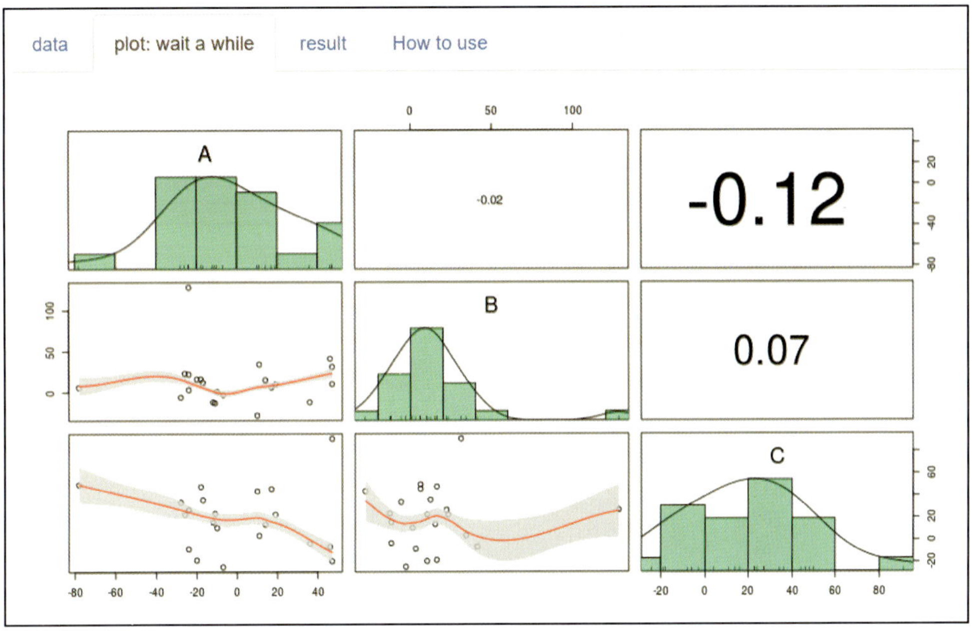

'plot' 탭에서는 상관계수와 그 외 다양한 plot으로 자료를 보여줍니다.

3.9 회귀 분석(regression analysis)

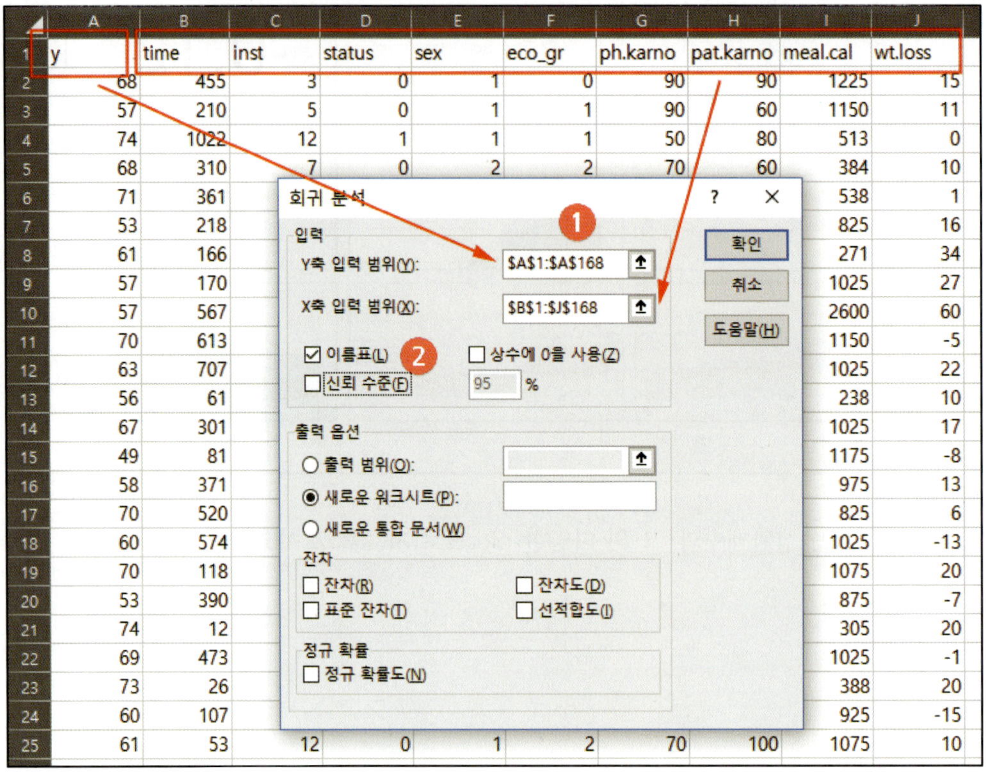

'example2.xlsx' 파일을 열어서 종속 변수에 해당하는 것을 y에, 독립 변수에 해당하는 것을 x에 지정합니다❶. 이때 y에는 1개의 열만 지정할 수 있습니다. 지금은 최소한의 결과를 보기 위해서 이름표❷만 선택합니다.

	A	B	C	D	E	F	G
1	요약 출력						
2							
3	회귀분석 통계량						
4	다중 상관계수	0.447848					
5	결정계수	0.200568	❸				
6	조정된 결정계수	0.15474					
7	표준 오차	8.46814					
8	관측수	167					
9							
10	분산 분석 ❹						
11		자유도	제곱합	제곱 평균	F 비	유의한 F	
12	회귀	9	2824.584	313.8426	4.376590678	4.11421E-05	
13	잔차	157	11258.37	71.70939			
14	계	166	14082.96				
15							
16		계수	표준 오차	t 통계량	P-값	하위 95%	상위 95%
17	Y 절편	87.92238	9.886932	8.892787	1.34358E-15	68.39381825	107.4509
18	time	0.000445	0.003292	0.13527	0.892571523	-0.006057576	0.006948
19	inst	0.094823	0.083735	1.132414	0.259186904	-0.070570024	0.260216
20	status	-1.79686	1.567465	-1.14635	0.253396372	-4.8928969	1.299184
21	sex	-3.23415	1.445356	-2.23761	0.026653804	-6.088998539	-0.37929
22	eco_gr	0.512056	1.696207	0.301883	0.76314078	-2.838272885	3.862385
23	ph.karno	-0.187	0.093647	-1.99688	0.047566317	-0.371971335	-0.00203
24	pat.karno	-0.01118	0.054419	-0.20536	0.837556259	-0.118662843	0.096312
25	meal.cal	-0.00588	0.001675	-3.51148	0.000581982	-0.009189527	-0.00257
26	wt.loss	-0.03328	0.052299	-0.63631	0.525501806	-0.136579661	0.070023

기본적이면서도 중요한 결과들을 보여줍니다. '결정계수' 및 '조정된 결정계수' 등❸을 보여주고 분산 분석표(ANOVA table)❹도 보여줍니다. 연구자들이 관심을 가지는 것은 대체로 '계수'나 'p값'인 경우가 많습니다.

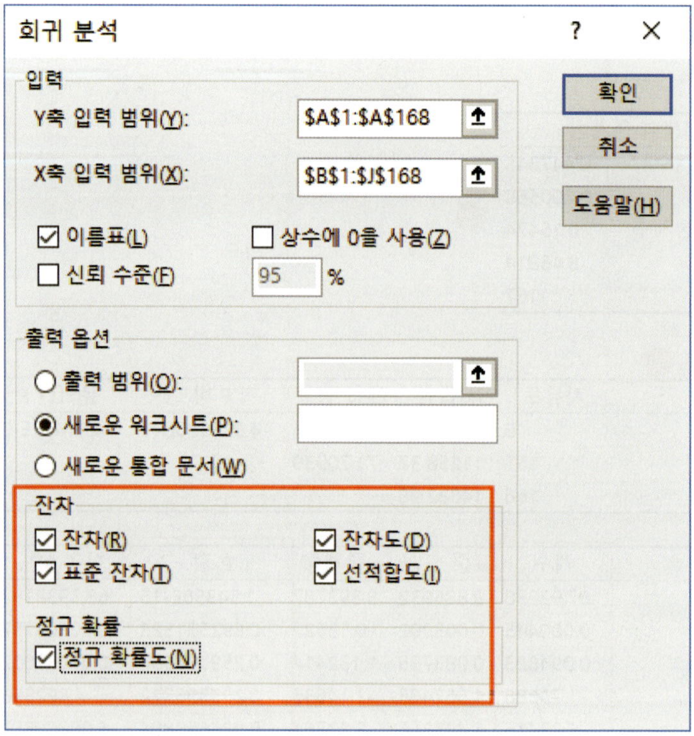

더 많은 정보를 얻기 위해 추가적인 옵션을 선택해봅시다.

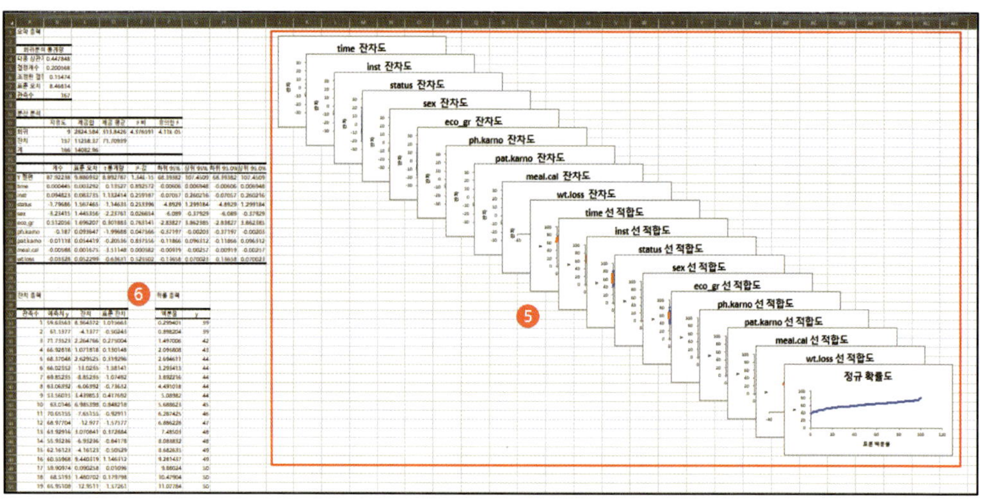

각 변수에 따른 잔차도와 선 적합도를 그래프❺로 보여주고, 전체적❻인 예측값 및 잔차 등을 보여줍니다.

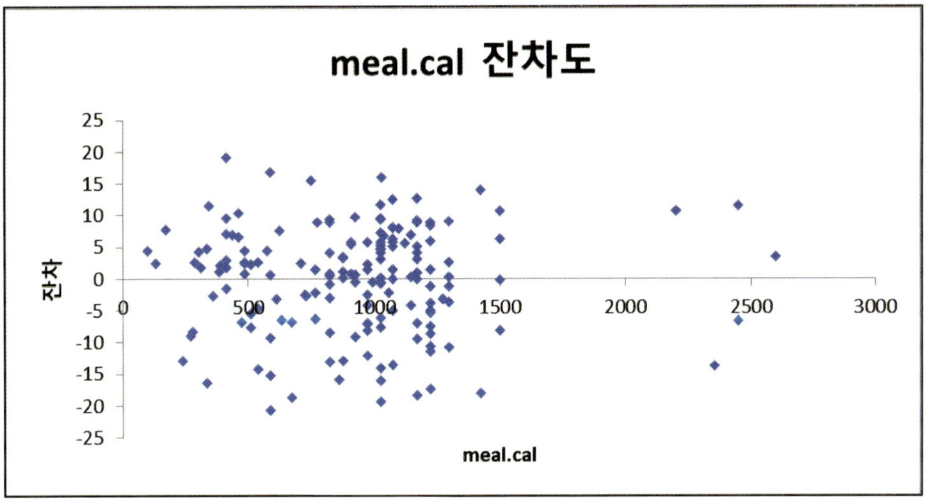

그중 하나인 'meal.cal 변수의 잔차도'를 보면 전체적으로 특별한 패턴이 없음을 알 수 있습니다. 잔차의 등분산성, 정규성 가정이 잘 지켜졌는지를 그래프로 확인합니다.

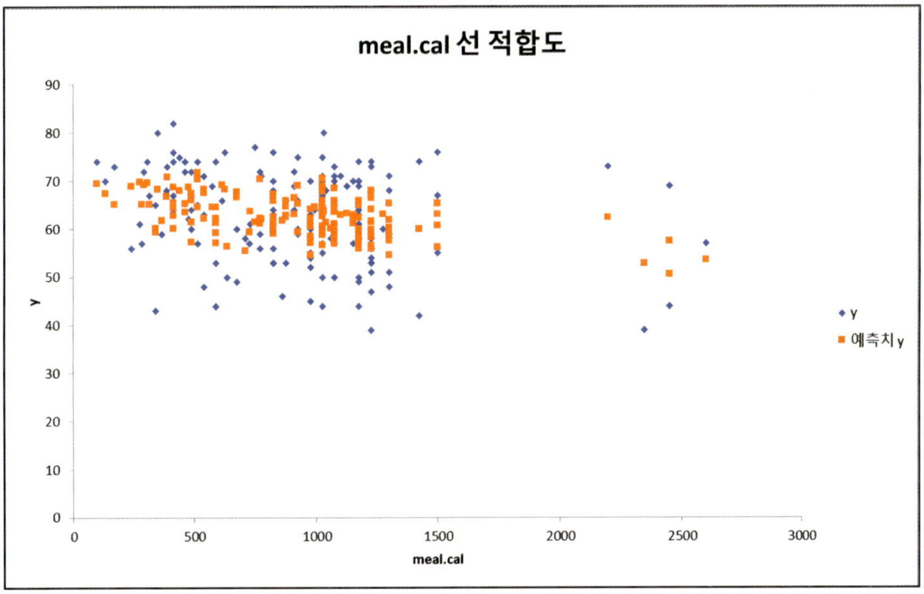

'선 적합도'는 변수와 y값이 선형적 경향을 보이는지를 알려주며, 기울기는 대체로 어느 정도인지 짐작하게 해줍니다. 예측치와의 관계도 대략적으로 알려줍니다. 이 두 그림에는 상당히 많은 정보가 담겨 있으니 꼭 살펴보는 것이 좋습니다.

◆플러스 알파

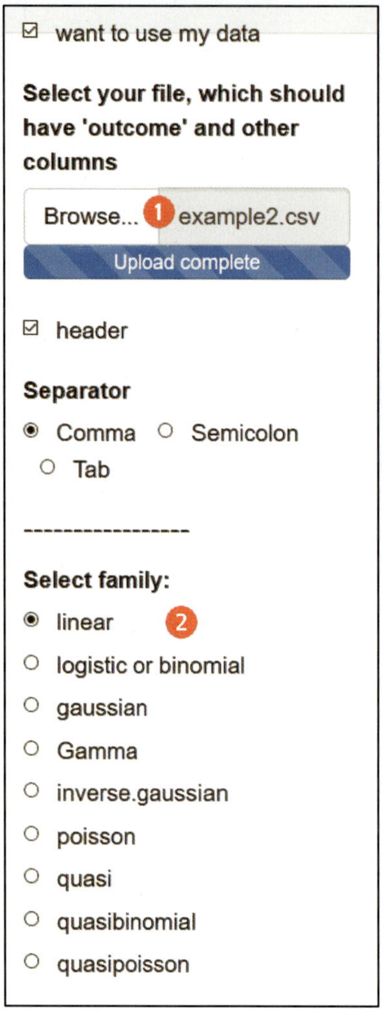

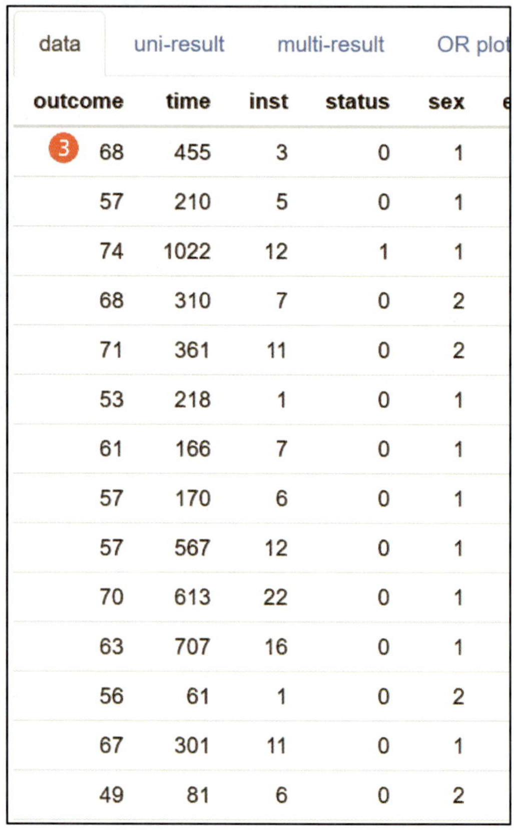

outcome	time	inst	status	sex
68	455	3	0	1
57	210	5	0	1
74	1022	12	1	1
68	310	7	0	2
71	361	11	0	2
53	218	1	0	1
61	166	7	0	1
57	170	6	0	1
57	567	12	0	1
70	613	22	0	1
63	707	16	0	1
56	61	1	0	2
67	301	11	0	1
49	81	6	0	2

https://tinyurl.com/Generalized-LM을 방문하여 'example2.csv❶' 파일을 업로드합니다. 다양한 통계 방법❷을 선택할 수 있지만, 우리는 기본이 되는 linear만 살펴볼 것입니다. 이 파일에 있는 outcome 변수❸를 종속 변수로 삼고 나머지는 모두 독립 변수로 삼아서 분석하도록 되어 있습니다.

data uni-result multi-result OR plot How to use

```
Call:
glm(formula = outcome ~ ., data = data)

Deviance Residuals:
    Min       1Q   Median       3Q      Max
-20.641   -5.758    1.005    5.775   19.194

Coefficients:
              Estimate Std. Error t value Pr(>|t|)
(Intercept) 87.9223793  9.8869320   8.893 1.34e-15 ***
time         0.0004454  0.0032923   0.135 0.892572
inst         0.0948230  0.0837353   1.132 0.259187
status      -1.7968567  1.5674652  -1.146 0.253396
sex         -3.2341466  1.4453562  -2.238 0.026654 *
eco_gr       0.5120559  1.6962065   0.302 0.763141
ph.karno    -0.1870014  0.0936467  -1.997 0.047566 *
pat.karno   -0.0111755  0.0544188  -0.205 0.837556
meal.cal    -0.0058813  0.0016749  -3.511 0.000582 ***
wt.loss     -0.0332785  0.0522994  -0.636 0.525502
---
```

엑셀에서 본 것과 같은 결과를 보여주고, p값 옆에는 * 표시가 있습니다.

	A	B	C	D	E	F	G
30	잔차 출력					확률 출력	
31							
32	관측수	예측치 y	잔차	표준 잔차		백분율	y
33	1	59.63563	8.364372	1.015663		0.299401	39
34	2	61.1377	-4.1377	-0.50243		0.898204	39
35	3	71.73523	2.264766	0.275004		1.497006	42
36	4	66.92818	1.071818	0.130148		2.095808	43
37	5	68.37048	2.629525	0.319296		2.694611	44
38	6	66.02352	-13.0235	-1.58141		3.293413	44
39	7	69.85235	-8.85235	-1.07492		3.892216	44
40	8	63.06392	-6.06392	-0.73632		4.491018	44
41	9	53.56015	3.439853	0.417692		5.08982	44
42	10	63.0146	6.985398	0.848218		5.688623	45
43	11	70.65155	-7.65155	-0.92911		6.287425	46
44	12	68.97704	-12.977	-1.57577		6.886228	47
45	13	63.92916	3.070841	0.372884		7.48503	48
46	14	55.93236	-6.93236	-0.84178		8.083832	48
47	15	62.16123	-4.16123	-0.50529		8.682635	49

엑셀로 다시 돌아와서 '잔차 출력' 부분(왼쪽)을 보면 각 점들의 예측값과 그에 해당하는 실측값과의 차이(잔차), 표준화된 잔차를 확인할 수 있습니다.

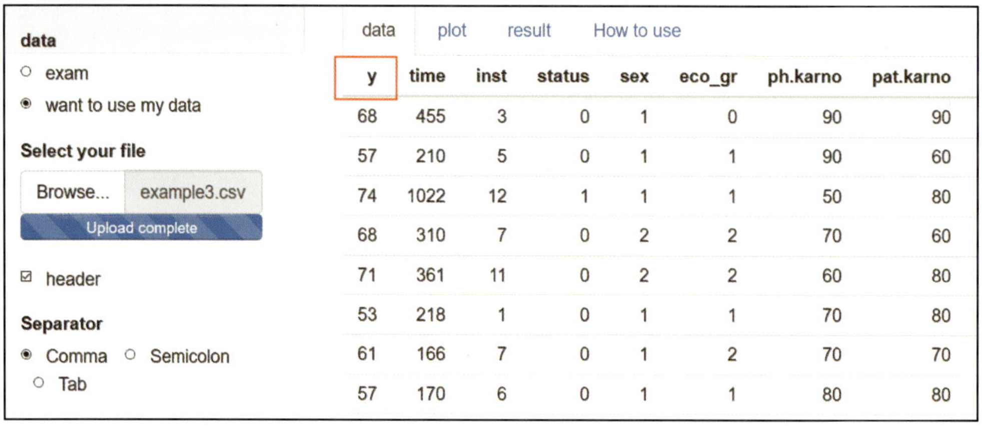

https://tinyurl.com/residual-plots-linear-model을 방문하여 'example3.csv'를 업로드합니다. 이 파일은 종속 변수 이름을 y로만 바꾸었을 뿐 앞의 것과 같은 데이터입니다. 이 경우에는 y로 된 것을 종속 변수로 자동 인식합니다.

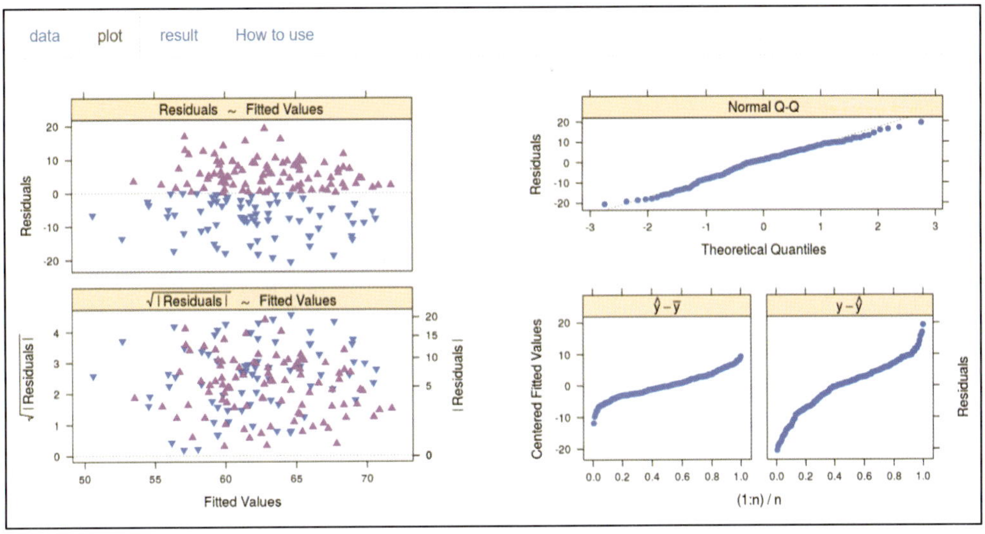

'plot' 탭에서는 전체적인 잔차와 이들이 보이는 분포를 관찰할 수 있습니다. QQ plot을 통해 정규분포를 보이는지 확인해볼 수도 있습니다. 지금은 변수별로 잔차 그림을 그려 볼 수는 없는데, 이후에 개정을 하게 되면 하나씩 볼 수 있도록 해보겠습니다.

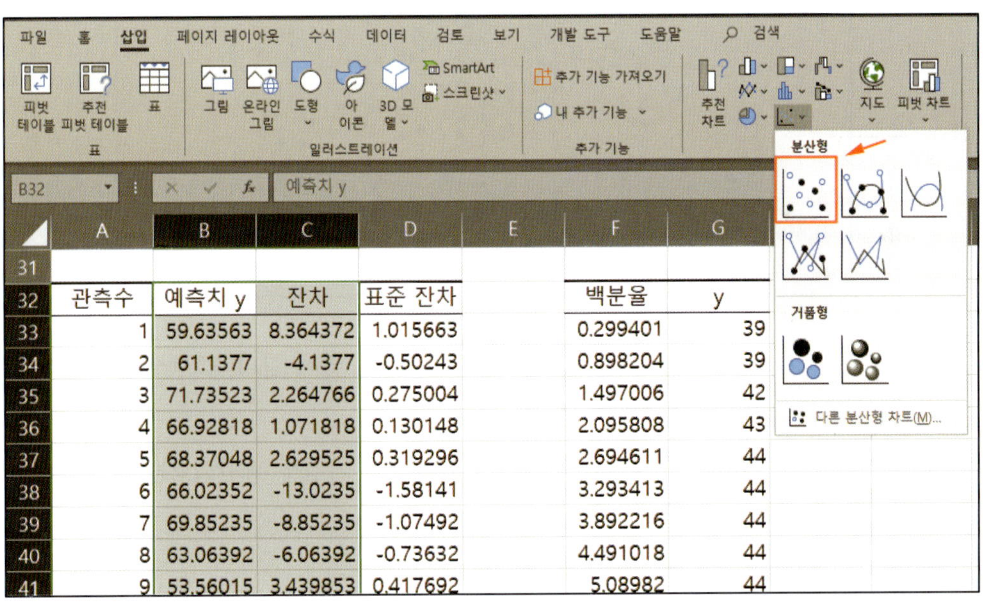

엑셀의 '예측치 y'와 '잔차'를 선택한 뒤 '삽입 〉 차트 〉 분산형'의 첫 번째 옵션을 클릭합니다.

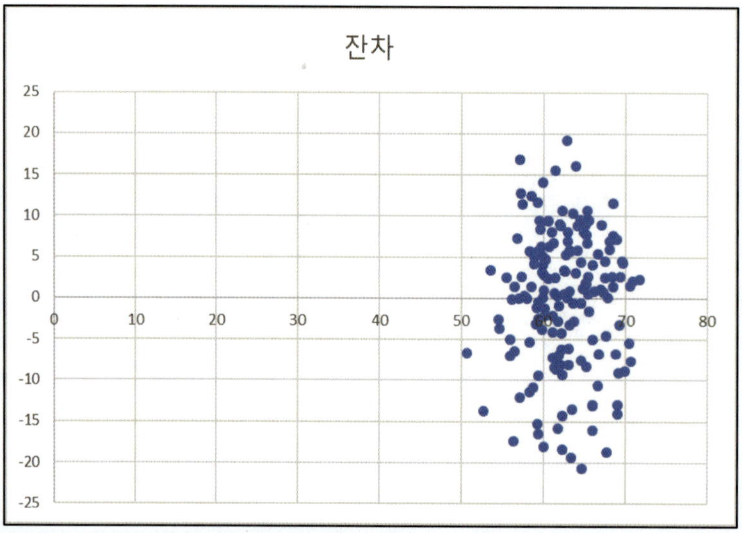

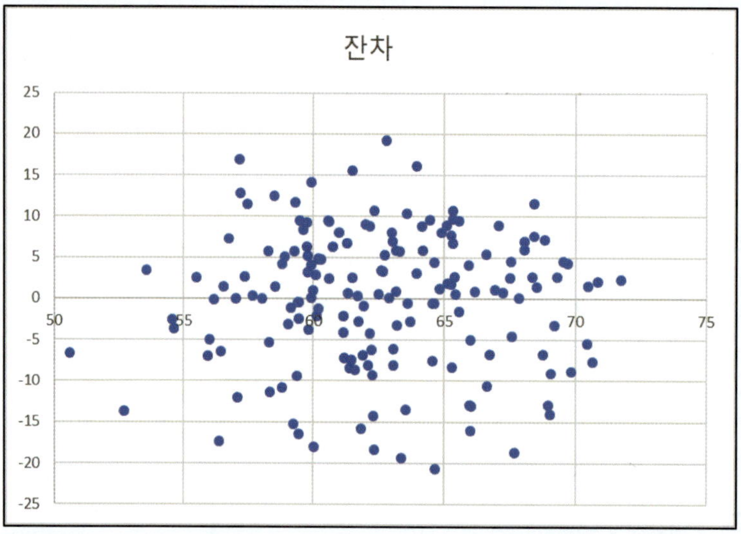

잔차의 그림을 보며(위) 축을 바꾸어서(아래) 더 가독성 있게 합니다. 엑셀의 다양한 옵션을 활용하여 꾸밀 수도 있습니다.

잔차를 그림으로 그려보는 것은 회귀 분석의 기본적인 가정을 확인해보는 과정으로 매우 중요하지만 자칫 생략하기 쉽습니다. 간단한 과정이니 꼭 확인하도록 합시다.

3.10 카이제곱 검정(chi-square test)

엑셀의 '데이터 분석'에는 아쉽게도 빠져 있지만, 카이제곱 검정은 통계 분석에서 필수적인 과정입니다. 그런데 사실 엑셀에서도 이를 쉽게 계산하는 방법이 있습니다.

	합격	불합격
문제지A	40	60
문제지B	66	34

무작위로 나눈 두 집단이 각기 다른 두 종류의 문제지를 이용해서 공부한 다음 시험을 쳤다고 해봅시다. 두 집단의 시험 합격과 불합격 결과가 위의 표와 같다면 문제지에 따라 합격률의 차이가 있다고 할 수 있을까요? 합격률은 40%와 66%로 꽤 차이가 있어 보이긴 합니다.

observed	cure	no	sum
group A(old treat)	40	60	100
group B(new treat)	66	34	100
sum	106	94	200

expected	cure	no	sum
group A(old treat)	53	47	100
group B(new treat)	53	47	100
sum	106	94	200

expected-observed	cure	no	sum
group A(old treat)	-13	13	
group B(new treat)	13	-13	
sum			

https://goo.gl/9K07of를 방문하여 앞서 표의 값 4개를 노란색으로 표시된 observed에 입력합니다. expected와 나머지는 계산 과정에서 필요한 값들로 자동으로 계산됩니다.

	3.188679	3.595745
pearson X2	13.56885	**Karl Pearson**
	0.99977	
p value	0.00023	
	2.948113	3.324468
	2.948113	3.324468
Yates X2	12.54516	**Frank Yates**
	0.999603	
p value	0.000397	
N-1 X2	13.501	**Egon Pearson**
	0.999762	
p value	0.000238	

Karl Pearson의 p값이 흔히 말하는 카이제곱의 p값이며, Frank Yates의 것은 연속성을 수정한 p값입니다. Egon Pearson은 Karl Pearson의 아들인데 그의 p값은 그리 많이 활용되지 않습니다.

		result			OR	CI	
		cure	no				
exposure	group A(old treat)	40	60	100	0.3434	0.1931	0.6107
	group B(new treat)	66	34	100			
		106	94	200			
odds	group A(old treat)	0.666667					
	group B(new treat)	1.941176					

		result			RR	CI	
		cure	no				
exposure	group A(old treat)	40	60	100	0.6061	0.4589	0.8005
	group B(new treat)	66	34	100			
		106	94	200			

		result			RD	CI	
		cure	no				
exposure	group A(old treat)	40	60	100	-0.2600	-0.3936	-0.1264
	group B(new treat)	66	34	100			
		106	94	200			
risk	group A(old treat)	0.4					
	group B(new treat)	0.66			-3.8462	-7.9094	-2.5409
			non-inferiority margin		NTT(number needed to treat)		
			-0.1				& 95% CI

이것은 전체적으로 엑셀 파일로 만든 것인데, 오른쪽으로 움직여보면 OR(오즈비), RR(상대위험비), RD(위험차), NNT와 그것의 95% 신뢰구간을 구한 값이 보입니다. SPSS에서도 잘 구해주지 않는 것들이라 제가 엑셀 파일로 만들어서 인터넷에 공개했습니다.

Effect Size for Chi-square Test

Cramer's V	=	0.260469
Phi φ	=	0.260469

0.1	small
0.3	medium
0.5	large

더 오른쪽을 보면 Cramer's V와 Phi φ를 구한 값이 보입니다.

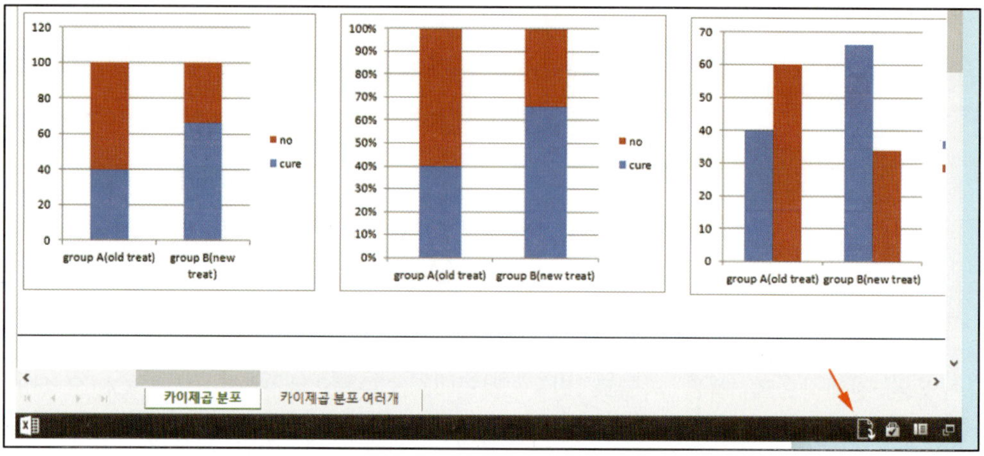

아래쪽에는 이 자료에 어울리는 막대 그래프를 제시하였으므로 쉽게 시각화할 수 있습니다. 오른쪽 아래에 이 엑셀 파일을 저장할 수 있는 아이콘(빨간 화살표)이 있으므로 원한다면 다운로드받을 수 있습니다.

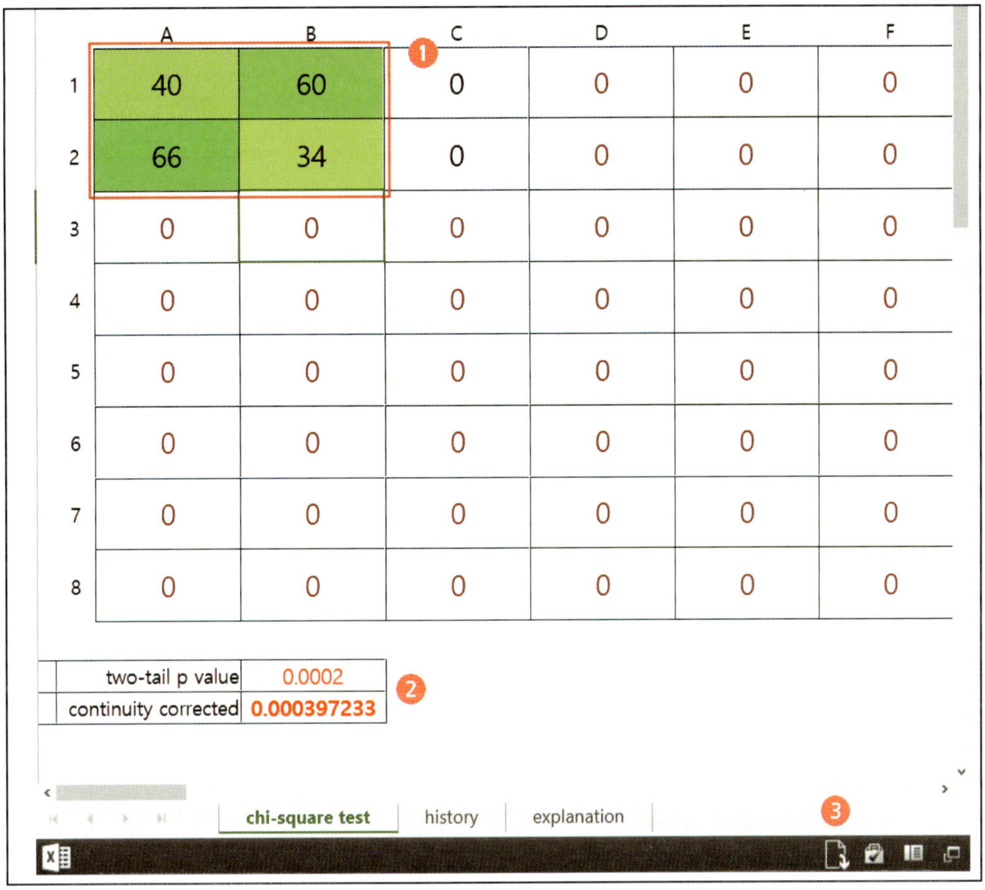

https://tinyurl.com/X2simple을 방문하여 위의 숫자를 입력❶합니다. 그러면 p값이 계산되고, 연속성이 수정된 p값도 같이 계산됩니다❷. 이 파일도 다운로드❸받아서 사용할 수 있습니다. 값은 앞의 경우와 같습니다.

	A	B	C	D
1	40	60	0	0
2	66	34	0	0
3	55	45	0	0
4	0	0	0	0
5	0	0	0	0
6	0	0	0	0
7	0	0	0	0
8	0	0	0	0

two-tail p value	0.0011
continuity corrected	

만일 문제지가 하나 더 있거나, 결과가 두 가지가 아니라 세 가지라면 가로세로로 더 많은 셀이 필요할 것입니다. 총 8×8까지 가능합니다. 2×2보다 더 큰 경우에는 연속성이 수정된 값을 계산할 수 없고, 계산되지도 않습니다. 대부분의 경우에는 2×2입니다.

◆플러스 알파

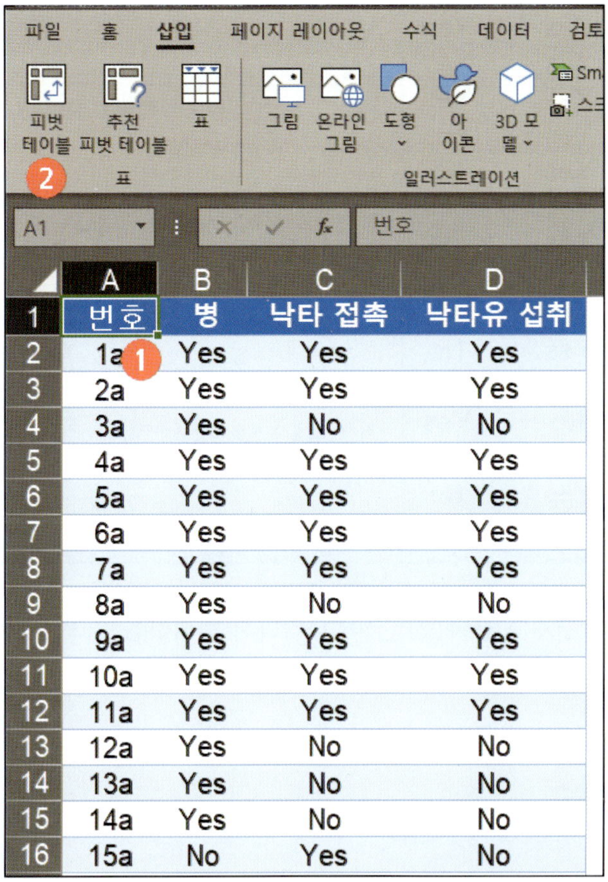

	A	B	C	D
1	번호	병	낙타 접촉	낙타유 섭취
2	1a	Yes	Yes	Yes
3	2a	Yes	Yes	Yes
4	3a	Yes	No	No
5	4a	Yes	Yes	Yes
6	5a	Yes	Yes	Yes
7	6a	Yes	Yes	Yes
8	7a	Yes	Yes	Yes
9	8a	Yes	No	No
10	9a	Yes	Yes	Yes
11	10a	Yes	Yes	Yes
12	11a	Yes	Yes	Yes
13	12a	Yes	No	No
14	13a	Yes	No	No
15	14a	Yes	No	No
16	15a	No	Yes	No

'피벗-카이제곱 검정.xlsx' 파일을 열어봅시다. 데이터가 입력된 셀❶ 하나를 지정한 다음 '삽입 〉 피벗 테이블❷'을 클릭해봅시다.

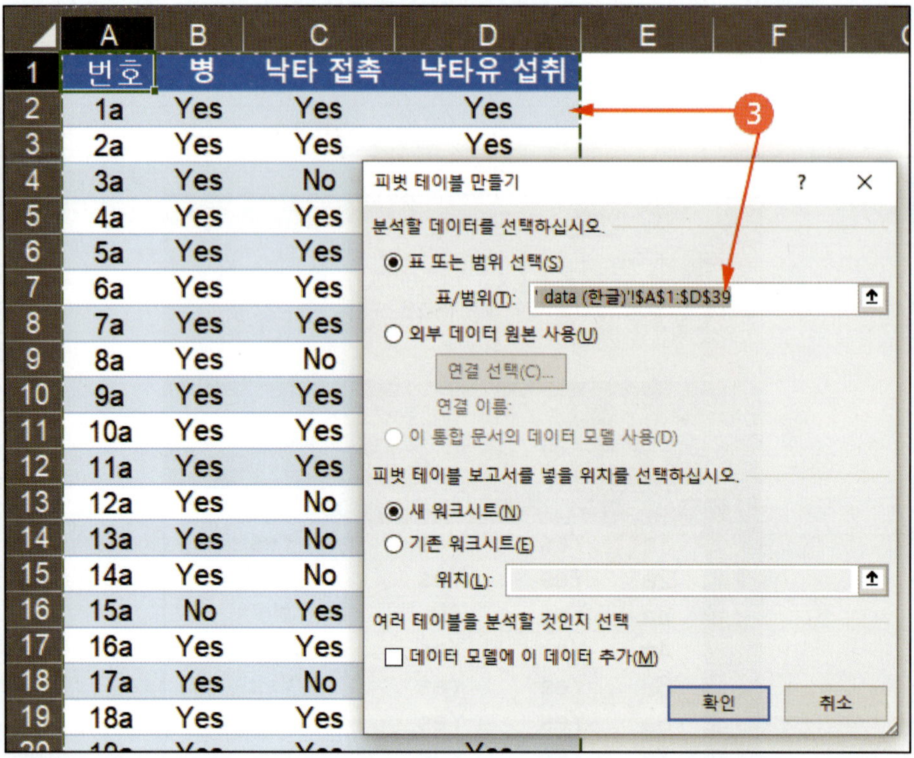

자연스럽게 데이터 전체를 감싸는 점선이 나타나서 범위❸를 지정해줍니다. '확인'을 클릭합니다.

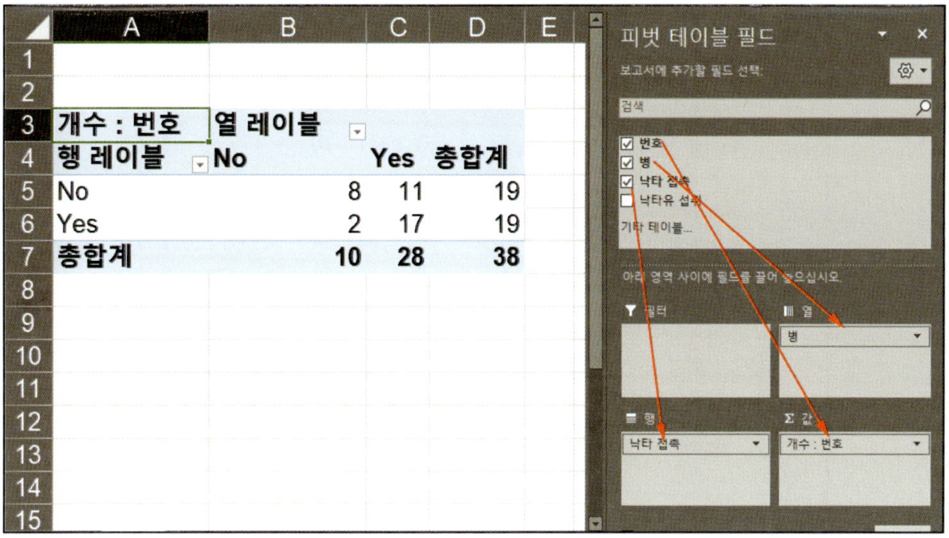

원인에 해당할 수 있는 '낙타 접촉'을 '행'으로, 결과에 해당할 수 있는 '병'을 '열'로 드래그합니다. 사실 행과 열을 바꾸어서 배열할 수도 있지만, 저는 항상 이런 규칙을 가지고 합니다. 그리고 '번호'를 '값'으로 드래그하는데 사실 이곳에는 '번호'뿐 아니라 '성별', '낙타 접촉', '병' 등 어떤 것이든 데이터가 빠짐없이 있는 것은 다 가능합니다. 이때 '개수'로 나타나도록 조절하는 것이 중요합니다. 그 결과는 이렇게 2 by 2 table로 나타납니다.

❹

observed	no	disease	sum
no exposrure	8	11	19
exposure	2	17	19
sum	10	28	38

expected	no	disease	sum
no exposrure	5	14	19
exposure	5	14	19
sum	10	28	38

expected-observed	no	disease	sum
no exposrure	3	-3	
exposure	-3	3	
sum			

앞서 방문하였던 https://goo.gl/9K07of를 방문하여 노란색으로 표시된 observed에 적절히 값을 입력❹합니다. 그러면 앞서 설명하였던 것과 같이 자동적으로 다양한 카이제곱 검정과 적절한 표와 그래프가 한꺼번에 만들어집니다.

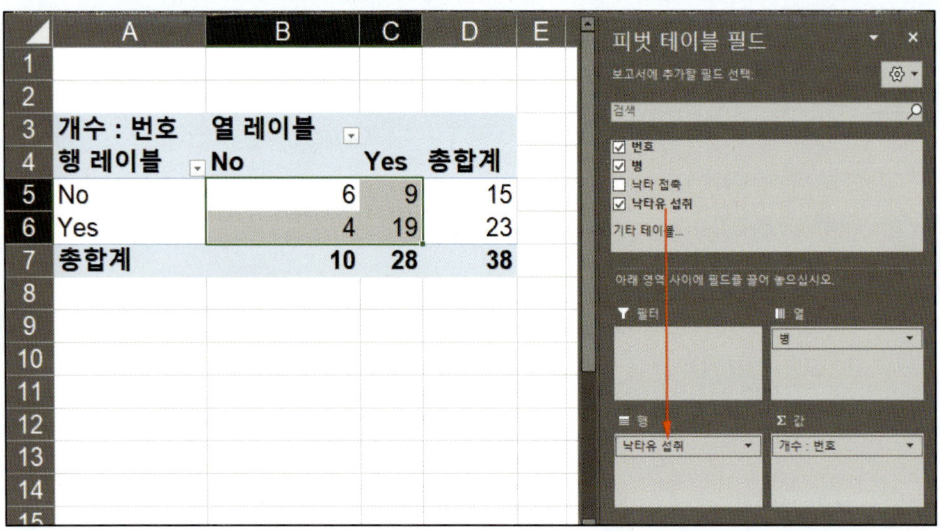

'낙타 접촉'을 드래그하여 바깥으로 빼버리고, '낙타유 섭취'를 '행'으로 드래그하여 넣습니다. 바로 2 by 2 table이 만들어집니다. 이 경우에서 보듯이 raw data를 2 by 2 table로 바꾸어줄 때 엑셀의 피벗 테이블을 사용하면 매우 쉽습니다.

피벗 테이블은 이러한 강력한 기능이 있지만, 카이제곱 검정을 위한 table을 만드는 가장 기본적인 방법에 대해 먼저 공부해보겠습니다.

	EXPOSED			NOT EXPOSED		
	Number1	Disease1	risk1	Number2	Disease2	risk2
od 1	606	142	23.4%	41	3	7.3%
od 2	334	89	26.6%	256	50	19.5%
od 3	594	142	23.9%	49	5	10.2%
od 4	211	52	24.6%	349	75	21.5%
od 5	432	109	25.2%	194	34	17.5%
od 6	358	83	23.2%	248	53	21.4%
od 7	595	140	23.5%	51	6	11.8%
od 8	432	103	23.8%	174	33	19.0%
od 9	599	143	23.9%	52	4	7.7%
od 10	337	82	24.3%	257	49	19.1%
od 11	422	99	23.5%	182	35	19.2%
od 12	489	122	24.9%	150	22	14.7%
od 13	579	137	23.7%	51	7	13.7%
od 14	439	109	24.8%	170	29	17.1%
od 15	573	136	23.7%	59	8	13.6%
od 16	443	114	25.7%	168	24	14.3%
od 17	356	82	23.0%	241	52	21.6%

RR and chi-squared (E)

https://tinyurl.com/OR-RR-epidemiologist를 방문합니다. 노란색으로 표시된 입력칸 4개가 모두 행으로 배열되어 있고, 아래쪽으로 수많은 카이제곱 검정을 계산할 수 있습니다. 이것은 **역학조사관을 위한 카이제곱 검정**으로, 검정 결과를 바로 보고서에 넣을 수 있는 표 형태로 만든 것입니다.

데이터 막대를 사용하여 결과를 시각적으로 비교하기 좋으며, 오즈비와 위험비 및 신뢰구간도 표시되도록 하였습니다.

수십 수백 번씩 반복해야 하는 카이제곱 검정을 한번에 할 수 있도록 손쉽게 줄여주며, 표로 바로 넣을 수 있어서 편리합니다.

Table 3. Analysis of Single Food Items

Food Item	Taken/Not Taken	Ill	Not Ill	Odds Ratio	95%CI
Pork with black pepper	Taken	95	65	1.72	0.98~3.03
	Not Taken	40	47		
Corn-carrot-bean*	Taken	90	51	2.39	1.38~4.17
	Not Taken	45	61		
Bamboo shoot	Taken	84	60	1.43	0.83~2.47
	Not Taken	51	52		
Cucumber*	Taken	68	36	2.14	1.23~3.75
	Not Taken	67	76		
Eggs with dried radish	Taken	91	72	1.15	0.65~2.03
	Not Taken	44	40		
Chicken leg	Taken	95	68	1.54	0.87~2.72
	Not Taken	40	44		
Meatball	Taken	82	55	1.60	0.93~2.76
	Not Taken	53	57		
Rice	Taken	98	80	1.06	0.58~1.93
	Not Taken	37	32		
Tempura	Taken	10	9	0.92	0.33~2.59
	Not Taken	125	103		
Hot dog	Taken	26	18	1.25	0.61~2.56
	Not Taken	109	94		
Dumpling	Taken	3	2	1.25	0.16~11.05
	Not Taken	132	110		

*Statistically significant; 95% confidence intervals did not cover 1.0

Table 3. Odds Ratio and 95% Confidence Limit Related to Each Food Item in the Food Poisoning Outbreak

Food	No. of Ill			No. Not Ill			Odds Ratio (95% CL)
	Eaten (1)	Not Eaten (2)	ER (3)=(1)/(2)	Eaten (4)	Not Eaten (5)	ER (6)=(4)/(5)	(7)=(3)/(6)
Hamburger	87	22	3.95	55	7	7.86	0.50 (0.18~1.36)
Fried Chicken Quarter	98	11	8.91	53	9	5.89	1.51 (0.53~4.29)
Coke	107	2	53.50	53	9	5.89	9.08 (1.72~64.16)*

ER: exposure ratio; CL: confidence limit.
*p<0.01, statistically significant.

https://tinyurl.com/OR-RR-epidemiologist의 아래쪽에는 다양한 보고서의 실제 사례를 제시하였는데, 엑셀 시트와 거의 동일한 내용입니다. 이 엑셀 시트는 역학 조사에 맞춤형 통계를 가능하게 해주며 결과표도 바로 보고서에 활용할 수 있습니다.

3.11 카이제곱 적합도 검정

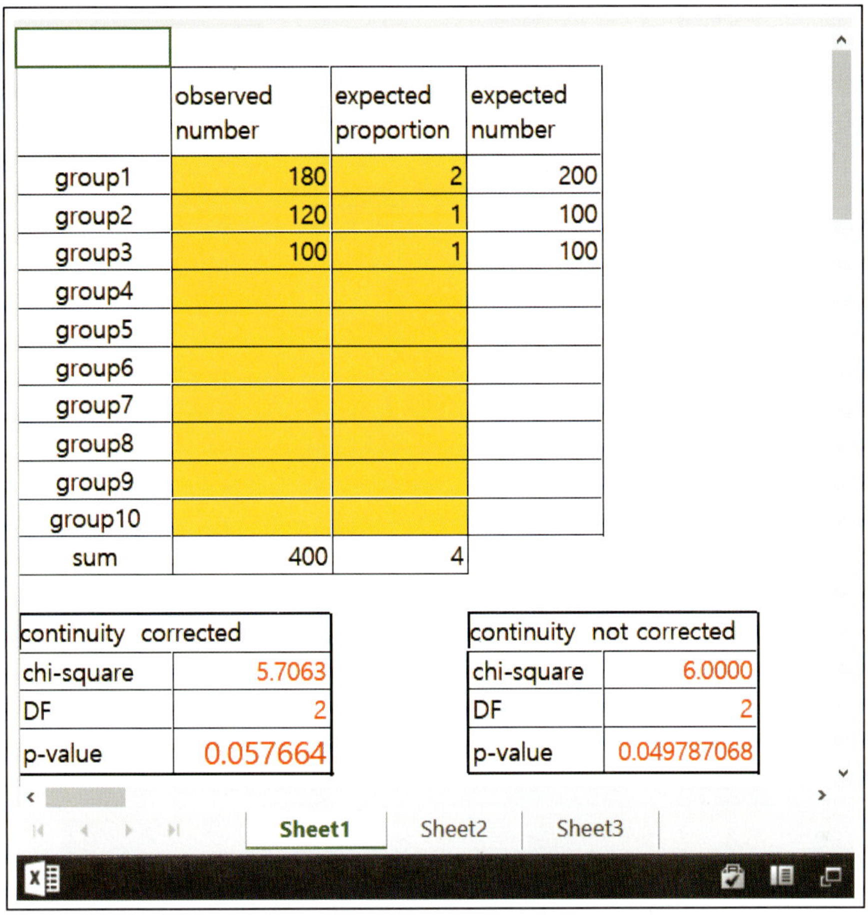

	observed number	expected proportion	expected number
group1	180	2	200
group2	120	1	100
group3	100	1	100
group4			
group5			
group6			
group7			
group8			
group9			
group10			
sum	400	4	

continuity corrected	
chi-square	5.7063
DF	2
p-value	0.057664

continuity not corrected	
chi-square	6.0000
DF	2
p-value	0.049787068

https://goo.gl/whXs2X를 방문합니다. '카이제곱 적합도 검정(Chi-square goodness of fit test)'을 위한 엑셀 시트가 보입니다. 이것은 두 집단이 아니라 하나의 집단에 대한 분석인데, 대신에 기대되는 비율이 존재하는 경우입니다. 일반적으로 남녀의 출생 비율이 1:1이라고 알려져 있는데 특정 지역이나 나라에서는 다른지, 전 세계적으로 유병률이 15%라고 알려진 질병이 특정 나라에서는 다르게 나타나는지를 알아보는 연구 등에 사용할 수 있습니다.

역시 노란색 셀에만 값을 입력하면 나머지는 자동으로 계산됩니다. 특히 빨간 글씨로 계산 결과를 보여주는 것은 동일합니다.

3.12 McNemar 검정

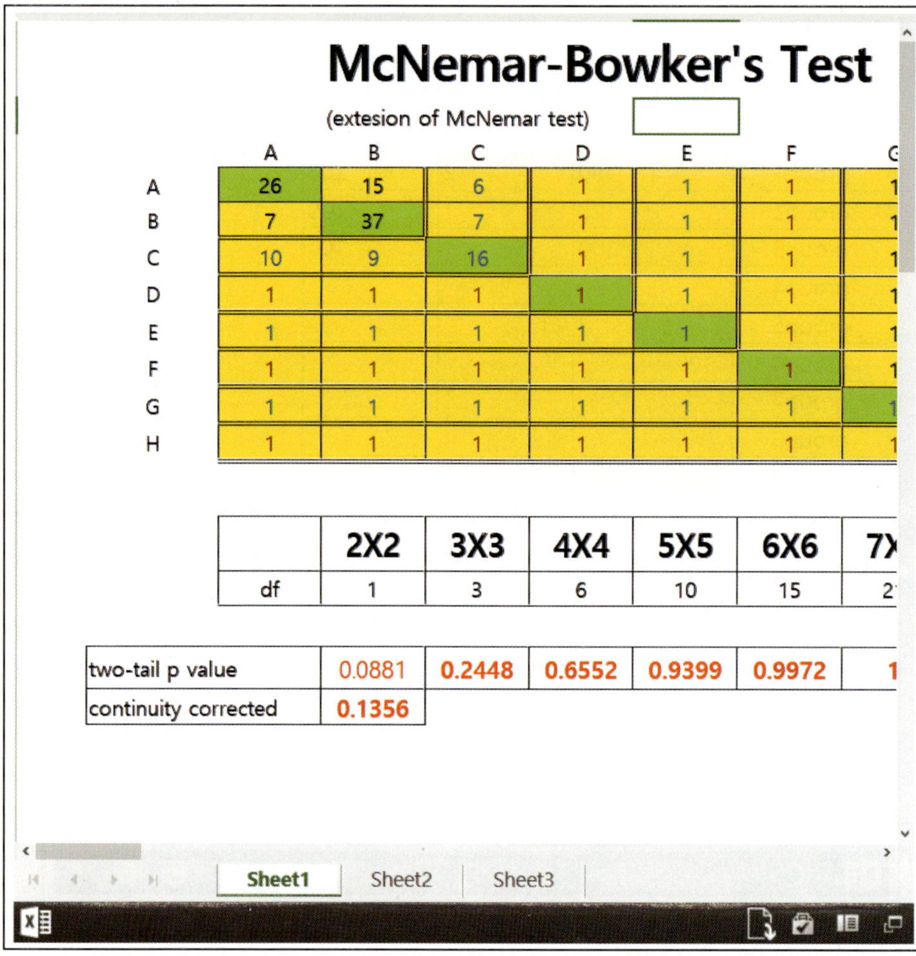

McNemar-Bowker's Test

(extesion of McNemar test)

	A	B	C	D	E	F	G
A	26	15	6	1	1	1	1
B	7	37	7	1	1	1	1
C	10	9	16	1	1	1	1
D	1	1	1	1	1	1	1
E	1	1	1	1	1	1	1
F	1	1	1	1	1	1	1
G	1	1	1	1	1	1	1
H	1	1	1	1	1	1	1

	2X2	3X3	4X4	5X5	6X6	7X
df	1	3	6	10	15	2
two-tail p value	0.0881	0.2448	0.6552	0.9399	0.9972	1
continuity corrected	0.1356					

http://me2.do/GE2fq9ob를 방문합니다. McNemar test는 카이제곱 검정과 비슷하게 테이블 형태로 정리된 자료를 이용하면서도 가로세로 칸의 수가 2×2 또는 3×3 등으로 같아야 합니다. 그래서 왼쪽 위 구석에서부터 정사각형으로 입력된 자료에 따라 하단의 빨간 글씨로 p값을 계산해줍니다. 특별히 2×2의 경우에는 연속성을 교정한(continuity corrected) p값을 보여줍니다. 카이제곱 검정에서도 마찬가지인데, 셀 안의 숫자가 작을수록 연속성을 교정한 p값이 더 선호되며, 셀 안의 숫자가 커질수록 연속성을 교정한 것과 교정하지 않은 것의 차이가 적어집니다.

2×2 형태를 McNemar test라고 하고, 그보다 큰 것을 McNemar-Bowker's test라고 하거나 그냥 McNemar test라고 합니다. McNemar-Bowker's test의 특성상 초록색으로 표시된 대각선 셀의 숫자는 p값에 영향을 주지 않고, 노란색 셀의 숫자만 영향을 줍니다.

McNemar test는 짝지어진 자료에 대한 카이제곱 검정이라고 할 수 있습니다. 앞서 우리는 t-test의 변형이라고 할 수 있는 짝지어진 자료에 대한 t-test를 paired t-test라고 하였습니다. 이 경우도 마찬가지로 짝지어진 자료에 대한 카이제곱 검정이라고 할 수 있습니다.
처치A를 홍길동에게 행하고 처치B를 손오공에게 행했다면, 그것은 t-test나 카이제곱 검정일 수 있습니다. 그런데 처치A와 처치B를 둘 다 홍길동에게 행한 것이라면 paired t-test나 McNemar test가 됩니다. 각각 그 결과가 연속 변수이면 t-test, 이분변수이면 McNemar test가 됩니다.
다시 말해, 오른쪽 다리와 왼쪽 다리에 각각 다른 처치를 한다든지, 한 달간 처치A를 하고 휴지기를 가진 뒤에 처치B를 한다든지 하는 것이 대표적인 paired t-test나 McNemar test의 연구 형태입니다.

3.13 Mantel-Haenszel 검정

	A	B	C
1	area	exposure	result
2	1	0	1
3	1	0	1
4	1	1	0
5	1	0	1
6	1	0	0
7	1	0	0
8	1	0	0
9	1	1	1
10	1	0	1
11	1	0	1
12	1	0	1
13	1	1	0
14	1	0	1
15	1	0	0
16	1	0	0
17	1	0	0
18	1	1	1
19	1	0	1

'Mantel-Haenszel_test.xlsx' 파일의 두 번째 시트를 보면 데이터가 정리되어 있습니다. A열의 area는 보통 나라나 지역, 또는 연구센터 등을 의미합니다. B열의 exposure는 병의 원인, 혹은 위험 요인이나 치료 등을 의미하고, C열의 result는 그 결과입니다.

현재 이 자료에서 area는 1부터 24까지 있으며, exposure와 result는 0과 1로 입력되어 있습니다. 0과 1 대신에 No, Yes로 넣을 수도 있습니다.

이 자료는 2 by 2 table이 여러 개인 형태로 요약될 수 있습니다. 그래서 보통 Mantel-Haenszel test를 **2×2×K**로 표현하기도 합니다.

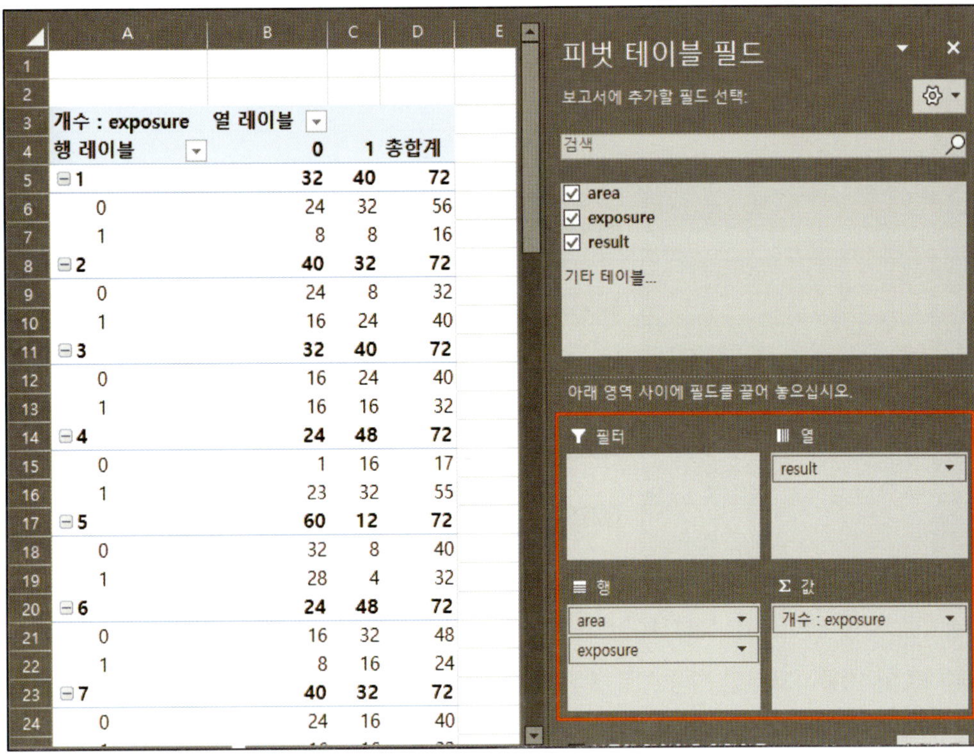

개수 : exposure	열 레이블		
행 레이블	0	1	총합계
⊟1	32	40	72
0	24	32	56
1	8	8	16
⊟2	40	32	72
0	24	8	32
1	16	24	40
⊟3	32	40	72
0	16	24	40
1	16	16	32
⊟4	24	48	72
0	1	16	17
1	23	32	55
⊟5	60	12	72
0	32	8	40
1	28	4	32
⊟6	24	48	72
0	16	32	48
1	8	16	24
⊟7	40	32	72
0	24	16	40

엑셀의 '피벗 테이블'을 이용하여 자료를 정리합니다. '행'에는 'area'를 위에, 'exposure'를 아래에 오도록 배치해주고, '값'에는 '개수'를 배치해주는 것이 중요합니다. 결과적으로 2×2×K로 요약되었습니다.

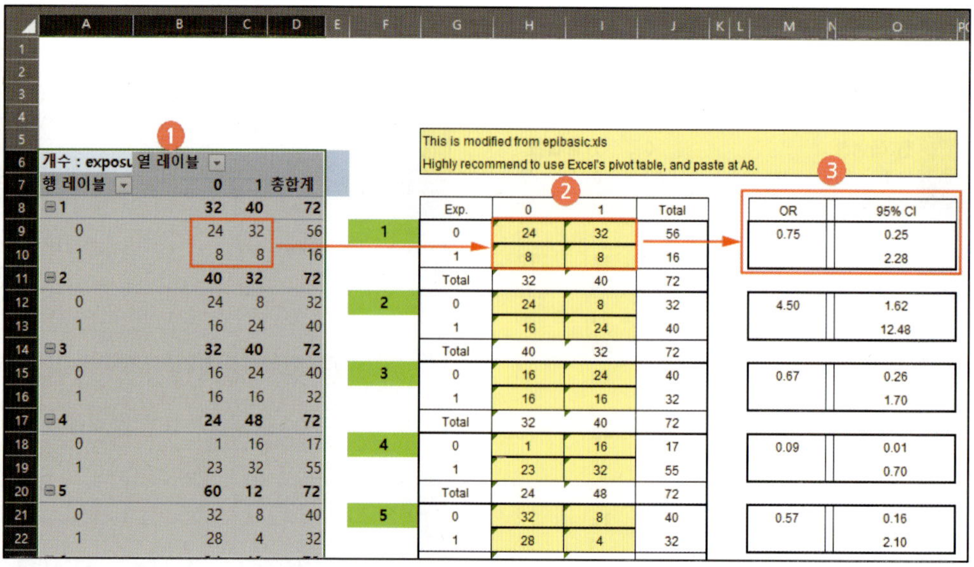

결과물 피벗 테이블을 복사하여(Ctrl A한 뒤 Ctrl C) 첫 번째 시트 위치에 맞게 붙여넣습니다(Ctrl V)❶. 그러면 자동으로 오른쪽의 노란색 셀에 값들이 복사❷되고 각각의 2 by 2 table에 해당하는 오즈비와 신뢰구간이 계산❸됩니다. 즉 각 나라별(지역별) 카이제곱 검정을 시행한다고 생각하면 됩니다. 이때 각 나라 또는 지역을 층(strata)이라고 부르는데, 여러 층을 가진 2 by 2 table이라고 할 수 있습니다.

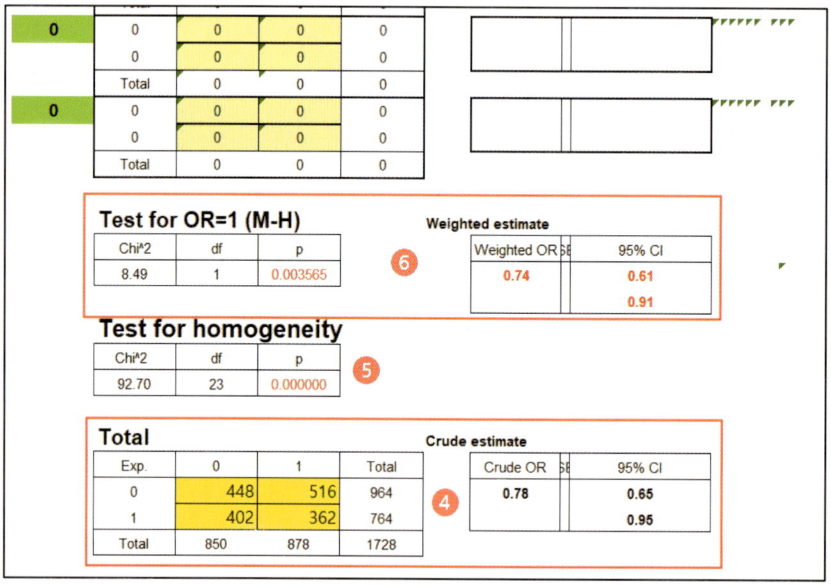

시트 아래쪽에는 층을 무시하고 모두 합친 결과와 이것의 오즈비, 즉 crude odds ratio와 신뢰구간을 보여줍니다❹.

'Test for homogeneity'는 각 층마다 다른 오즈비를 보여주는데, 오즈비들이 일치하는지 검토합니다. 여기서는 일치하지 않는 것으로 판단됩니다(p=0.000)❺.

각 층마다 total number가 다른 것을 고려한, 즉 Mantel-Haenszel_test의 p값과 오즈비를 보면 역시 exposure와 result 사이에는 통계적으로 유의한 관계가 있음을 알 수 있습니다❻.

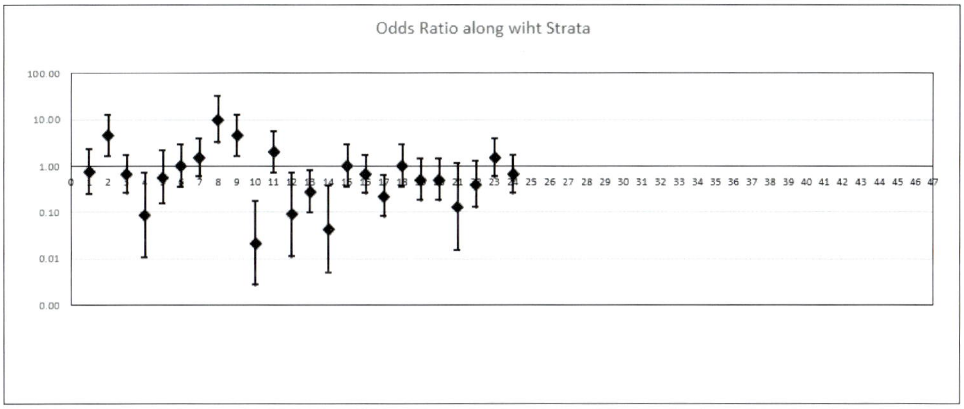

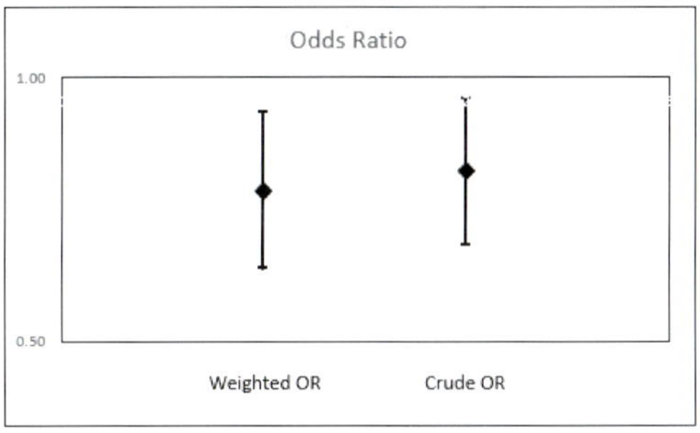

시트에서 제공하는 plot을 보면 각 층마다 오즈비가 어떻게 다른지 쉽게 파악할 수 있습니다.

동영상 설명은 https://blog.naver.com/kjhnav/220991881478에서 볼 수 있습니다. 이는 epibasic이라는 엑셀 파일을 피벗 테이블로 활용하기 좋도록 제가 약간 변형한 것입니다. 원본 파일은 이어서 설명하겠습니다.

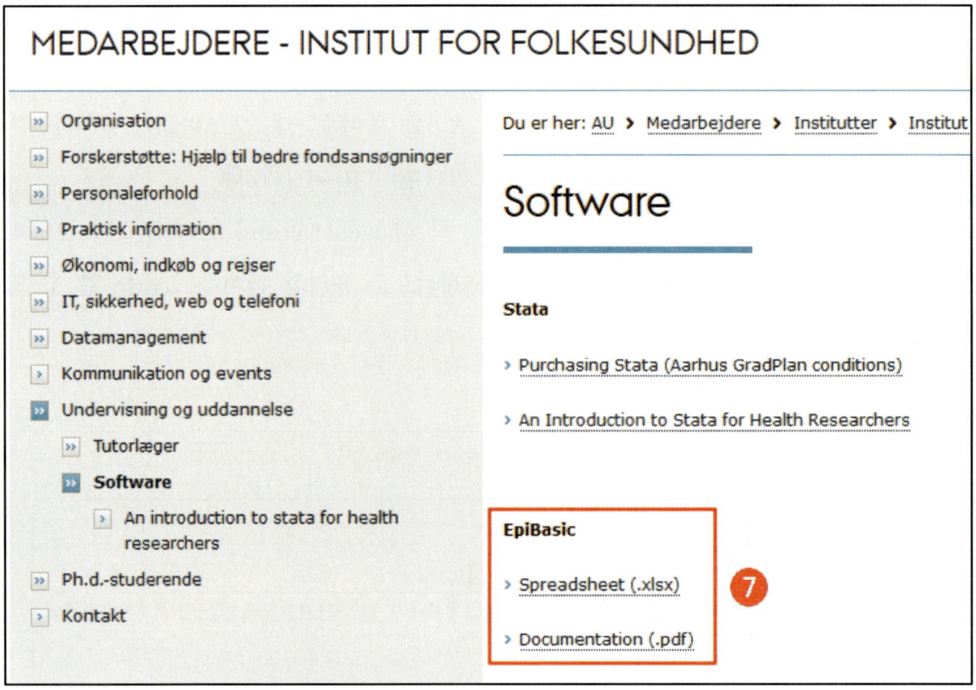

http://ph.medarbejdere.au.dk/undervisning-og-uddannelse/software/에서 엑셀 파일과 설명서를 다운로드받아 직접 보면 더 많은 정보를 얻을 수 있습니다❼.

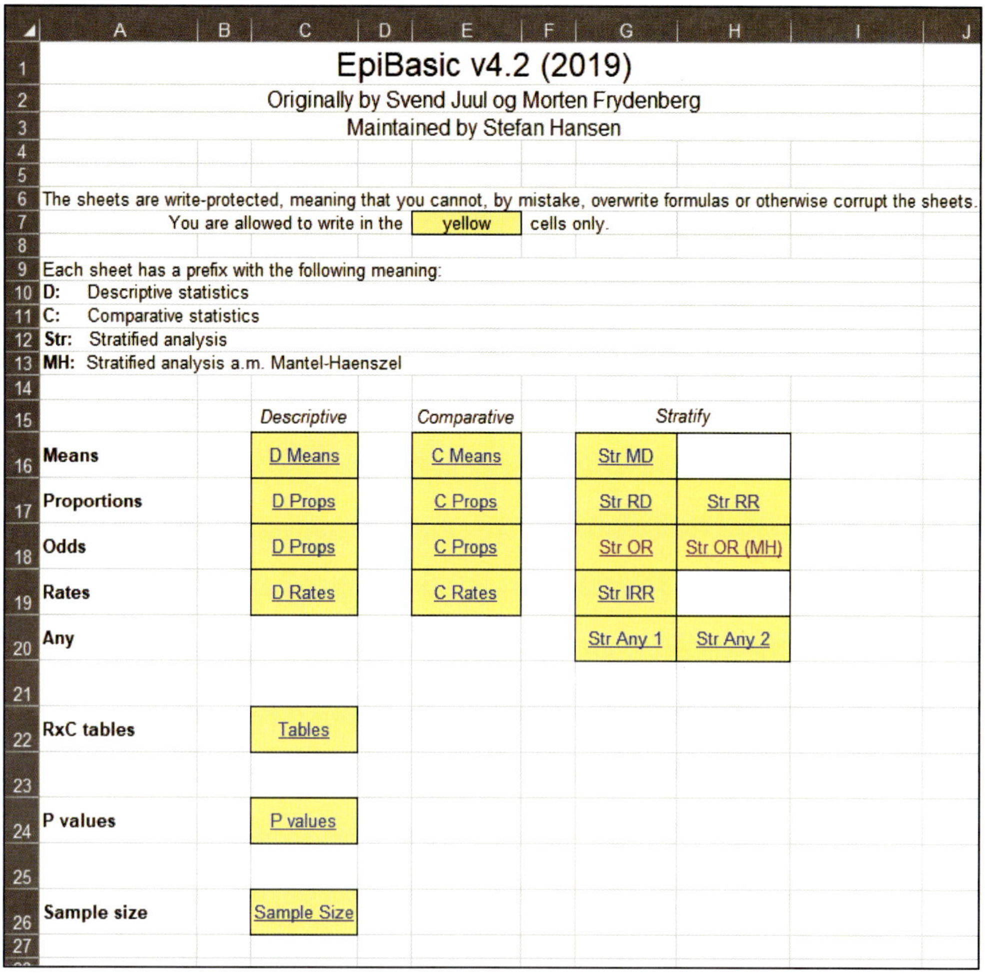

EpiBasic은 엑셀을 이용해서 다양한 통계를 시행할 수 있도록 해줍니다. 2019년에 업데이트되었습니다.

엑셀을 이용해서 더 다양한 통계를 시도하는 사람도 많고, 엑셀에 적절한 add in을 추가하여 통계적 검정을 할 수 있도록 상업화된 도구들도 많습니다. 그러나 저는 굳이 엑셀에만 국한되기보다는, 좀 더 복잡한 것을 시도할 때가 되면 엑셀보다 통계에 더 특화된 다른 도구를 사용해보는 것이 좋다고 생각합니다. 그래서 이 책에도 '플러스 알파' 부분에 적절히 R을 사용하는 방법을 추가하였습니다.

독일어로 독일의 역사를 배운다면 어떨까요? 익숙한 한국어로 영국 역사를 배워도 공부할 것이 많은데, 영어로 배운다면 얼마나 어려울까요? 통계를 R이라는 언어로 배우는 것은 이보다 어렵습니다.
그래서 지금까지 엑셀이라는 익숙한 언어로 통계의 기본적인 내용을 배웠습니다. 이제 R이지만 R스럽지 않고, 오히려 엑셀스러운 R Commander를 통해 통계적 내용도 복습해보고 R에도 익숙해지는 시간을 가지려 합니다.
책을 덮을 때쯤이면 자신도 모르게 R과 친해지게 될 것입니다. 더불어 자주 쓰이는 기본 통계 분석법에도 익숙해진 자신을 발견하게 될 것입니다.

PART 04

R 통계 입문

4.1 설치하기

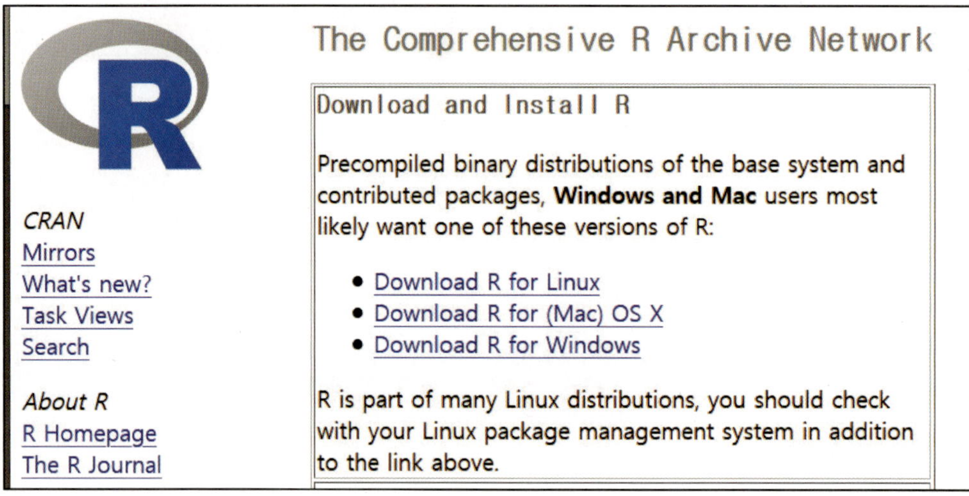

https://cran.r-project.org를 방문합니다. 자신의 운영체제에 맞추어 링크를 클릭합니다. 저는 윈도우용을 클릭하겠습니다.

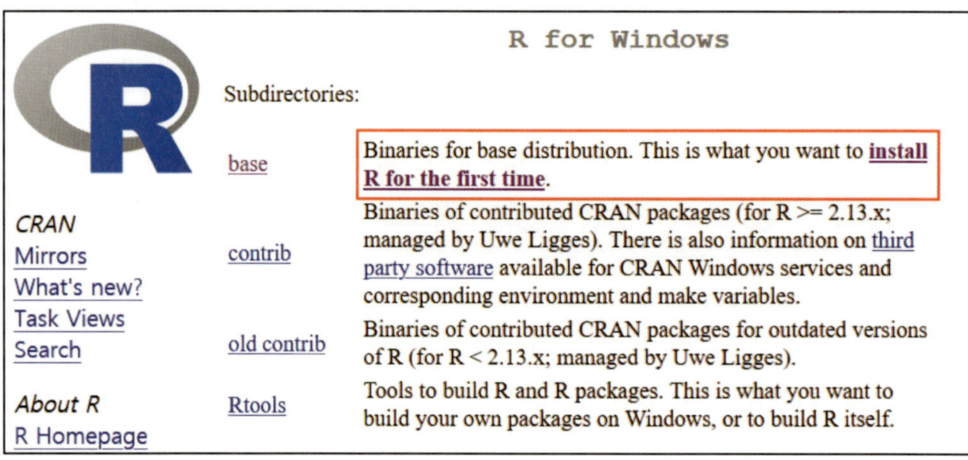

대부분의 경우에 'install R for the first time'을 사용하면 됩니다. 자신의 상태에 따라 몇 가지 옵션이 있으나 대부분 쉽게 설치가 가능합니다.

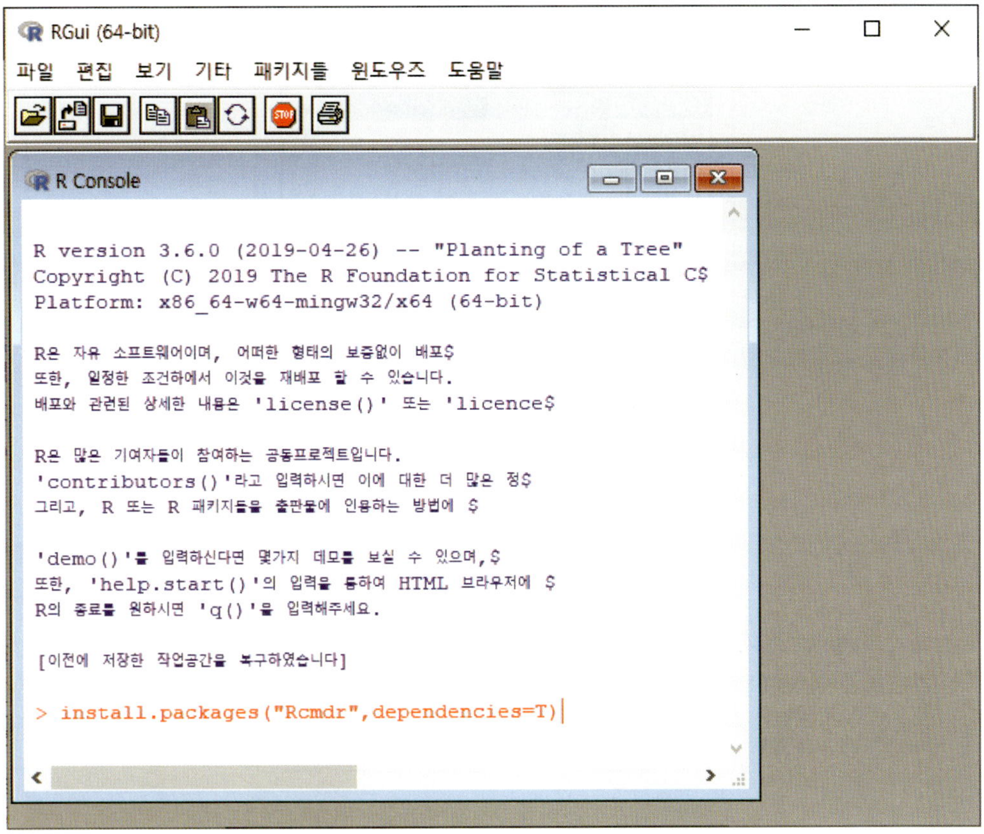

설치한 다음에 처음 작동시키면 이런 창이 나타납니다. 빨간 글씨로 된 부분이 명령어를 넣는 부분입니다. 'install.packages("Rcmdr",dependencies=T)'라는 명령어를 넣어 Rcmdr이라는 패키지를 설치합니다. 'dependencies=T'는 이 패키지를 활용하는 데 필요한 다른 패키지들도 함께 설치하라는 옵션입니다.

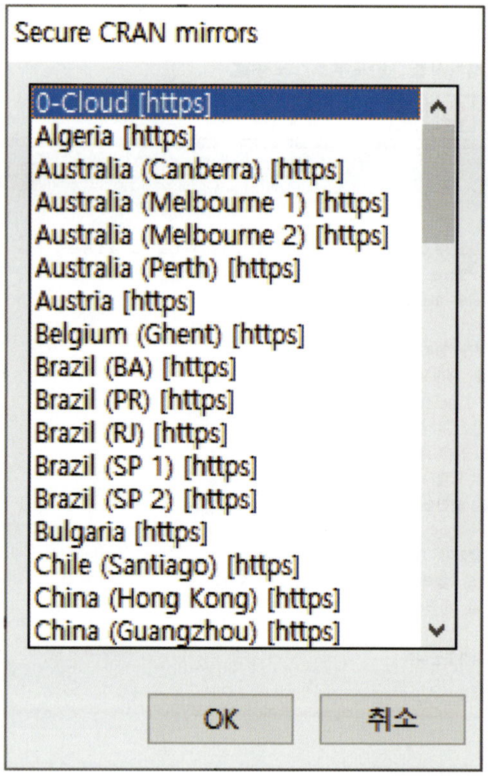

CRAN mirror들 중에 아무것이나 선택하면 됩니다. MS오피스나 한컴오피스, SPSS 같은 상용 프로그램에 익숙한 분들은 이런 설치 방식이 익숙하지 않을 수 있습니다. R을 포함한 많은 프로그램이 기본 프로그램을 설치하고 원하는 기능을 추가로 설치하는 방식으로 되어 있습니다. 제작자들이 다양한 벽돌을 만들면 그것들 중에 일부를 선택해서 각자의 집을 만드는 것과 비슷합니다. 어떤 프로그램은 각각의 벽돌을 '애드인' 또는 '애드온'이라고 부르기도 하는데, R에서는 '패키지'라고 부릅니다. 어떤 패키지는 다른 패키지를 활용하기 때문에(의존하기 때문에) 하나의 패키지를 설치할 때 다른 패키지를 같이 설치하기도 합니다. 설치할 때는 전 세계에 분산된 서버들이 있어서 각각 자신에게 가까운 서버에 연결하여 패키지를 설치하는데, 이 서버들을 '미러'라고 합니다.

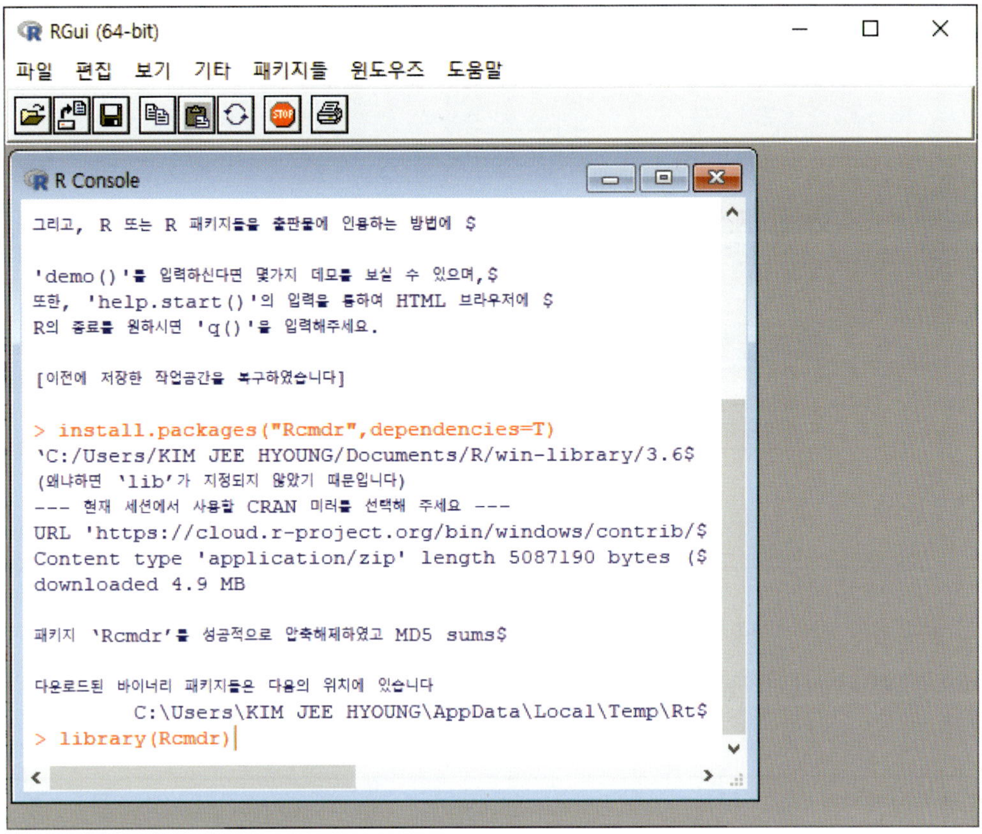

설치가 완료되면 'library(Rcmdr)'를 입력해서 Rcmdr를 실행합니다. 설치(install)는 한 컴퓨터에서 한 번만 시행하면 되지만 패키지를 사용하려면 그 라이브러리를 매번 불러와야 합니다. 엑셀은 한 번만 설치하면 되지만 사용할 때마다 엑셀을 구동시켜야 하는 것과 비슷합니다. 이런 과정은 사실 매우 쉽고 당연한 일인데 개념이 익숙하지 않으면 어색하게 느껴집니다. 익숙해지면 아무것도 아닌 당연한 절차라고 생각될 것입니다.

4.2 t-검정(독립 표본 t-검정)

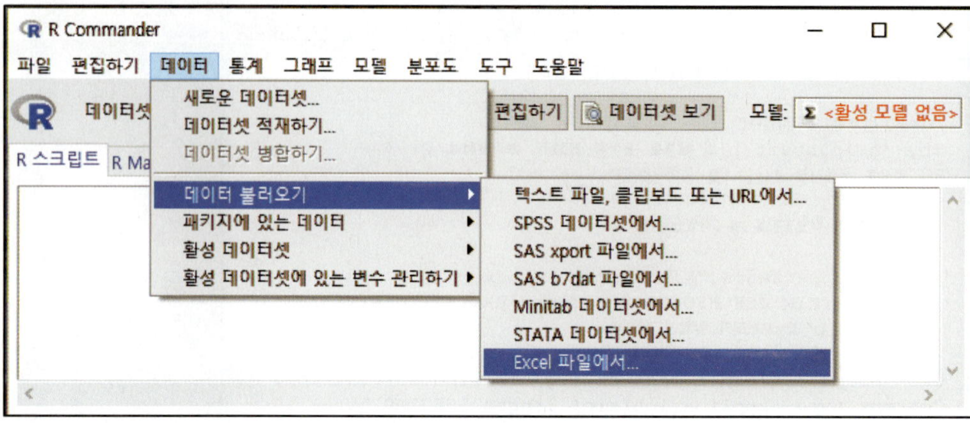

아마도 가장 많이 사용하게 되는 것은 엑셀 파일을 불러오는 기능이겠지만, 그 외에도 다양한 형태의 데이터를 불러올 수 있습니다.

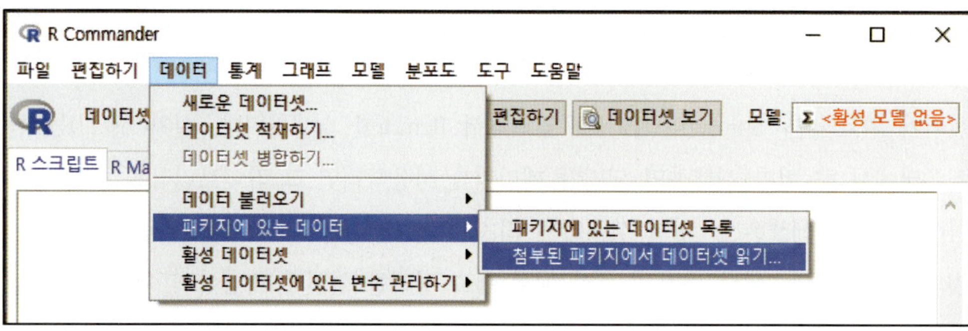

지금은 이미 만들어진 데이터셋을 사용해서 연습해보도록 하겠습니다. 모든 사람들이 공통으로 사용할 수 있고 연습하기에 좋기 때문입니다. 이미 많은 예제 데이터가 포함되어 있다는 것도 SPSS나 엑셀에는 없는 R만의 장점입니다.

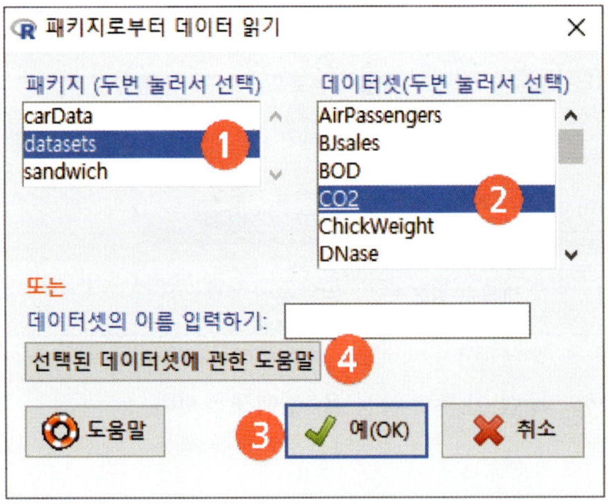

기본으로 불러온 여러 패키지 중에 'datasets❶'을 더블클릭하여 선택하고, 그중에서도 CO2❷를 선택해봅시다. '예❸'를 선택하여 데이터를 열거나, 그 전에 '도움말❹'을 볼 수도 있습니다.

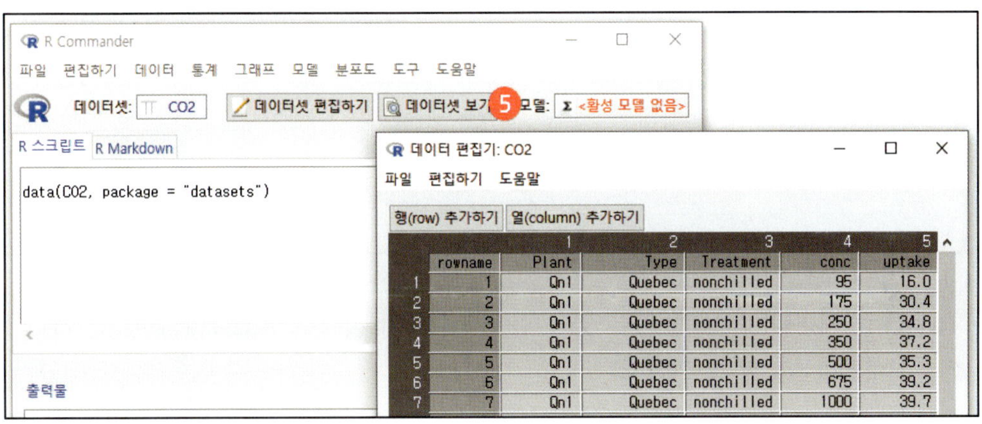

바로 데이터가 나타나지 않고 '데이터셋 보기❺'를 클릭해야 엑셀과 같은 모양의 데이터를 볼 수 있습니다. 초보자에게는 당황스러울 수 있지만 곧 적응될 것입니다.

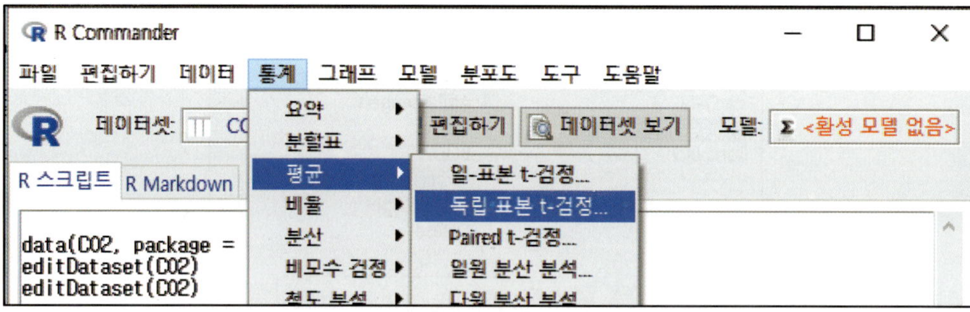

가장 간단하고 익숙한 '독립 표본 t-검정'을 선택해봅시다.

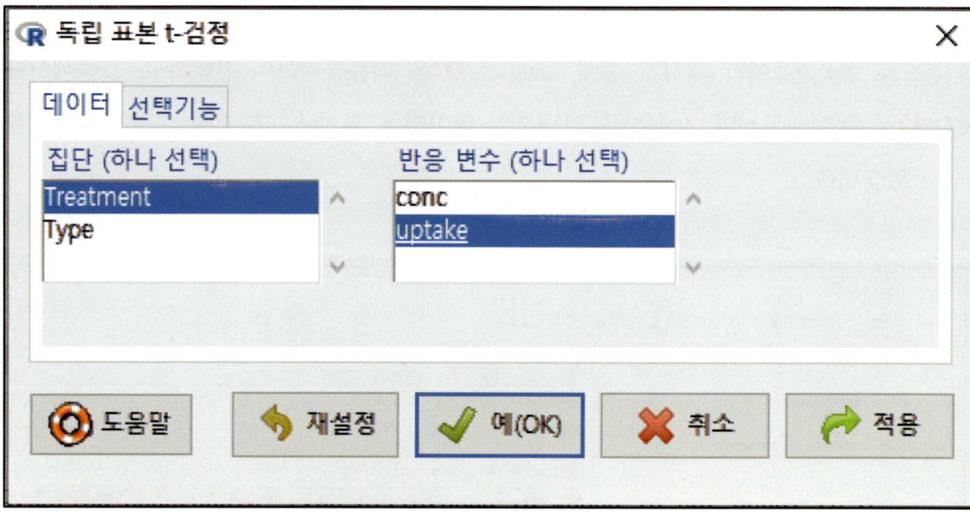

'Treatment'에 따라 'uptake'라는 연속 변수에 차이가 있는지 확인하기 위해 각각의 변수를 선택하고 '예'를 클릭합니다.

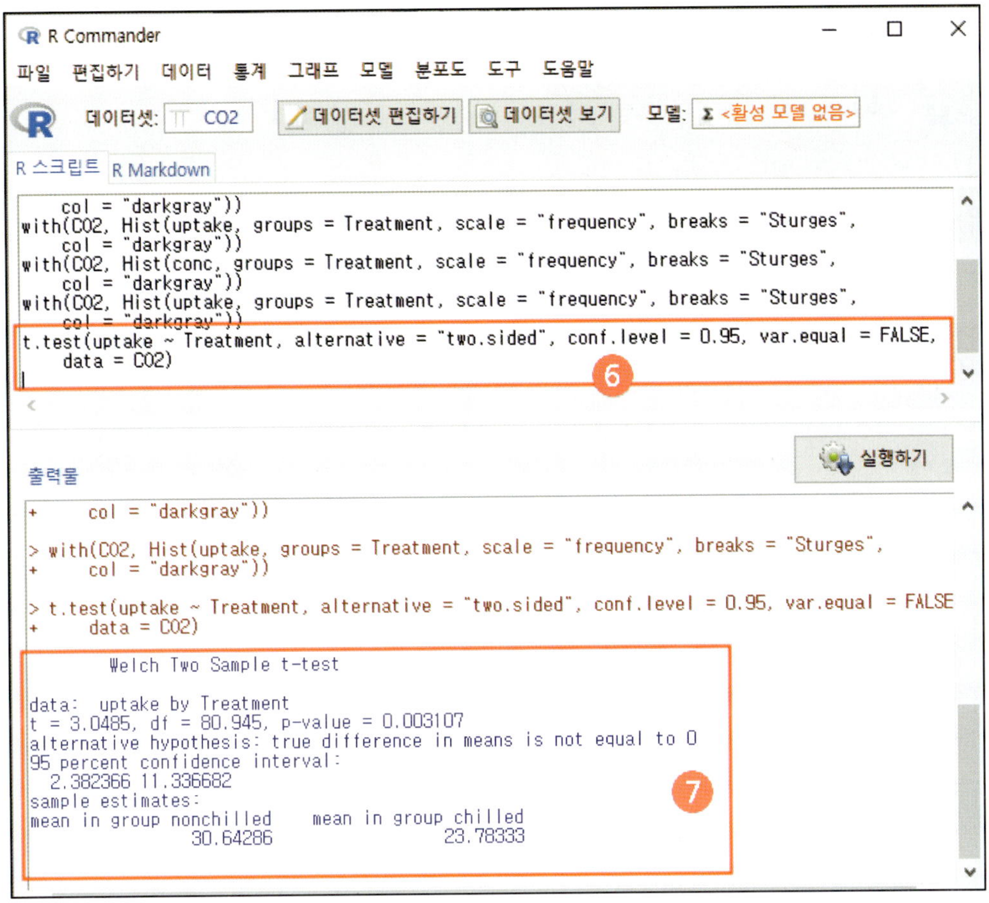

메뉴를 클릭하는 방식으로 진행했던 명령이 실제로 문자❻로는 어떻게 실행되는지 볼 수 있고 그 결과가 아래❼에 표시됩니다.

독립 t-검정이 처음 제안되었을 때는 분산이 같다고 가정하였지만, 현재의 R에서는 분산이 다른 경우도 가정하므로 옵션은 'var.equal = FALSE❻'로 되어 있습니다. 분산이 다르다고 가정한 경우에는 'Welch Two Sample t-test'가 시행됩니다.

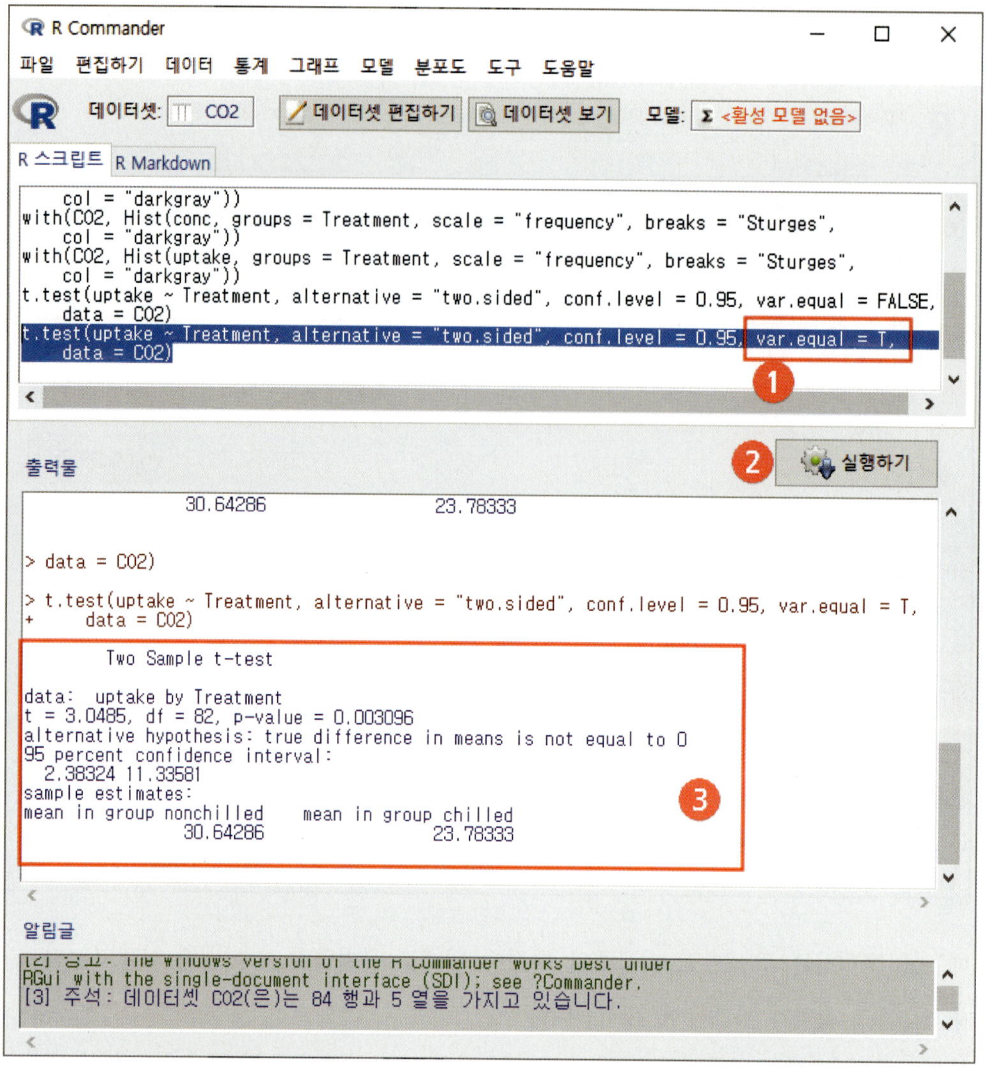

분산이 같다는 가정을 하려면 'var.equal = T❶'라고 수정한 뒤에 명령어를 전체 선택하고 '실행하기❷'를 클릭합니다. 분산이 같다고 가정한 경우에는 'Two Sample t-test❸'가 시행됩니다. 그 결과 두 집단의 평균은 각각 30.6과 23.8 정도이며, 차이값의 95% 신뢰구간은 2.4와 11.3으로 0을 포함하지 않으며 p값도 0.05보다 많이 작습니다.

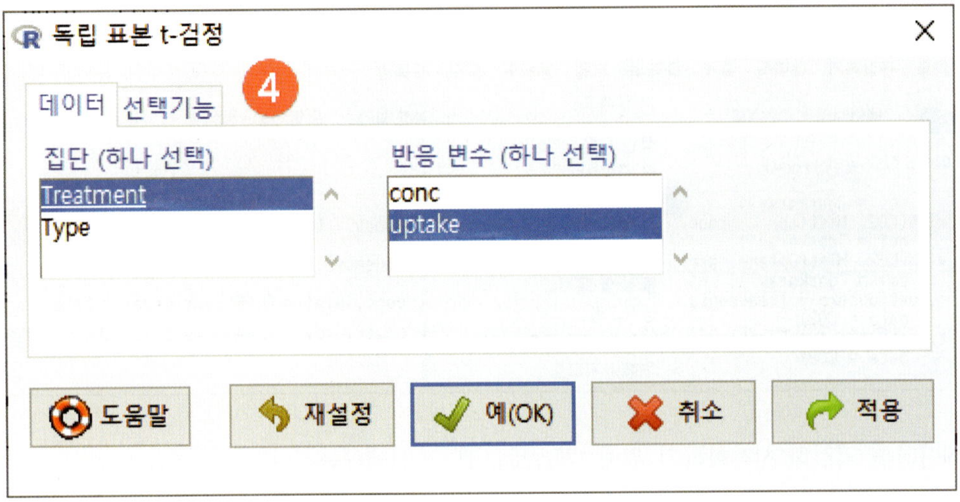

또는 '선택기능❹'을 사용하여

등분산을 가정❺하도록 선택할 수도 있습니다. '예'를 선택하면 바로 실행되면서 이 창이 없어지지만, '적용'을 선택하면 창이 그대로 있어서 옵션을 바꾸어 실행해볼 수 있습니다.

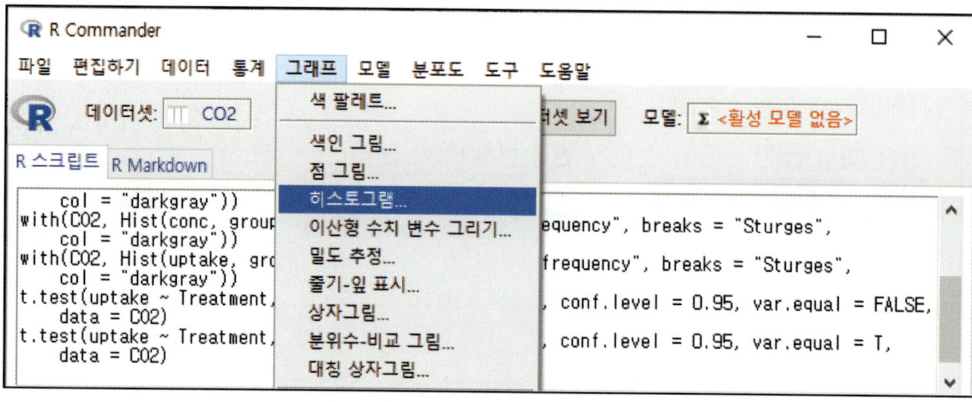

데이터를 적절히 시각화하기 위해 '히스토그램'을 선택해봅시다.

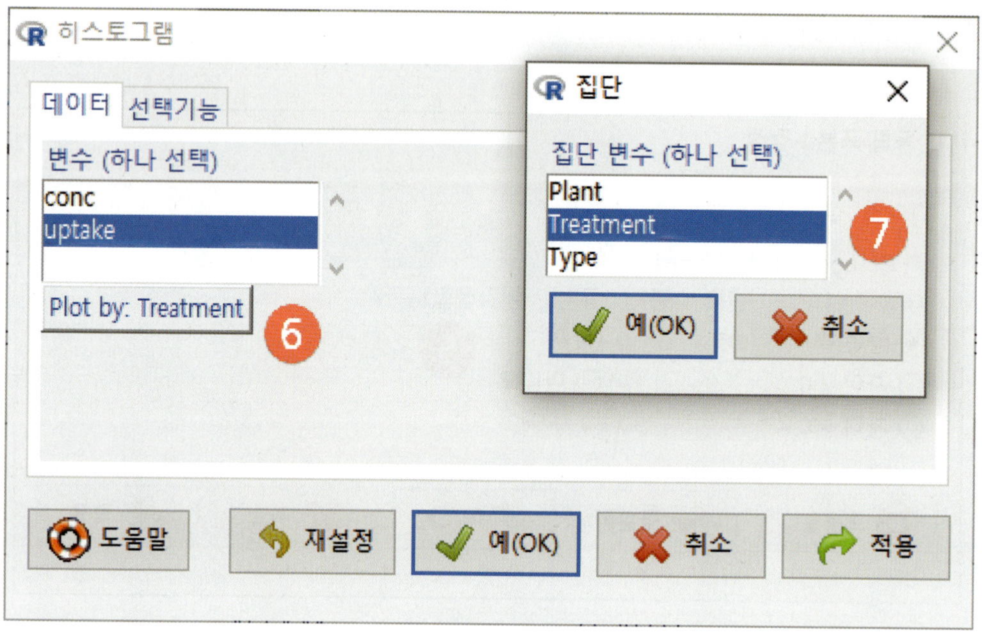

'히스토그램'은 연속 변수를 자연스럽게 표현하기 때문에 데이터 중에 연속 변수인 'conc'와 'uptake' 중 하나를 선택하도록 제시됩니다. 이때 집단에 따라 구분하여 표시하기 위해 'Plot by: ❻'를 클릭합니다. 역시 명목 변수를 찾아서 '집단 변수'로 선택할 수 있도록 제시❼해줍니다. 이 중에 'Treatment'를 선택하였습니다.

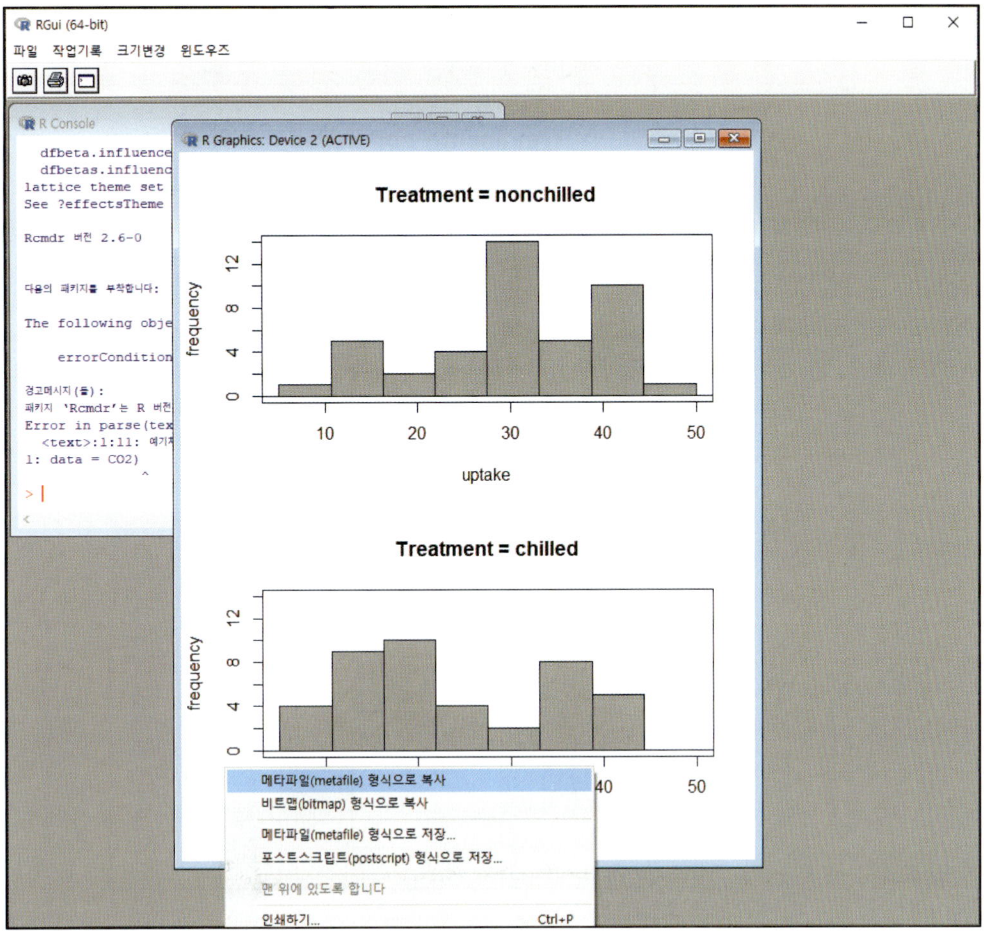

RGui 창에 plot이 만들어집니다. 창의 크기를 조절하여 글자크기와 그림의 가로세로 폭을 적절하게 만든 다음, 그림을 우클릭하여 '메타파일 형식으로 복사'를 클릭합니다.

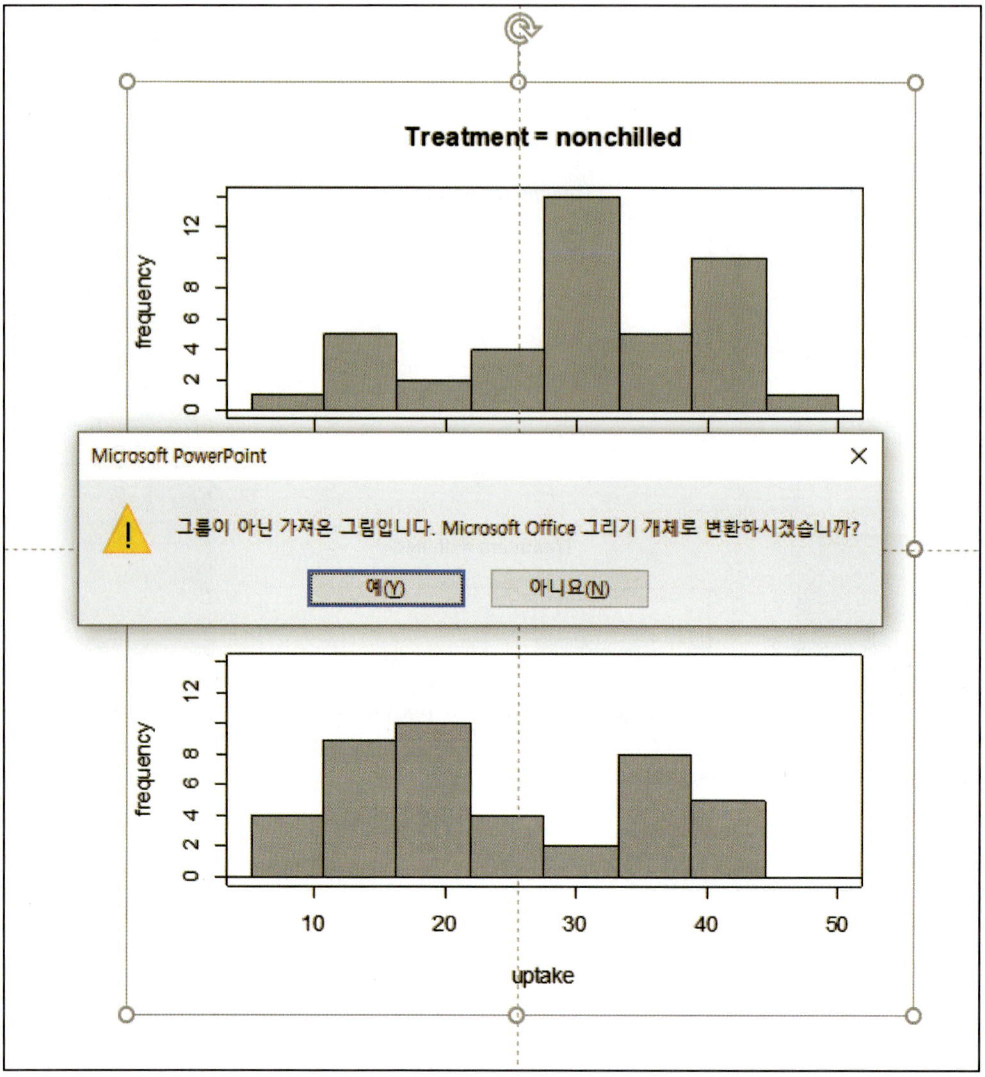

그림은 파워포인트의 빈 슬라이드에 붙여넣어서 파워포인트 상태로 논문에 제출하는 것을 더 추천합니다. 필요한 경우에는 'Ctrl Shift G'를 시행하여 그룹을 해제합니다.

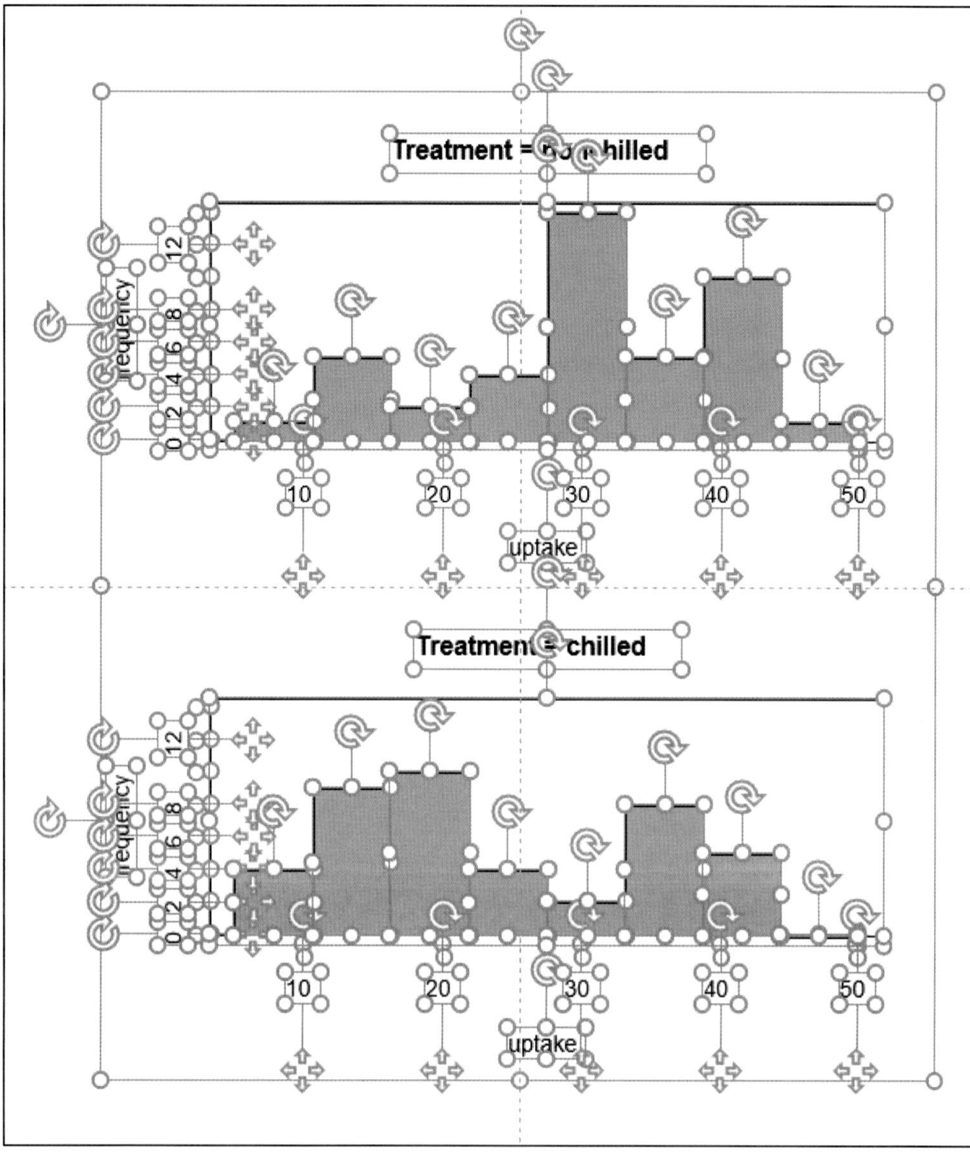

'Ctrl Shift G'를 반복 시행하면 도형별로 구분해낼 수 있습니다.

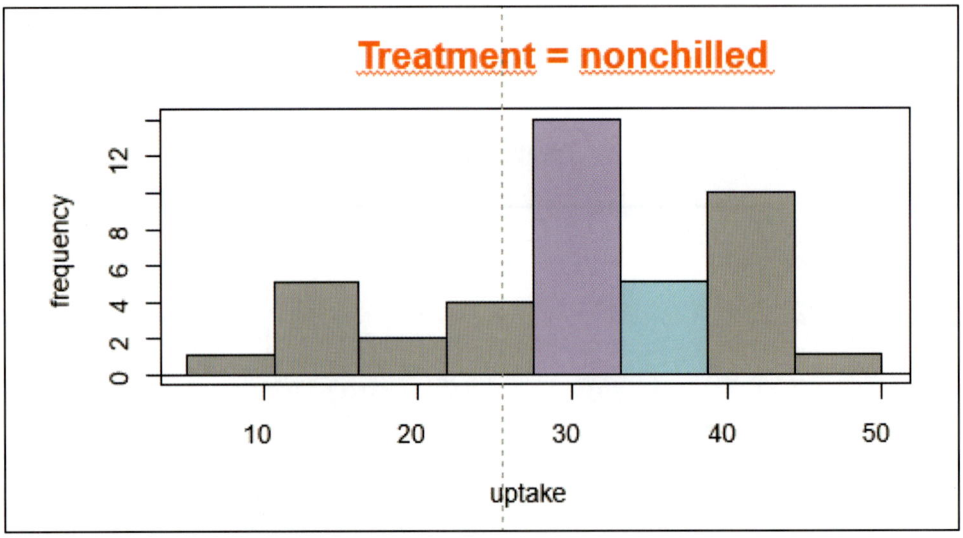

파워포인트 기능을 활용하여 막대의 색을 바꾸거나 글자를 편집할 수 있습니다. 이 상태로 출판에 적절한 색이나 폰트로 편집할 수 있으며 고화질의 그림을 만들 수 있습니다. 출판사에서는 PDF로 변환해서 편집할 수 있습니다. 그러나 한 번이라도 jpg나 TIF나 png 파일로 바꾸면 다시 벡터 파일로 바꿀 수 없습니다.

히스토그램도 역시 '선택기능'을 이용해서 옵션들을 편집할 수 있습니다.

4.3 카이제곱 검정

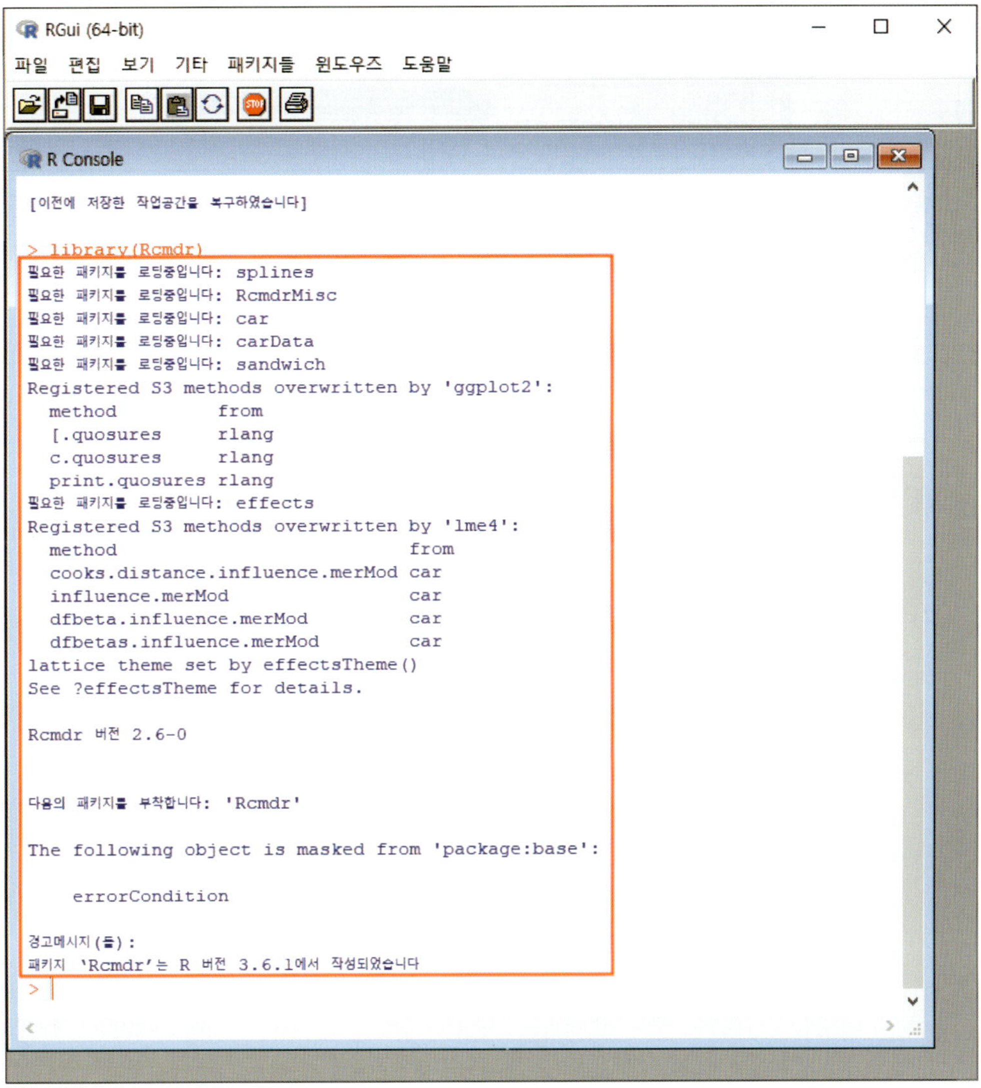

'library(Rcmdr)'를 입력하고 Enter를 치면 그 외 잡다한 것들까지 동시에 불러와 실행된다는 것을 알 수 있습니다. 이제부터는 'library(Rcmdr)'를 입력하고 Enter를 치는 과정에 대한 설명은 생략하겠습니다.

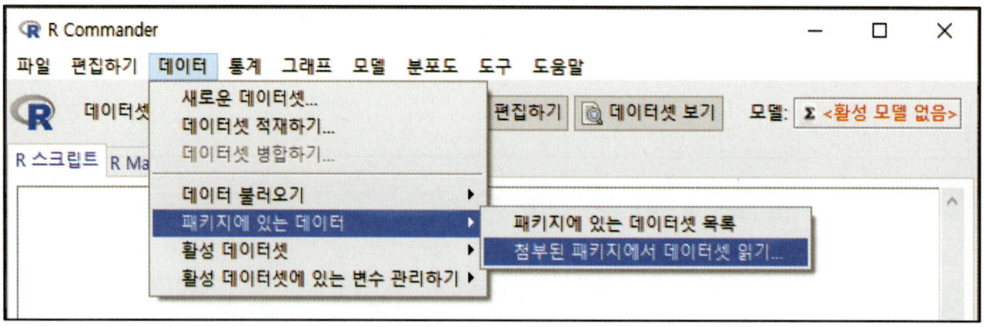

이미 만들어진 데이터셋을 사용해서 연습해보도록 하겠습니다.

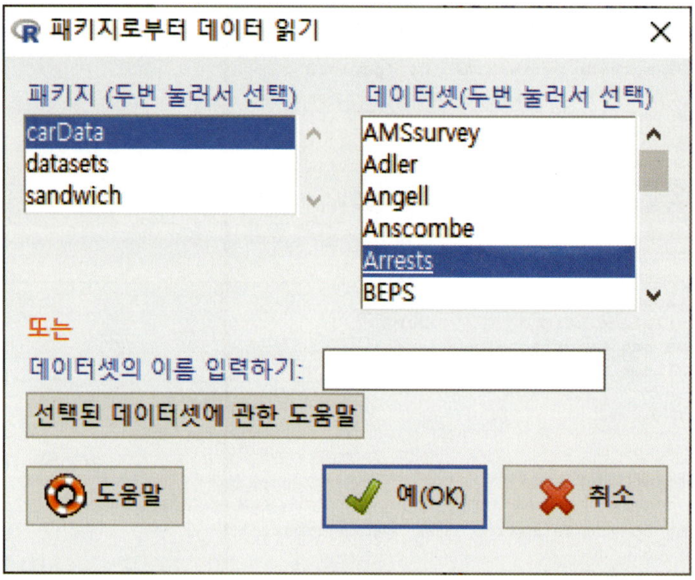

'Arrests' 데이터셋을 불러옵니다.

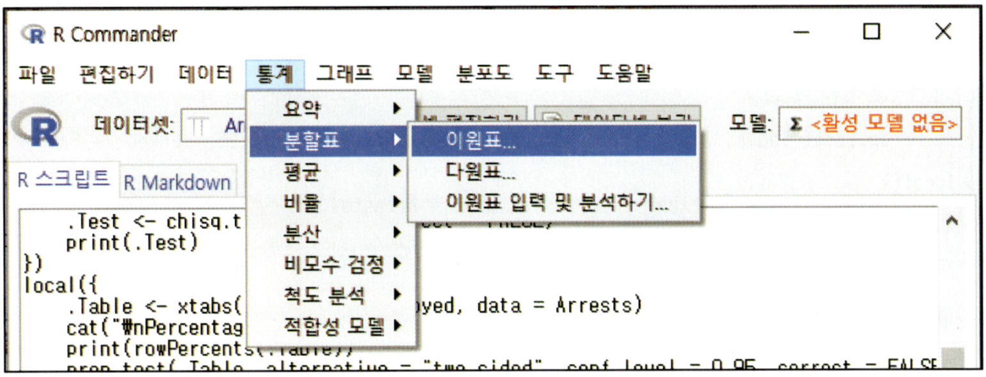

'카이제곱 검정'을 시행하는 방법은 여러 가지가 있는데 그중에 '분할표'를 이용해보겠습니다. '분할표' 중에서 '이원표'를 선택합니다.

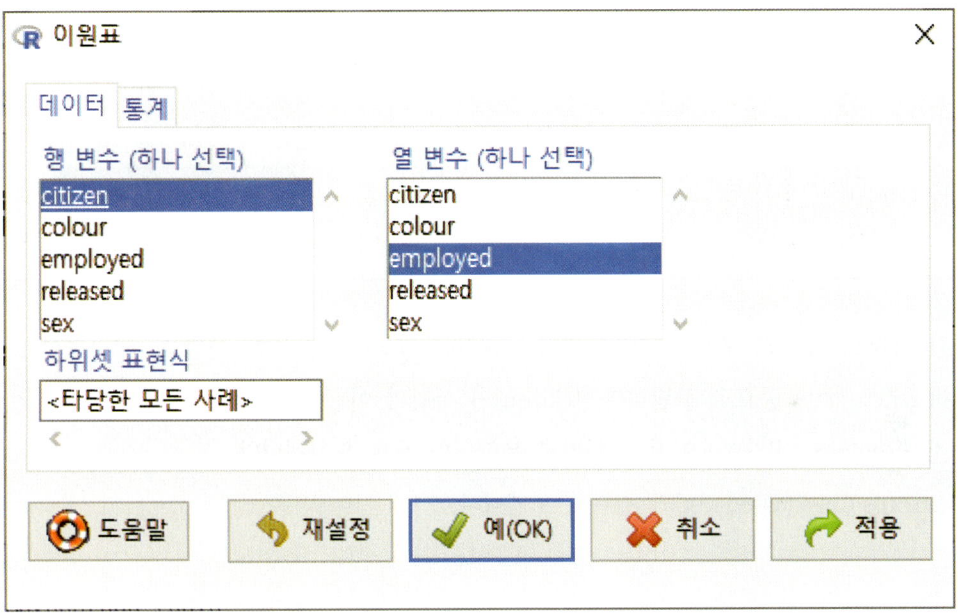

'citizen'과 'employed'를 선택합니다.

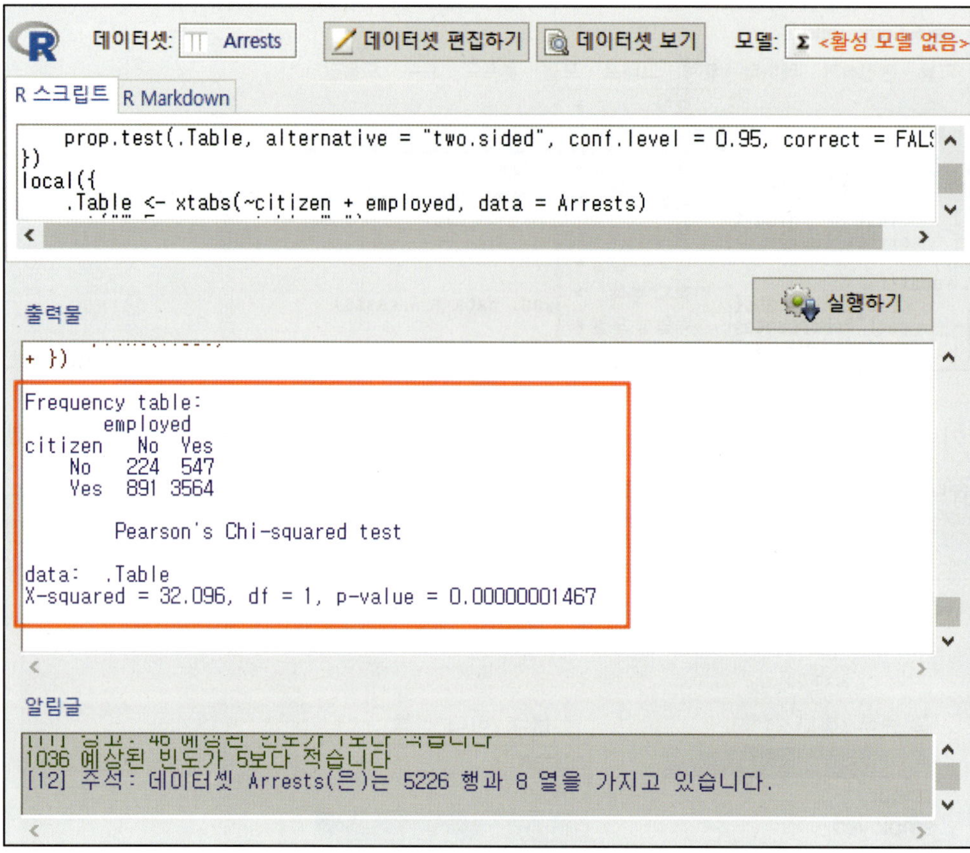

빨간 상자로 표시된 부분이 결과입니다. Frequency table은 보통 분할표, 교차분할표, contigency table 등으로 불립니다. 'citizen'인 사람과 아닌 사람이 얼마나 취직이 되었는지가 'employed'가 yes인지 no인지로 분할되어 표로 표시됩니다.

'Pearson's Chi-squared test'의 결과도 보입니다.

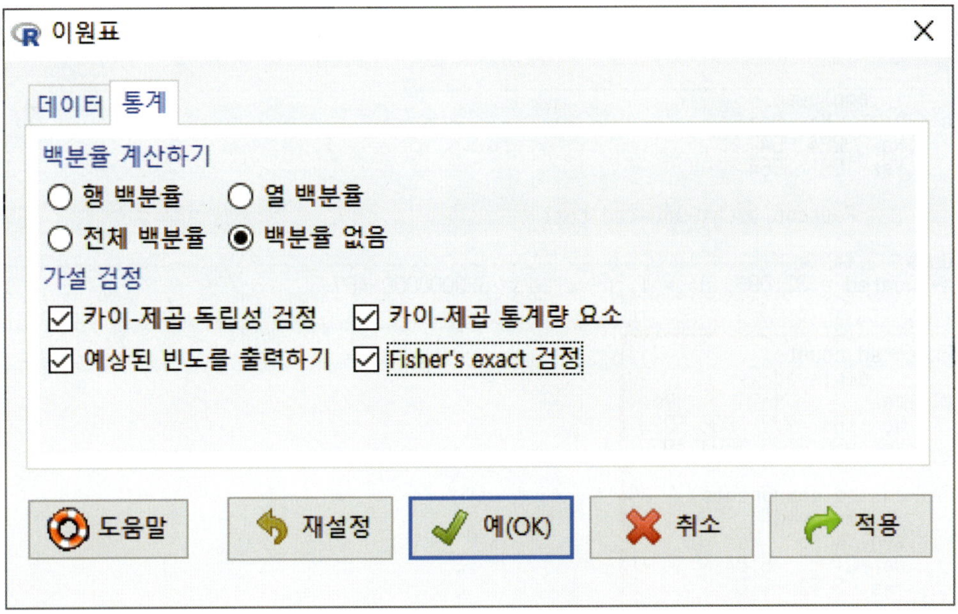

'통계' 탭에서 몇 가지 옵션을 선택할 수 있습니다. '백분율 계산하기'는 직관적으로 이해될 것입니다. '가설 검정' 항목을 모두 체크하고 시행해서 결과를 알아봅시다.

출력물

실행하기

```
       employed
citizen   No  Yes
    No   224  547
    Yes  891 3564

        Pearson's Chi-squared test

data:  .Table
X-squared = 32.096, df = 1, p-value = 0.00000001467

Expected counts:
       employed
citizen       No       Yes
    No  164.4977  606.5023
    Yes 950.5023 3504.4977

Chi-square components:
       employed
citizen    No   Yes
    No  21.52  5.84
    Yes  3.72  1.01

        Fisher's Exact Test for Count Data

data:  .Table
p-value = 0.00000003936
alternative hypothesis: true odds ratio is not equal to 1
95 percent confidence interval:
 1.372444 1.950609
sample estimates:
odds ratio
  1.637854
```

카이제곱 검정의 계산을 위한 테이블이 빨간 상자로 표시한 부분에 제시됩니다. 파란 상자로 표시한 부분에는 'Fisher's Exact Test'의 결과를 보여줍니다. 'odds ratio'의 95% 신뢰구간도 동시에 보여줍니다. 일반적으로 Expected counts 중에 5보다 작은 것이 있다면 Fisher's exact test를 사용하도록 권장되며 각 count가 작을수록 더 권장됩니다.

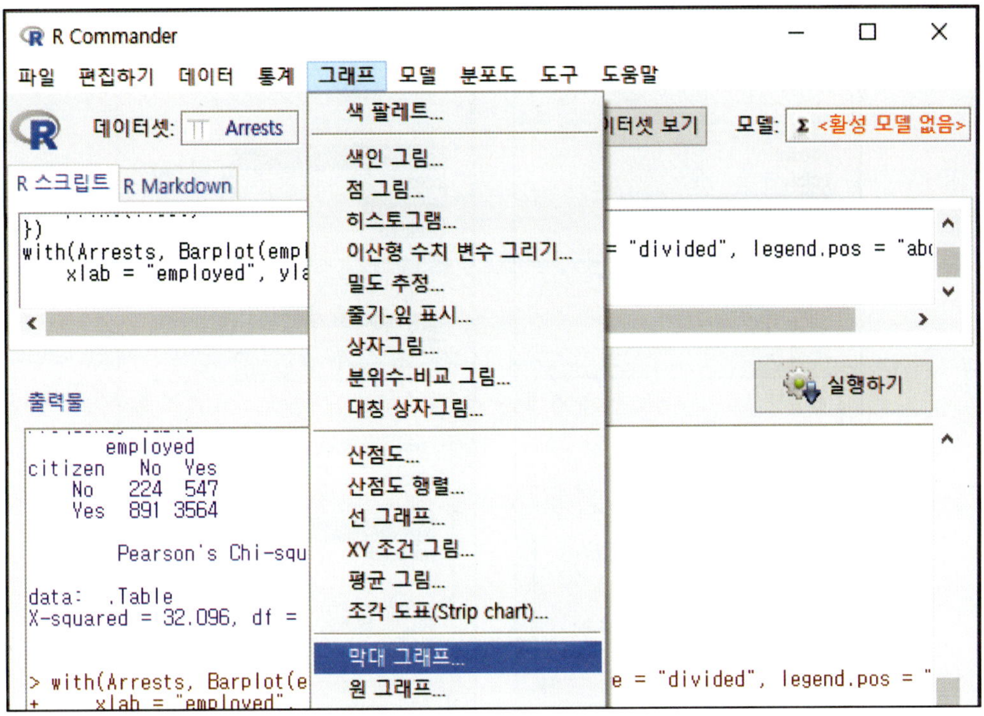

'막대 그래프'를 선택해봅시다.

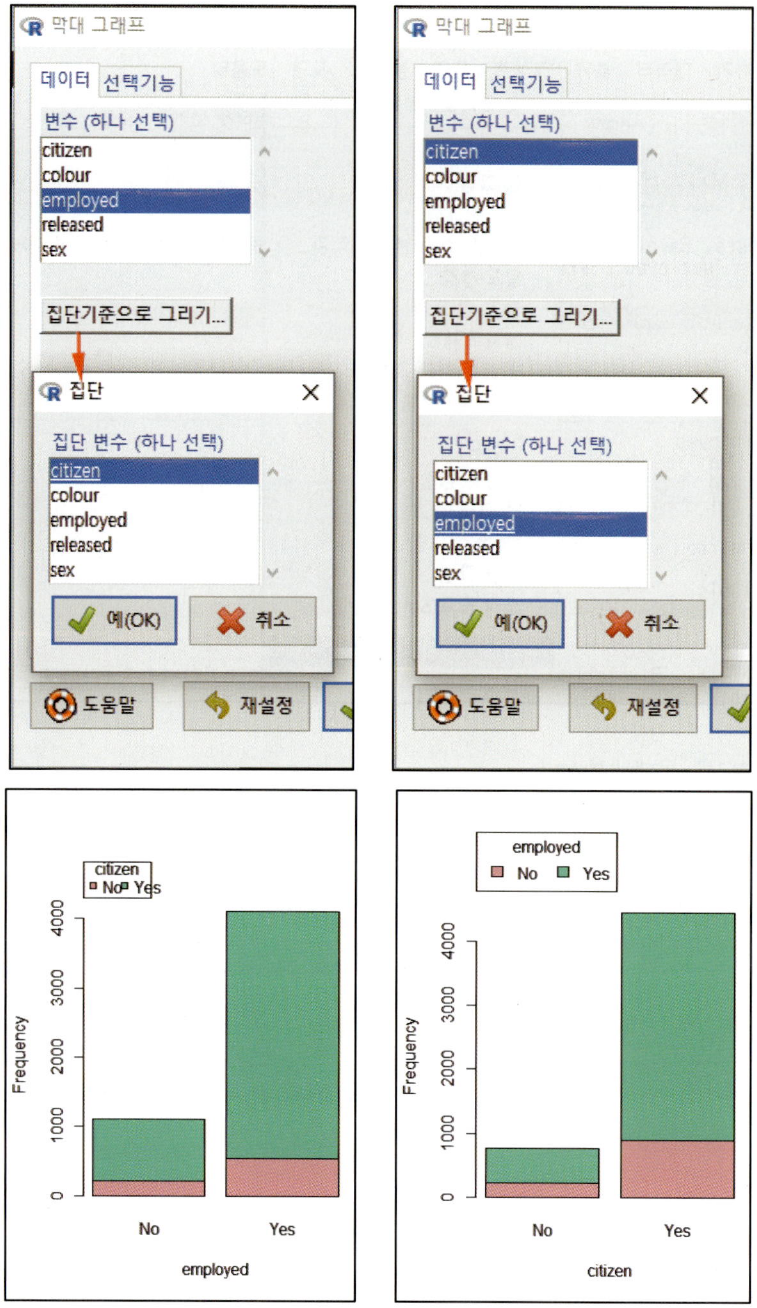

위쪽과 같은 설정을 하면 아래쪽과 같은 그래프가 만들어집니다. 먼저 x축으로 설정할 변수를 선택하고, 색으로 구분할 변수를 두 번째로 선택한다고 생각하면 되겠습니다.

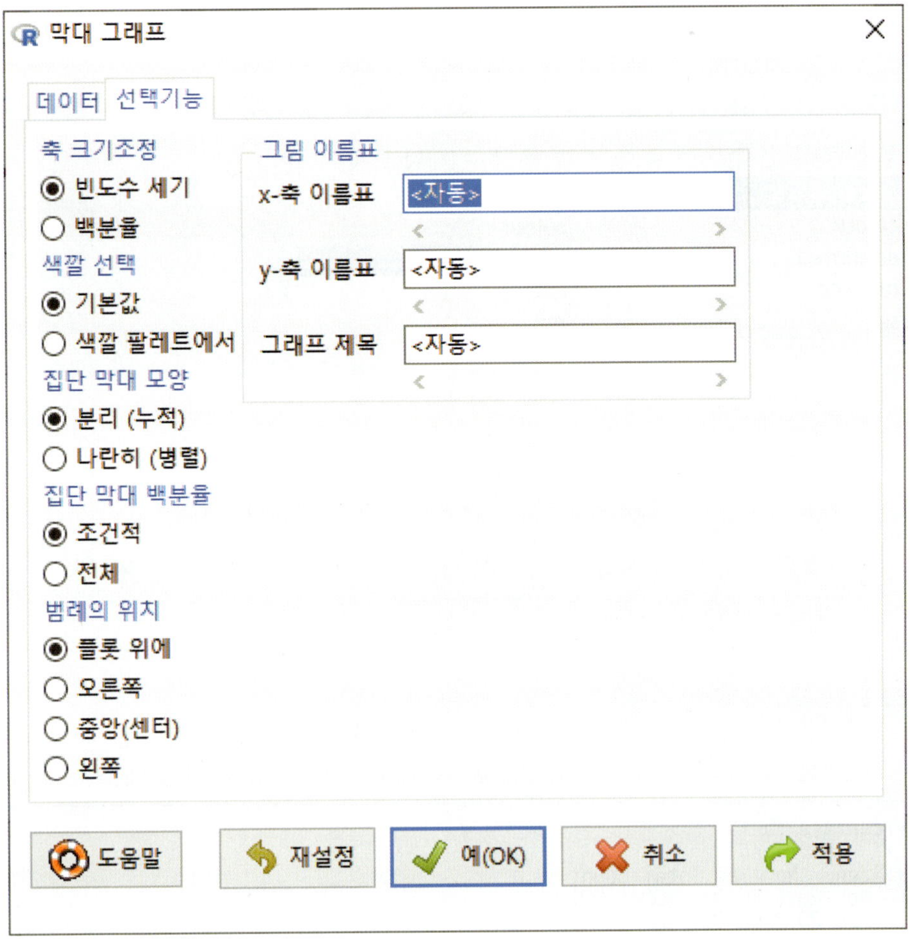

'선택기능'을 하나씩 체크하여 '적용'해보면서 각각 어떻게 결과물이 나타나는지 살펴봅니다. 쉽게 이해할 수 있는 메뉴들입니다.

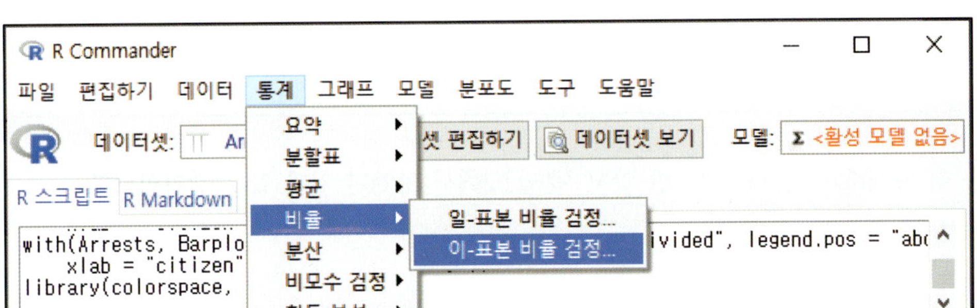

'통계 〉 비율 〉 이-표본 비율 검정'을 선택해봅시다.

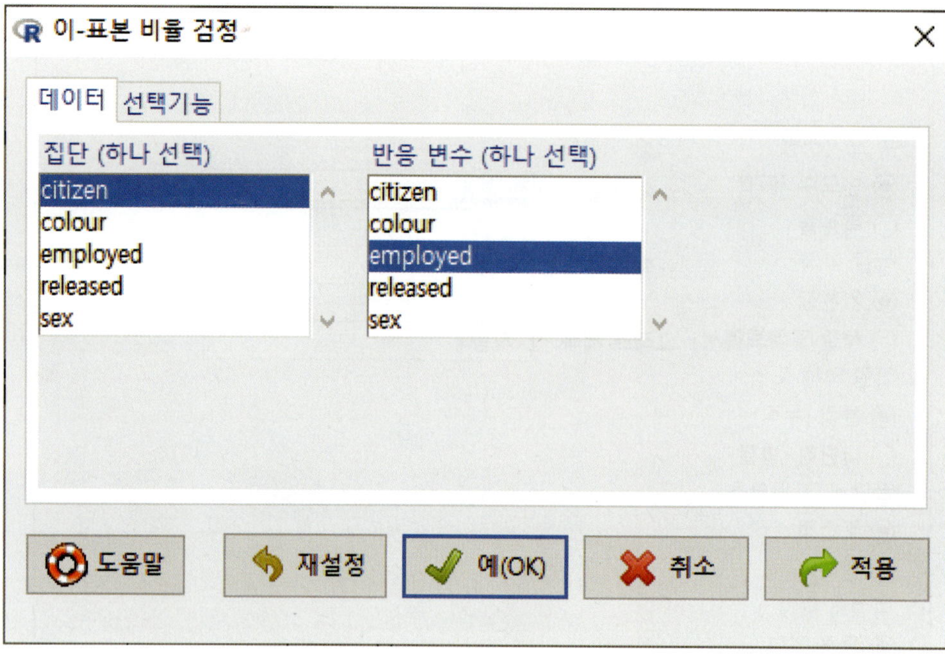

변수를 선정합니다.

```
Percentage table:
       employed
citizen    No  Yes Total Count
    No   29.1 70.9   100   771
    Yes  20.0 80.0   100  4455

        2-sample test for equality of proportions without continuity
        correction

data:  .Table
X-squared = 32.096, df = 1, p-value = 0.00000001467
alternative hypothesis: two.sided
95 percent confidence interval:
 0.05640027 0.12466329
sample estimates:
   prop 1    prop 2
0.2905318 0.2000000
```

좀 더 자세하게 나오긴 하지만 앞서 '분할표'에서 보았던 것과 같은 결과입니다.

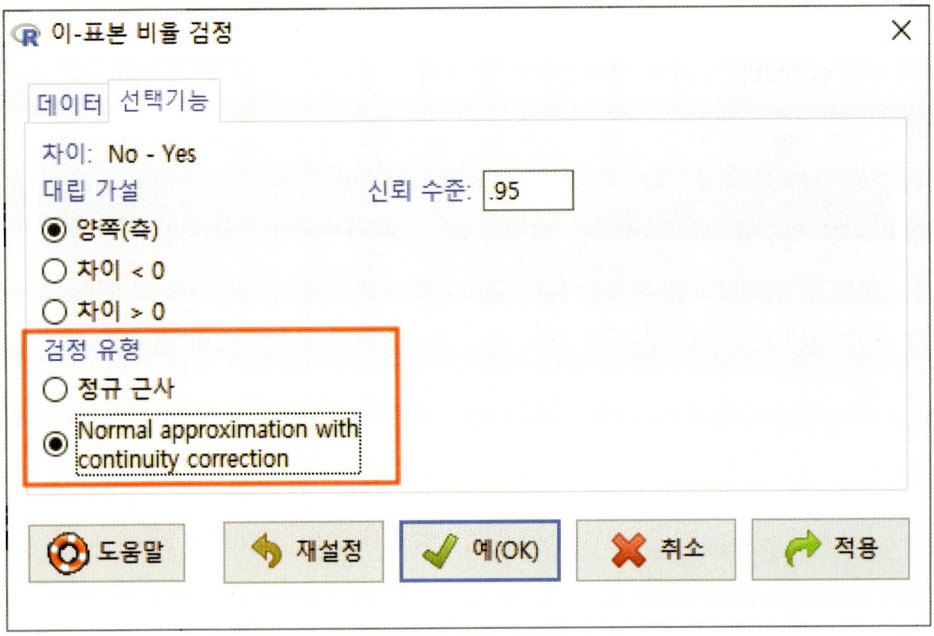

'선택기능'의 '검정 유형'에서 'continuity correction(연속성 수정)'을 선택해봅시다.

```
Percentage table:
       employed
citizen    No  Yes Total Count
    No   29.1 70.9   100   771
    Yes  20.0 80.0   100  4455

        2-sample test for equality of proportions with continuity
        correction

data:  .Table
X-squared = 31.559, df = 1, p-value = 0.00000001935
alternative hypothesis: two.sided
95 percent confidence interval:
 0.05563952 0.12542403
sample estimates:
   prop 1    prop 2
0.2905318 0.2000000
```

빨간 상자로 표시한 내용이 약간 바뀐 것을 확인할 수 있습니다.

카이제곱 검정 방법으로는 '연속성 수정'을 안 한 것과 한 것, 그리고 Fisher exact test 세 가지가 있습니다. 숫자가 많아질수록 세 방법의 결과값은 거의 비슷해집니다. Fisher exact test의 계산 부담은 커지겠지만, 요즘은 컴퓨터가 좋아서 큰 문제는 없습니다.

한편, 지금 예제로 다룬 것은 두 집단에 대한 분석이며 결과 변수도 성공/실패와 같은 형식의 이분 변수입니다. 카이제곱 검정은 세 집단 이상에서도 가능하며, 결과 변수도 3개 이상의 결과로 분석이 가능합니다. 그러나 실제로는 많은 경우가 2×2 table 형태로 요약되는 자료이므로 여기서는 이 같은 예제만 사용하였습니다. 방법 면에서도 모두 비슷합니다.

4.4 카이제곱 적합도 검정

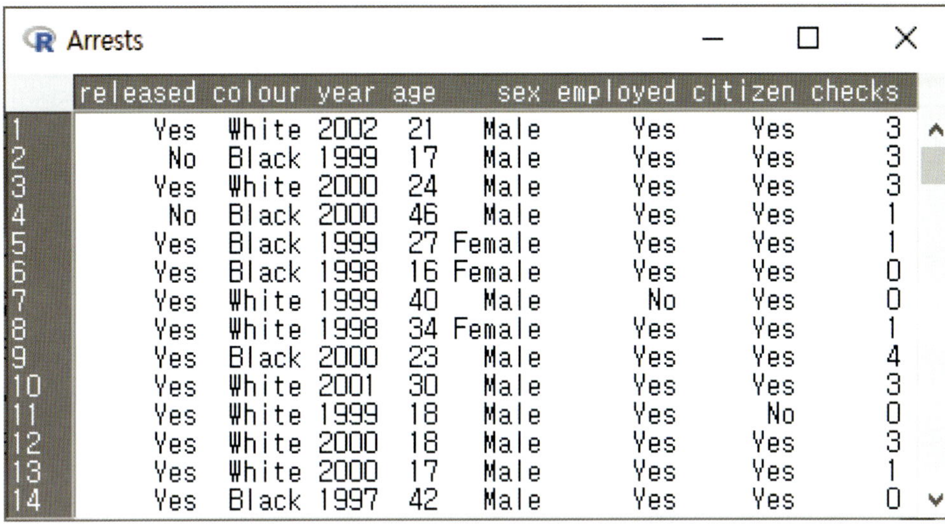

	released	colour	year	age	sex	employed	citizen	checks
1	Yes	White	2002	21	Male	Yes	Yes	3
2	No	Black	1999	17	Male	Yes	Yes	3
3	Yes	White	2000	24	Male	Yes	Yes	3
4	No	Black	2000	46	Male	Yes	Yes	1
5	Yes	Black	1999	27	Female	Yes	Yes	1
6	Yes	Black	1998	16	Female	Yes	Yes	0
7	Yes	White	1999	40	Male	No	Yes	0
8	Yes	White	1998	34	Female	Yes	Yes	1
9	Yes	Black	2000	23	Male	Yes	Yes	4
10	Yes	White	2001	30	Male	Yes	Yes	3
11	Yes	White	1999	18	Male	Yes	No	0
12	Yes	White	2000	18	Male	Yes	Yes	3
13	Yes	White	2000	17	Male	Yes	Yes	1
14	Yes	Black	1997	42	Male	Yes	Yes	0

'carData'의 'Arrests' 데이터를 불러보았습니다.

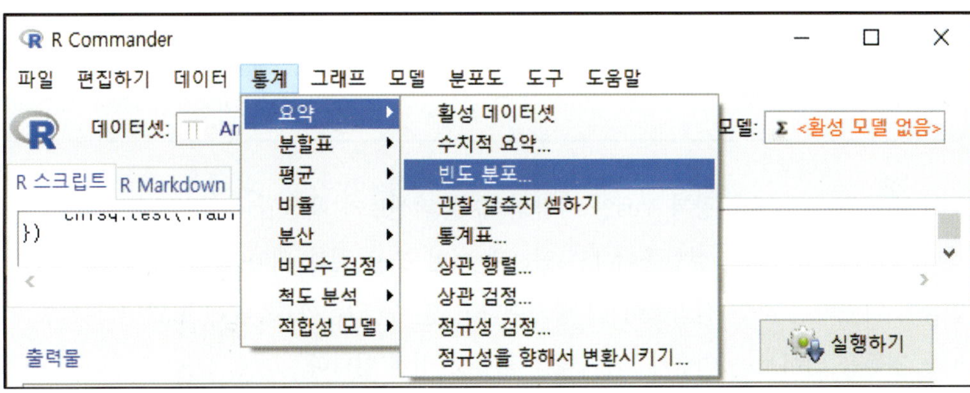

'빈도 분포'를 관찰해보겠습니다.

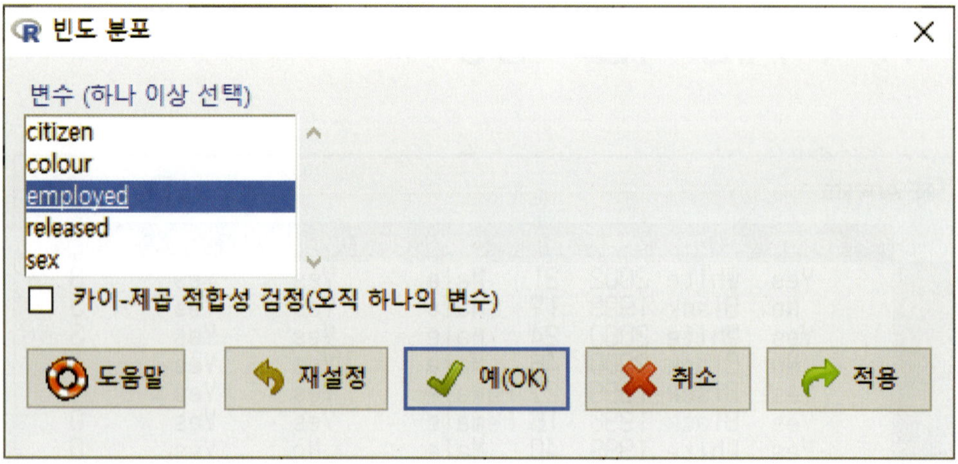

'employed'를 선택합니다.

'employed'가 No인 사람과 Yes인 사람의 수와 퍼센트가 계산됩니다.

작년의(또는 전국적인) 실업률이 15%였는데 이번 조사 결과 위와 같이 약 21.34%의 실업률이 나왔다면 과연 실업률이 더 증가했다고 할 수 있을까요? 앞서 보았던 것처럼 이러한 것들을 알아보는 연구가 '카이제곱 적합도 검정'입니다.

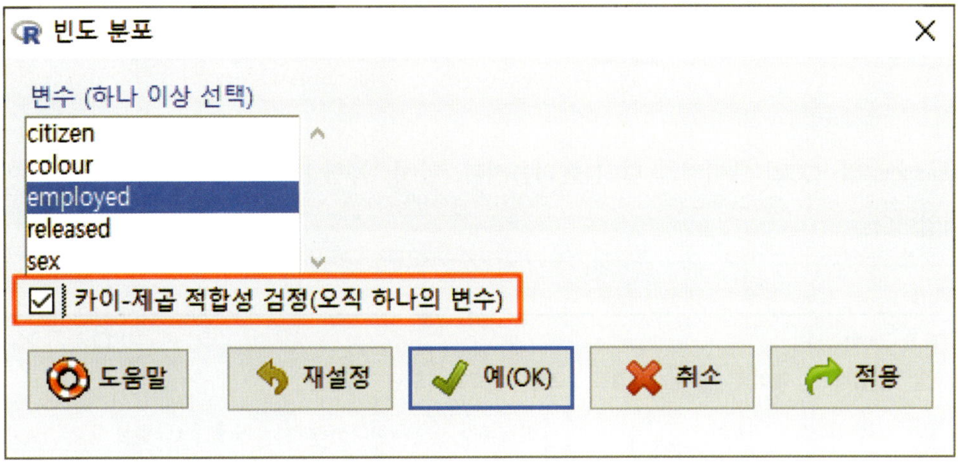

아래쪽에 있는 체크박스를 활성화합니다.

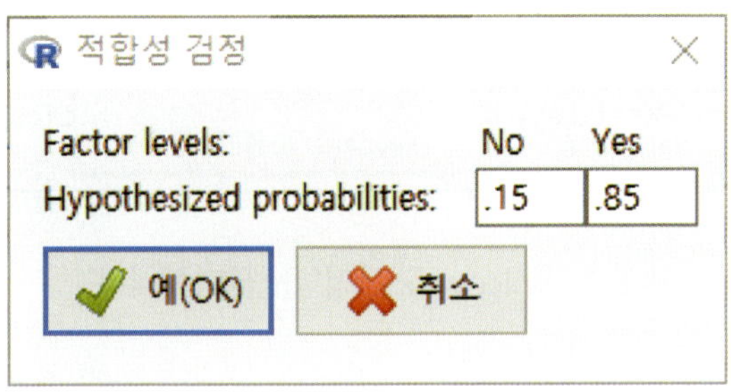

이론적인 확률을 입력합니다.

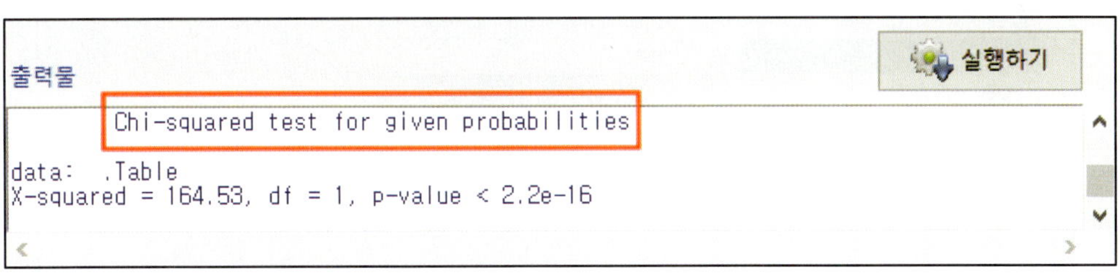

'카이제곱 적합도 검정'이 'Chi-squared test for given probabilities'라는 제목으로 계산되었습니다. p값이 0.05보다 작으므로 통계적으로 유의하게 실업률이 증가하였다고 할 수 있습니다.

4.5 Wilcoxon 검정

'datasets'의 'CO2' 데이터를 다시 불러옵시다. 앞서 '독립 t-검정'에서 사용하였던 데이터입니다.

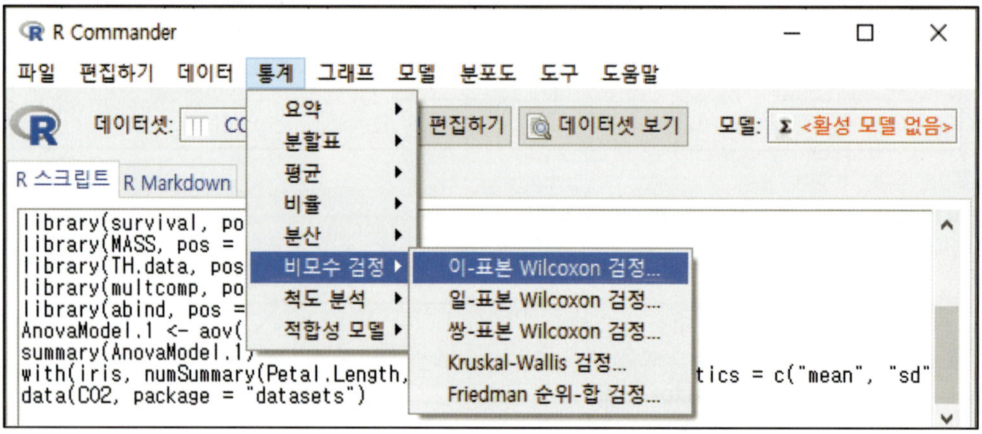

'통계 〉 비모수 검정 〉 이-표본 Wilcoxon 검정'을 선택합니다.

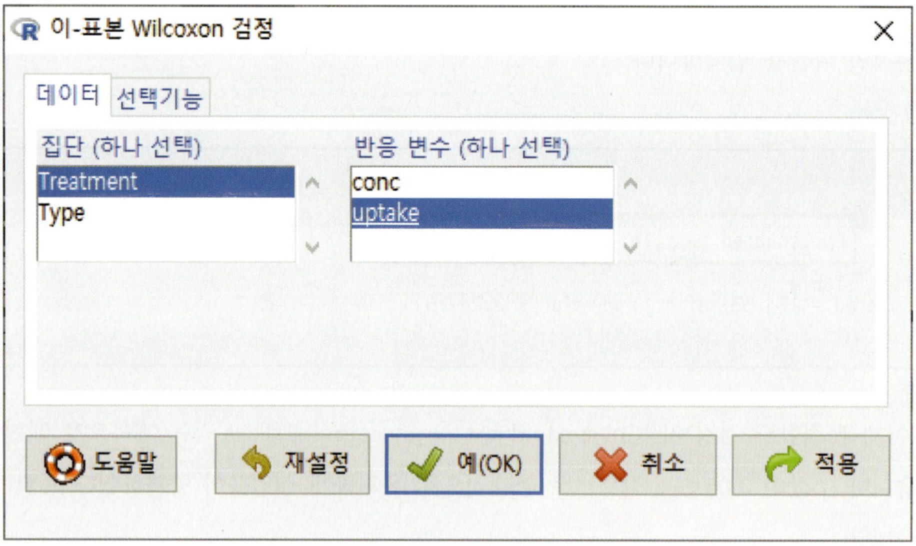

앞서 '독립 t-검정'에서와 동일하게 변수를 선택해봅시다.

출력물

```
        Wilcoxon rank sum test with continuity correction

data:  uptake by Treatment
W = 1187.5, p-value = 0.006358
alternative hypothesis: true location shift is not equal to 0
```

출력물은 'Wilcoxon rank sum test'라고 되어 있습니다.

'선택기능' 중에 'Exact'는 좀 더 작은 샘플에서도 사용할 수 있는 보다 정확한 값입니다.

출력물

```
        Wilcoxon rank sum test

data:  uptake by Treatment
W = 1187.5, p-value = 0.006272
alternative hypothesis: true location shift is not equal to 0
```

거의 비슷한 값을 제공합니다. 기본적으로는 'Exact' 사용을 더 추천하지만 'Exact'는 계산 시간이 많이 걸리므로 데이터가 아주 많은 경우라면 '기본값'을 사용합니다.

앞서 배운 '독립 t-검정'과 'Wilcoxon rank sum test'는 쌍을 이루는 검정으로 거의 유사합니다. '독립 t-검정'은 정규분포를 가정할 때 사용할 수 있습니다.

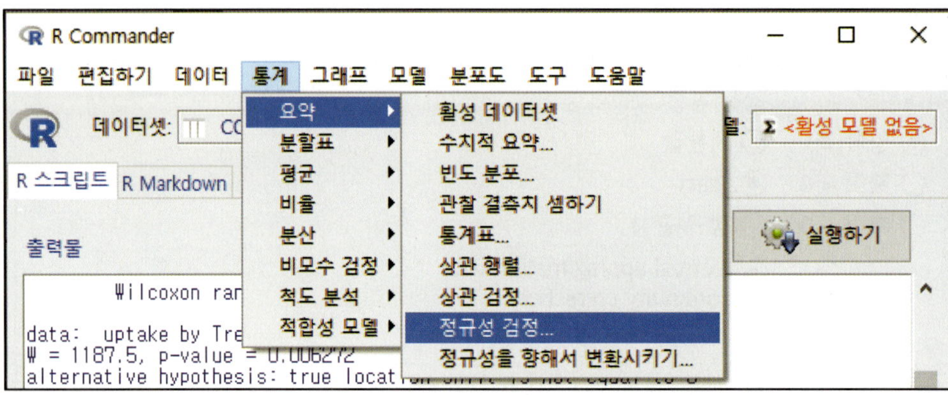

그래서 먼저 '정규성 검정'으로 확인해야 합니다.

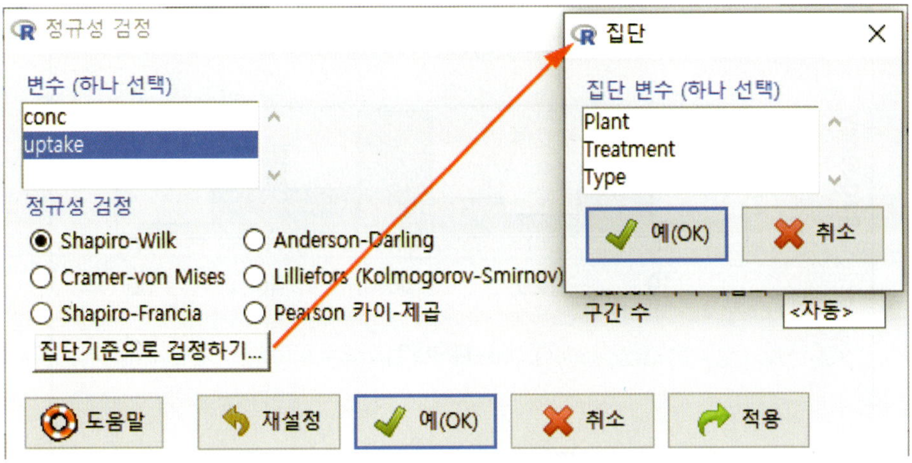

변수와 집단 변수를 선택합니다. 총 6가지 정규성 검정이 있으며 디폴트값을 사용하겠습니다.

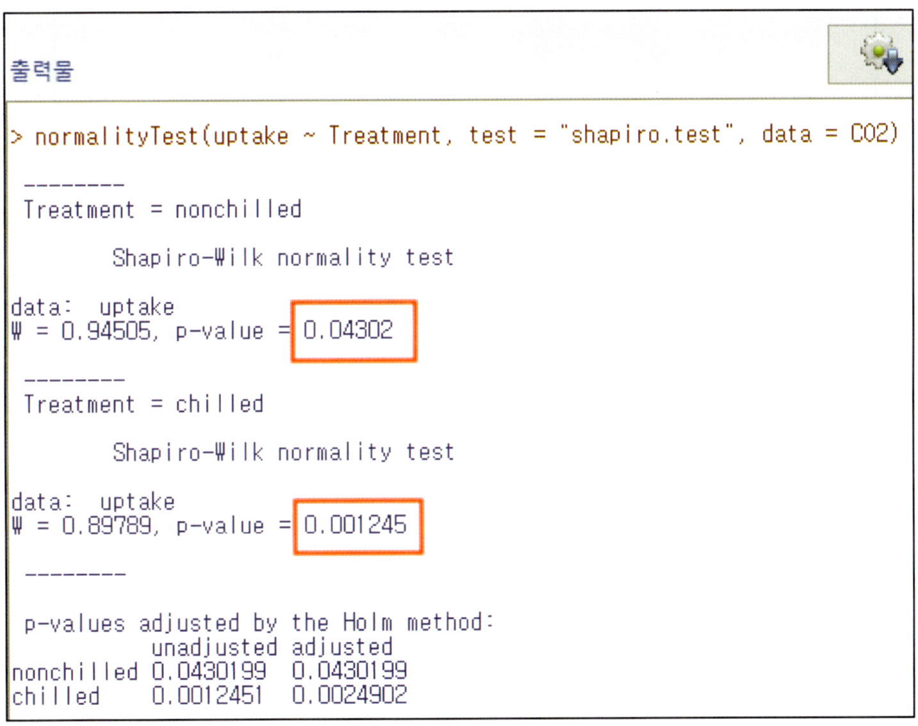
출력물

```
> normalityTest(uptake ~ Treatment, test = "shapiro.test", data = CO2)

 --------
 Treatment = nonchilled

        Shapiro-Wilk normality test

data:  uptake
W = 0.94505, p-value = 0.04302

 --------
 Treatment = chilled

        Shapiro-Wilk normality test

data:  uptake
W = 0.89789, p-value = 0.001245

 --------

 p-values adjusted by the Holm method:
           unadjusted adjusted
nonchilled 0.0430199  0.0430199
chilled    0.0012451  0.0024902
```

둘 다 0.05보다 작으므로 정규분포로 보기는 힘들다는 것을 알 수 있습니다. 이러한 정규성 검정이나 비모수 검정은 엑셀에서는 불가능한 것들입니다.

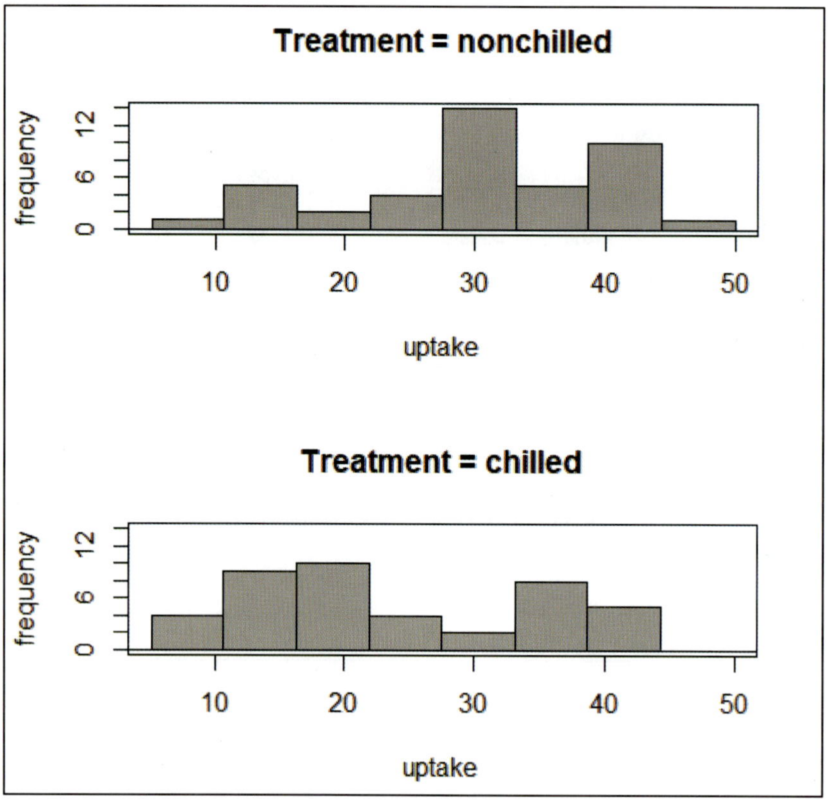

이는 앞서 살펴보았던 '히스토그램'에서도 확인할 수 있습니다.

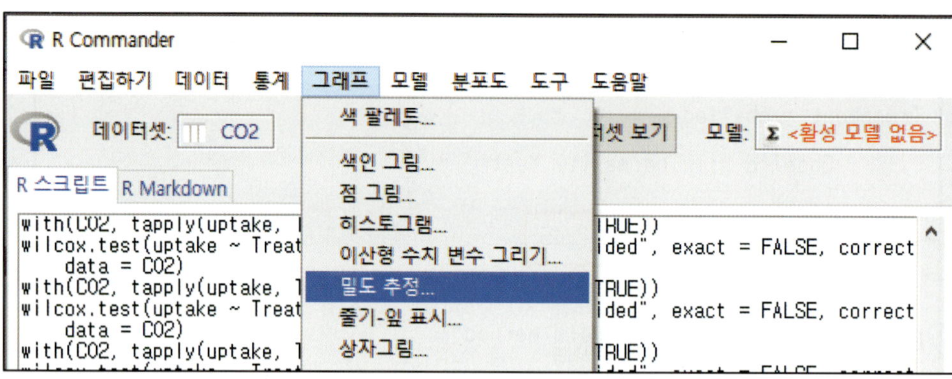

그래프는 '밀도 추정' 또는 '상자그림'을 사용할 수 있습니다.

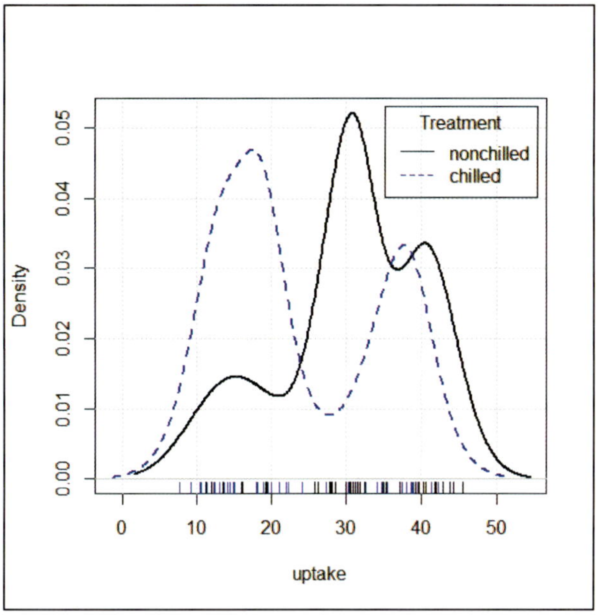

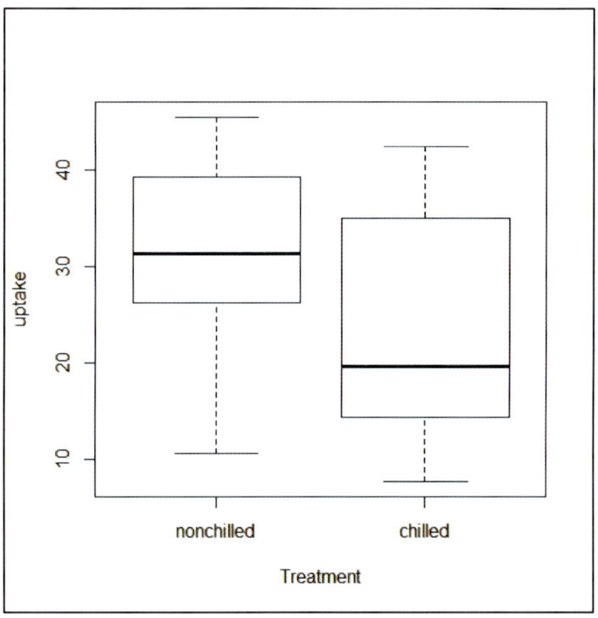

그런데 '상자그림'은 정규분포인지를 전혀 파악할 수 없습니다. 이런 그래프들은 실제 논문에서 자주 사용하는 것이므로 쉽게 만들 수 있도록 연습해둡시다.

출력물

```
+      "chilled"], na.rm = TRUE))
----------------------------------
  1 | 2: represents 12, leaf unit: 1
uptake[Treatment == "nonchilled"]
                         uptake[Treatment == "chilled"]
----------------------------------
               | 0* |
               |  t |
               |  f |
               |  s |7          1
               | 0. |9          2
   2         10| 1* |001        5
   4         32|  t |2233       9
               |  f |4445      13
   6         66|  s |777       16
   8         99| 1. |888899    (6)
               | 2* |11        20
   9          2|  t |2         18
  10          5|  f |4         17
  14       7776|  s |7         16
  16         88| 2. |
  (7)   1110000| 3* |0         15
  19        222|  t |2         14
  16        554|  f |4455      13
  13         77|  s |7          9
  11         99| 3. |888889     8
   9       1100| 4* |1          2
   5        322|  t |2          1
   2         54|  f |
               |  s |
               | 4. |
               | 5* |
```

'줄기-잎 표시'도 히스토그램과 비슷하게 유용한 정보를 보여주지만 익숙하지 않은 사람들이 많을 것입니다. 전통적이고 좋은 그래프이지만 사용하는 것을 거의 보지 못했습니다.

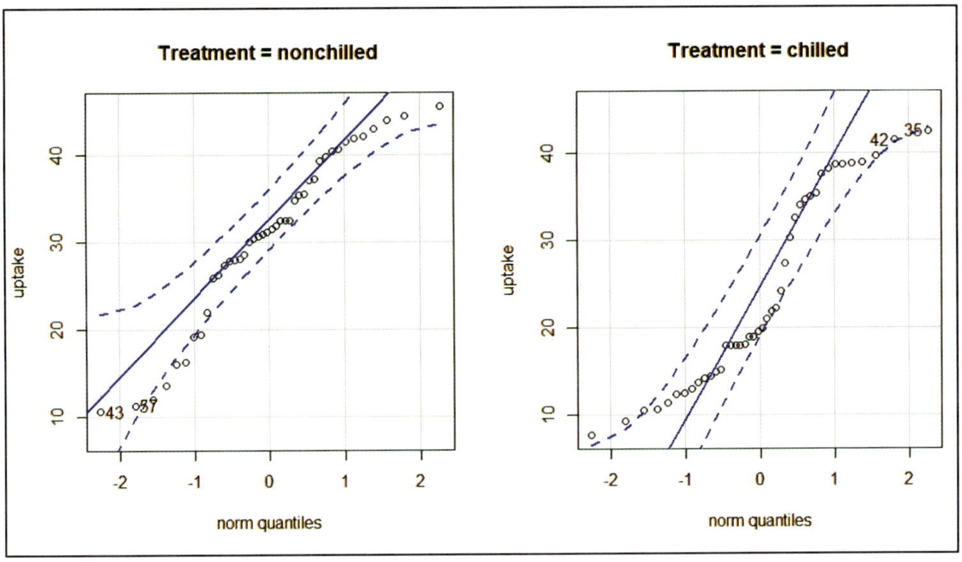

'대칭 상자그림'은 정규성 자체를 평가하기 위한 그래프로서 직선과 일치할수록 정규분포를 이룬다고 할 수 있습니다. 논문에서 연구 결과를 보여주는 경우보다는 연구 도중 데이터의 정규성을 판단하기 위해서 사용하는 경우가 많습니다. 통계 연구에서는 자주 볼 수 있는 그래프입니다.

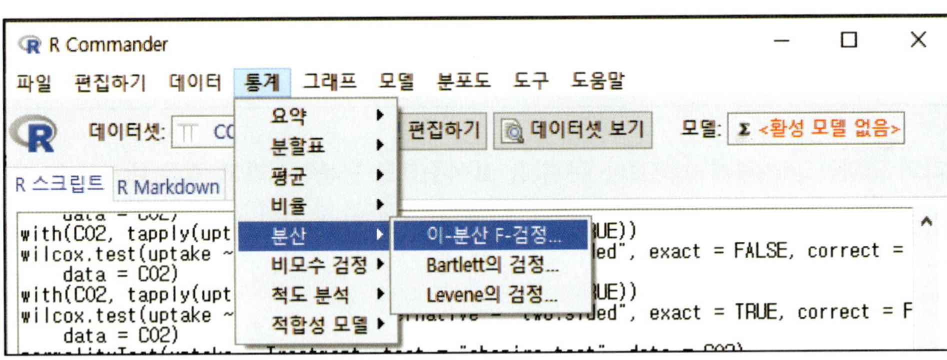

'독립 t-검정'은 정규성뿐 아니라 '등분산성'도 가정하고 있으므로 '분산'의 메뉴들도 살펴봅시다. 세 가지 검정이 가능하군요.

출력물

```
        F test to compare two variances

data:  uptake by Treatment
F = 0.79504, num df = 41, denom df = 41, p-value = 0.466
alternative hypothesis: true ratio of variances is not equal to 1
95 percent confidence interval:
 0.4273524 1.4790775
sample estimates:
ratio of variances
         0.7950392
```

출력물

```
        Bartlett test of homogeneity of variances

data:  uptake by Treatment
Bartlett's K-squared = 0.53157, df = 1, p-value = 0.4659
```

출력물

```
> leveneTest(uptake ~ Treatment, data = CO2, center = "median")
Levene's Test for Homogeneity of Variance (center = "median")
      Df F value Pr(>F)
group  1  1.2999 0.2576
      82
```

각각의 결과는 비슷하게 0.05보다 큰 값을 보여주므로 등분산이라고 결론 내리겠습니다. F-검정은 두 집단에서만 사용할 수 있고, 나머지는 세 집단 이상에서도 사용할 수 있습니다.

- 정규성 가정과 등분산성 가정을 모두 만족하면 → 독립 t-검정
- 정규성 가정을 만족하나 등분상 가정을 만족하지 않으면 → Welch t-검정(자동으로 시행해줌)
- 둘 다 만족하지 않으면 → Wilcoxon 검정

이렇게 단순하게 요약해볼 수 있습니다. 비모수 검정인 Wilcoxon 검정을 선호하여 늘 이것만 사용하는 사람도 있는데 틀린 것은 아닙니다. 혹은 모수 검정을 좋아해서 가급적 독립 t-검정이나 Welch t-검정을 사용하려 하고, 만일 정규성 가정에 위배된다면 변수를 정규화하기를 원하는 사람도 있을 것입니다.

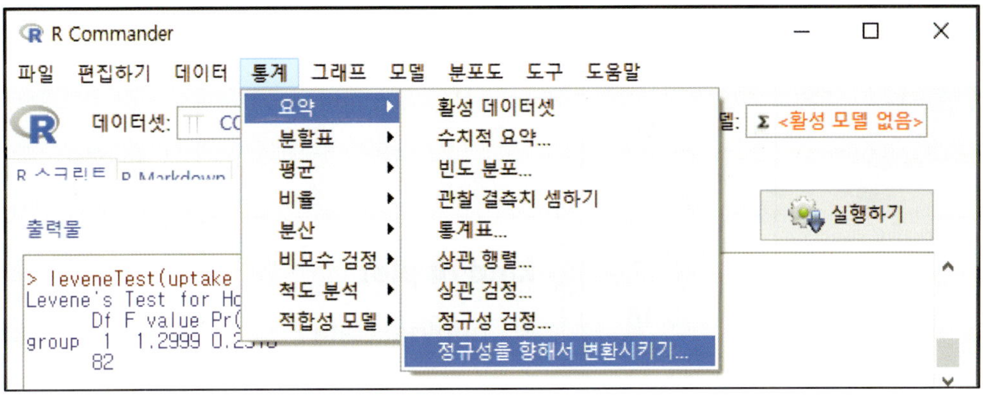

이런 메뉴도 있지만 사용이 복잡하고 이 책에서 우리가 원하는 내용도 아닌 듯합니다. 다른 방법을 사용해봅시다.

◆플러스 알파

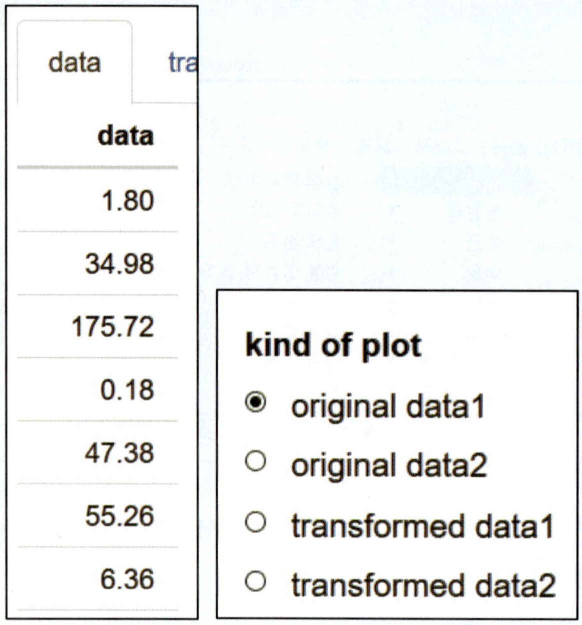

https://tinyurl.com/BoxCox-Trans를 방문합니다. 예제 데이터는 하나의 열에 800개의 숫자로 이루어져 있습니다. 4개의 plot을 그릴 수 있습니다.

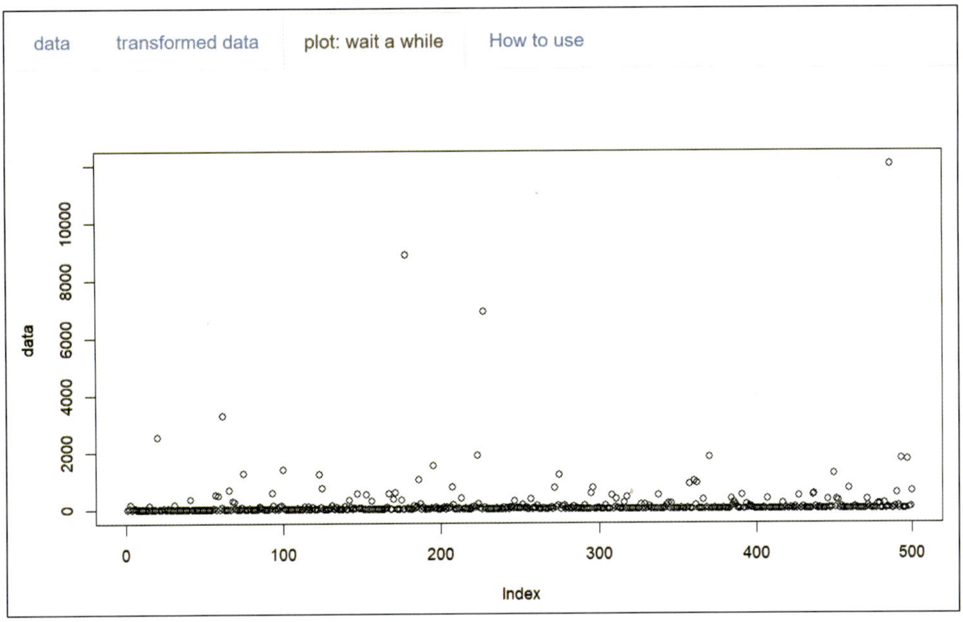

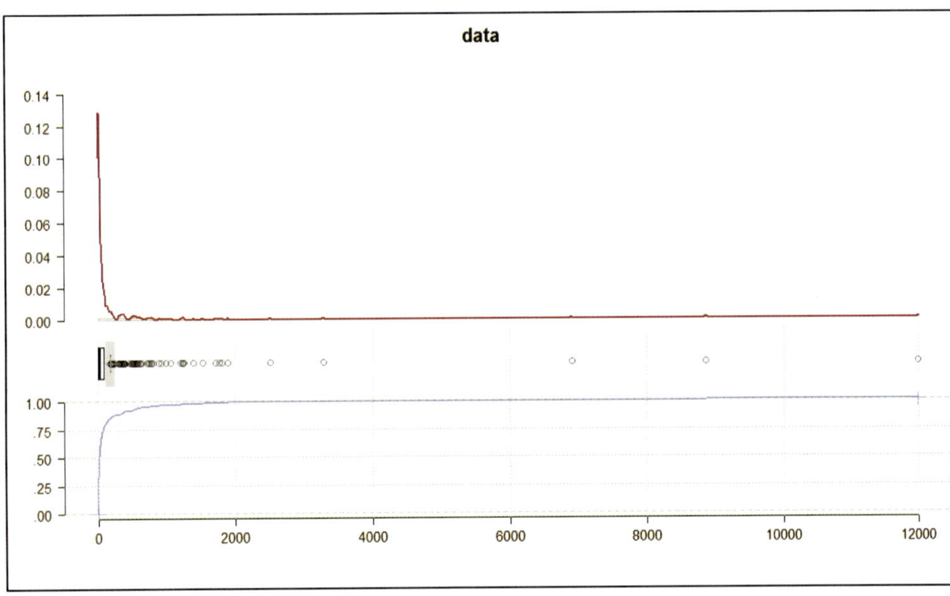

첫 번째 plot은 x축에 행번호, y축에 값을 보여주는데 대부분 0 근처에 있고 일부만 꽤 큰 값을 가진 분포임을 알 수 있습니다. 두 번째 plot은 densitogram을 보여주는데 오른쪽으로 긴 꼬리를 가진 비대칭적인 분포임을 알 수 있습니다.

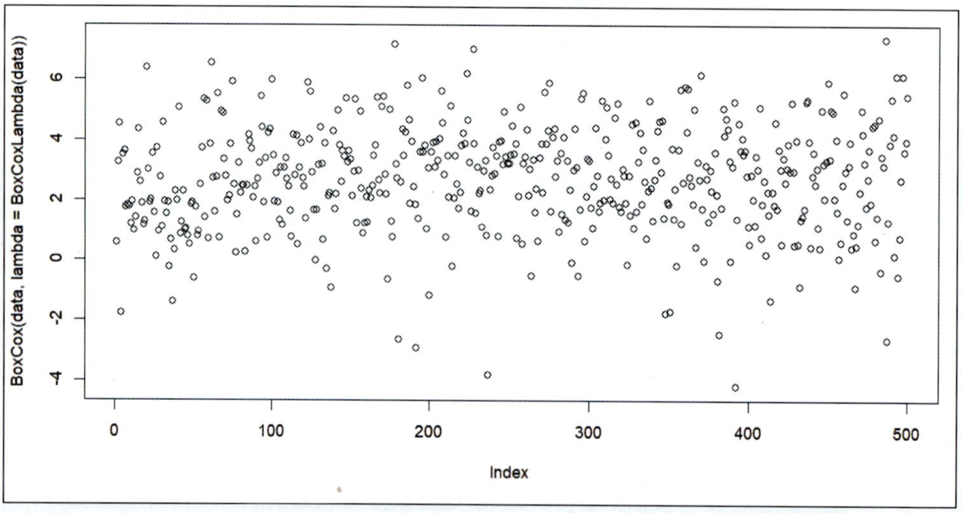

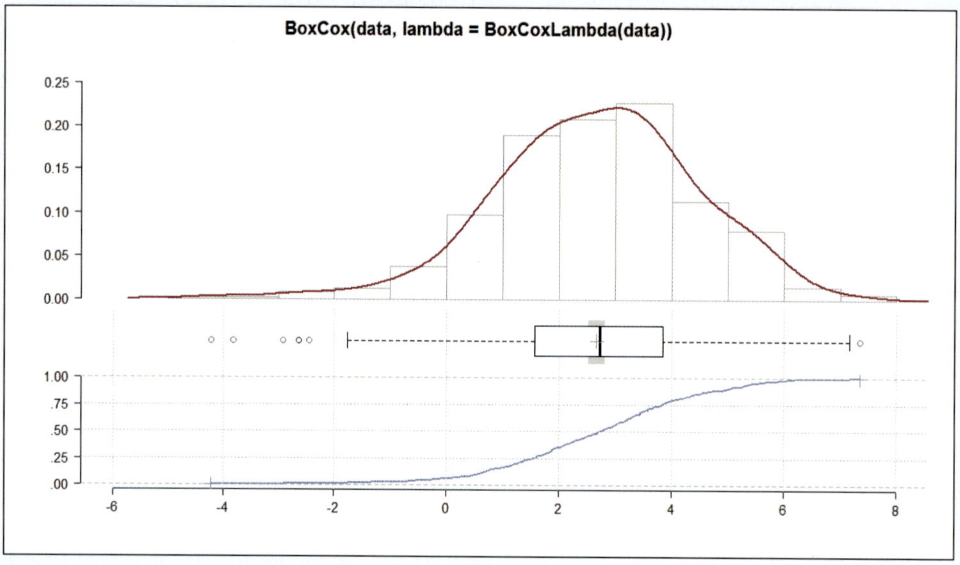

세 번째와 네 번째 plot은 Box Cox Transformation을 시행한 것으로 정규분포로 바뀐 것을 시각적으로 알 수 있습니다.

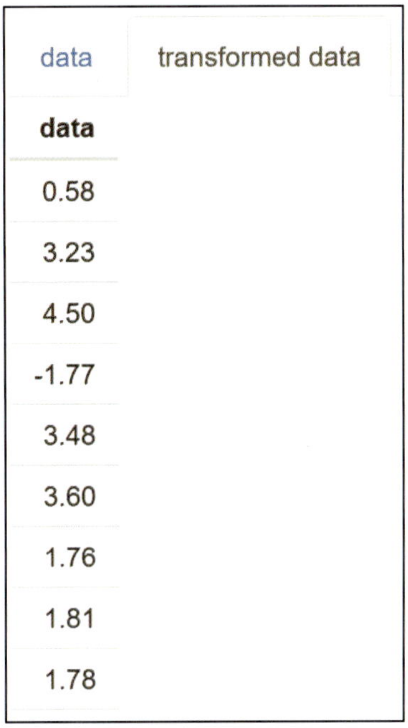

'transformed data' 탭에서 정규분포로 변환된 데이터를 볼 수 있고 csv 파일로 다운로드받을 수도 있습니다. 변환 전과 후의 plot도 각각 다운로드받을 수 있으며, 자신의 데이터를 업로드해서 같은 작업을 할 수도 있습니다.

4.6 상관 분석

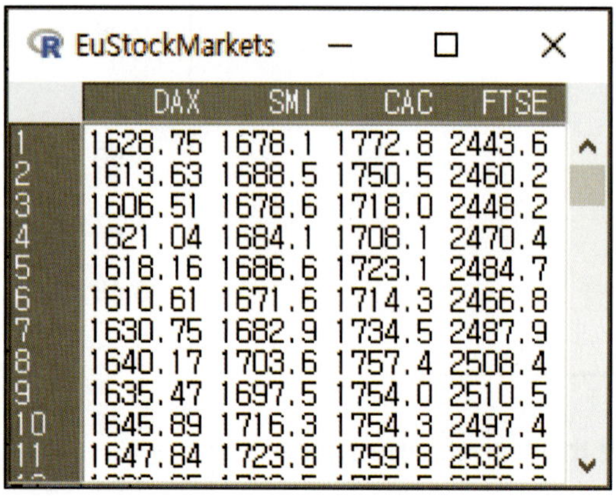

'datasets' 중에 'EuStockMarkets'을 불러옵니다.

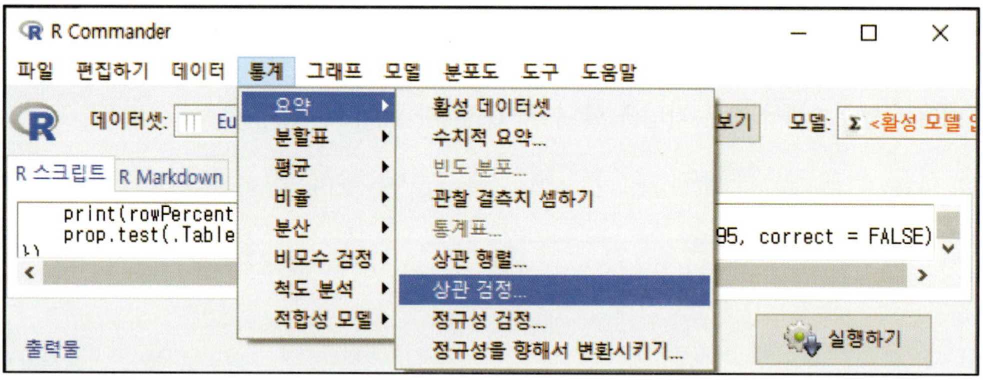

'통계 〉 요약 〉 상관 검정'을 선택합니다.

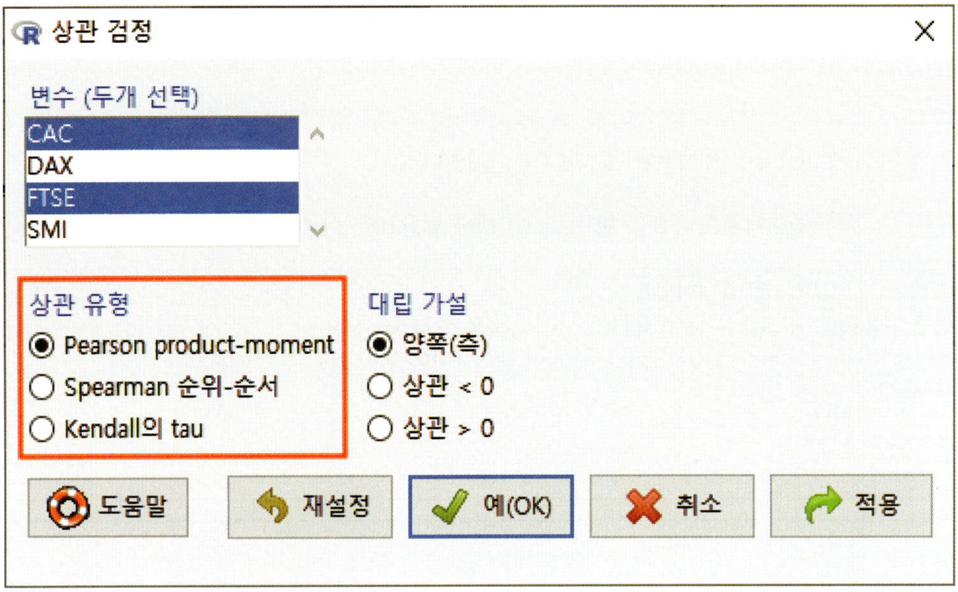

'상관 검정'에서 Ctrl을 이용하여 연속 변수로 된 두 변수를 선택합니다. '상관 유형'은 세 가지가 있습니다.

출력물

```
        Pearson's product-moment correlation

data:  CAC and FTSE
t = 98.237, df = 1858, p-value < 2.2e-16
alternative hypothesis: true correlation is not equal to 0
95 percent confidence interval:
 0.9080700 0.9227711
sample estimates:
      cor
0.9157265
```

두 변수의 'Pearson correlation' 결과를 보면 p값과 상관계수(cor), 95% 신뢰구간이 나타납니다.

출력물

```
> with(EuStockMarkets, cor.test(CAC, FTSE, alternative =

        Spearman's rank correlation rho

data:  CAC and FTSE
S = 209014582, p-value < 2.2e-16
alternative hypothesis: true rho is not equal to 0
sample estimates:
      rho
0.8051102
```

출력물

```
> with(EuStockMarkets, cor.test(CAC, FTSE, alternative =

        Kendall's rank correlation tau

data:  CAC and FTSE
z = 41.564, p-value < 2.2e-16
alternative hypothesis: true tau is not equal to 0
sample estimates:
      tau
0.6431757
```

Spearman과 Kendall도 각각 계산할 수 있습니다. Pearson은 두 변수가 각각 정규분포임을 가정하는 것이고, 나머지는 그렇지 않습니다.

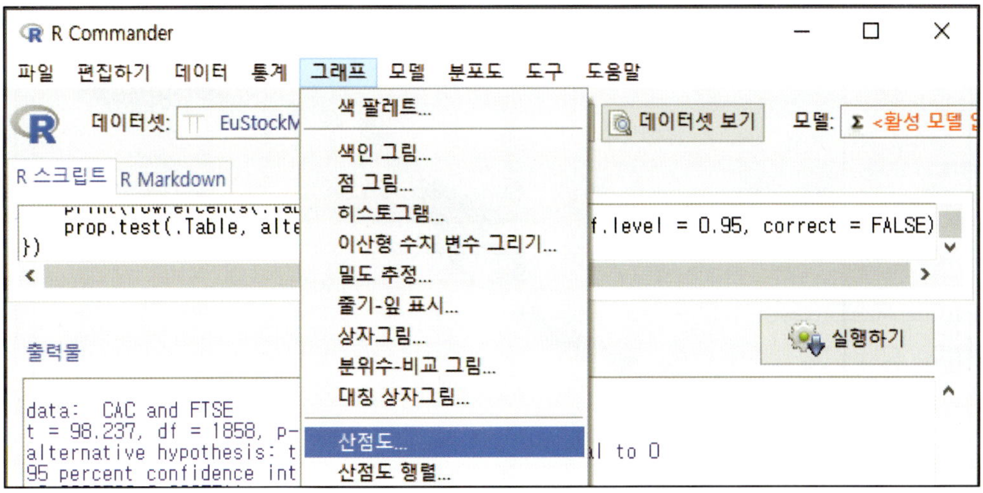

적당한 그래프로는 '산점도'가 있습니다.

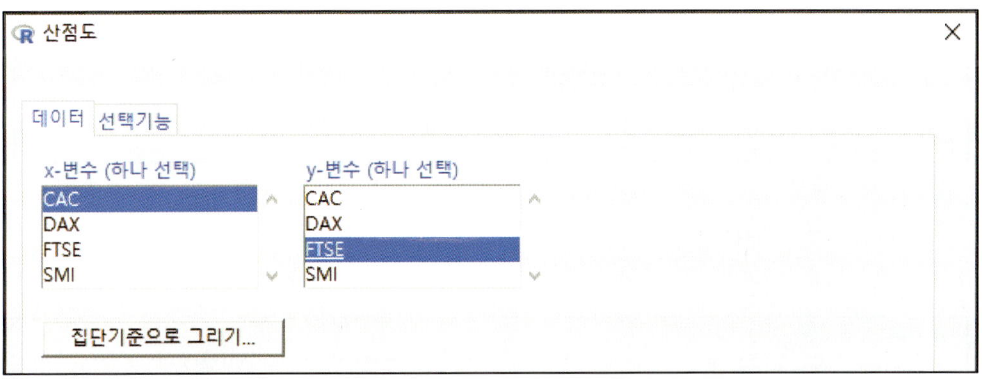

상관 분석에 사용한 두 변수를 선택합니다.

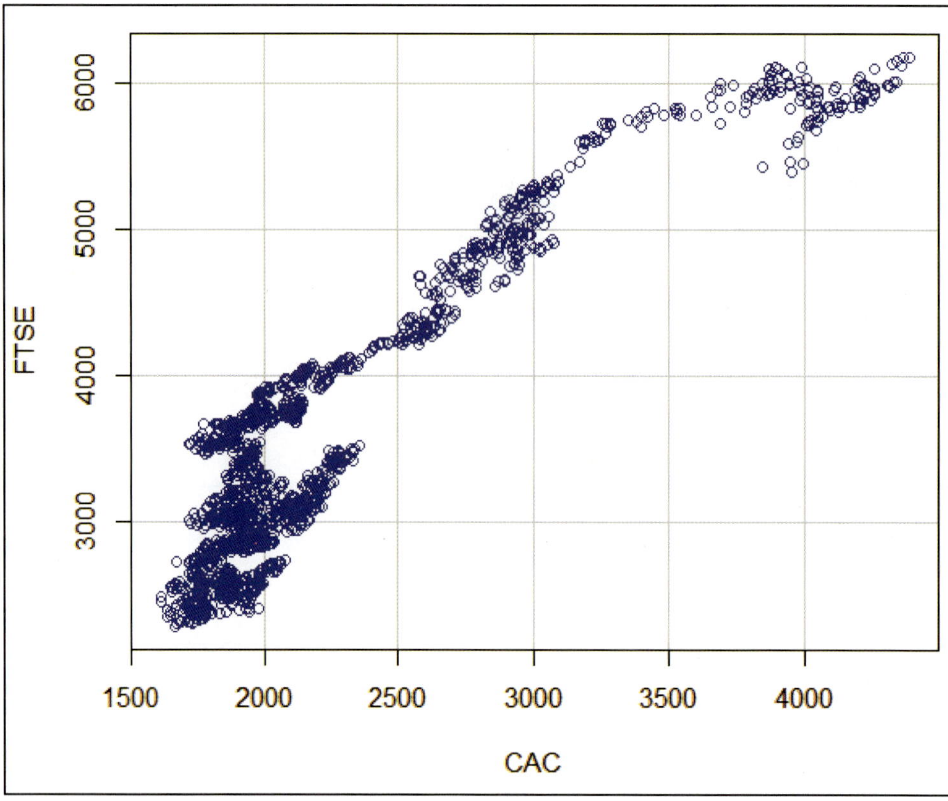

결과물은 이렇게 보입니다.

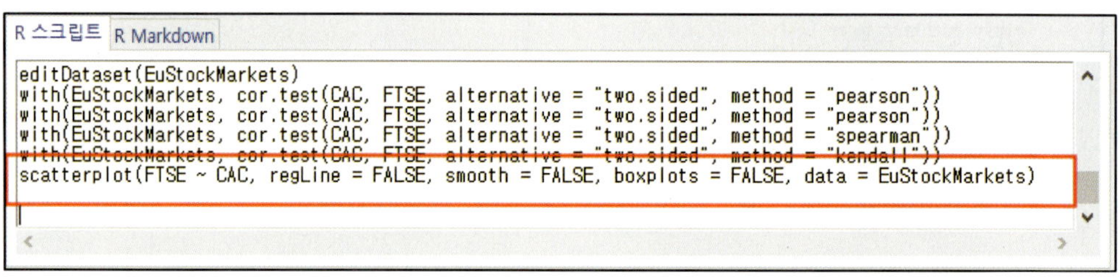

이때 명령어는 위와 같습니다. FALSE라고 된 것을 TRUE로 바꾸어보면서 어떻게 달라지는지 관찰해볼 수 있습니다.

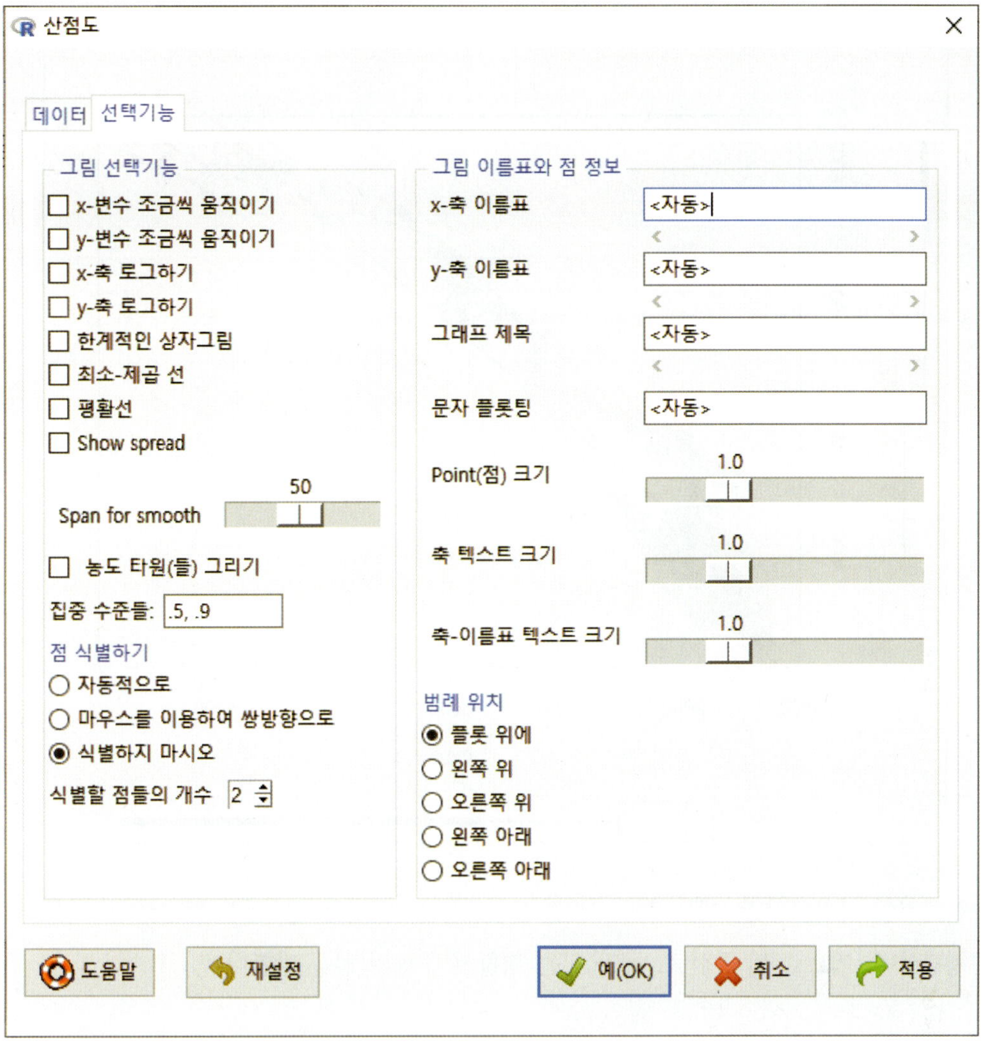

그러나 초보자들에게는 '선택기능'을 사용하는 것이 훨씬 편리한 방법입니다. 이름을 보면 대부분 직관적으로 알 수 있으므로 직접 시행해보기를 권합니다.

'변수 조금씩 움직이기'는 겹쳐진 점들이 하나로 보이는 착시를 줄이기 위해서 조금씩 움직여주어서 흩어지도록 하는 기능입니다. 영어로는 jitter라고 합니다. 하지만 점들이 너무 많을 때는 이렇게 해도 어쩔 수 없이 겹치는 점이 생깁니다. '로그하기'는 작은 값에 점들이 몰려 있을 때 흩어져 보이도록 해줍니다.

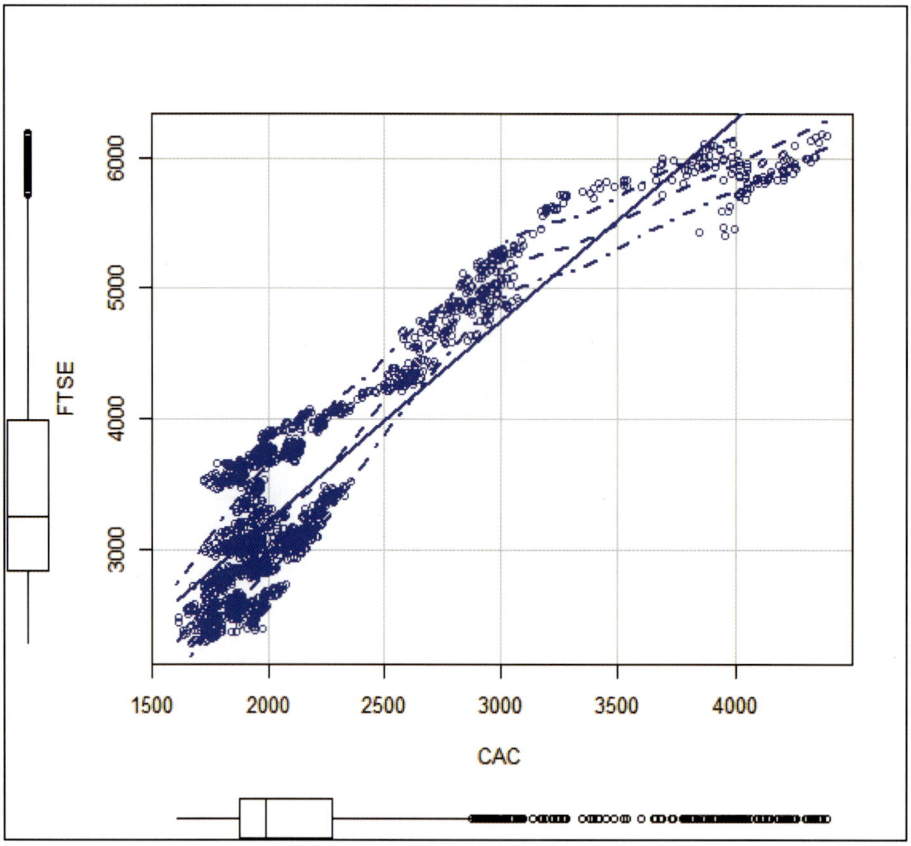

'한계적인 상자그림'은 테두리에 그려진 box plot을 의미하며, '최소 제곱선'은 직선을, '평활선'은 점으로 된 곡선을, 'spread'는 평활선 주위의 선을 말합니다.

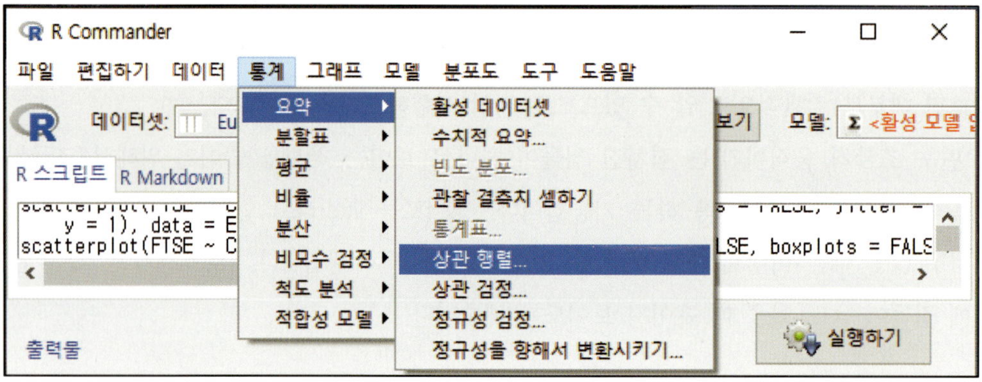

'상관 행렬'을 선택해봅시다.

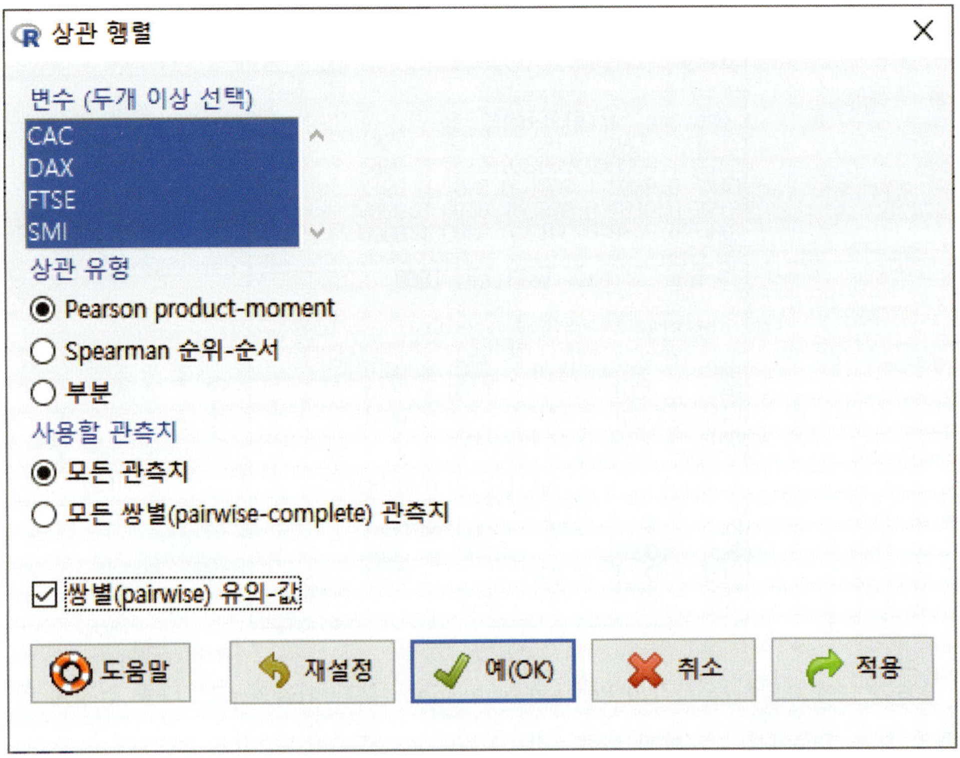

연속 변수에 해당하는 모든 변수를 선택하고 '쌍별 유의값'도 체크합니다.

```
출력물

 Pearson correlations:
        CAC    DAX    FTSE   SMI
CAC  1.0000 0.9662 0.9157 0.9468
DAX  0.9662 1.0000 0.9752 0.9912
FTSE 0.9157 0.9752 1.0000 0.9900
SMI  0.9468 0.9912 0.9900 1.0000

 Number of observations: 1860

 Pairwise two-sided p-values:
     CAC    DAX    FTSE   SMI
CAC         <.0001 <.0001 <.0001
DAX  <.0001        <.0001 <.0001
FTSE <.0001 <.0001        <.0001
SMI  <.0001 <.0001 <.0001

 Adjusted p-values (Holm's method)
     CAC    DAX    FTSE   SMI
CAC         <.0001 <.0001 <.0001
DAX  <.0001        <.0001 <.0001
FTSE <.0001 <.0001        <.0001
SMI  <.0001 <.0001 <.0001
```

두 연속 변수에 해당하는 각각의 Pearson correlations 값과 이들의 p값, 다중 검정에 의한 1종 오류의 증가를 교정하기 위한 Adjusted p-values를 보여줍니다.

다중 검정 문제에 대해서는 제 블로그와 유튜브 동영상 설명들을 참고하기 바랍니다.

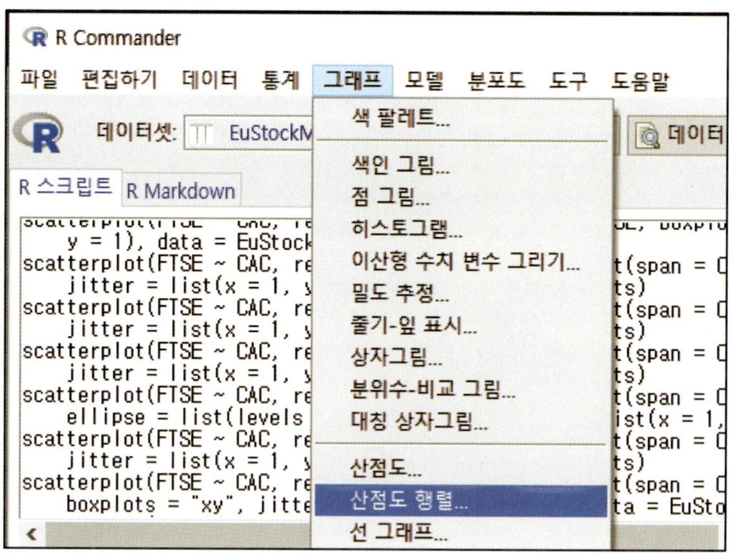

'그래프'로는 '산점도 행렬'을 선택해봅시다.

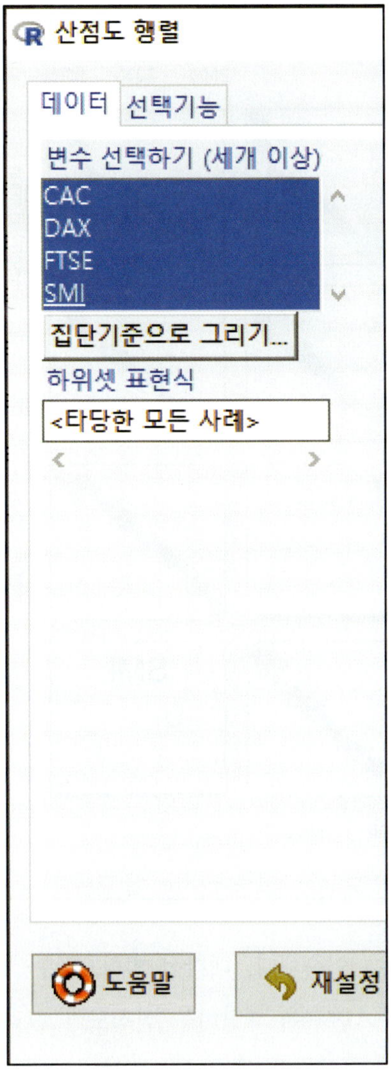

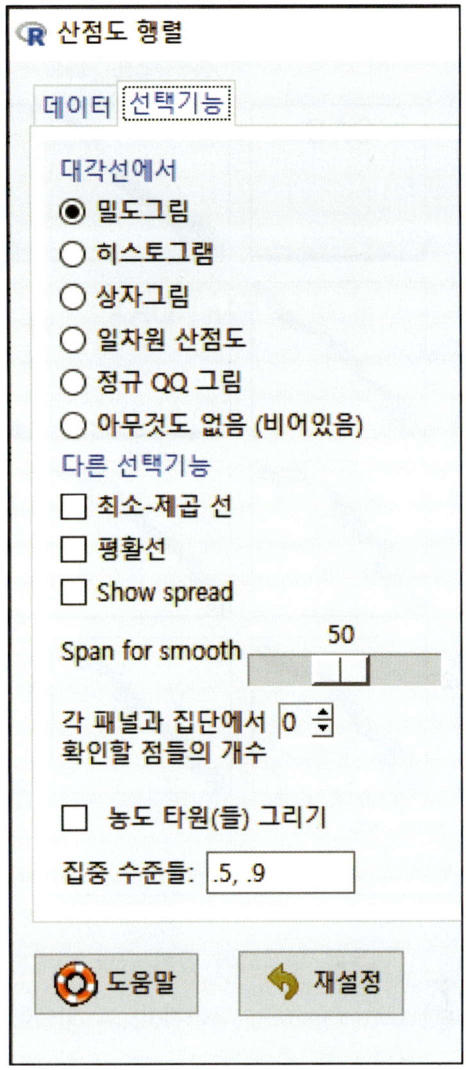

모든 연속 변수를 선택하고 '선택기능'의 옵션들을 하나씩 선택해보면서 그림이 어떻게 바뀌는지 살펴봅시다.

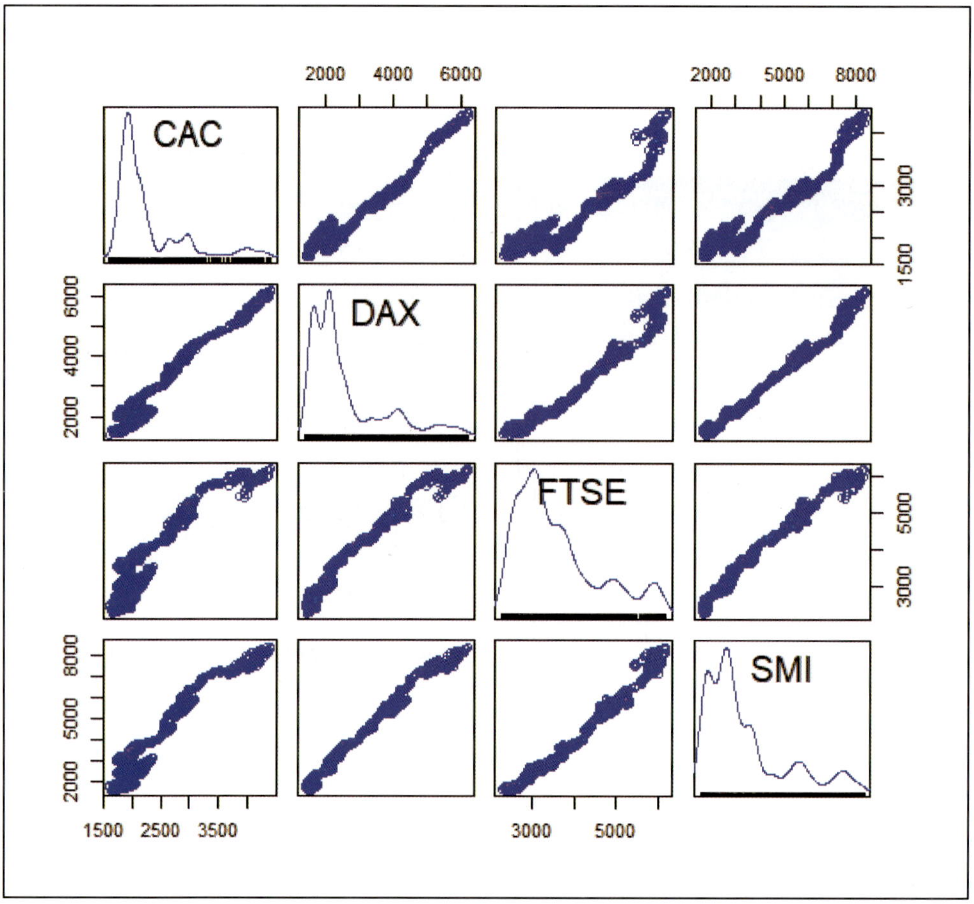

직관적으로 메뉴가 구성되어 있어 금방 이해할 수 있습니다. 대각선 방향으로는 한 변수에 대한 densitogram이 그려지고, 그 외에는 두 변수에 해당하는 산점도가 그려집니다. 색을 조절할 수 없는 것이 조금 아쉬운데, 스크립트를 통해서 조절하거나 혹은 이전에 배운 것처럼 파워포인트 파일로 만든 다음 조절해볼 수 있습니다. 이렇게 여러 변수를 동시에 산점도로 그려봄으로써 변수들의 성질을 잘 알 수 있습니다.

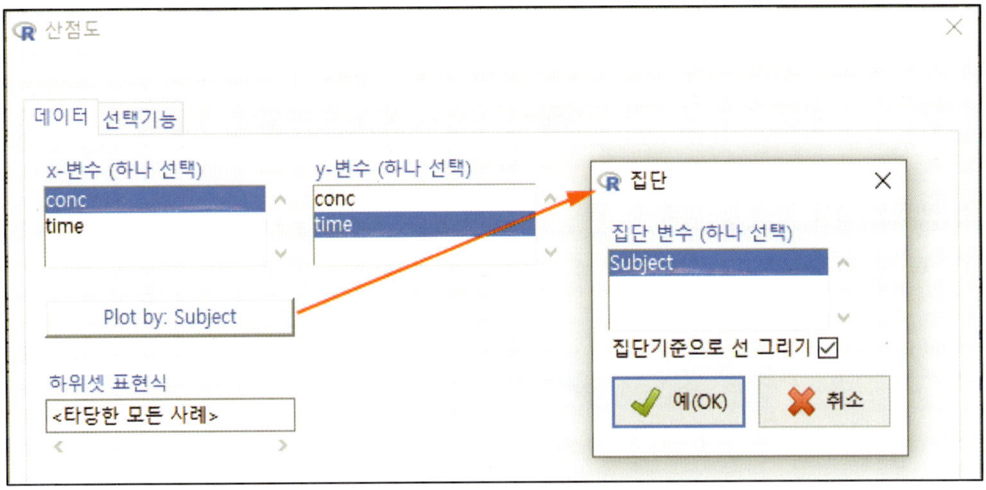

이제는 'datasets' 안에 있는 'Indometh'라는 데이터를 불러와서 '산점도'를 그려봅시다. 이때는 '집단' 변수를 선택해봅시다.

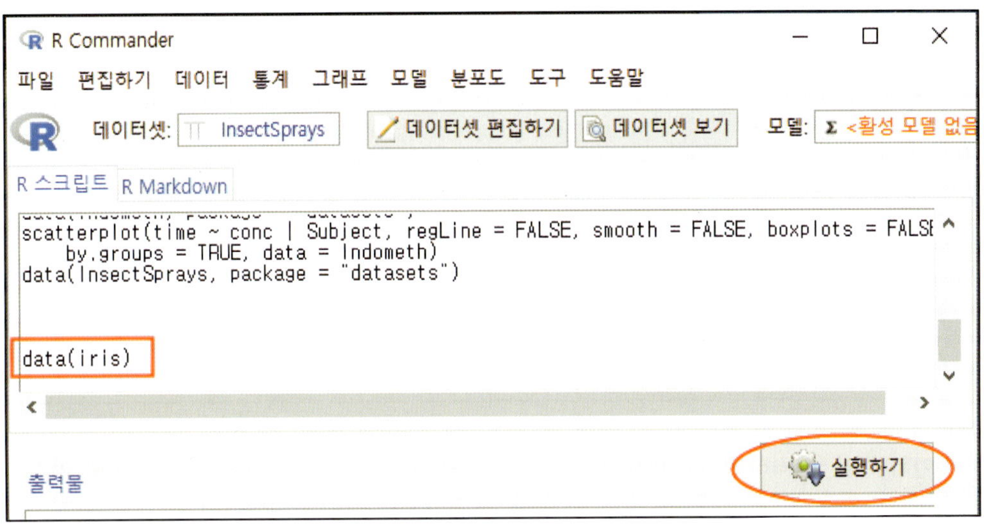

'R 스크립트' 창에 'data(iris)'라고 입력하고 '실행하기'를 클릭해봅시다. R에 기본으로 내장되어 있는 데이터 iris를 불러내는 방법입니다.

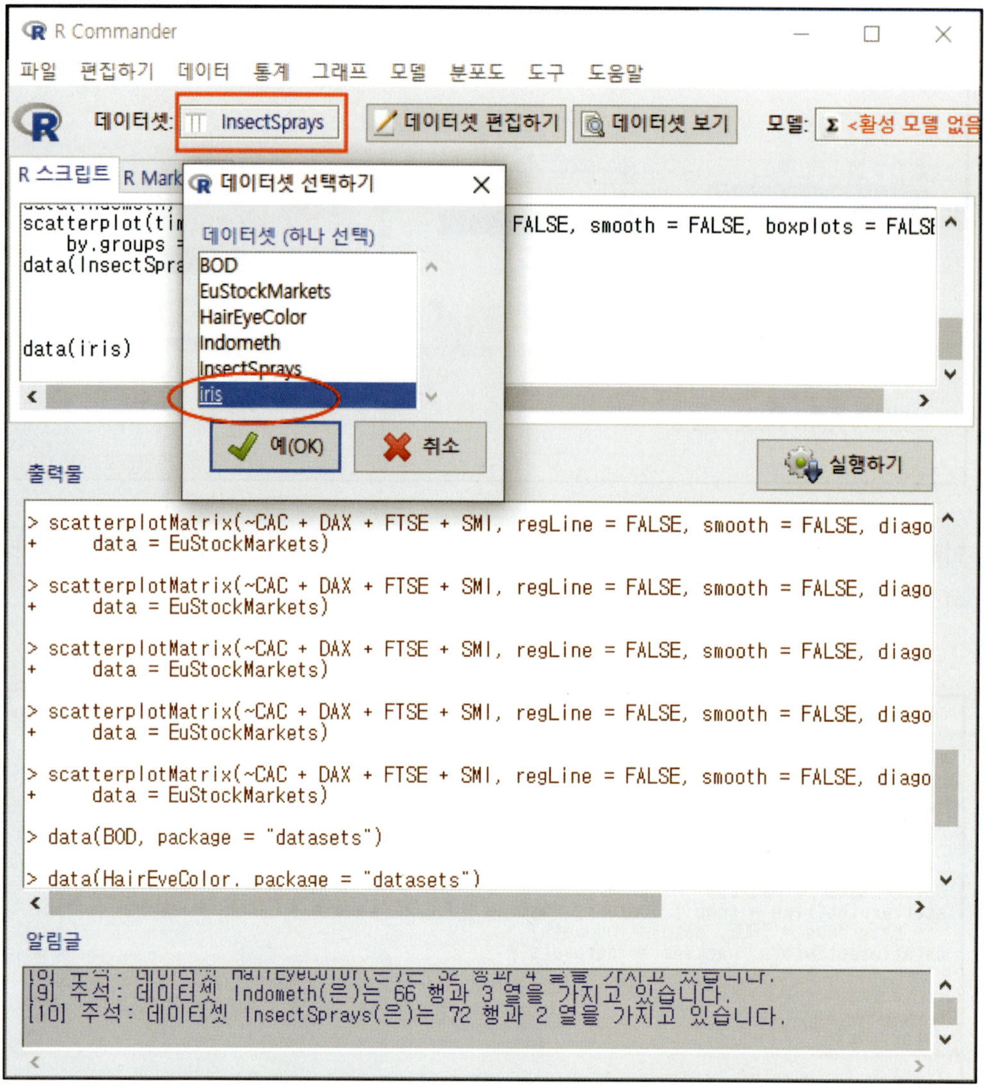

'데이터셋'을 클릭하면 현재 업로드된 모든 데이터들을 볼 수 있습니다. 이제 여기서 'iris'를 선택한 뒤에 '예'를 클릭하면 iris에 대해 분석할 수 있습니다.

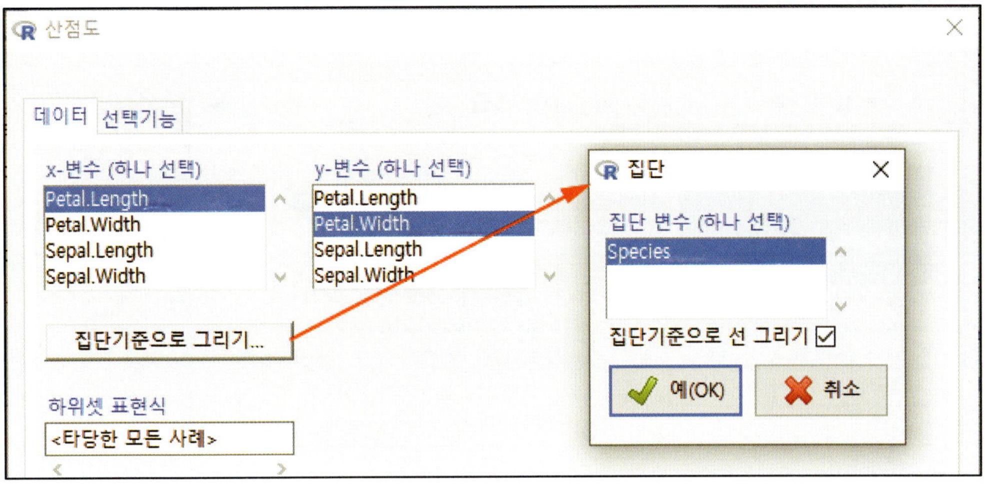

'그래프' 중 '산점도'를 선택하고 두 변수를 선택한 다음 '집단기준으로 그리기'도 사용해봅시다.

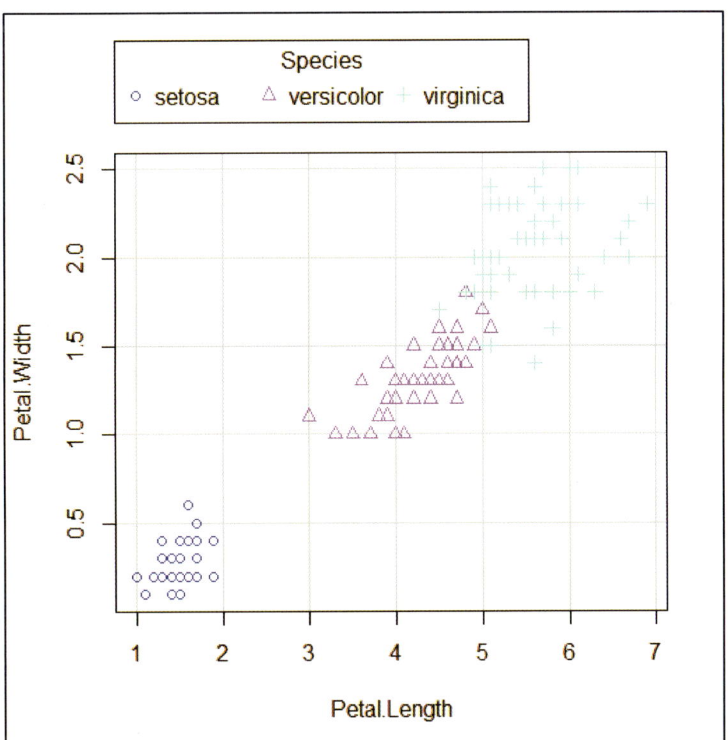

세 집단의 산점도를 각각 다른 색으로 표현해줍니다.

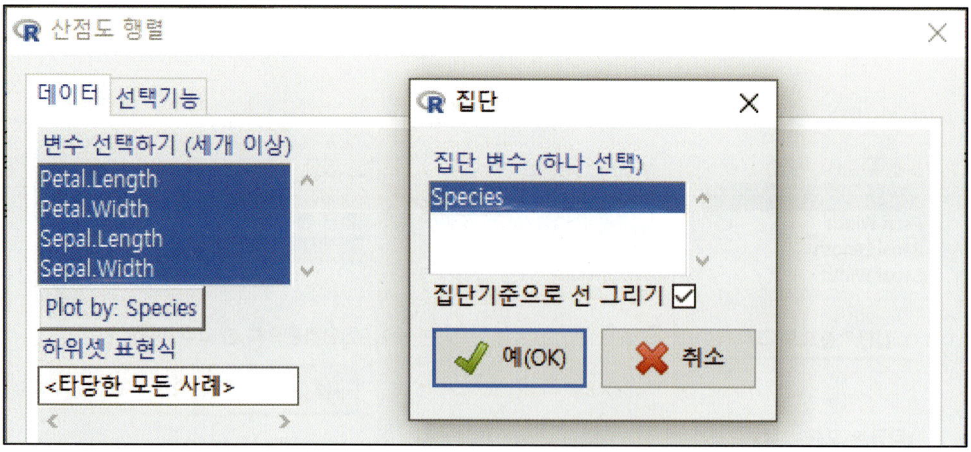

'산점도 행렬'도 비슷한 방식으로 집단을 기준으로 그려봅시다.

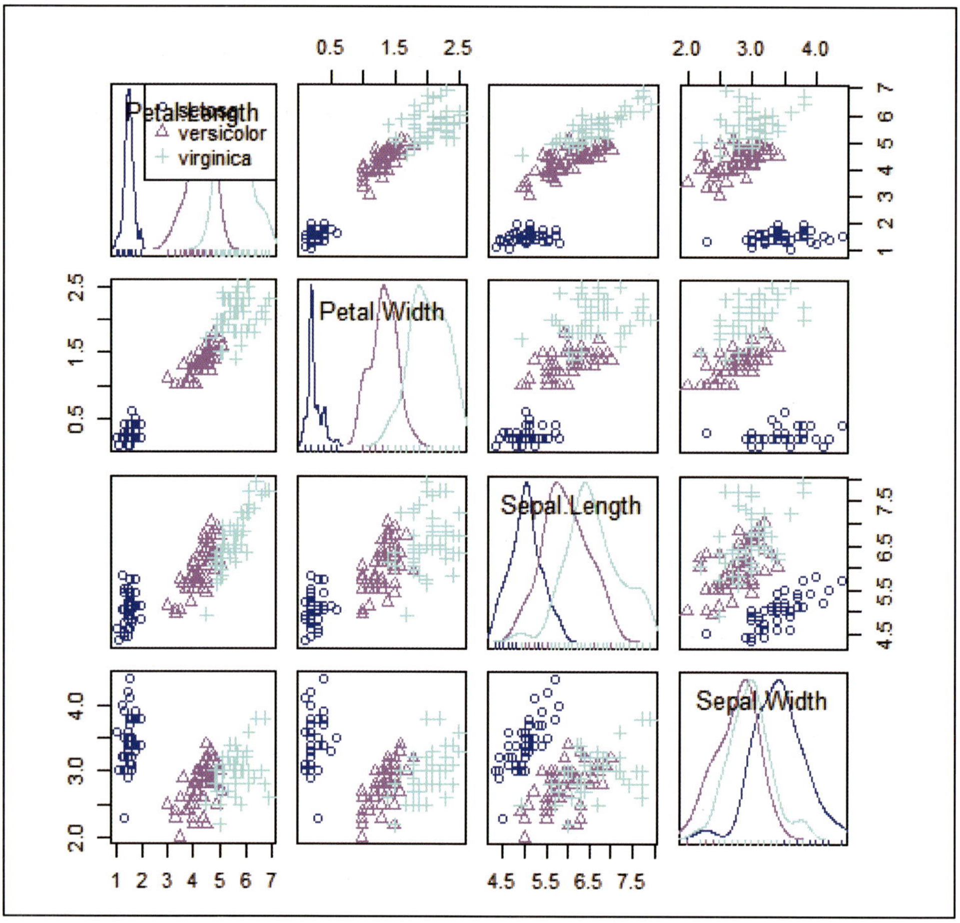

산점도 행렬을 통해 다양한 변수들의 상호 관계를 쉽게 비교해볼 수 있습니다. 이 자료가 한국인, 일본인, 중국인으로 이루어진 세 집단에 대한 키, 몸무게, 허리둘레, 머리크기라는 네 가지 변수를 측정한 것이라고 생각해봅시다. 어떤 변수를 사용하면 세 집단을 명확하게 구분할 수 있을지 알 수 있고, 어떤 집단이 다른 집단과 확실히 구분되는지도 알 수 있습니다.

변수 중에는 Petal.Length가 세 집단을 가장 명확하게 구분하는 변수임을 알 수 있습니다. 집단 중에 setosa는 확실히 구분되는 집단이고, versicolor와 virginica는 구분은 되지만 겹치는 부분도 상당하다는 것을 알 수 있습니다. 이런 식으로 산점도나 산점도 행렬은 데이터를 전체적으로 파악할 때 도움이 되어 데이터 초기 평가에 많이 사용됩니다.

4.7 회귀 분석

EuStockMarkets

	DAX	SMI	CAC	FTSE
1	1628.75	1678.1	1772.8	2443.6
2	1613.63	1688.5	1750.5	2460.2
3	1606.51	1678.6	1718.0	2448.2
4	1621.04	1684.1	1708.1	2470.4
5	1618.16	1686.6	1723.1	2484.7
6	1610.61	1671.6	1714.3	2466.8
7	1630.75	1682.9	1734.5	2487.9
8	1640.17	1703.6	1757.4	2508.4
9	1635.47	1697.5	1754.0	2510.5
10	1645.89	1716.3	1754.3	2497.4
11	1647.84	1723.8	1759.8	2532.5

상관 분석에서 사용하였던 'datasets'의 'EuStockMarkets' 데이터를 사용하겠습니다. 만일 DAX라는 변수가 나머지 변수들의 영향을 받는 결과 변수라고 가정하면, 나머지 변수들이 각각 영향을 미치는지, 그렇다면 얼마나 영향을 미치는지 계산해보려고 합니다.

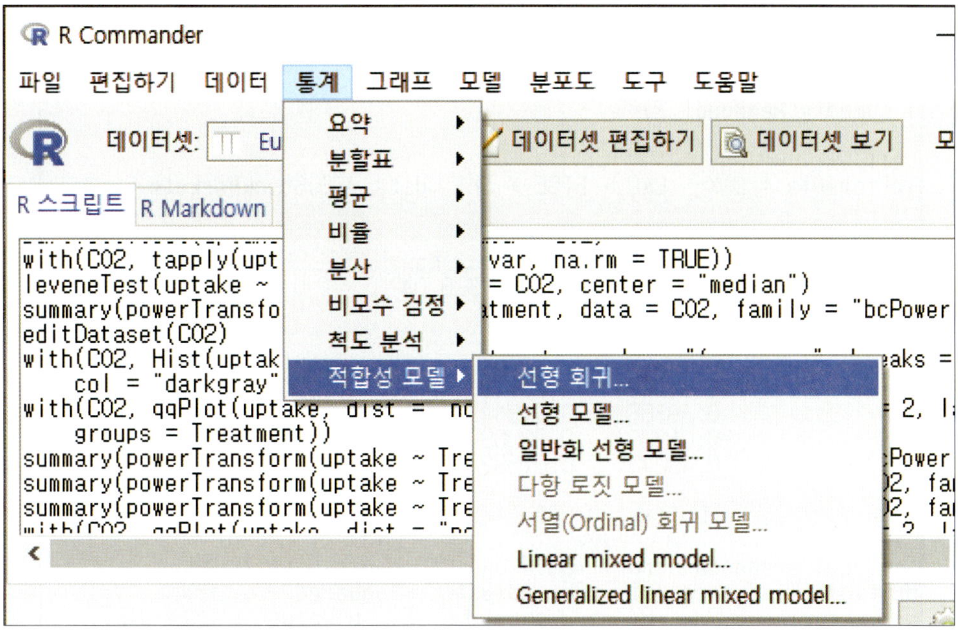

'통계 〉 적합성 모델 〉 선형 회귀'를 선택해보겠습니다.

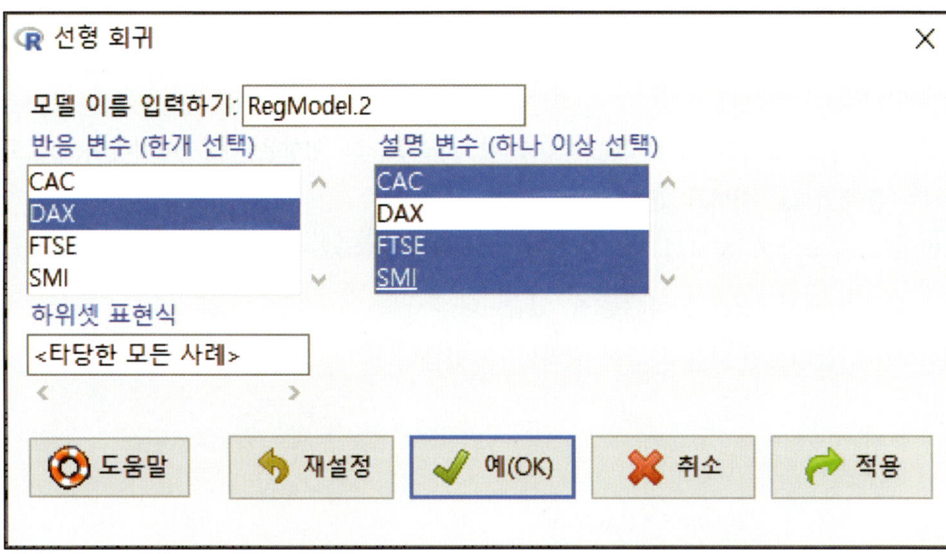

'반응 변수'와 '설명 변수'를 각각 선택합니다.

출력물

```
> summary(RegModel.2)

Call:
lm(formula = DAX ~ CAC + FTSE + SMI, data = EuStockMarkets)

Residuals:
    Min      1Q  Median      3Q     Max 
-335.26  -80.75    9.98   82.99  328.04 

Coefficients:
              Estimate Std. Error t value  Pr(>|t|)    
(Intercept) -175.94567   44.66573  -3.939 0.0000848 ***
CAC            0.49565    0.01544  32.105   < 2e-16 ***
FTSE          -0.01720    0.02089  -0.823      0.41    
SMI            0.49277    0.01532  32.163   < 2e-16 ***
---
Signif. codes:  0 '***' 0.001 '**' 0.01 '*' 0.05 '.' 0.1 ' ' 1

Residual standard error: 109.4 on 1856 degrees of freedom
Multiple R-squared:  0.9898,	Adjusted R-squared:  0.9898 
F-statistic: 6.032e+04 on 3 and 1856 DF,  p-value: < 2.2e-16
```

결과는 이와 같습니다. 'Estimate'를 보면 CAC의 것이 0.5입니다. 즉 CAC가 1 증가하면 반응 변수인 DAX가 0.5 증가한다는 뜻입니다. 그리고 p값은 〈 2e−16으로 매우 작아 통계적으로도 의미가 있습니다.

반면 FTSE가 1 증가할 때 DAX는 0.017 감소하므로 그 영향은 매우 미미하며, p값도 0.41로 통계적으로 의미가 없습니다.

이렇게 여러 변수가 동시에 영향을 미칠 때, 어떤 변수가 어느 정도 영향을 미치는지 회귀 분석과 회귀식으로 분석해볼 수 있습니다.

회귀식을 만들어보면 다음과 같이 요약할 수 있습니다.

$$
\begin{aligned}
DAX = & - 175.94567 \\
& + 0.49565 * CAC \\
& - 0.01720 * FTSE \\
& + 0.49277 * SMI
\end{aligned}
$$

단, FTSE 항은 통계적으로 유의하지 않고 크기도 작아서 뺄 수 있습니다.

출력물

```
 Pearson correlations:
          CAC     DAX    FTSE     SMI
CAC  1.0000 0.9662 0.9157 0.9468
DAX  0.9662 1.0000 0.9752 0.9912
FTSE 0.9157 0.9752 1.0000 0.9900
SMI  0.9468 0.9912 0.9900 1.0000

 Number of observations: 1860

 Pairwise two-sided p-values:
      CAC     DAX     FTSE    SMI
CAC           <.0001  <.0001  <.0001
DAX  <.0001           <.0001  <.0001
FTSE <.0001  <.0001           <.0001
SMI  <.0001  <.0001  <.0001

 Adjusted p-values (Holm's method)
      CAC     DAX     FTSE    SMI
CAC           <.0001  <.0001  <.0001
DAX  <.0001           <.0001  <.0001
FTSE <.0001  <.0001           <.0001
SMI  <.0001  <.0001  <.0001
```

한편, 이 경우는 앞서 상관 분석에서 살펴보았듯이 각 항이 서로 높은 상관관계를 보입니다. 그러므로 각 설명 변수(독립 변수라고도 함)들이 서로 독립적이어야 한다는 회귀 분석의 기본 가정에 위배됩니다.

그 외에도 각 변수들이 정규분포를 이루어야 하고, 등분산이어야 하고, 독립이어야 하는 등의 회귀 분석의 기본 가정을 점검해보는 것을 '회귀 진단'이라고 합니다. 그중에 독립성을 확인하는 간단하고 효과적인 방법은 상관 분석을 해보는 것입니다.

4.8 ANOVA와 비모수 검정

'R 스크립트' 창에 'data(iris)'라고 입력하고 '실행하기'를 클릭해봅시다. R에 기본으로 내장되어 있는 데이터인 iris를 불러내는 방법으로, 상관 분석에서 동일하게 사용했던 방법입니다.

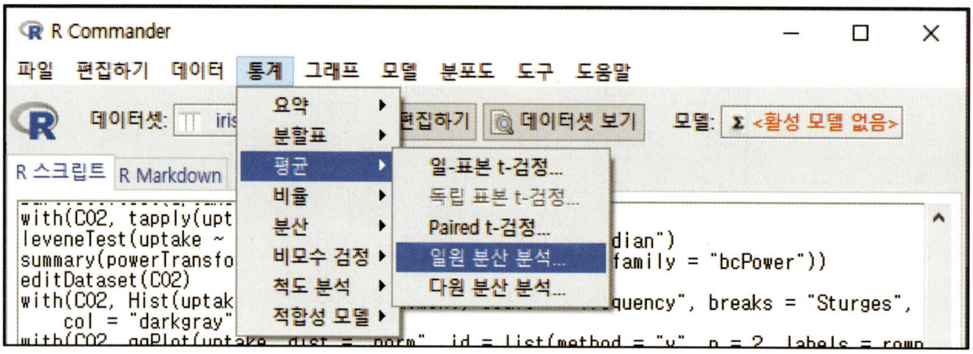

'평균'에 있는 '일원 분산 분석'을 선택합니다.

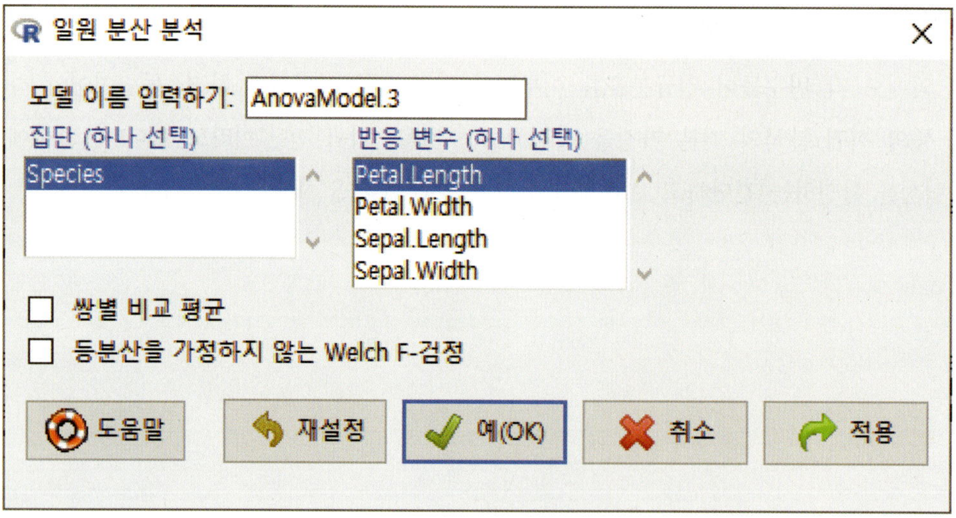

집단 변수 하나와 반응 변수 하나를 선택합니다. 이때 집단은 3개 이상이어야 합니다.

출력물

```
> AnovaModel.3 <- aov(Petal.Length ~ Species, data = iris)
> summary(AnovaModel.3)
             Df Sum Sq Mean Sq F value Pr(>F)    
Species       2  437.1  218.55    1180 <2e-16 ***
Residuals   147   27.2    0.19                   
---
Signif. codes:  0 '***' 0.001 '**' 0.01 '*' 0.05 '.' 0.1 ' ' 1
> with(iris, numSummary(Petal.Length, groups = Species, statisti
            mean        sd data:n
setosa     1.462 0.1736640     50
versicolor 4.260 0.4699110     50
virginica  5.552 0.5518947     50
```

세 집단의 반응 변수에 대한 평균과 표준편차, 샘플 수가 요약되어 있고, 이를 이용한 ANOVA 결과 p값이 0.05보다 작아서 통계적으로 유의한 차이가 있음을 알 수 있습니다.

두 집단의 평균을 비교했던 독립 t-검정을 확대하여 세 집단 이상일 때 사용하는 것이 ANOVA입니다. 독립 t-검정과 마찬가지로 정규성 가정과 등분산성 가정이 필요한데, 이것은 앞에서 다루었으므로 생략하겠습니다.

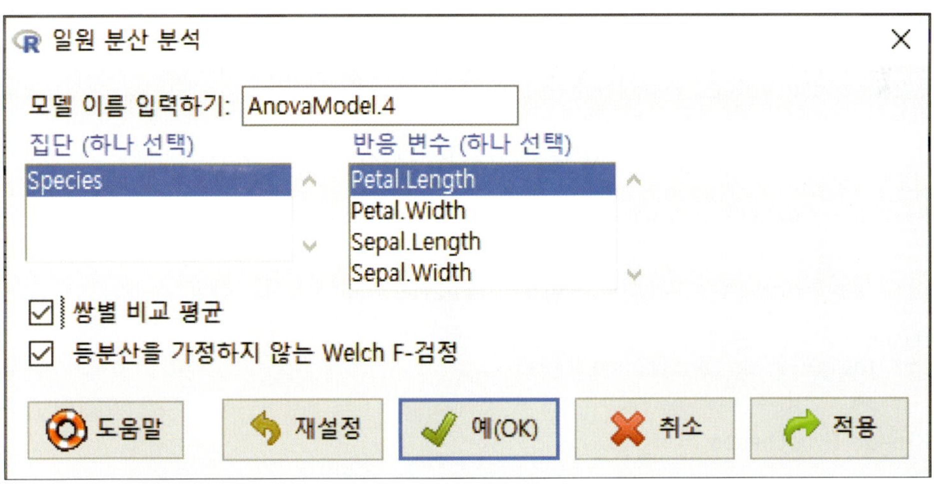

'등분산을 가정하지 않는 Welch F-검정'과 '쌍별 비교 평균'을 선택해보겠습니다.

출력물

```
> oneway.test(Petal.Length ~ Species, data = iris) # Welch test

	One-way analysis of means (not assuming equal variances)

data:  Petal.Length and Species
F = 1828.1, num df = 2.000, denom df = 78.073, p-value < 2.2e-16
```

등분산성을 가정하지 않는 t-검정을 Welch t-test라고 했던 것처럼 Welch ANOVA도 등분산성을 가정하지 않습니다. 이 경우에도 p값은 매우 작습니다.

세 집단의 평균이 같다는 귀무가설이 틀렸다면 최소한 한 집단이라도 평균이 달라야 하니 두 집단씩 비교해보아야 합니다.

출력물

```
Multiple Comparisons of Means: Tukey Contrasts


Fit: aov(formula = Petal.Length ~ Species, data = iris)

Linear Hypotheses:
                            Estimate Std. Error t value Pr(>|t|)
versicolor - setosa == 0     2.79800    0.08607   32.51   <2e-16 ***
virginica - setosa == 0      4.09000    0.08607   47.52   <2e-16 ***
virginica - versicolor == 0  1.29200    0.08607   15.01   <2e-16 ***
---
Signif. codes:  0 '***' 0.001 '**' 0.01 '*' 0.05 '.' 0.1 ' ' 1
(Adjusted p values reported -- single-step method)


	 Simultaneous Confidence Intervals

Multiple Comparisons of Means: Tukey Contrasts


Fit: aov(formula = Petal.Length ~ Species, data = iris)

Quantile = 2.3677
95% family-wise confidence level


Linear Hypotheses:
                            Estimate lwr    upr
versicolor - setosa == 0    2.7980   2.5942 3.0018
virginica - setosa == 0     4.0900   3.8862 4.2938
virginica - versicolor == 0 1.2920   1.0882 1.4958
```

이때 필요한 것이 쌍별 비교 평균으로 영어로는 'Multiple Comparisons of Means'라고 합니다. 위쪽에는 각 두 집단씩 비교한 Estimate와 p값이 있고 아래쪽에는 각 차이값의 95% 신뢰구간이 있습니다. 이로써 세 집단 모두 차이가 있음을 알게 되었습니다.

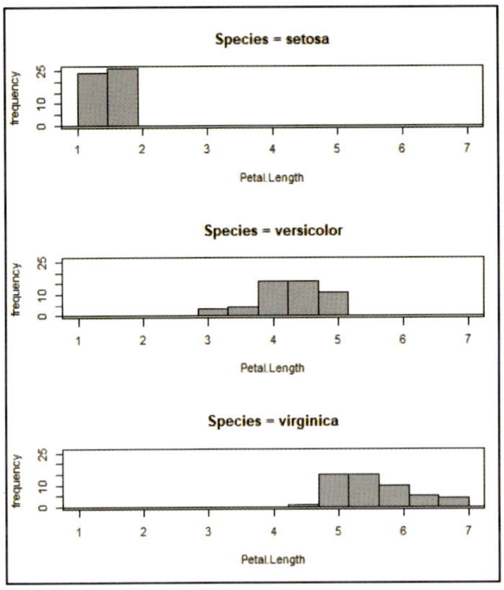

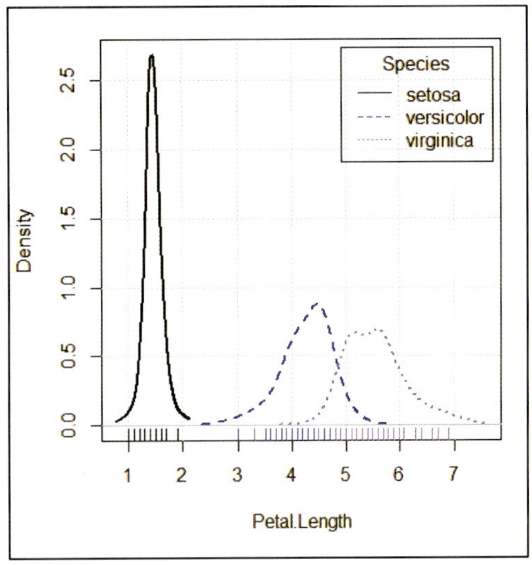

'히스토그램'과 '밀도차트'로 표현해보아도 역시 세 집단 모두 차이가 있음을 알 수 있습니다.

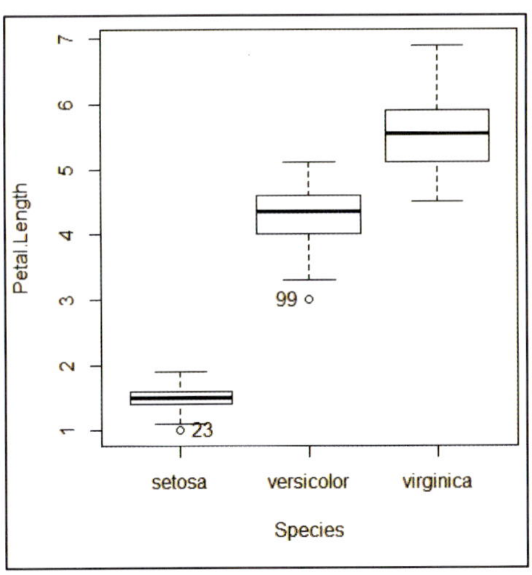

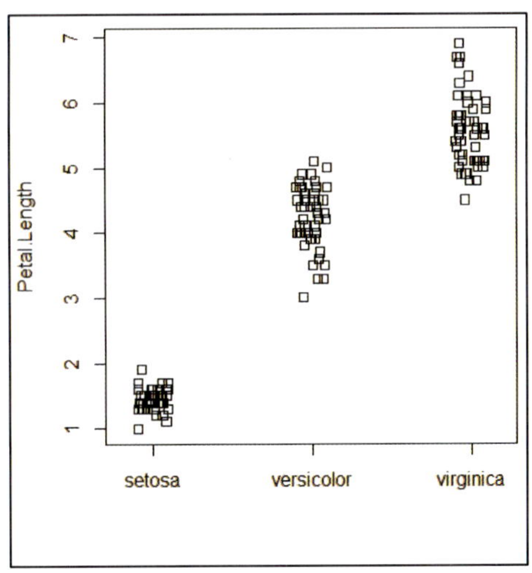

'상자그림'이나 '조각 도표'도 적절하게 사용할 수 있습니다.

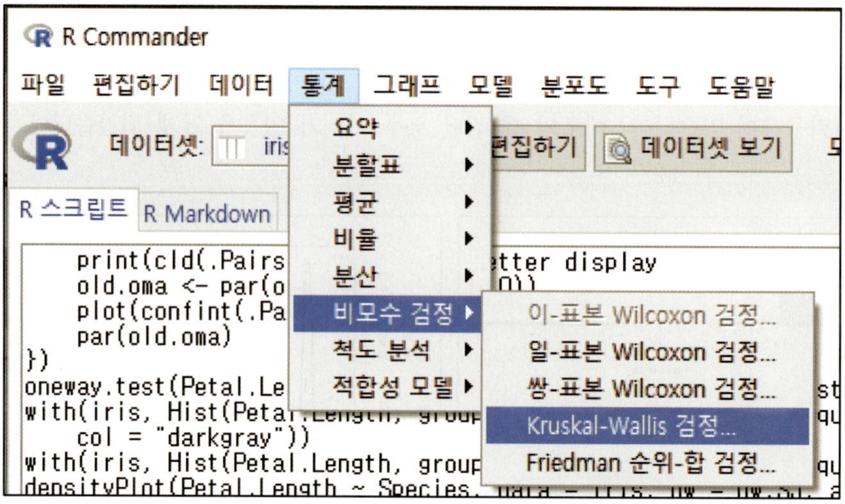

ANOVA에 상응하는 비모수 검정은 'Kruskal-Wallis 검정'입니다.

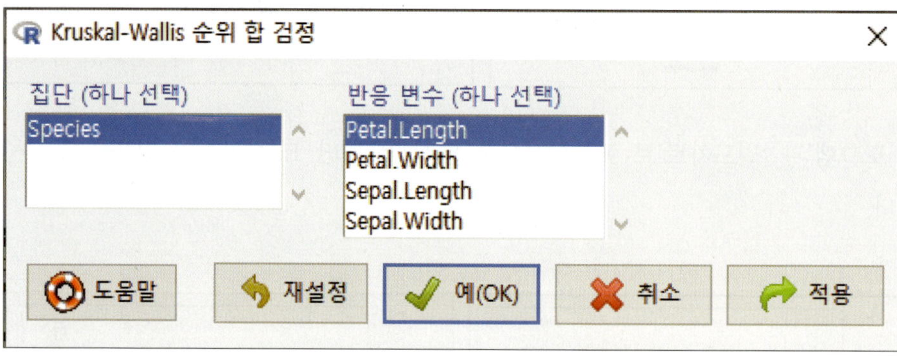

ANOVA와 비슷한 방식으로 선택해주면,

출력물

```
        Kruskal-Wallis rank sum test

data:  Petal.Length by Species
Kruskal-Wallis chi-squared = 130.41, df = 2, p-value < 2.2e-16
```

결과의 p값이 매우 작으므로 두 집단씩 비교해주어야 합니다. ANOVA에서처럼 자동으로 둘씩 비교해주는 기능이 없습니다.

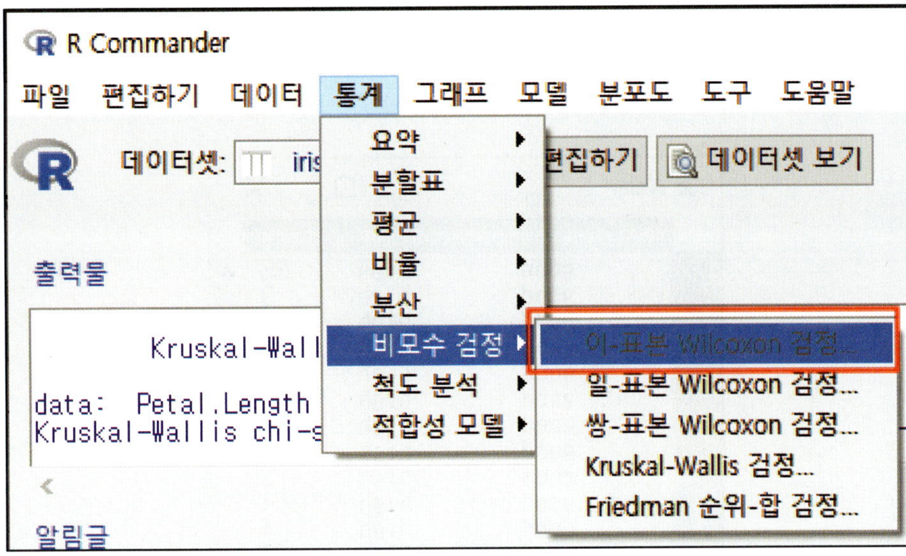

그래서 두 집단씩 비교해주는 비모수 검정을 시행해야 하는데, 현재는 자료가 세 집단으로 이루어져 있어서 메뉴가 비활성화되어 있습니다. 이때는 자료를 변경해서 시행해야 합니다.

4.9 2-way ANOVA

	instruction	expectation	rating
1	good	high	25
2	good	high	0
3	good	high	-16
4	good	high	5
5	good	high	11
6	good	high	-6
7	good	high	42
8	good	high	-2
9	good	high	-13
10	good	high	14
11	good	high	4
12	good	high	-22
13	good	high	19
14	good	high	6
15	good	high	-6
16	good	high	9
17	good	high	13
18	good	high	-3

'carData'의 'Adler' 데이터를 불러옵니다. good과 none과 scientific, 세 가지 교육(instruction) 방법을 적용하고, high와 low 두 가지 기대치(expectation)를 제공한 집단이 있다고 합시다. 조합하면 총 6개의 집단이 됩니다. 그 성적이 rating으로 조사되었습니다(실제 연구 디자인은 다른 의미입니다).

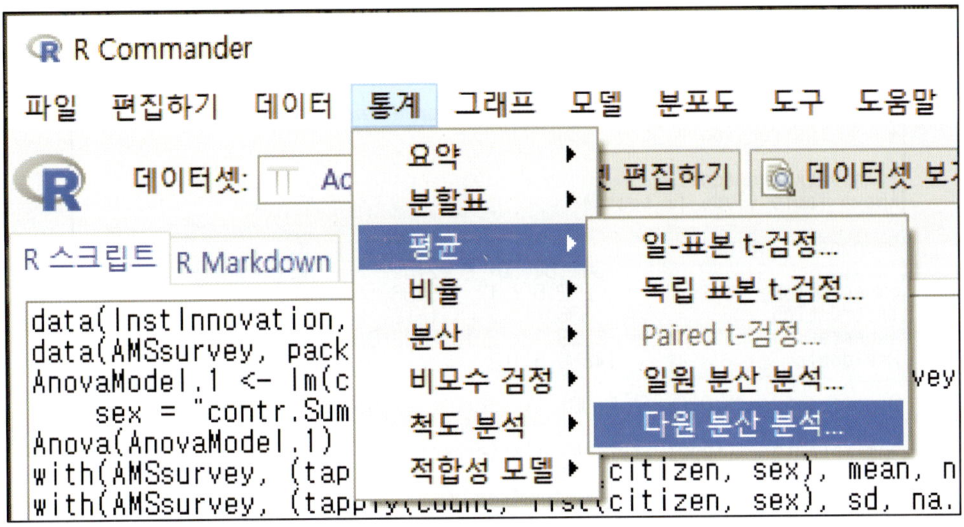

'통계 〉 평균 〉 다원 분산 분석'을 선택합니다.

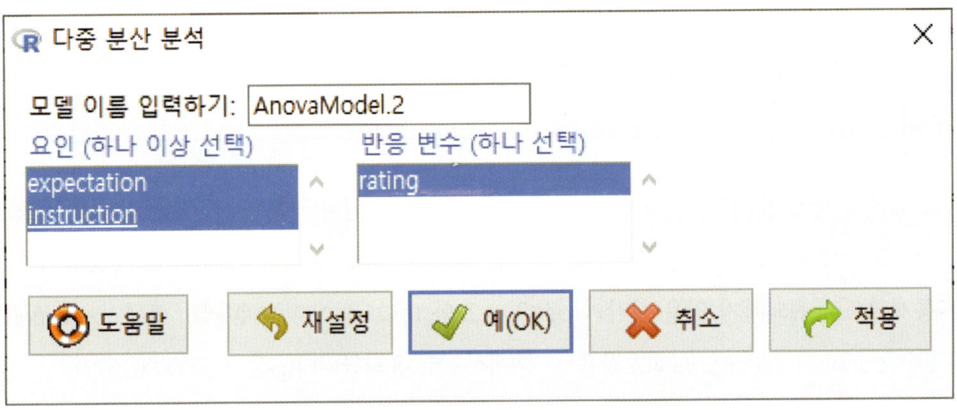

2개의 요인을 선택하고, 반응 변수는 하나를 선택합니다.

출력물

```
> AnovaModel.2 <- lm(rating ~ expectation * instruction, data = Adler,
+     instruction = "contr.Sum"))

> Anova(AnovaModel.2)
Anova Table (Type II tests)

Response: rating
                         Sum Sq  Df F value       Pr(>F)
expectation               222.5   1  1.5238       0.2199
instruction               336.1   2  1.1512       0.3203
expectation:instruction  5329.7   2 18.2542 0.0000001672 ***
Residuals               14890.5 102
---
Signif. codes:  0 '***' 0.001 '**' 0.01 '*' 0.05 '.' 0.1 ' ' 1

> with(Adler, (tapply(rating, list(expectation, instruction), mean, na
            good      none scientific
high    4.444444 -9.833333 -6.9444444
low   -18.277778 -3.500000  0.8333333

> with(Adler, (tapply(rating, list(expectation, instruction), sd, na.r
         good     none scientific
high 15.40138 14.72193   8.446874
low  10.30023 11.62781  10.455789

> xtabs(~expectation + instruction, data = Adler)  # counts
           instruction
expectation good none scientific
       high   18   18         18
       low    18   18         18
```

여섯 집단의 샘플 수가 각각 18이므로 총 샘플 수는 108입니다❶. 각 집단의 평균❷과 표준편차❸가 계산되었습니다. 이로부터 계산된 Anova Table은 instruction과 expectation 모두 통계적으로 유의하지 않음(각각의 p값은 0.22와 0.32)을 보여줍니다❹. 한편 instruction과 expectation의 interaction(교호작용)은 통계적으로 유의합니다(p값= 0.0000001672). 엑셀에서는 2-way ANOVA만 가능하고, R에서는 3-way 이상도 가능합니다.

	A	B	C	D
1	good	none scientific		
2	high 4.444444 -9.833333 -6.9444444			
3	low -18.277778 -3.500000 0.8333333			
4				

이번에는 평균❷의 내용을 복사하여 엑셀에 붙여넣어봅시다.

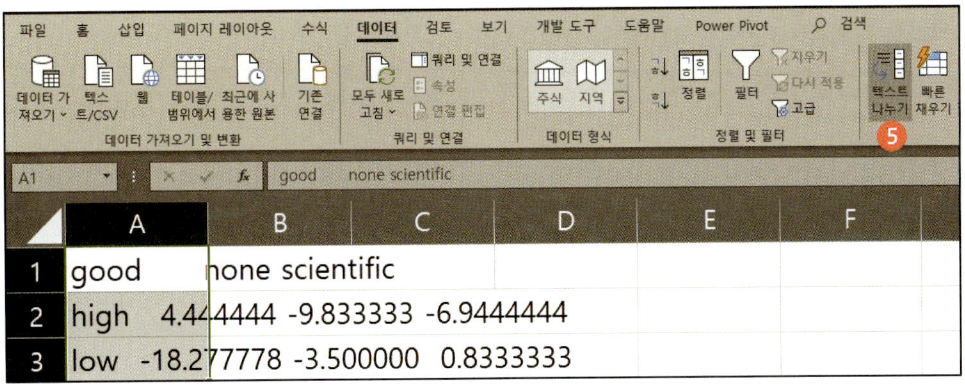

내용을 선택한 뒤 '데이터'의 '텍스트 나누기❺'를 클릭합니다.

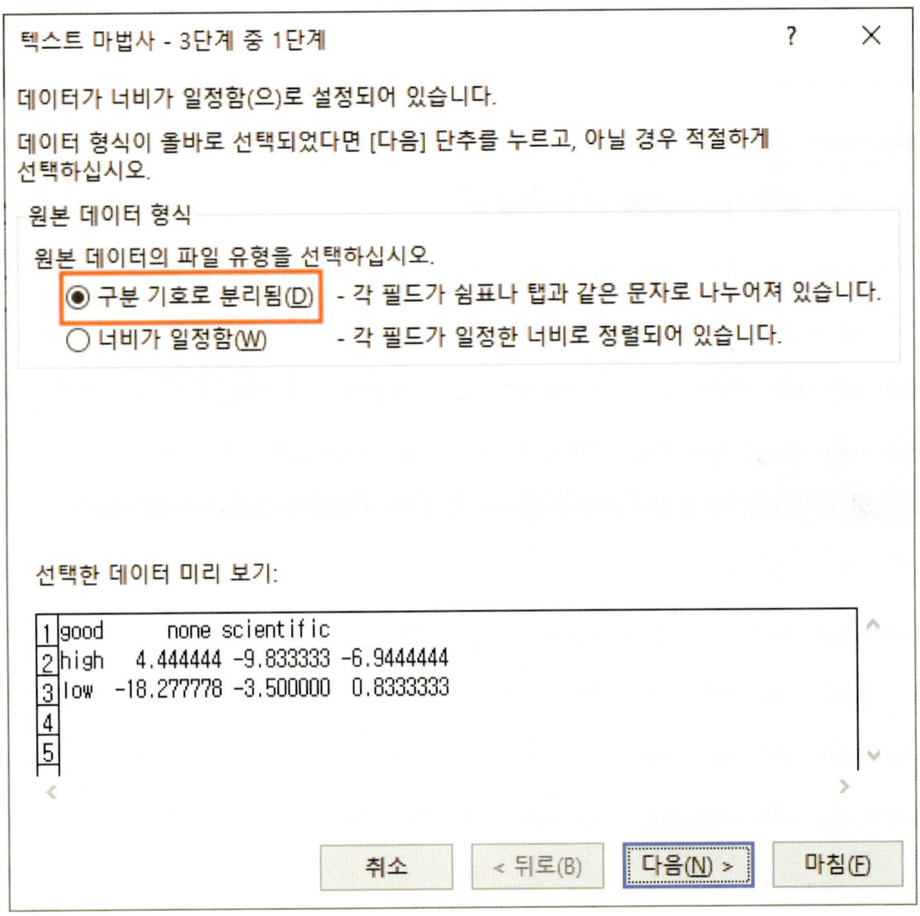

'구분 기호로 분리됨'을 선택하고 '다음'을 클릭합니다.

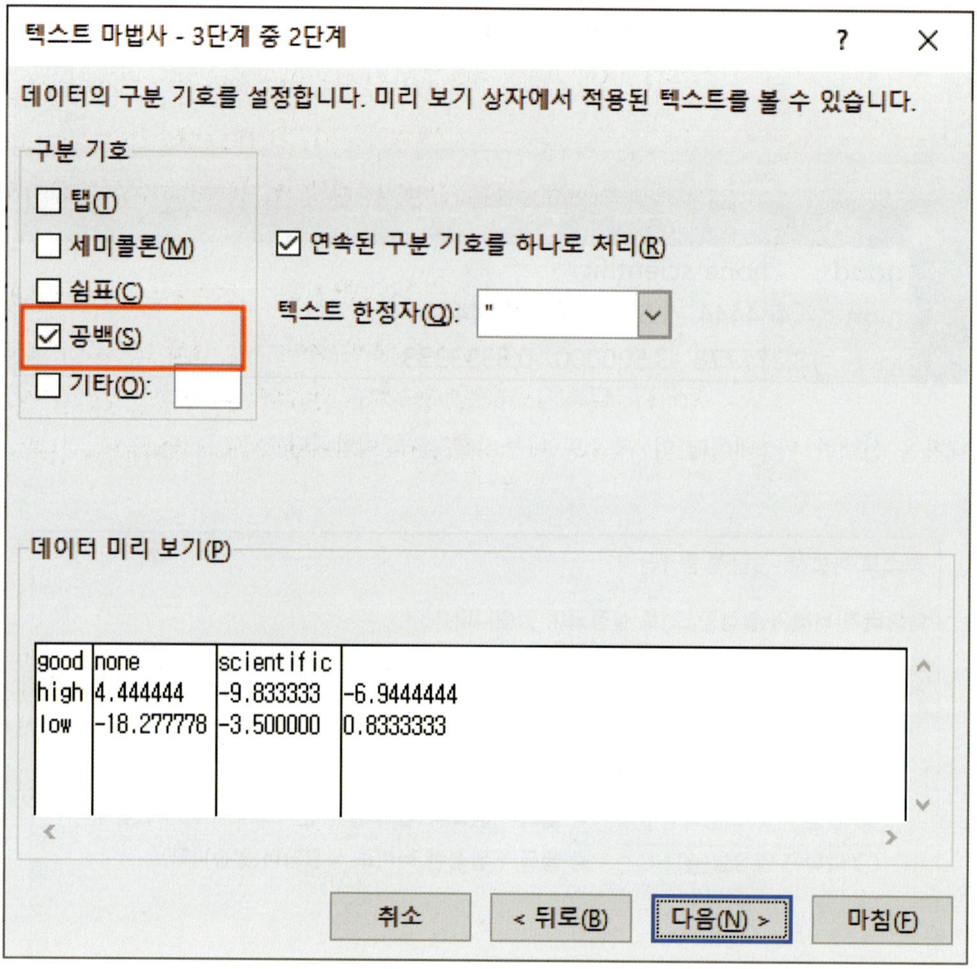

'공백'을 활용하여 '미리 보기'에서 자료가 적절히 나누어진 것을 확인합니다.

	A	B	C	D
1	good	none	scientific	
2	high	4.444444	-9.83333	-6.94444
3	low	-18.2778	-3.5	0.833333

	A	B	C	D
1		good	none	scientific
2	high	4.444444	-9.83333	-6.94444
3	low	-18.2778	-3.5	0.833333

틀린 부분은 수정해서 적절히 조절해줍니다. R에서 표 형식으로 보이는 것을 실제 표로 바꾸는 경우에도 이 방법을 사용할 수 있기 때문에 알아두는 것이 좋습니다.

	A	B	C	D
1		good	none	scientific
2	high	4.444444	-9.83333	-6.94444
3	low	-18.2778	-3.5	0.833333

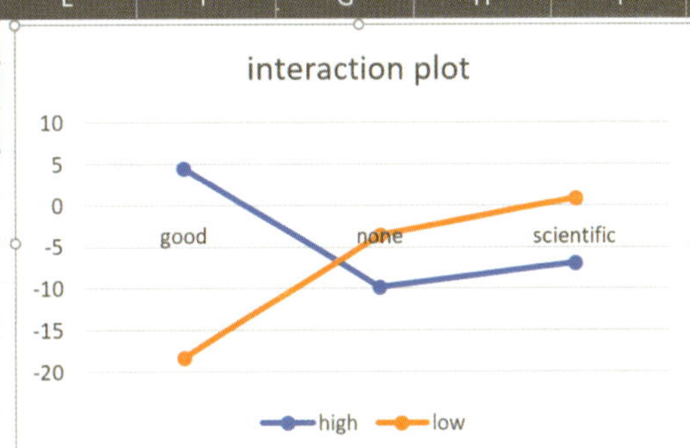

이후 이 자료를 적절히 활용하여 plot을 그립니다. 각 집단의 평균을 보여주면서 선들이 교차하여 interaction을 나타내므로 'interaction plot'이라고 부르기도 합니다.

4.10 Paired t-검정과 비모수 검정

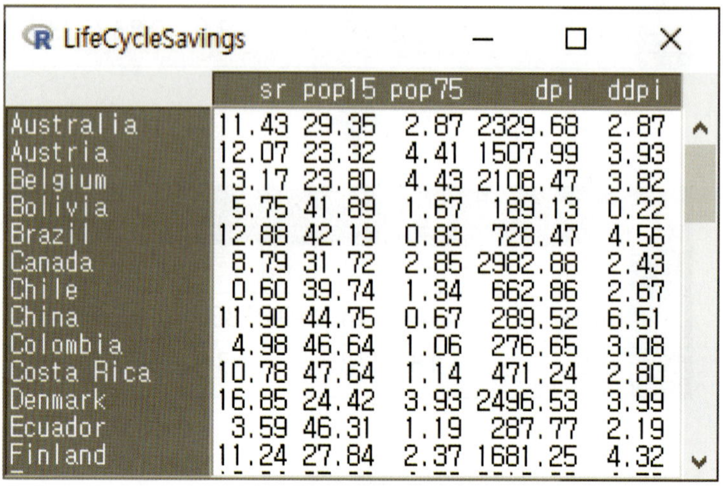

LifeCycleSavings

	sr	pop15	pop75	dpi	ddpi
Australia	11.43	29.35	2.87	2329.68	2.87
Austria	12.07	23.32	4.41	1507.99	3.93
Belgium	13.17	23.80	4.43	2108.47	3.82
Bolivia	5.75	41.89	1.67	189.13	0.22
Brazil	12.88	42.19	0.83	728.47	4.56
Canada	8.79	31.72	2.85	2982.88	2.43
Chile	0.60	39.74	1.34	662.86	2.67
China	11.90	44.75	0.67	289.52	6.51
Colombia	4.98	46.64	1.06	276.65	3.08
Costa Rica	10.78	47.64	1.14	471.24	2.80
Denmark	16.85	24.42	3.93	2496.53	3.99
Ecuador	3.59	46.31	1.19	287.77	2.19
Finland	11.24	27.84	2.37	1681.25	4.32

딱 맞는 예제는 아니지만 'dataset'의 'LifeCycleSavings' 데이터를 불러옵니다. 원래 변수의 성격은 모두 잊어버리고 데이터의 pop75와 ddpi에만 주목해봅시다. 각 행은 한 사람을 의미합니다. 아토피 피부염을 앓고 있는 환자의 양쪽 피부에 각각 다른 두 가지 연고를 적용했다고 가정하고, 그 결과가 각각 pop75와 ddpi로 조사되었다고 칩시다.

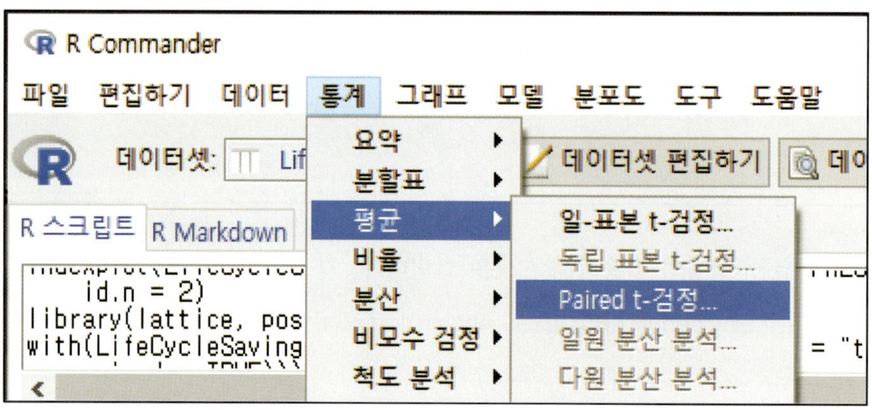

'통계 〉 평균 〉 Paired t-검정'을 선택합니다. 데이터의 성격에 따라 선택이 가능한 메뉴들만 활성화되어 있어서 초보자에게는 편리합니다.

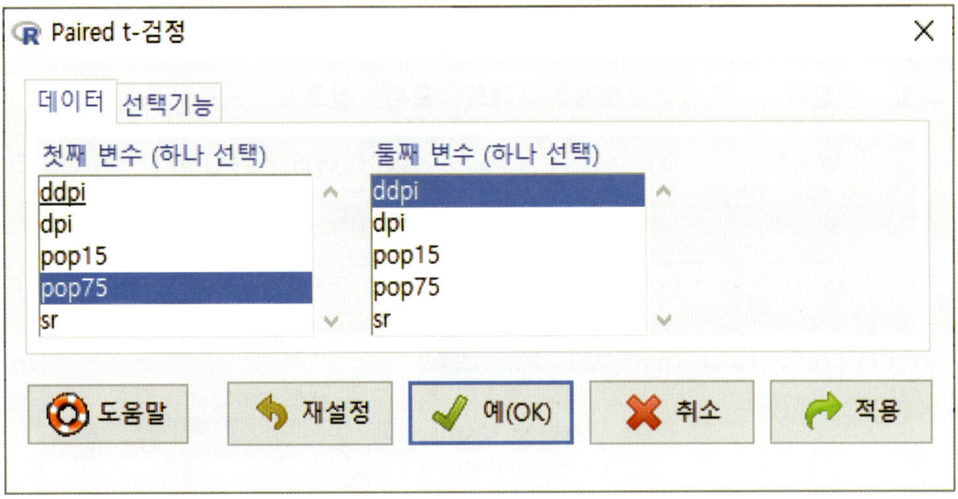

두 변수를 선택합니다.

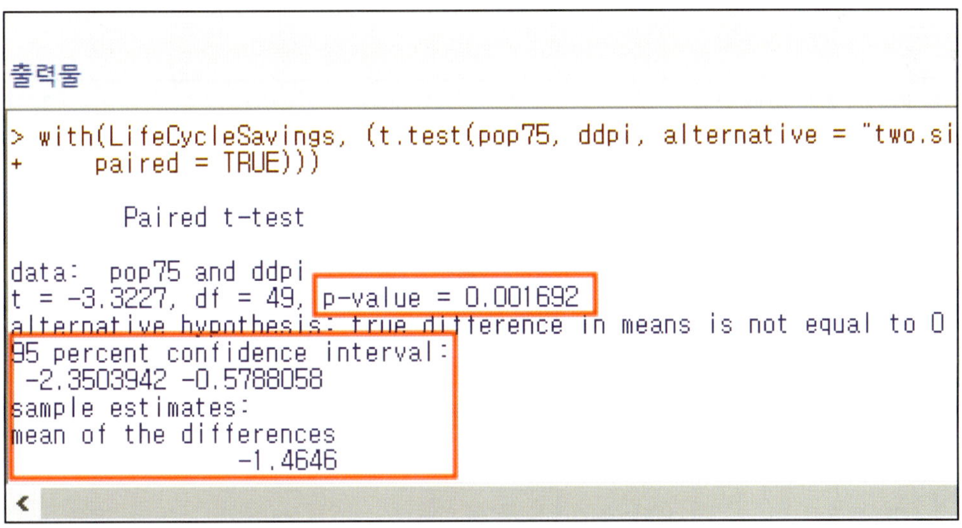
출력물

```
> with(LifeCycleSavings, (t.test(pop75, ddpi, alternative = "two.si
+     paired = TRUE)))

        Paired t-test

data:  pop75 and ddpi
t = -3.3227, df = 49, p-value = 0.001692
alternative hypothesis: true difference in means is not equal to 0
95 percent confidence interval:
 -2.3503942 -0.5788058
sample estimates:
mean of the differences
               -1.4646
```

두 번째 변수인 ddpi가 약 1.46 정도 감소했습니다. 95% 신뢰구간으로 표현하면 −2.35부터 −0.58로 0을 포함하지 않으므로 통계적으로 유의하며, p값도 0.05보다 작아집니다. 만일 아토피 피부염의 증상 정도를 점수로 했다면 높은 ddpi가 더 나쁜 상태를 의미하고, 향상된 정도를 점수로 했다면 높은 ddpi가 건강이 더 향상되었음을 의미하는 셈입니다.

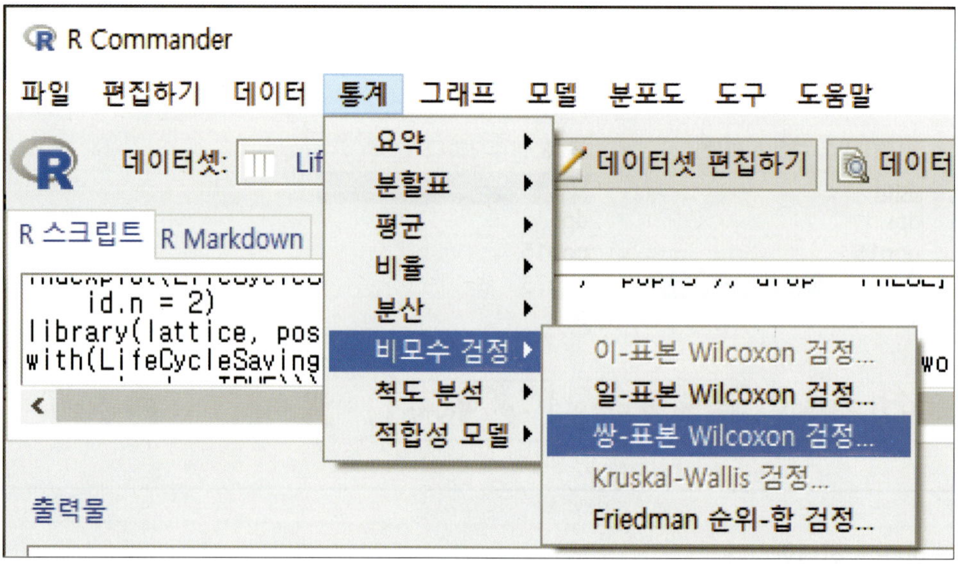

이제는 '비모수 검정'인 '쌍-표본 Wilcoxon 검정'을 선택해봅시다.

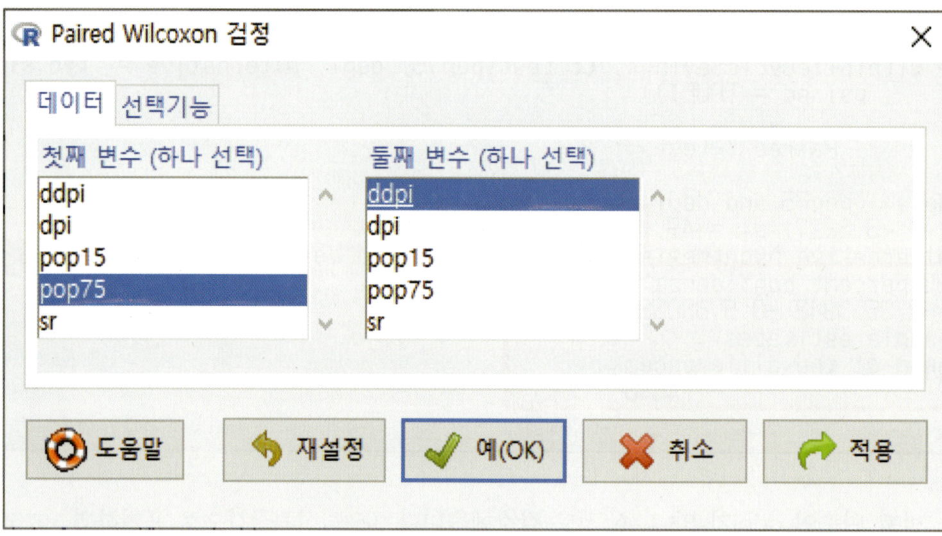

거의 동일한 메뉴를 볼 수 있습니다.

출력물

```
> with(LifeCycleSavings, median(pop75 - ddpi, na.rm = TRUE))  #
[1] -0.53

> with(LifeCycleSavings, wilcox.test(pop75, ddpi, alternative =

        Wilcoxon signed rank test with continuity correction

data:  pop75 and ddpi
V = 342.5, p-value = 0.007343
alternative hypothesis: true location shift is not equal to 0
```

중앙값의 변화가 −0.53으로 0.53만큼 감소하였으며, p값이 0.05보다 훨씬 작아 통계적으로 유의합니다.

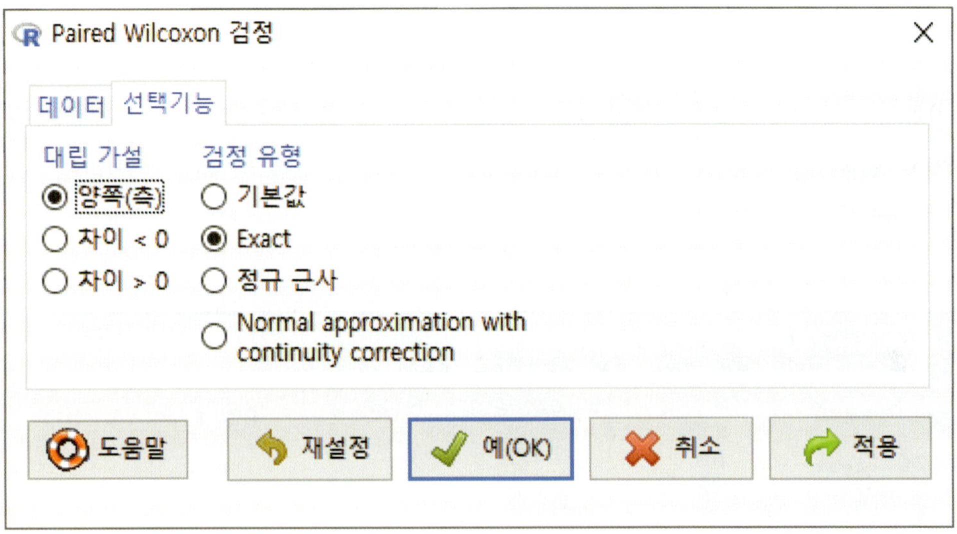

'선택기능'에서 'Exact'와 'Normal approximation with continuity correction'을 각각 선택해서 실행해봅시다.

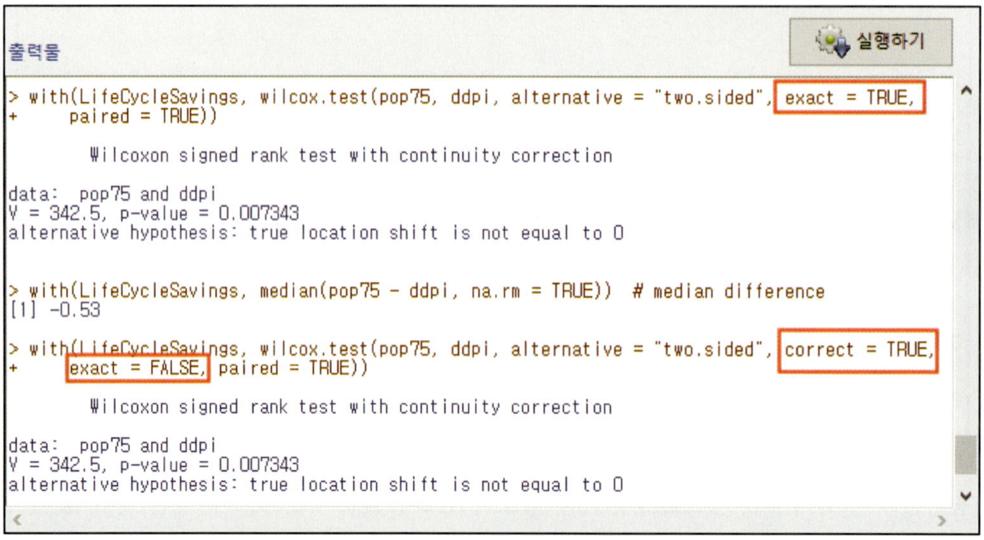

명령어가 달라졌지만 결과는 같습니다. 'Exact'는 샘플 수가 많아지면 계산이 복잡해지기 때문에 자동으로 계산이 더 편리한 후자의 방법으로 바뀌어버립니다.

그리고 'Wilcoxon signed rank test'라는 이름도 알게 되었습니다.

마찬가지로 정규성 가정을 만족할 때는 'Paired t-검정'을 하고 만족하지 못할 때 비모수 검정인 'Wilcoxon signed rank test'를 시행하는데, 이때 두 값을 뺀 값을 정규성 검정하게 됩니다.

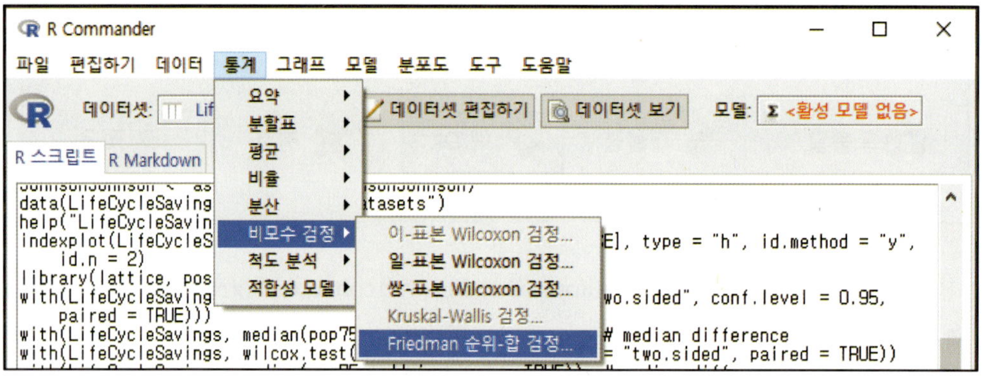

'Friedman rank sum test' 즉 'Friedman 순위-합 검정'을 선택해봅시다.

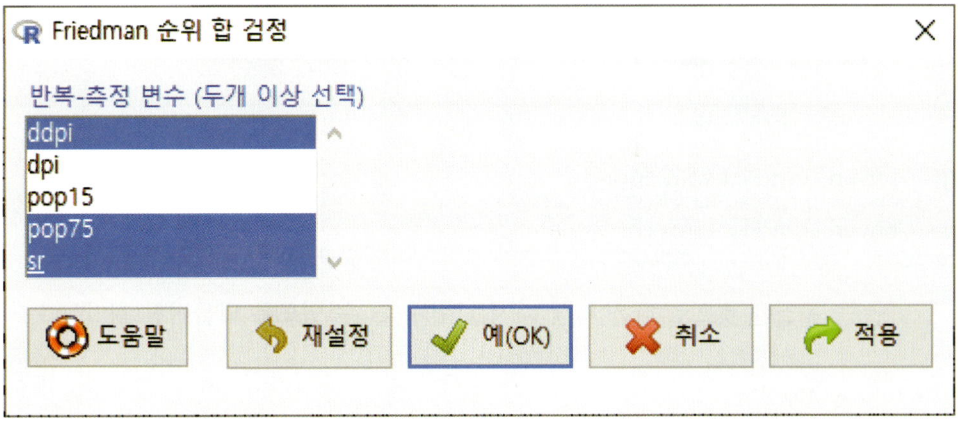

출력물

```
> local({
+     .Responses <- na.omit(with(LifeCycleSavings, cbind(ddpi
+     cat("₩nMedians:₩n")
+     print(apply(.Responses, 2, median))
+     friedman.test(.Responses)
+ })

Medians:
  ddpi  pop75     sr
 3.000  2.175 10.510

        Friedman rank sum test

data:  .Responses
Friedman chi-squared = 57.196, df = 2, p-value = 3.802e-13
```

Wilcoxon signed rank test는 2개의 변수를 비교하지만, 같은 비모수 검정인 Friedman rank sum test는 3개 이상의 변수를 비교할 수 있습니다. 앞서와 같이 예를 들면, 아토피 피부염에 세 가지 이상의 연고를 적용해서 비교해보는 연구라고 할 수 있습니다.

3개 이상의 비교이므로 이후에 쌍으로 비교해보는 과정이 남아 있습니다. 세 집단 A, B, C가 있다면 A-B, B-C, A-C를 비교해야 합니다. 그러려면 'Friedman rank sum test'에 해당하는 모수 검정이 있어야겠지요. 이것이 RM ANOVA이고 플러스 알파에서 이어서 다룰 것입니다.

◆플러스 알파

https://tinyurl.com/Plot-with-error-bar

https://tinyurl.com/Plot-error-bar

위 두 주소는 동일한 것으로 다음 다섯 가지를 쉽게 할 수 있도록 만들어진 것입니다.

- way ANOVA
- way ANOVA(1 repeated)
- way ANOVA
- way ANOVA(1 repeated)
- way ANOVA(2 repeated)

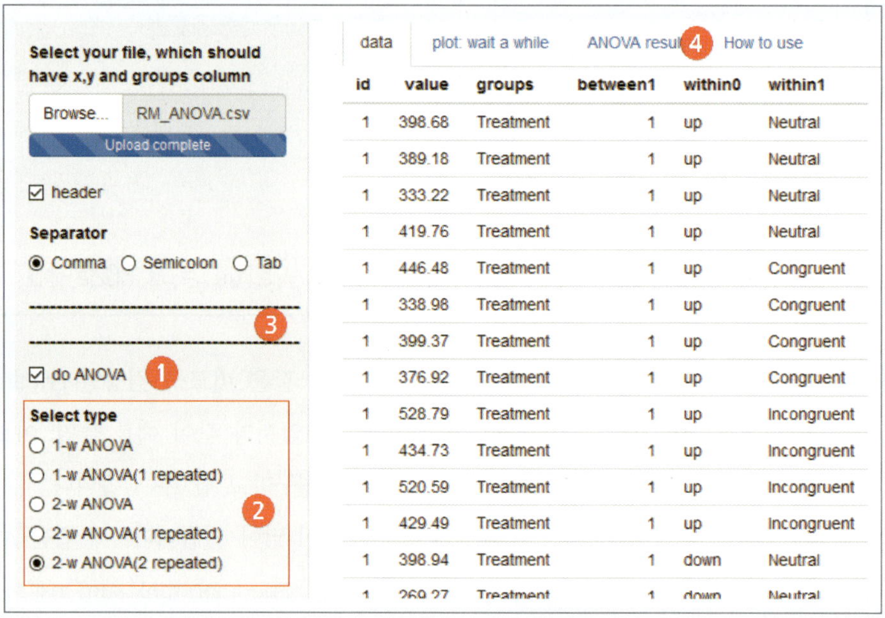

아래쪽에 'do ANOVA'를 체크하면❶ ANOVA 종류를 선택할 수 있는 메뉴가 생기고❷ 위쪽에 보였던 plot을 그려주는 메뉴들이❸ 사라집니다. ❹에 ANOVA 결과가 보입니다.

가능한 모든 변수명이 보이는 'RM_ANOVA.csv' 파일을 예제로 올렸습니다. 각자의 자료도 예제 파일에 보이는 'id', 'value', 'groups', 'between1', 'within0', 'within1'의 이름으로 편집하여 업로드합니다.

ANOVA의 종류에 따라 각각 필요한 변수명이 다르며 연구 디자인에 따라 ANOVA의 종류가 결정됩니다. 'id', 'value'는 필수이며, 'id'는 피험자의 id를 말합니다. 'value'는 분석하고자 하는 종속 변수로 ANOVA의 성격상 연속 변수이며 이론적으로 정규분포, 등분산인 표본으로부터 추출된 것임을 가정합니다. 나머지는 모두 명목 변수인 독립 변수들인데, 조합에 따라 통계법이 결정됩니다. 익숙한 이름인 'groups'은 'between0'이라고 이해하는 것이 좋습니다.

종류	사용되는 변수			
1-W ANOVA	groups			
1-W ANOVA(1 repeated)			within0	
2-W ANOVA	groups	between1		
2-W ANOVA(1 repeated)	groups		within0	
2-W ANOVA(2 repeated)			within0	within1

ANOVA의 종류와 사용되는 변수를 보여주는데 1-W ANOVA는 1개의 변수, 2-W ANOVA는 2개의 변수가 포함됩니다. repeated된 변수의 개수가 within 변수의 개수입니다. 예를 들어, 발에 생기는 어떤 병에 대해 치료한다고 하면 모든 결과값은 점수로 된 연속 변수입니다.

	Value
A치료	Value 1
B치료	Value 2
C치료	Value 3

무작위로 나누어진 둘 이상의 집단에 대해 1집단에는 A치료, 2집단에는 B치료, 3집단에는 C치료법을 시행하는 것이 1-W ANOVA입니다. 두 집단인 경우는 t-test가 되고, 세 집단 이상인 경우 ANOVA가 됩니다.

	저용량	고용량
A치료	Value 1	Value 4
B치료	Value 2	Value 5
C치료	Value 3	Value 6

조건이 두 종류일 때, 즉 저용량과 고용량의 차이를 한번에 검정한다고 하면 2-W ANOVA가 됩니다. 이때 Value 1의 값을 가지는 사람은 다른 값을 전혀 가질 수가 없습니다. **각 셀에 속한 사람들은 서로 독립적입니다**. 이런 경우가 2-W ANOVA입니다.

	Value
A치료	Value 1
B치료	Value 2
C치료	Value 3

한 사람의 피부에 상처가 세 군데 있는데 각각 다른 연고를 바른 뒤에 그 결과를 측정했다고 합니다. 이때 한 사람에게서 Value 1, 2, 3이 나오게 되고 모두 서로 독립이 아니며, 의존되어 있고(dependent) 관계되어 있습니다(related).

이런 경우가 1-W ANOVA(1 repeated)입니다. 두 집단이면 paired t-test이고, 세 집단 이상이면 1-W ANOVA(1 repeated)입니다. 한 사람에게서 자료값을 반복적으로 측정하거나 혹은 부부나 형제처럼 짝을 이룬 자료일 때 그 두 값은 repeated 또는 paired 되었다고 합니다. 어떤 경우에는 한 사람에게서 시간 차이를 두고 측정한 값일 수도 있습니다.

독립된 두 집단에서 A, B 두 약의 효과를 측정하고, 시간을 달리하여 다시 효과를 측정하던지 용량을 달리하여 측정한다고 합시다.

한 사람만 기준으로 하면 저용량의 약을 먹다가 나중에 고용량의 약을 먹게 되니까 2개의 paired 자료가 나옵니다. 전체를 기준으로 하면 어떤 사람은 A약, 다른 사람은 B약을 먹게 되므로 각각 독립된 자료가 나옵니다.

1시점과 2시점에 대해서도 마찬가지로 paired 자료와 독립된 자료가 나옵니다. 이런 경우가 2-W ANOVA(1 repeated)입니다. 보통 통계 책에 많이 소개되는 RM ANOVA는 위 분류상으로는 2-W ANOVA(1 repeated)에 속하며, SPSS에서는 between과 within 변수를 각각 하나씩 가지고 있는 경우입니다. 저의 경우 between 변수를 groups 변수로 명명하였습니다.

2-W ANOVA(2 repeated)는 within 변수가 2개인 경우입니다. 예를 들면 한 사람의 오른발과 왼발에 각각 다른 수술을 시행하고, 2개의 시점(3개월, 6개월)에서 측정하고 관찰하는 경우입니다. 오른발, 왼발의 측정값도 의존되어 있고, 두 시점도 의존되어 있습니다. 즉 한 사람에게서 4개의 측정값이 나오게 됩니다.

교차작용이 있으면 A 수술법은 6개월 경과가 좋고, B 수술법은 3개월 경과가 좋다는 식으로 결과가 나오고, A 수술법은 치료자 재활의 경과가 좋고, B 수술법은 스스로 재활의 경과가 좋다는 식으로 결과가 나옵니다.

예를 들어 설명한 것이라서 실제 상황과는 다르며 교차작용 혹은 교호작용은 2-W ANOVA, 2-W ANOVA(1 repeated), 2-W ANOVA(2 repeated) 모두에서 발생할 수 있고 검정할 수 있습니다.

그래서 아래 예에서 보듯이 p값이 3개가 나오고, 다중검정 문제까지 생각해서 p값의 유의수준을 고려해야 합니다.

```
$ANOVA
  Effect DFn DFd        F            p p<.05       ges
1 groups   1  18 18.50661 0.0004292561     * 0.5069385

$`Levene's Test for Homogeneity of Variance`
  DFn DFd       SSn     SSd         F         p p<.05
1   1  18 0.5531777 42.6997 0.2331913 0.6349885
```

```
$ANOVA
   Effect DFn DFd         F         p p<.05         ges
2 within0   1  19 0.1319741 0.7204044       0.002524095
```

```
$ANOVA
           Effect DFn DFd          F            p p<.05         ges
1          groups   1 116 19.7237430 0.0000205426     * 0.145322716
2        between1   1 116  1.0590268 0.3055782628       0.009046947
3 groups:between1   1 116  0.9317346 0.3364206667       0.007968192
```

```
$ANOVA
           Effect DFn DFd          F            p p<.05         ges
2          groups   1  18 18.2432222 0.0004595212     * 0.323435409
3         within0   1  18  0.1288062 0.7238482584       0.003766353
4 groups:within0    1  18  0.5439294 0.4703145999       0.015714001
```

```
$ANOVA
          Effect DFn DFd           F            p p<.05         ges
2        within0   1  19   0.01926758 8.910628e-01       0.000120229
3        within1   2  38 877.95519617 1.561975e-32     * 0.949762437
4 within0:within1   2  38   0.09289416 9.114962e-01       0.001252590

$`Mauchly's Test for Sphericity`
          Effect         W         p p<.05
3        within1 0.9573655 0.6756159
4 within0:within1 0.9858506 0.8796299

$`Sphericity Corrections`
          Effect       GGe        p[GG] p[GG]<.05      HFe        p[HF]
3        within1 0.9591089 2.702462e-31         * 1.064419 1.561975e-32
4 within0:within1 0.9860480 9.091848e-01           1.099428 9.114962e-01
  p[HF]<.05
3         *
4
```

위의 예제 파일은 모든 변수가 갖추어져 있으므로 이렇게 모든 통계 결과를 볼 수 있습니다. 각각에 맞게 등분산 검정이나 구형성 검정 등도 같이 보여줍니다.

'within0', 'within1' 변수는 한 사람에게서 반복적으로 측정되는 경우입니다. 여기서는 일부러 변수 이름을 알기 쉽게 지었지만, 실제에서는 변수 이름이 달라지겠지요.

이제 예제를 통해 plot과 통계를 같이 배워보겠습니다.

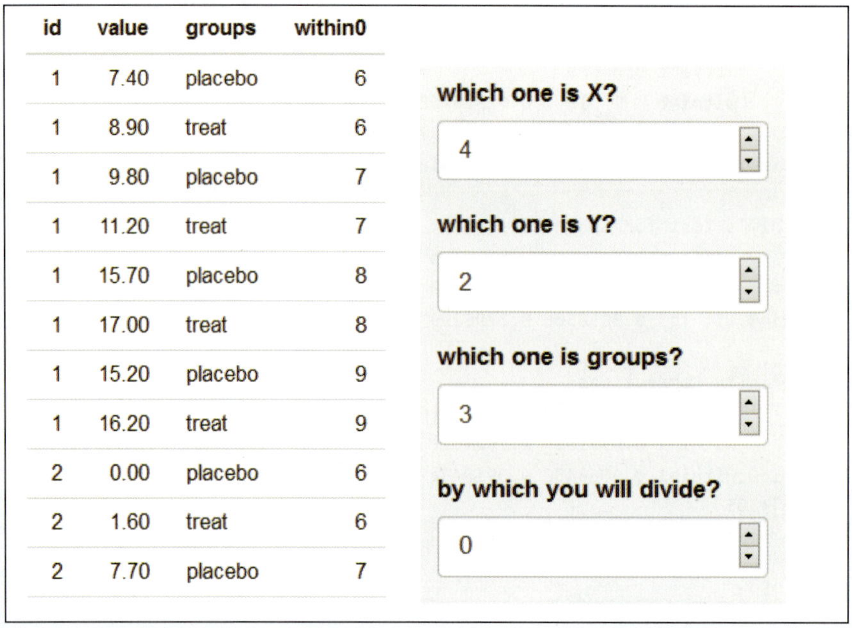

id	value	groups	within0
1	7.40	placebo	6
1	8.90	treat	6
1	9.80	placebo	7
1	11.20	treat	7
1	15.70	placebo	8
1	17.00	treat	8
1	15.20	placebo	9
1	16.20	treat	9
2	0.00	placebo	6
2	1.60	treat	6
2	7.70	placebo	7

'hours2.csv' 파일을 업로드합니다. within0은 시간적인 자료이거나 dependent 자료이며 x축이 적당합니다. 거의 항상 value가 Y로 갑니다. groups에는 groups가 들어갑니다. id에 해당하는 것은 plot에서는 무시됩니다.

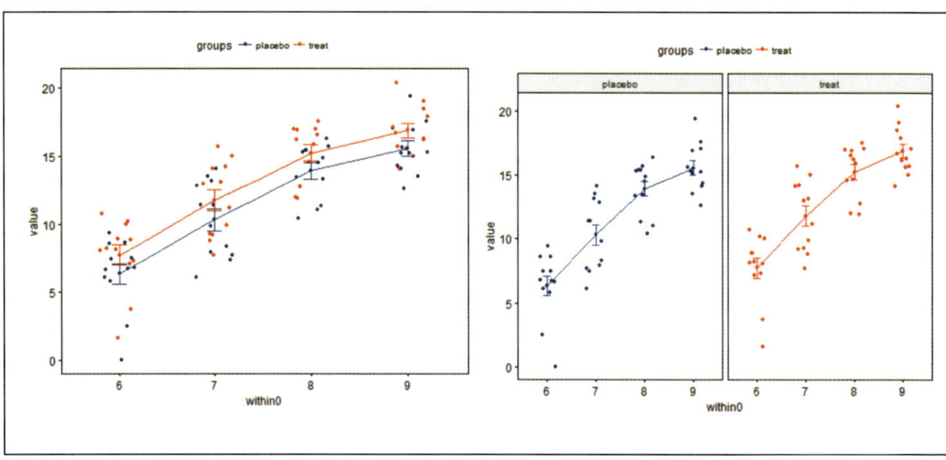

결과적인 plot은 이와 같습니다. 이 경우에는 facet을 나누지 않는 것이 좋을 것 같은데, divide에 0을 입력하면 왼쪽이 되고 3을 입력하면 오른쪽이 됩니다. 오른쪽은 비교하는 두 군이 떨어져 있어서 보기에 좋지 않습니다.

```
$ANOVA
          Effect DFn DFd            F            p p<.05
          ges
1         groups   1  22 3.326094e+00 8.180418e-02
 9.653080e-02
2        within0   1  22 2.032073e+02 1.362760e-12     *
 7.303883e-01
3 groups:within0   1  22 7.384222e-03 9.322982e-01
 9.843233e-05
```

'2-W ANOVA(1 repeated)'의 결과가 이렇게 나왔습니다. groups에 대해서는 p=0.082로, within0(이 경우는 시간)에 대해서는 p 〈 0.001로 보입니다. p=0.932로 두 변수의 interaction은 없는 것으로 보입니다.

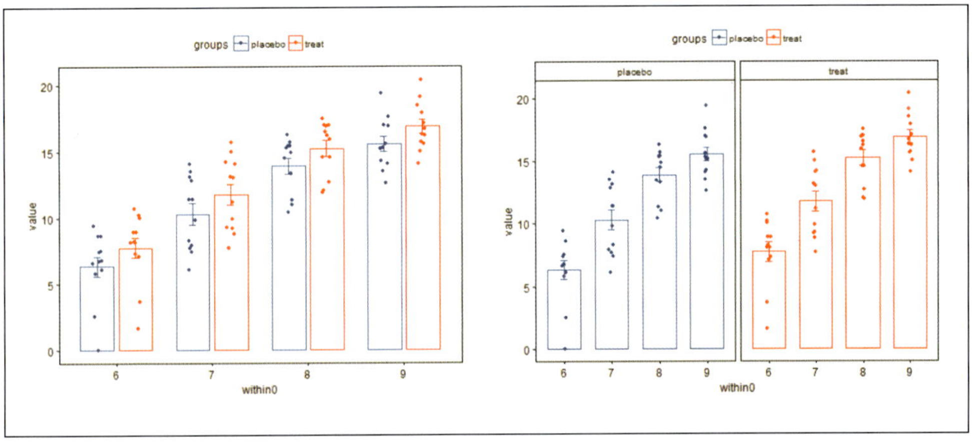

'line' 대신 'bar'를 사용하면 시간상으로 연결된다는 느낌이 줄어듭니다. within0이 만일 신체의 여러 부위라면 'bar'도 적절할 수 있습니다.

id	within0	value	title
1	6	7.40	increase
1	7	9.80	increase
1	8	15.70	increase
1	9	15.20	increase
2	6	0.00	increase
2	7	7.70	increase
2	8	14.50	increase
2	9	17.00	increase
3	6	9.40	increase
3	7	13.50	increase
3	8	16.30	increase
3	9	16.90	increase

which one is X?

2

which one is Y?

3

which one is groups?

4

by which you will divide?

0

'hours.csv' 파일을 업로드합니다. 하나의 군에 대해서 6, 7, 8, 9 시점에서 value를 얻었다고 가정합시다. groups에 해당하는 자료가 없으니 title이라는 변수를 임시로 만들고 이것을 groups로 지정하여 숫자 4를 입력합니다. 이 이름은 통계에는 반영되지 않습니다.

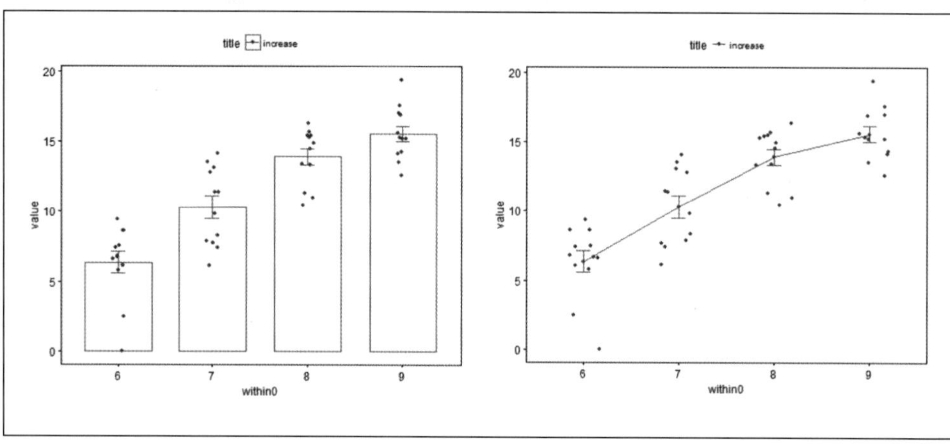

이렇게 plot을 만들 수 있습니다.

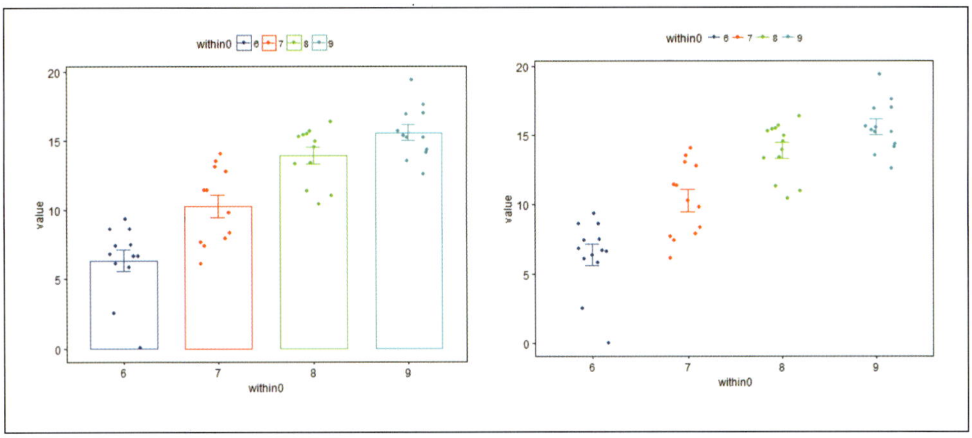

'groups'에 숫자 2를 입력하면 임시 변수를 만들 필요가 없어지며, 이렇게 groups마다 색이 달라지면서 line plot에서는 가로선이 없어집니다.

```
$ANOVA
   Effect DFn DFd       F            p p<.05       ges
1 within0   1  11 103.045 6.362773e-07     * 0.9035468
```

'1-W ANOVA(1 repeated)'를 이용하며 ANOVA의 결과를 보여줍니다.

다양한 ANOVA를 쉽게 이해할 수 있도록 메뉴 구성을 하였으므로 초보자도 간단하게 사용할 수 있을 것입니다. 단, ANOVA의 성격상 missing data가 있으면 안 되고, 데이터 준비가 매우 중요합니다.

4.11 데이터 다루기-수정하기

간단한 데이터 수정은 엑셀에서 하는 것이 훨씬 편합니다. 좀 복잡한 수정은 R이 더 편할 때도 있습니다. 지금은 엑셀에서 데이터를 편집하는 방법을 배우겠습니다.

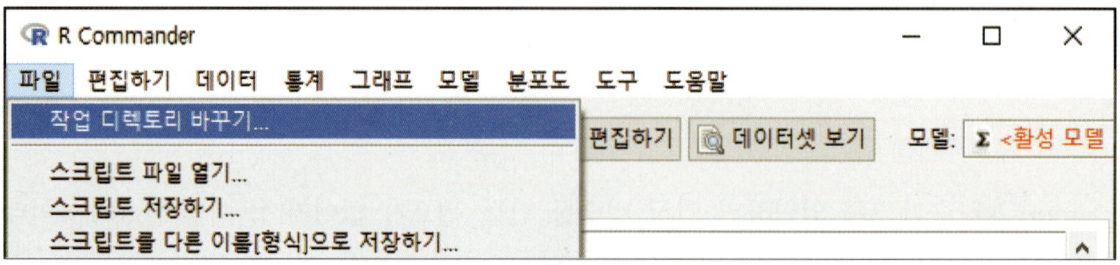

'작업 디렉토리 바꾸기'를 실행하면 현재 작업 디렉토리가 어디인지 확인하고 바꿀 수 있습니다. 이 공간에서 모든 작업을 하는 것이 편리합니다.

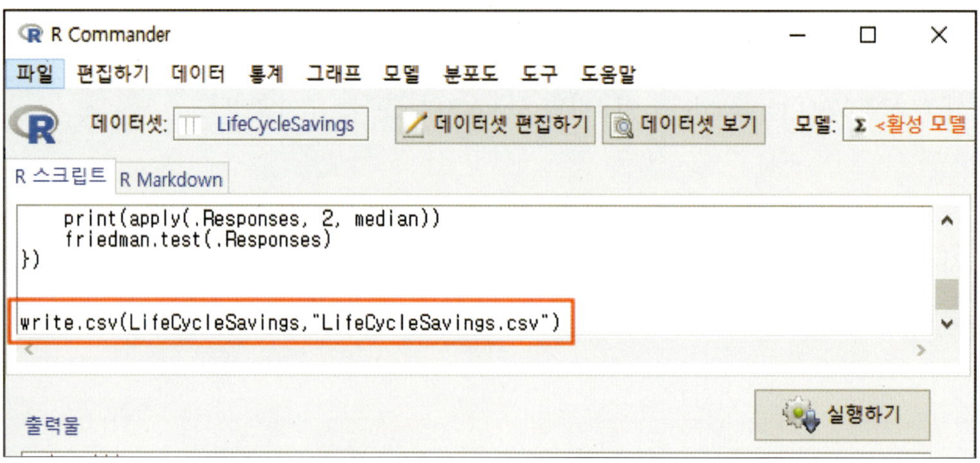

write.csv(?,"?.csv") 명령어를 사용하면 데이터를 저장할 수 있습니다. ? 부분을 원하는 이름으로 바꾸면 됩니다. 이 라인에 커서를 두고 '실행하기'를 클릭합니다.

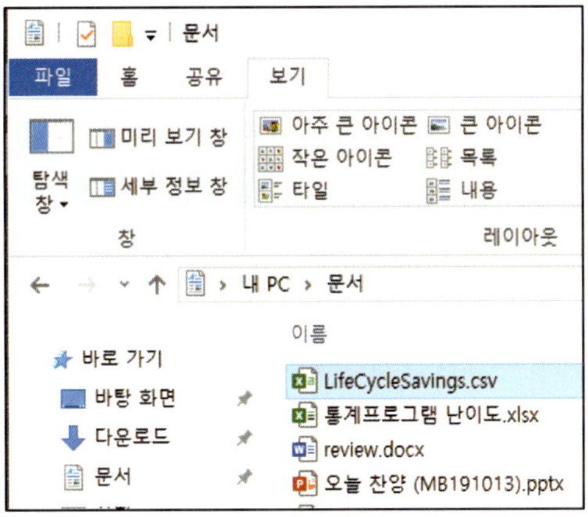

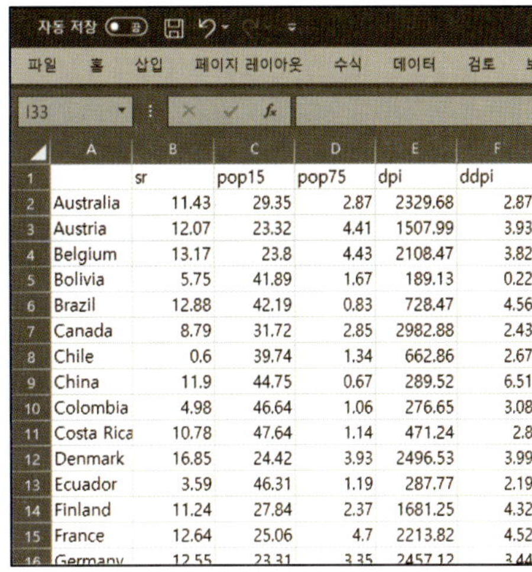

지정한 폴더에 원하는 이름으로 저장되었습니다. 확장자는 csv 형식으로 엑셀에서 쉽게 열 수 있습니다. 데이터는 철자를 바꾸거나, 행의 순서를 바꾸거나, 지우고 삽입하는 등 의도하는 대로 편집할 수 있습니다.

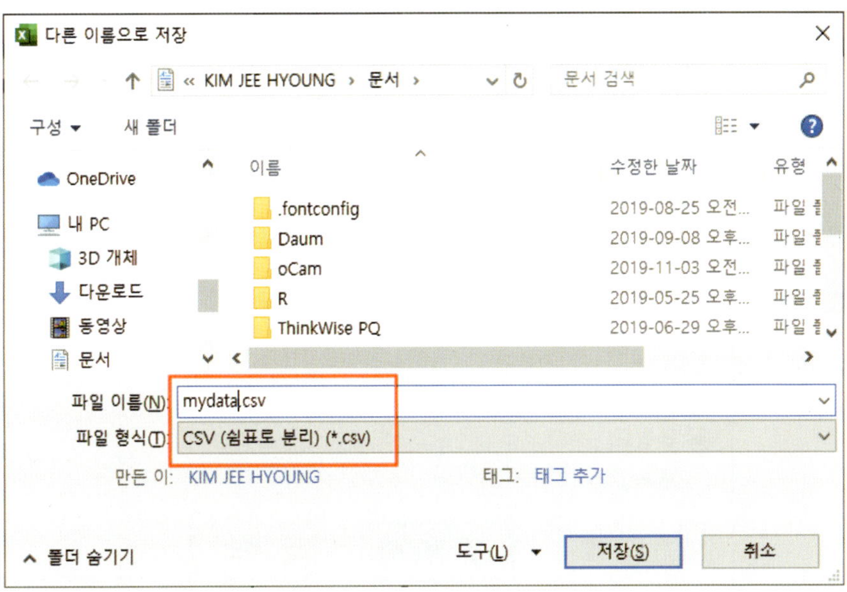

이렇게 편집한 다음 원하는 공간에 저장하면 됩니다. 어떤 파일이든 엑셀로 편집한 다음에 통계 분석에 활용하기 원한다면 '작업 디렉토리'에 '다른 이름으로 저장하기'를 눌러 적절한 이름으로 저장합니다. 일단 csv 형식으로 저장하는 것을 추천합니다.

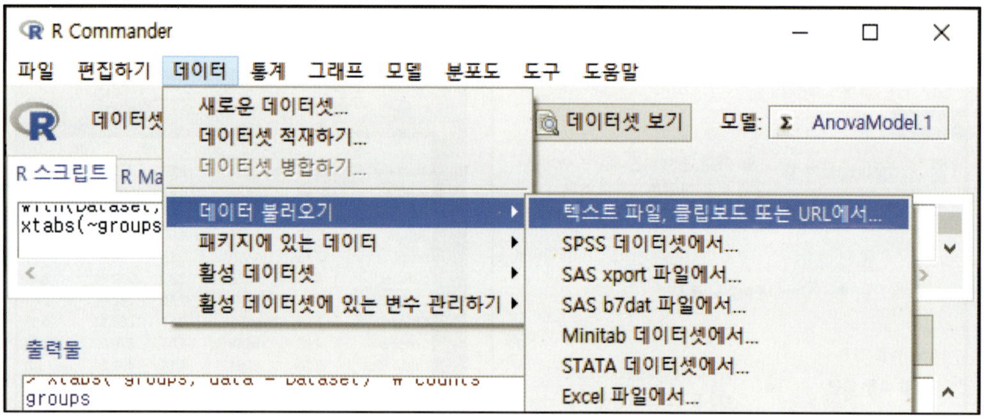

여러 형식의 데이터를 불러올 수 있지만 저는 안정적이고 가벼운 csv 형식을 선호합니다.

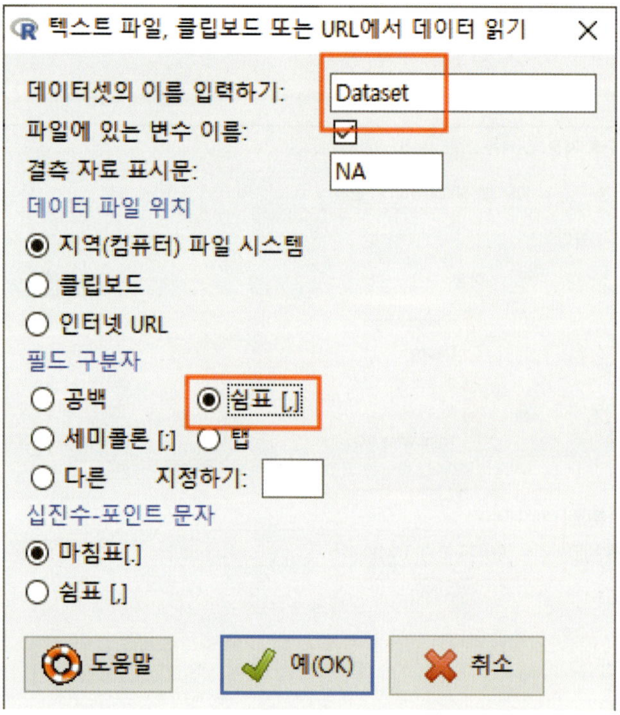

불러온 데이터에 임시로 붙일 이름을 정합니다. 디폴트값은 'Dataset'으로 되어 있습니다. 필드 구분자는 '쉼표'로 꼭 바꾸어줍니다. 나머지도 적절하게 바꾸어주면 되는데 익숙해질 때까지는 현재 상태를 그대로 씁니다.

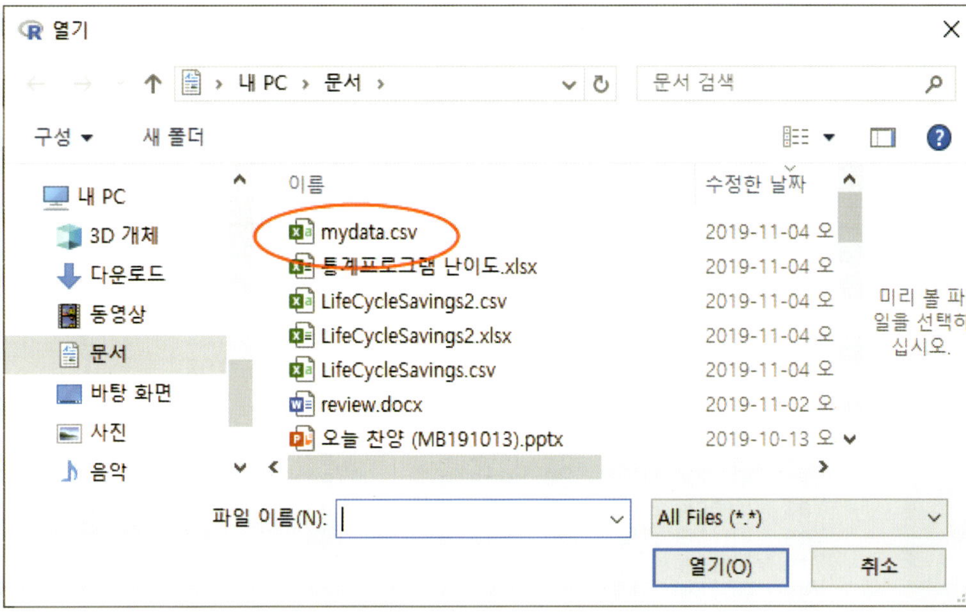

탐색기로 원하는 파일을 불러옵니다.

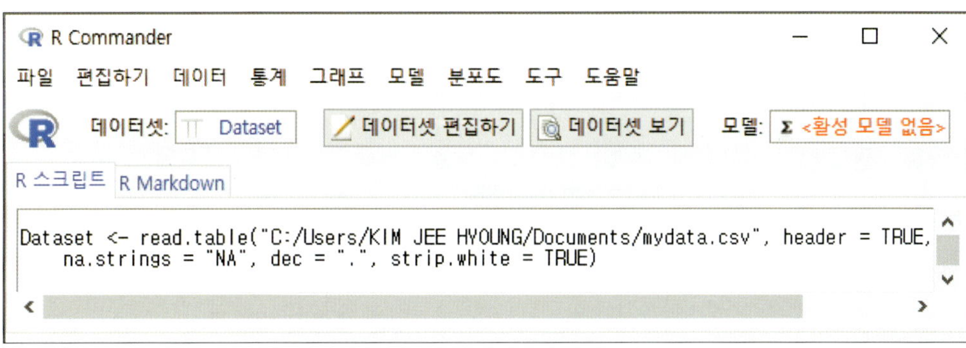

이 스크립트가 데이터를 불러와서 Dataset이라는 이름으로 넣어두도록 하는 명령어입니다. 이렇게 해서 지금까지 배운 통계 기법을 자신의 데이터에 적용할 수 있습니다.

4.12 로지스틱 회귀 분석과 기타

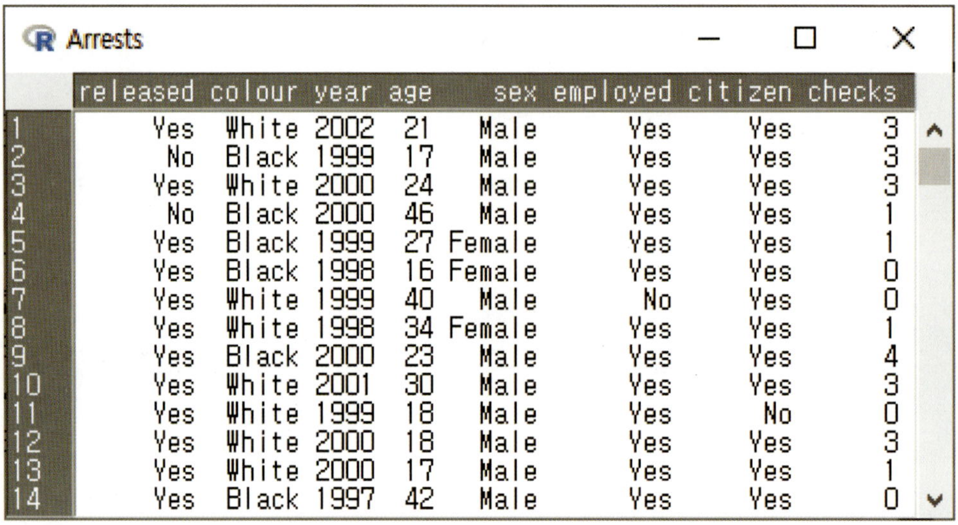

'carData'의 'Arrests' 데이터를 불러왔습니다.

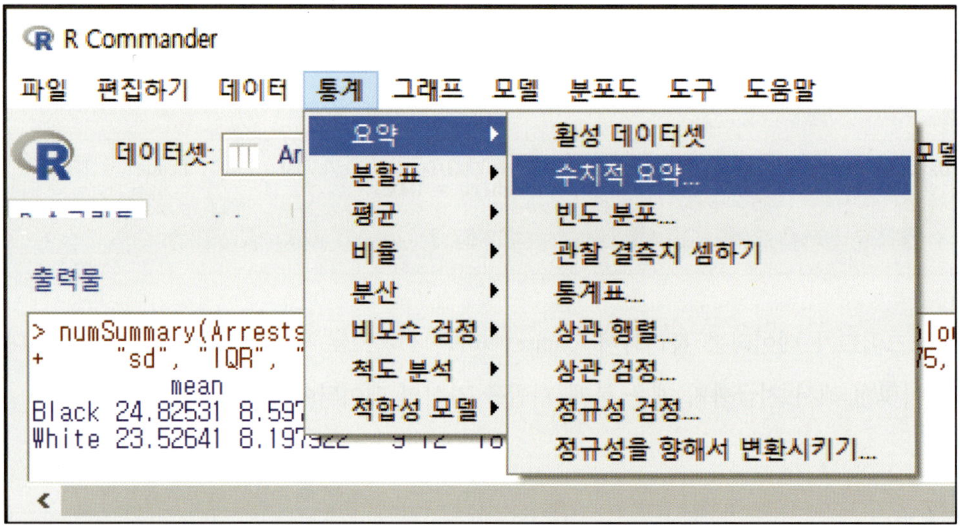

'통계 〉 요약 〉 수치적 요약'을 선택합니다.

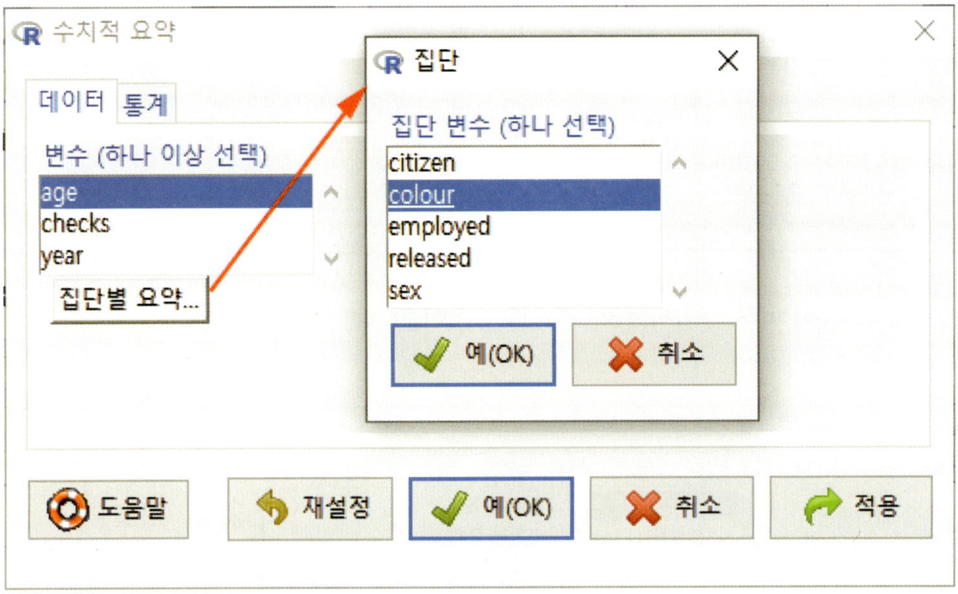

연속 변수인 age에 대해서 분석하는데, colour 집단에 따라 분리해서 분석할 것입니다.

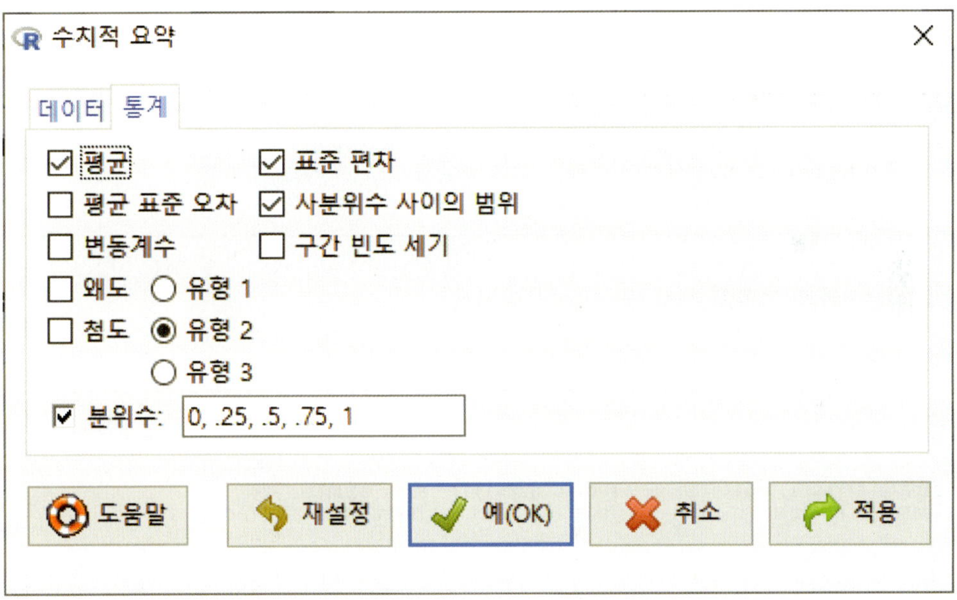

'통계' 부분에서 추가적인 정보를 선택할 수 있는데 지금은 디폴트값만 표시하겠습니다.

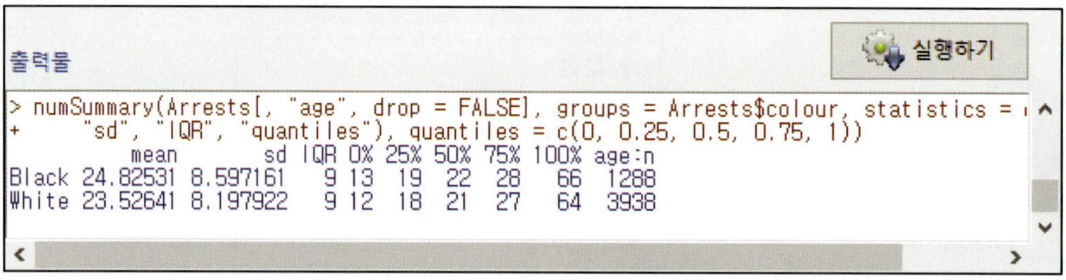

Black과 White에 따른 수치적 요약 결과들을 보여줍니다.

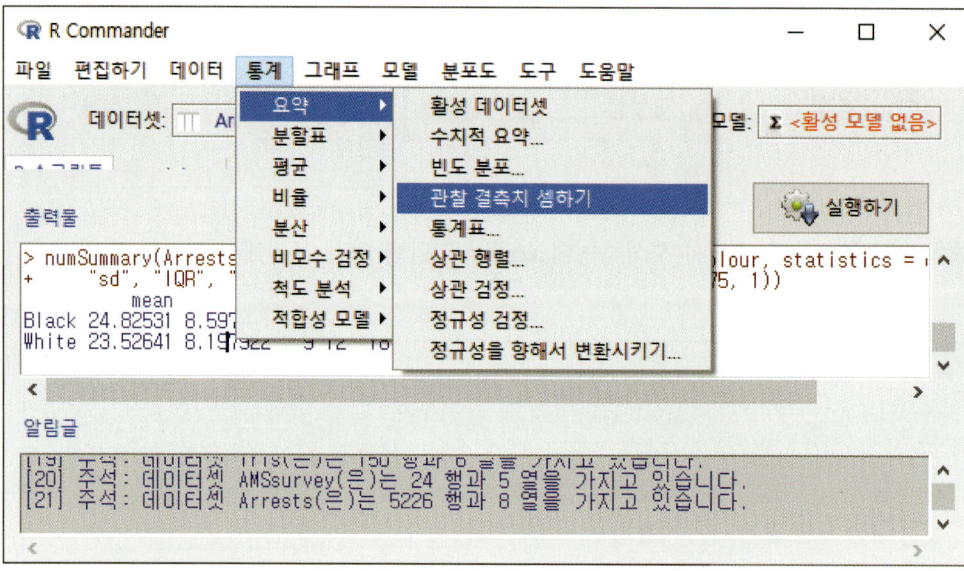

'요약'에는 '관찰 결측치 셈하기' 기능이 있어서

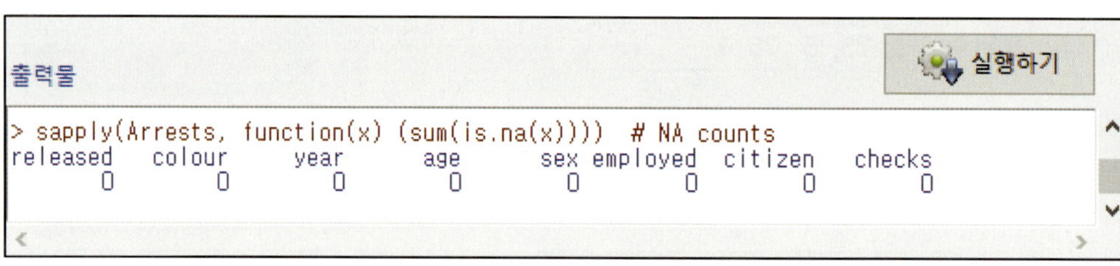

각 변수별 결측치를 찾아줍니다.

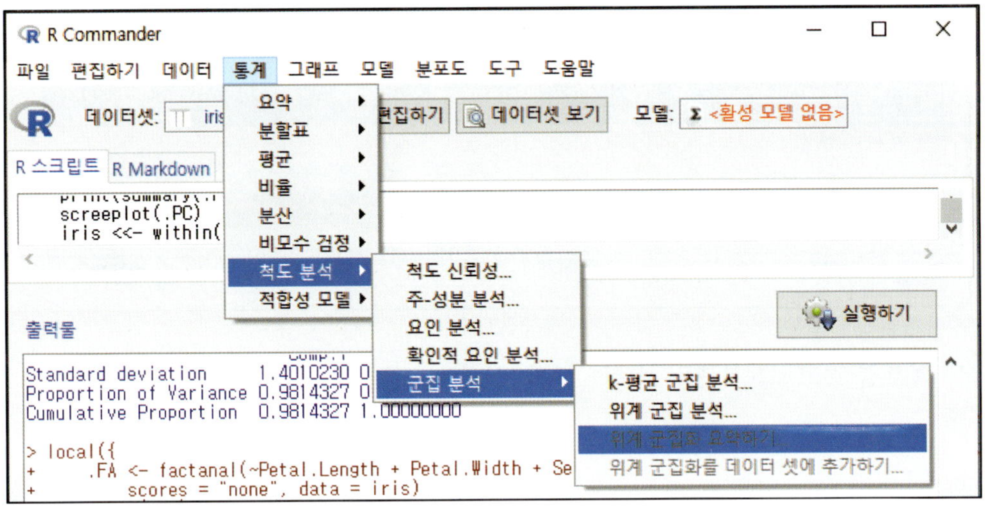

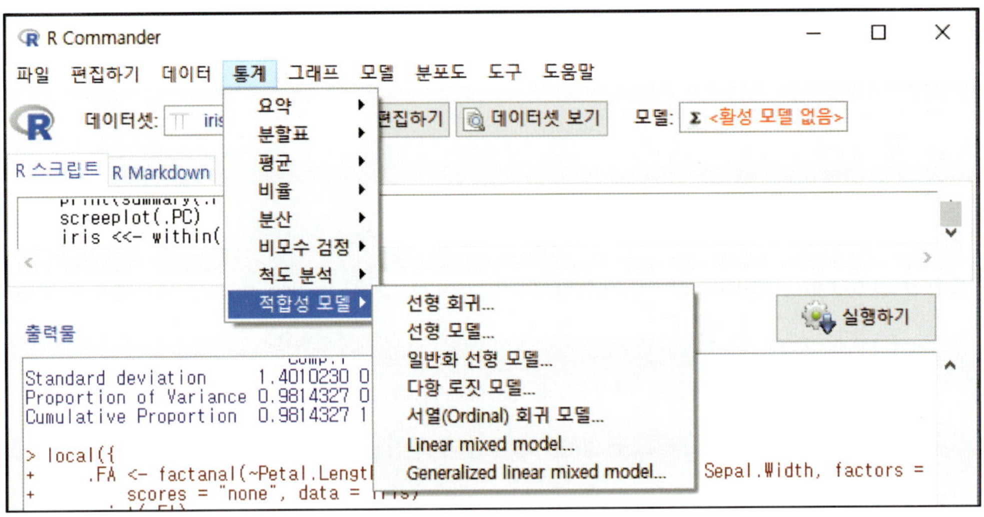

그 외에도 다양한 분석 방법이 가능합니다. 이 중에서 '선형 회귀'는 앞서 다루었고, '로지스틱 회귀 분석'은 다음과 같이 스크립트 방식으로 실행해보겠습니다.

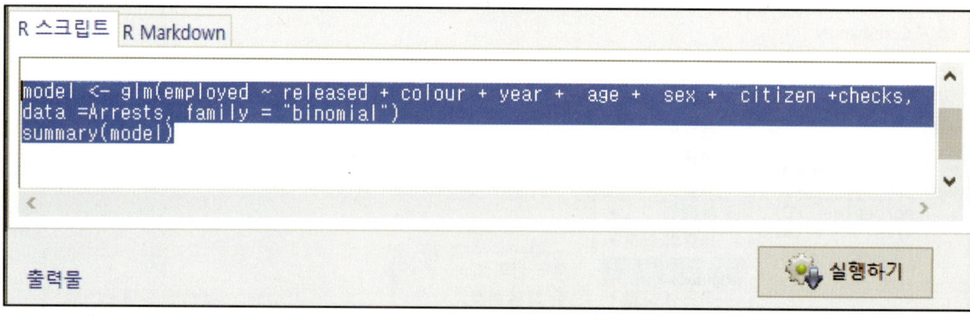

스크립트를 쓰고, 그 부분을 선택한 뒤에 '실행하기'를 클릭합니다.

model 〈- glm(employed ~ released + colour + year + age + sex
+ citizen + checks, data = Arrests, family = "binomial")

summary(model)

이것이 명령문인데 찬찬히 살펴보겠습니다.

'glm'은 generalized linear model을 의미합니다. 이어지는 family는 다양한 회귀 분석을 포함합니다. binomial이라면 '로지스틱 회귀 분석'이 되고, poisson이면 '포아송 회귀 분석'이 됩니다. 일단 우리는 family = "binomial"만 생각하겠습니다.

'~'의 왼쪽에 있는 것은 종속 변수로서 '로지스틱 회귀 분석'인 경우에는 이분 변수만 가능합니다. ~의 오른쪽에 +로 연결된 것은 종속 변수로서 연속 변수 또는 명목 변수도 가능합니다. 'data = Arrests'는 Arrests라는 데이터를 사용하라는 뜻입니다. 그 결과를 model로 입력하도록 '〈-' 표시가 있습니다. 'summary(model)'는 결과를 요약적으로 보여주라는 뜻입니다. 그러니까 위의 빨간 글씨 부분만 바꾸어주면 '로지스틱 회귀 분석'이 되는 것입니다.

출력물

실행하기

```
Call:
glm(formula = employed ~ released + colour + year + age + sex +
    citizen + checks, family = "binomial", data = Arrests)

Deviance Residuals:
    Min       1Q   Median       3Q      Max
-2.2712   0.4064   0.5202   0.6923   1.7691

Coefficients:
                  Estimate Std. Error z value       Pr(>|z|)
(Intercept)     -28.096719  52.411786  -0.536       0.591906
released[T.Yes]   0.752017   0.084656   8.883        < 2e-16 ***
colour[T.White]   0.288526   0.080560   3.582       0.000342 ***
year              0.014488   0.026224   0.552       0.580637
age              -0.023879   0.003991  -5.983 0.00000000219 ***
sex[T.Male]       0.656499   0.121159   5.419 0.00000006010 ***
citizen[T.Yes]    0.282522   0.100219   2.819       0.004817 **
checks           -0.324806   0.023862 -13.612        < 2e-16 ***
---
Signif. codes:  0 '***' 0.001 '**' 0.01 '*' 0.05 '.' 0.1 ' ' 1

(Dispersion parameter for binomial family taken to be 1)

    Null deviance: 5418.0  on 5225  degrees of freedom
Residual deviance: 4934.7  on 5218  degrees of freedom
AIC: 4950.7

Number of Fisher Scoring iterations: 4
```

결과는 회귀 분석에서 보던 것과 비슷하게 'Estimate(계수)' 부분이 양으로 크면 더 크게 영향을 받는 것입니다(일단 지금은 그렇습니다). 그리고 오른쪽에 p값이 계산되는 것도 보아야 합니다.

colour[T.White]의 Estimate가 약 0.4이므로 colour가 employed에 0.4배 영향을 미친다는 것인데 이때 문제가 발생합니다. colour는 무엇이 기준인지, employed는 무엇이 기준인지에 따라 해석이 바뀔 수 있습니다.

데이터를 다운로드받습니다.

	A	B	C	D	E	F	G	H	I
1		released	colour	year	age	sex	employed	citizen	checks
2	1	Yes	White	2002	21	Male	Yes	Yes	3
3	2	No	Black	1999	17	Male	Yes	Yes	3
4	3	Yes	White	2000	24	Male	Yes	Yes	3
5	4	No	Black	2000	46	Male	Yes	Yes	1
6	5	Yes	Black	1999	27	Female	Yes	Yes	1
7	6	Yes	Black	1998	16	Female	Yes	Yes	0
8	7	Yes	White	1999	40	Male	No	Yes	0
9	8	Yes	White	1998	34	Female	Yes	Yes	1
10	9	Yes	Black	2000	23	Male	Yes	Yes	4
11	10	Yes	White	2001	30	Male	Yes	Yes	3
12	11	Yes	White	1999	18	Male	Yes	No	0
13	12	Yes	White	2000	18	Male	Yes	Yes	3

제가 추천하는 방법으로 데이터를 바꾸어봅시다.

- A열은 행번호이므로 삭제
- **Yes는 1로 No는 0으로 바꾸기(Ctrl H 이용)**
- **sex는 변수명을 Male로 바꾸고, Male이면 1 아니면 0**
  또는 변수명을 Female로 바꾸고, Female이면 1 아니면 0
- colour를 White로 바꾸고 White이면 1 아니면 0
  또는 Black으로 바꾸고, Black이면 1 아니면 0

	A	B	C	D	E	F	G	H
1	released	White	year	age	Male	employed	citizen	checks
2	1	1	2002	21	1	1	1	3
3	0	0	1999	17	1	1	1	3
4	1	1	2000	24	1	1	1	3
5	0	0	2000	46	1	1	1	1
6	1	0	1999	27	0	1	1	1
7	1	0	1998	16	0	1	1	0
8	1	1	1999	40	1	0	1	0
9	1	1	1998	34	0	1	1	1
10	1	0	2000	23	1	1	1	4
11	1	1	2001	30	1	1	1	3
12	1	1	1999	18	1	1	0	0
13	1	1	2000	18	1	1	1	3
14	1	1	2000	17	1	1	1	1

변경된 파일을 'Arrests2.csv'로 저장했습니다.

R 스크립트 R Markdown

```
mydata =read.csv("Arrests2.csv")

model <- glm(employed ~ released + White + year +  age +  Mal
data = mydata, family = "binomial")
summary(model)
```

R 스크립트 R Markdown

```
mydata =read.csv("Arrests2.csv")

model <- glm(employed ~ .,
data = mydata, family = "binomial")
summary(model)
```

'Arrests2.csv'를 불러와서 로지스틱 회귀 분석을 시행하고 보여주는 명령어를 한꺼번에 시행할 수 있습니다. 아래쪽에 보이듯이 employed ~ .라고 쓰면 모든 변수명을 한꺼번에 표현한 것이 됩니다. 마침표(.)에 주목하세요.

```
Coefficients:
                     Estimate Std. Error z value        Pr(>|z|)
(Intercept)        -28.096719  52.411786  -0.536        0.591906
released[T.Yes]      0.752017   0.084656   8.883         < 2e-16
colour[T.White]      0.288526   0.080560   3.582        0.000342
year                 0.014488   0.026224   0.552        0.580637
age                 -0.023879   0.003991  -5.983 0.00000000219
sex[T.Male]          0.656499   0.121159   5.419 0.00000006010
citizen[T.Yes]       0.282522   0.100219   2.819        0.004817
checks              -0.324806   0.023862 -13.612         < 2e-16
```

```
Coefficients:
                Estimate Std. Error z value        Pr(>|z|)
(Intercept) -28.096719  52.411786  -0.536        0.591906
released      0.752017   0.084656   8.883         < 2e-16 ***
White         0.288526   0.080560   3.582        0.000342 ***
year          0.014488   0.026224   0.552        0.580637
age          -0.023879   0.003991  -5.983 0.00000000219 ***
Male          0.656499   0.121159   5.419 0.00000006010 ***
citizen       0.282522   0.100219   2.819        0.004817 **
checks       -0.324806   0.023862 -13.612         < 2e-16 ***
```

결과는 이렇게 나왔습니다. 위의 것과 아래 것을 비교해보세요. 동일한 결과이지만 아래 것이 이해하기 쉽습니다.

Male인 경우가 e^0.656499배 더 employed라는 뜻입니다. e^0.656499 = EXP(0.656499) =1.93, 즉 Male이 1.93배 더 employed된다는 의미가 됩니다. 이것을 오즈비(odds ratio)라고 합니다.

	A	B	C	D	E	F	G	H
1	released	White	year	age	Female	employed	citizen	checks
2	1	1	2002	21	0	1	1	3
3	0	0	1999	17	0	1	1	3
4	1	1	2000	24	0	1	1	3
5	0	0	2000	46	0	1	1	1
6	1	0	1999	27	1	1	1	1
7	1	0	1998	16	1	1	1	0
8	1	1	1999	40	0	0	1	0

만일 Female을 기준으로 만든 'Arrests3.csv'를 만들어서 시행하면,

```
Coefficients:
              Estimate Std. Error z value       Pr(>|z|)
(Intercept) -27.440219  52.415851  -0.524       0.600619
released      0.752017   0.084656   8.883        < 2e-16 ***
White         0.288526   0.080560   3.582       0.000342 ***
year          0.014488   0.026224   0.552       0.580637
age          -0.023879   0.003991  -5.983 0.00000000219 ***
Female       -0.656499   0.121159  -5.419 0.00000006010 ***
citizen       0.282522   0.100219   2.819       0.004817 **
checks       -0.324806   0.023862 -13.612        < 2e-16 ***
```

이렇게 보입니다. Female이 e^−0.656499 = EXP(−0.656499) = 0.52배가 됩니다. Male 기준의 오즈비와 역수 관계입니다.

보통 논문에서는 Female (vs Male)로 표시한다든지 Female로 표시하는 경우가 많습니다. sex[T.Male]로 표시하면 T를 vs로 착각할 수도 있을 것 같습니다. 그래서 앞서 소개한 요령대로 데이터를 정리하면 정리도 쉽고, 결과 해석도 쉬우리라 생각합니다. 명목 변수는 이름을 어떻게 정하느냐에 따라 반대로 계산되기 때문에 중요하며, 나이 같은 연속 변수의 경우도 조심해야 합니다.
나이의 Estimate는 0.014488입니다. 매우 작은 값이죠. EXP(0.014488) = 1.01459346입니다. 즉 나이가 1세 증가하면 1.0146배 증가합니다. 10세가 증가하면 10.146배 증가하는 것이 아니라, 1.0146^10배, 즉 1.156배 증가합니다.

◆플러스 알파

data uni-result multi-result table plot How to use

released	colour	year	age	sex	event	citizen	checks
Yes	White	2002	21	Male	1	Yes	3
No	Black	1999	17	Male	1	Yes	3
Yes	White	2000	24	Male	1	Yes	3
No	Black	2000	46	Male	1	Yes	1
Yes	Black	1999	27	Female	1	Yes	1
Yes	Black	1998	16	Female	1	Yes	0
Yes	White	1999	40	Male	0	Yes	0

https://tinyurl.com/Logistic-and-OR-plot은 로지스틱 회귀 분석이 초보자들에게는 복잡할 수 있을 것 같아 도움을 주기 위해 만들었습니다. 종속 변수는 꼭 event로 표현해야 하고 0과 1로 나타내야 하는 규칙이 있지만 다른 변수들은 자유롭게 바꿀 수 있습니다.

```
Coefficients:
              Estimate Std. Error z value Pr(>|z|)
(Intercept) -28.096719  52.411786  -0.536 0.591906
releasedYes   0.752017   0.084656   8.883  < 2e-16 ***
colourWhite   0.288526   0.080560   3.582 0.000342 ***
year          0.014488   0.026224   0.552 0.580637
age          -0.023879   0.003991  -5.983 2.19e-09 ***
sexMale       0.656499   0.121159   5.419 6.01e-08 ***
citizenYes    0.282522   0.100219   2.819 0.004817 **
checks       -0.324806   0.023862 -13.612  < 2e-16 ***
```

이런 방식으로 표현하거나(빨간 상자 참조)

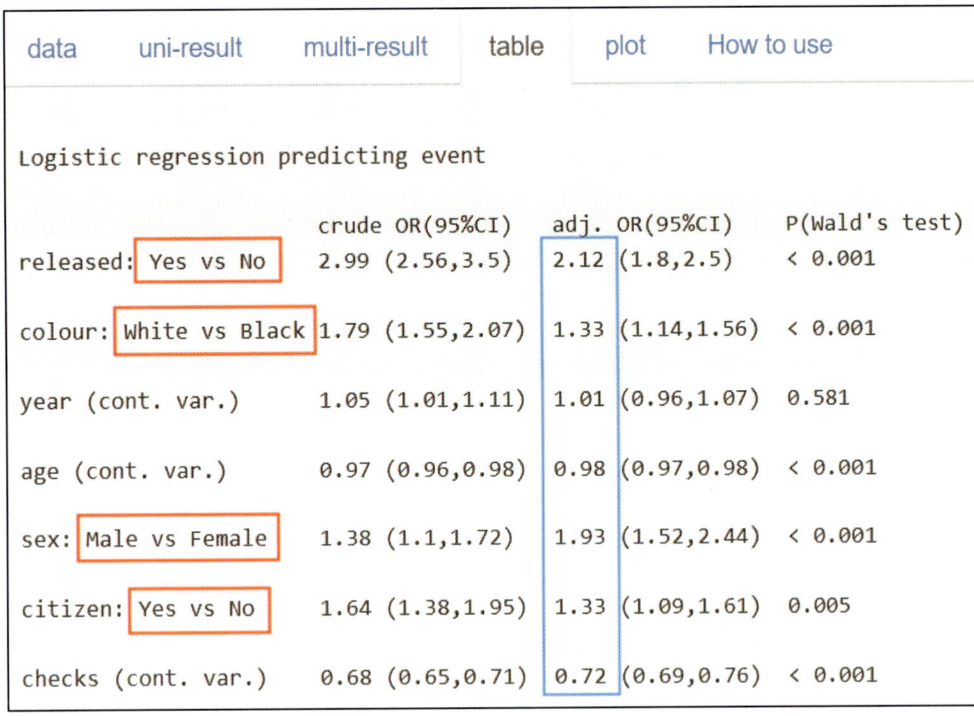

data | uni-result | multi-result | table | plot | How to use

Logistic regression predicting event

	crude OR(95%CI)	adj. OR(95%CI)	P(Wald's test)
released: Yes vs No	2.99 (2.56,3.5)	2.12 (1.8,2.5)	< 0.001
colour: White vs Black	1.79 (1.55,2.07)	1.33 (1.14,1.56)	< 0.001
year (cont. var.)	1.05 (1.01,1.11)	1.01 (0.96,1.07)	0.581
age (cont. var.)	0.97 (0.96,0.98)	0.98 (0.97,0.98)	< 0.001
sex: Male vs Female	1.38 (1.1,1.72)	1.93 (1.52,2.44)	< 0.001
citizen: Yes vs No	1.64 (1.38,1.95)	1.33 (1.09,1.61)	0.005
checks (cont. var.)	0.68 (0.65,0.71)	0.72 (0.69,0.76)	< 0.001

이런 방식으로 표현하도록 되어 있습니다. 파란 상자에는 Exp(Estimate)를 계산해서 나타나도록 했습니다. 더불어 crude OR과 adjusted OR과 이들의 신뢰구간을 표현하여 논문에 바로 사용할 수 있도록 했습니다. 마치 하나의 변수만 있는 것처럼, 즉 released와 employed 둘만 분석하여 시행한 것이 crude OR이며, 다른 모든 변수들을 종합적으로 시행한 것이 adjusted OR입니다. 논문에서는 보통 둘 다 제시합니다.

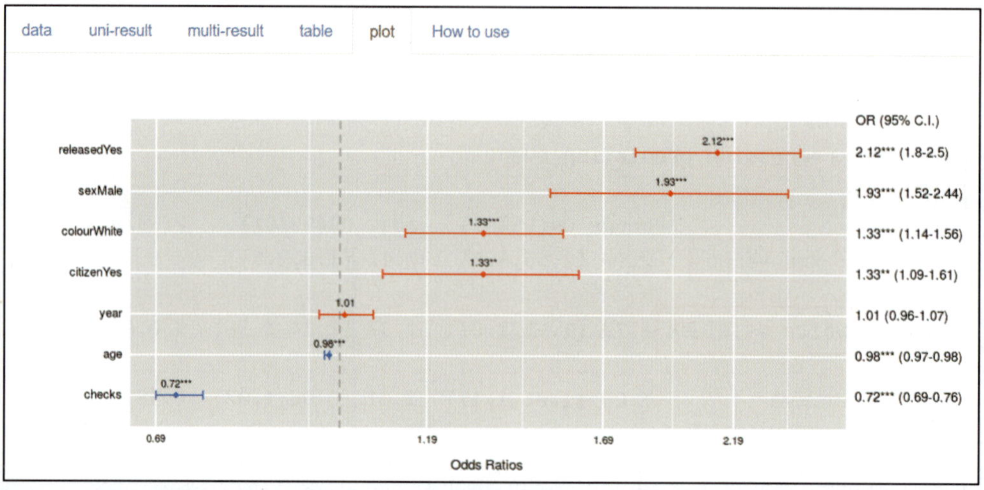

시각적으로도 쉽게 볼 수 있도록 plot을 제공합니다.

로지스틱 회귀 분석은 엑셀에서 어렵게 시행하기보다는 이처럼 R을 이용하는 편이 낫습니다. 또한 로지스틱 회귀 분석에서 변수 이름을 정하고, 정리하고 해석하는 면이 다소 어려운 점이 있어서 관련 내용을 상술했습니다. 스크립트 방식으로 시행하기, 자료를 저장하고 불러오기도 배웠습니다. 좀더 편리하게 만들어진 R shiny로 작업하는 방법도 맛보았습니다.

이처럼 R은 다양한 확장이 가능하므로 기존의 많은 통계적 기법뿐 아니라 시험적인 분석 기법들에도 활용되고 있습니다.

이 책을 쓰게 된 구체적인 계기를 꼽아보면 다음과 같습니다.

- Segment regression 관련 책을 쓰면서 엑셀의 regression을 사용했는데, 엑셀에 이런 기능이 있는 줄 몰랐다는 독자의 이야기를 듣게 됨
- '엑셀을 이용한 통계' 부분을 강의하였는데, 생각보다 청중들의 반응이 좋았고 기본적인 기능에 대한 지식이 없다는 것을 알게 됨
- 인문학 대학원 후배가 논문을 쓰려고 보고 있는 SPSS 통계책의 내용이 엑셀로 모두 가능한 것임을 알게 됨

엑셀을 이용해서 모든 통계 분석을 할 수는 없지만, 데이터를 정리하고 관리하고 분석하고 시각화할 때 엑셀은 꼭 필요한 프로그램이라고 생각해왔습니다. 또한 거의 날마다 사용하는 프로그램이기에 이 책의 내용은 기본적이면서도 필수적이라고 생각합니다. 물론 실제 논문에 제출할 통계를 꼭 엑셀로 하라고 권하지는 않습니다. 그래서 엑셀로 할 수 있는 부분이라도 R을 이용해 수행해볼 수 있도록 '플러스 알파'로 정리하고 보다 심화된 내용을 덧붙였습니다.

엑셀은 이것저것 다 할 수 있는 주머니칼과 같습니다(사실 엑셀은 주머니칼 취급하기에는 너무 막강한 기능들이 있지만, 통계 분석이라는 부분에서만 생각한다면 주머니칼 정도로 비유할 수 있겠습니다). 주머니칼은 아주 유용하지만 전문적인 도구를 대체할 수는 없지요. 그러나 강도를 제압할 때 미사일이 꼭 필요하지는 않습니다. 작은 권총 하나로도 충분합니다. 이제 이 작은 권총을 잘 다룰 수 있도록 연습하는 것이 중요하겠지요.

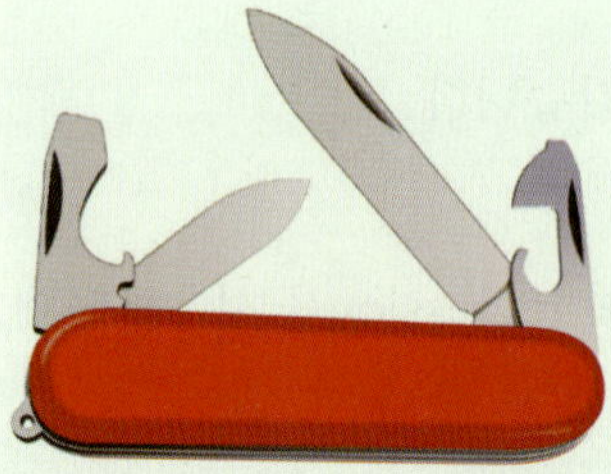

R은 무엇으로 비유하면 좋을까요? 트랜스포머라고 할 수 있을까요? 어떻게 변신할지 모르는 온갖 기계들의 조합이라고 할까요? 여러분이 부엌에서 캔을 따야 한다면 주머니칼 정도만 다룰 수 있으면 충분할 것이고, 고속도로를 달리다가 산을 넘어야 한다면 트랜스포머 사용법을 미리 익혀두는 것이 좋을 것입니다. 지금은 여러분이 당장 사용할 수 있는 주머니칼인 엑셀부터 시작해보기를 권하고 싶습니다. 제가 처음에 그랬듯이 말이죠.

이 책은 통계에 익숙하지 않은 사람이 익숙한 도구인 엑셀을 통해 필수적인 통계 방법을 쉽고 편하게 익힐 수 있도록 안내하는 문 같은 역할을 할 것입니다. 통계 분석에 차츰 익숙해지면 더 복잡한 R의 세계로 나아갈 수도 있을 것입니다. 각자의 필요에 따라 적용하고 확장해가기를 기대합니다.

엑셀 데이터 관리 → 엑셀 분석 도구 → R Commander → R의 넓은 바다로

내게 줄로 재어 준 구역은 아름다운 곳에 있음이여
나의 기업이 실로 아름답도다

〈시편 16:6〉

부족한 저에게도 함께 나눌 수 있는 것을 주시고 책을 쓸 수 있게 해주신 하나님께 감사드립니다. 함께해준 출판사 여러분들과 책을 읽고 격려해준 독자들께도 감사의 마음을 전합니다.

2020년 1월

김지형